Eleonore Henriette Rosentreter
Gelebte Wahrheiten

Eleonore Henriette Rosentreter

Gelebte Wahrheiten

Wie eine Sekte eine Familie zerstört

edition fischer

Bibliografische Information der Deutschen Nationalbibliothek
Die Deutsche Nationalbibliothek verzeichnet diese Publikation in der Deutschen Nationalbibliografie; detaillierte bibliografische Daten sind im Internet über http://dnb.d-nb.de abrufbar.

© 2016 by edition fischer GmbH
Orber Str. 30, D-60386 Frankfurt/Main
Alle Rechte vorbehalten
Schriftart: Palatino 11 pt
Herstellung: efc/pr
ISBN 978-3-86455-056-0

Vorwort

In diesem Buch stehen Geschichten aus meinem Leben, aus meiner Erinnerung, wie ich sie erlebt habe, für meine Enkel Josh und Lukas und auch für meine Verwandten und Freunde zum Nachlesen.

Diese Episoden sollen zeigen, wie es war in den Jahren mit meinem einzigen Kind, meiner geliebten Tochter Regine Sofie, mit ihren beiden Söhnen, meinen Enkeln, wie wir gelebt haben. Außerdem soll das Buch ein Andenken an Regine sein, die ich, die wir alle so früh verloren haben und die wir so sehr vermissen. Auch die so schmerzlichen letzten 7 Jahre ihres Lebens, in denen wir ohne ein Lebenszeichen von ihr waren und sie und die Buben nicht mehr gesehen haben, möchte ich dokumentieren. Ich denke, es ist wichtig zu wissen, was im Einzelnen passierte und warum mein Leben so verlief.

Außerdem möchte ich von Anfang an aufschreiben, wie wir nach Amerika kamen, wie meine Kindheit und mein Leben vorher in Deutschland waren, woher ich gekommen bin, welche Wurzeln und Prägungen ich mitgebracht habe.

Vor allem aber soll das Buch meinen beiden Enkelsöhnen auch ein Vermächtnis sein. Es soll ihnen zeigen, was für ein wunderbarer Mensch ihre Mutter war und es soll ihnen sagen, dass meine Arme, mein Herz und mein Haus immer offen sein werden für sie, wenn sie eines Tages den Weg zu mir zurück finden wollen.

Eleonore Henriette Rosentreter

1. Geschichte: 3. Januar 2011 (11. Montag)

»Die Nachricht vom 25. Oktober 2010«

Heute ist der 3. Januar 2011, ein Montag, der 11. Montag, an dem ich erfahren habe, dass unsere Regine nicht mehr lebt, nur zu dieser Uhrzeit haben wir es noch nicht gewusst. Unser Leben lief ganz normal und routinemäßig ab.

Erst als es 7.15 Uhr war, wurden wir durch einen Telefonanruf von dieser schrecklichen Nachricht unterrichtet. Es war Karla, die uns anrief, ich wusste sofort, dass etwas Schlimmes passiert war mit Regine. Ich fragte sie gleich: »Ist etwas mit Regine passiert? Hatte sie einen Unfall?« Karla sagte: »Setz dich mal erst«, und dann sagte sie diese schrecklichen Worte: »Sie ist tot.«

Wir waren so entsetzt und trauten unseren Ohren nicht, was wir da hören mussten, das Unglaublichste war geschehen, was wir uns niemals gedacht hätten, unser einziges Kind, das wir so lieb hatten und so vermisst haben in den letzten 7 Jahren, ist nicht mehr auf dieser Welt!

Wir können sie niemals mehr umarmen und sie lieb haben und auch nichts mehr fragen und erinnern an vergangene glückliche Jahre. Ich weiß heute nicht, wie ich durch die Tage und Wochen gelebt habe, der Schmerz ist unermesslich. Ich weine den ganzen Tag und auch nachts, niemals habe ich mich so unglücklich gefühlt und ich wünschte, ich wäre tot, um nicht mehr daran zu denken.

Heute wissen wir, dass sie selbst nicht zum Arzt ging und sich operieren ließ, alles wegen der Sekte, an die sie fanatisch glaubte, unser schönes, einziges Kind. Wie soll es weitergehen? Alles hat seinen Sinn verloren, alles, was mir wichtig erschien.

Gerade habe ich Fotos angesehen, von Regines Hochzeit, da stand sie da, mit Mimi und sah so atemberaubend schön aus, beide sahen so glücklich aus und lächelten sich an und beide leben nicht mehr. Mimi verstarb mit fast 86 Jahren, vor 10 Jahren und Regine mit 51 aus freiem Willen, was sie aber nicht glaubte.

Sie hat 2 Kinder hinterlassen und Vater und Mutter, die es niemals verwinden werden und so sehr traurig sind. Die armen Buben. Lukas und Josh haben keine Mami mehr, ob man da noch an den Herrgott glauben kann?

Heute ist der 28. Februar 2011. Bis heute habe ich nichts von meinen Enkelkindern gehört, kein Lebenszeichen. Sie wohnen mit ihrem Vater, der auch mich niemals angerufen hat, 1600 km von uns entfernt. Ich denke jeden Tag an die Buben und wünschte, ich könnte sie umarmen und liebhaben. Ob sie mich vergessen haben?

2. Geschichte: 28.Februar 2011 (19. Montag)

»Regines Gottesdienst«

Heute möchte ich von dem Gottesdienst berichten, der eigentlich für eine andere Frau bestimmt war.

Die Dame war die Frau des ehemaligen Bundeskanzlers. Sie wurde 91 Jahre alt. 40 Jahre älter als meine Regine. Der feierliche Gottesdienst war in der Woche, ein paar Tage später, als Regine nicht mehr lebte und ich habe es als meinen Gottesdienst für meine Tochter gesehen. Jörg und ich haben es im Fernsehen angeschaut.

Die Kirche war in Hamburg, der Michel genannt, ein großartiges Gotteshaus und über 1400 Jahre alt, alles war so schön geschmückt, überall weiße große Blumenbuketts, ganz großartig, es war sehr feierlich. Es waren 2500 trauernde Leute da.

Wir saßen in unserem Wohnzimmer in Kalifornien und haben alles mit verfolgt, ich habe leise gesungen, die Lieder kannte ich alle, und die Predigt angehört. Es war sehr feierlich und ich habe immer an meine Regine gedacht. Es war so unwirklich, wie in einem anderen Leben. Die Tränen wollten nicht versiegen. Es war sehr traurig. Ich stellte mir vor, diese Trauerfeier sei für meine Tochter, so unfassbar es auch war, es war erst ein paar Tage her, dass wir diese entsetzliche, endgültige Nachricht erfahren haben.

Wir haben das Vaterunser mitgebetet und immer, wenn diese Frau im großen Bild gezeigt wurde, habe ich schnell meine Augen geschlossen. Für uns war dies die Trauerfeier für unsere einzige, geliebte Tochter, an der wir nicht haben teilnehmen können, weil die Mutter und der Vater nicht willkommen waren. Was für ein herzloser Mensch, der die Macht und das Gesetz hatte und alles bestimmen konnte.

Dieses Gesetz muss geändert werden, es darf nicht sein, dass der Vater und die Mutter, die das Kind zur Welt brachte, keinerlei Rechte haben. Auch für die Enkel gilt das Gleiche. Der angeheiratete Mensch kann alles bestimmen.

3. Geschichte: 7. März 2011 (20. Montag)

Montagsgeschichte: »Heimatbesuch«

»Josh ist geboren«

Gestern am Sonntag hatten wir deutschen Kaffeebesuch, der den Urlaub in Kalifornien verbrachte. Es waren junge Leute mit 3 Kindern. Jörg hat Pflaumenkuchen vom deutschen Bäcker eingekauft. Ich habe die Sahne dazu im Mixer geschlagen. Natürlich alles deutsch zubereitet, draußen den Kaffeetisch gedeckt.

Es waren nette, freundliche, ordentliche Menschen und obwohl wir uns noch nicht gekannt haben, verstanden wir uns gut. Es wurde über Deutschland erzählt.

Es war für mich sehr schön, nach so langer Zeit, Besuch zu haben. Ich hätte nie geglaubt, in meinem Kummer jemanden bewirten zu können. Ich denke, mein Gesicht ist erstarrt, meine Gesichtszüge können kein Lachen mehr hervorbringen.

Am Samstag hat Jörg einen kleinen Laster gemietet und Mario hat die Unkrautballen, die vor unserem Haus schon drei Wochen lagen, abgefahren. Es war so heiß, fast 40 Grad. Der arme Junge hat so fleißig gearbeitet. Zwischendurch habe ich ihm draußen mehrere Gläser Eiswasser gereicht. Die Tomaten sind jetzt voll reif und müssen gepflückt werden. Heute. Meine nächste Geschichte ist die, die Geburten meiner Enkel Josh und Lukas.

»Josh ist geboren«

Einige Zeit nachdem Regine geheiratet hatte, war das freudige Ereignis angekündigt, Regine war in anderen Umständen. Wir bekommen ein Enkelkind. Mein Kind wird Mutter. Ein kleines Baby, welch eine Freude. Für Mimi das erste Urenkelchen.

Zu dieser Zeit lebte ich hier alleine in Kalifornien. Jörg, mein Ehemann, war in Deutschland, hatte andere Vergnügungen, was mich vollends aus der Bahn warf. Ich ging meinen Verpflichtungen nach, da gab es keine Widerrede, war aber sehr traurig, musste Leben und alles, was damit zu tun hatte, allein und ohne Beistand und Rat meistern. Wir waren gerade in das neue, große Haus gezogen. Alles war neu für mich, noch so viel zu tun.

Die Vermietungen in Huntington Beach. Der Anrufbeantworter musste in englischer Sprache besprochen werden. Selbst der Timer draußen für die Sprinkleranlage war eine Herausforderung und das alles in einer anderen Sprache, die mir fremd war. Es war einfach alles fremd.

Regine hatte da schon ihr Geschäft, das sie ganz klein aufgekauft hatte und war so beschäftigt, Geld zu verdienen, das Leben zu meistern, alles was damit verbunden war. Vor allen Dingen die Wohnungsmiete, Auto und alle Ausgaben zu erarbeiten.

Es war leider ihre alleinige Aufgabe, der Mann, den sie geheiratet hatte, konnte nichts zu seinem Lebensunterhalt, geschweige dem seiner Ehefrau beitragen, er flanierte nur so herum.

Regine hatte ein paar Monate vorher ihr schönes Eigenheim verlassen und ist in ein Appartement, 1. Etage, Treppe hoch, gezogen. Für uns war auch dieses unverständlich und ist eine andere Geschichte.

Ihre Schwangerschaft schritt voran. Ihr ging es immer gut, Gesundheitlich keine Probleme. Sie war ein gesundes Menschenkind. Sie war in freudiger Erwartung – erwartete ihr erstes Baby.

Zu dieser Zeit war Regine schon dieser Sekte beigetreten, darüber war ich sehr in Sorge. Sie erzählte mir, sie hätte ein Krankenhaus gefunden, in dem die dortigen Ärzte nur mit Zeichensprache, nicht mit Worten die Geburt begleiten.

Es durfte nicht gesprochen werden, das Baby musste in aller Stille auf diese Welt kommen, geboren werden. Das war die Sekte.

Auch möchte sie keine normale Geburt haben, mit Wehen und Schmerzen. Das Baby wird geholt, mit einem Schnitt in ihrem Bauch.

Ich war gespannt und fassungslos, was sie mir da erzählte, habe aber nichts gesagt, auch das habe ich falsch gemacht – einfach geschwiegen. Es war aus heutiger Sicht nicht richtig, eine Mutter sagt nicht nichts.

Ob mir der Ehemann da schon zusetzte?

Jedenfalls besuchte ich Regine am späten Nachmittag in Ihrem Appartement an Culver Ave in Irvine, das war die Adresse, ich weiß es noch wie heute.

Ich sah meine hochschwangere Tochter. Sie war so ein tüchtiges Mädchen. Sie kochte gerade und erzählte mir, um 4.00 Uhr morgens fährt sie ins Krankenhaus.

Ich fragte sie nach der Adresse, sagte aber, ich möchte nicht kommen, da ich das Baby ja nicht sehen, halten oder sprechen darf in den ersten paar Tagen. Das war die Sekte.

Während Regine den Abendtisch richtete und die Mahlzeit auf den Tisch stellte, hat sich der Ehemann nicht erhoben. Er saß in der Ecke und hat mit einem anderen Mann gelacht und herumpalavert. Wir aßen und anschließend hat Regine die Küche aufgeräumt. Ich habe geholfen. Der Mensch hat sich nicht bewegt, da war er mir schon unsympathisch, wie sich ja jeder denken kann.

Es wurde Zeit für mich zu gehen. Ich sagte, das weiß ich noch, als wäre es gestern gewesen: »Reginchen es ist 8.00 Uhr, du musst ins Bett. Um 4.00 Uhr hast du deinen Krankenhaustermin.«

Beim Abschied sagte sie: »Mutti, du kommst nicht ins Krankenhaus.«

Ich war sehr traurig und wusste, wenn ich mein Kind wiedersehe, ist das Baby geboren. Sie ist dann eine Mami und ich habe ein Enkelkind und bin eine Omi.

Zurückdenkend wusste niemand, ob es ein Mädchen oder Bübchen war. Wollte Regine es nicht wissen oder konnte man es vor 21 Jahren noch nicht bestimmen, feststellen?

Ich hatte für mich entschieden, dass ich morgen früh ins Krankenhaus fahren möchte, das ließ ich mir nicht entgehen. Ich wollte doch meiner Tochter nahe sein.

Am nächsten frühen Morgen war ich da und habe mir die Babystation angesehen. Ich war alleine und Jörg, mit dem ich 30 Jahre verheiratet war, hat durch Abwesenheit geglänzt. War denn nichts mehr wichtig für ihn, die Tochter, die ein Baby bekam?

Ich stand vor den Fenstern der Babystation und habe die kleinen Erdenbürger betrachtet und dachte an meine Tochter, die in irgendeinem Zimmer lag und ihr erstes Kind wird geboren, und die nicht wusste, dass ihre Mama ganz in der Nähe da war. Ich fühlte mich so verlassen und konnte meine Tränen nicht aufhalten.

Es war schön und traurig. Ich weiß es noch genau, wie ich da stand und durch das Glas blickte. Nach einer Weile kam eine Krankenschwester und fragte mich etwas. Ich sagte ihr, ich möchte die Babys so gerne betrachten. Weil ich mit ihr sprach in einem deutschen Akzent, hat sie mir gesagt: »Ja, in dem nächsten Zimmer liegt eine junge Frau, die genauso spricht wie Sie.« Ich sagte ihr: »Ja, das ist meine Tochter«, meine Tränen flossen jetzt unaufhaltsam. Die Schwester ging davon.

Nach einer Weile habe ich die Station verlassen. Ich musste frische Luft schnappen. Es war befreiend, als ich nach draußen kam. Ich ging um das Krankenhaus herum und da sah ich wie eine Fata Morgana Jörg im Gras auf einer kleinen Anhöhe sitzen.

Ich drehte mich vor Schreck um und habe ihn nicht angesprochen. Ich hätte ihm nichts sagen können. Meine Vertrautheit war dahin. Mit einem Menschen, mit dem ich so lange zusammen gelebt hatte, der Kummer war zu groß.

Langsam bin ich wieder in der Babystation angekommen, plötzlich war die Schwester wieder da. Sie sagte, meine Tochter hat einem Baby Boy, einem kleinen Jungen, das Leben geschenkt. Alles ist gesund, Mutter und Kind. So eine große Freude! Ein neues Leben ist geboren. Ich kann es halten und liebhaben. Ich war ganz überwältigt, jetzt hatte ich ein Enkelkind von meiner einzigen Tochter. Der Vater des Kindes spielte dabei keine so wichtige Rolle. Es hätte jeder andere Mann sein können. Die Mutter, die das Kind gebärt, ist bis an ihr Lebensende die einzige, wichtige Person im Leben des Kindes.

Die Schwester kam zurück und sagte mir, meine Regine möchte ihre Mami sehen. Es war der nächste Raum zwei Türen weiter. Ich nahm meinen ganzen Mut zusammen und ging zur Türe. Ich wusste nicht, was mich erwartete. Regine hatte mir doch am Vorabend mitgeteilt, ich möchte nicht ins Krankenhaus kommen.

Nach geraumer Zeit des Nachdenkens, mit allen diesen Gedanken, öffnete ich die Tür. Sofort sah ich mein Kind, ihr Gesicht, sah ihre Augen.

Dieser erste Moment hat alles entschieden. Hier war ihre Mama, und sie brauchte Hilfe. Ich drückte sie ein bisschen.

Ich war so scheu und hatte so viel Respekt. Sie war gerade selbst eine Mami geworden. Ich weiß nicht mehr, was ich sagte. Ich glaube, wir beide waren sprachlos, sahen uns an.

Dabei habe ich das kleine Bettchen gesehen. Da lag das neue Leben, der kleine Bub. Er sah so schön aus und hatte in seinem Babygesicht so viel von seiner Mami, das konnte ich sofort erkennen.

Ich durfte ihn nur ansehen, nicht berühren und nicht sprechen. Vergessen waren die Ermahnungen – Mutti bitte komme nicht ins Krankenhaus. Das erste Wort, was sie sprach, war: »Bitte, kannst du meinen Mund etwas mit Eis befeuchten?« Was täte ich lieber, als das. Ich wurde gebraucht und alles andere mit der Sekte war vergessen und auch Papa, der da draußen saß, dem seine Tochter und das erste Enkelkind nicht so wichtig erschienen, oder war es das schlechte Gewissen?

Ich nahm das kleine Gefäß mit Eis und gab Regine Löffelchen für Löffelchen Eisstücke an ihre Lippen. Die meiste Zeit habe ich nichts gesagt.

Einmal, bevor ich in das Zimmer trat, hörte ich den Ehemann laut rufen: »Es ist ein Junge, es ist ein Junge! Ich bin

Vater geworden.« Er sprang herum und rief immer wieder diese Worte. Für mich war er wie ein Kasper. Er telefonierte mit allen möglichen Leuten. Natürlich war er glücklich, aber wie wir in den nächsten Jahren erfuhren, hat er nicht viel für den Buben gesorgt.

Nach langer, langer Zeit habe ich mich verabschiedet von der jungen Mutter. Jetzt musste sie sich gesund schlafen, aber vorher sah ich noch mal stumm ins Kinderbettchen und versprach, morgen wieder zu kommen.

Welche Gedanken hatte meine Mutter, als sie die kleine Regine vor so vielen Jahren zum ersten Mal gesehen hat? Sie war ja so winzig, damals hat sie nur 2225 Gramm gewogen, aber ihre Hautfarbe war so schön, ein kleines, schönes Mädchen.

Draußen saß Jörg noch da. Ich stieg ohne ein Wort ins Auto. Wir haben uns nicht gratuliert. Heute Morgen sind wir Großeltern geworden, kein Wort oder Umarmung. Das waren für mich die traurigsten Momente in meinem Leben mit Jörg, den ich schon mit 21 Jahren geheiratet habe, viel zu früh für ein junges Mädchen. Ich kann mich noch erinnern, furchtbar geweint zu haben.

Es hat nichts genützt, aber es erleichterte mich. Die einzige Person, zu der ich fahren konnte, war meine damalige Freundin Leticia.

Dort fuhr ich hin, in ihre Firma in Huntington Beach. Als ich ins Büro kam, hat Leticia mich sogleich freundlich begrüßt, mir gratuliert, ich war ja Omi geworden. Sie packte ihre Sachen zusammen, nahm ihre Tasche und wir fuhren zu ihrem Tennisklub-Restaurant, gleich in der Nähe, haben uns stundenlang unterhalten, ein Glas Sekt auf Regine und ihr Baby, auf meinen Enkel angestoßen. Es war wirklich schön. Leticia war immer eine gute Freundin. Ich konnte ihr alles erzählen, auch meinen Kummer mit Jörg. Einige Stunden haben wir verplaudert.

Jörg habe ich nicht wiedergesehen. Wie lange er in Kalifornien war und wann er abreiste, war mir nicht bekannt. Wollte er mit einer jungen Freundin kein Großvater sein? Das werde ich ihm niemals verzeihen. Bei Familie hört der Spaß auf. Wie kann man so selbstsüchtig sein?

Am nächsten Tag habe ich Regine wieder besucht, sie war mit dem Baby in ein anderes Zimmer gezogen, was ich nicht wusste, der Ehemann »Vater« des Kindes hat auch da geschlafen, keine Stationsschwester durfte das Kind berühren, nicht sprechen.

Ich war im Zimmer und begrüßte meine Tochter, sah das Kind im Bettchen. Ich durfte das Baby natürlich auch nicht berühren. Ich sah nur in sein Gesichtchen. Gerne hätte ich die kleinen Händchen berührt. Nachdem ich das verstanden habe, hat es mich doch sehr getroffen, das Baby nicht im Arm zu halten.

Gern hätte ich dem Vater meine Meinung gesagt, aber Regine hielt ja zu ihm. Es war auch ihr Wunsch. Das Baby konnte von niemand anderem als von den Eltern berührt werden.

Ich blieb nicht lange, sprach mit Regine und verließ weinend das Zimmer. Ich war so unglücklich und dann auch noch das, es war zu viel für mich.

Am nächsten Tag habe ich Regine und das Baby nochmals besucht. Dann war sie wieder zu Hause. Sicher bin ich da auch noch hingegangen, ob ich den Kleinen dort halten konnte, weiß ich heute nicht mehr. Sicher ist, das Baby bekam den Namen Josh. Für mich kein Name, aber das konnte ich mir nicht wünschen.

Versorgen und liebhaben kam später, wie in meinen nächsten geschriebenen Geschichten.

Es war eine wunderbare Baby-Zeit mit dem kleinen Josh, bis zu seinem 13. Geburtstag, bis mir verboten wurde, die Kinder zu sehen oder zu sprechen.

Die Sekte hatte so einen großen Einfluss auf Regine, so unfassbar, so eine intelligente, studierte Person glaubte an den »Hokuspokus« und viel schlimmer, sie arbeitete am meisten für diese Organisation. Die nächste Geschichte schreibe ich über Baby Lukas, meinen zweiten Enkel.

4. Geschichte : 14. März 2011 (21. Montag)

»Josh und Mary Poppins und Bed Bye Bye«

Inzwischen ist der 6. Montag vergangen, als meine geliebte Tochter, mein einziges Kind, verstorben ist, und wenn sie wüsste, wie ich meine Tränen nicht mehr aufhalten kann, und der Schmerz so unerträglich ist, den Gedanken, dass ich sie nie wiedersehe und drücken kann, mein armes Kind.

Sie würde die letzten 7 Jahre auslöschen, als sie mich nicht mehr sehen und sprechen wollte, all die vielen Jahre, Weihnachten und alle Geburtstage und bis Josh 20 Jahre wurde.

Ein junger Mann schon und auch mein kleiner Lukas schon 14 Jahre.und ich durfte nicht erleben, wie sie heranwuchsen, durfte ihre kleinen und großen Wünsche nicht erfüllen. Und auch die Umarmungen und die Liebe für beide waren nicht erlaubt.

Die nächste Geschichte will ich erzählen, wie ich Josh als Baby an vielen Nachmittagen besuchte.
Regine war in ein kleines Haus umgezogen (gemietet) nach dem Apartment an Jeremy, in das sie gezogen war, als sie ihr schönes Zuhause verlassen hat in Fountain Valley.

Auch das ist eine andere Geschichte, in der uns klar wurde, was passieren würde in den nächsten Jahren.

Also, eines Nachmittags fuhr ich zu dem Haus, ich kann mich nicht mehr besinnen, wie die Straße hieß, aber in meiner Erinnerung ist die Gegend und das Haus und Joshs Zimmer, die Küche, alles draußen so gegenwärtig, als wenn ich gerade da wäre.

Als ich ankam, ich wusste, Regine hatte ein junges Mädchen eingestellt, sie kam aus Mexiko und sprach kaum Englisch und sollte für das Wohl des Kindes da sein und den kleinen Josh gut versorgen.

Regine war jeden Tag, den ganzen Tag in der Firma, die sie vorher, nicht allzu lange her, gekauft hatte, in einem kleinen Gebäude mit kleinen Räumen und auch da – kann ich mich erinnern – hat Baby Josh in einem der Büroräume gelegen.

Ich kam in das Haus, sprach mit dem Mädchen, weiß den Namen nicht mehr, ist auch unwichtig.

Während ich mit ihr sprach, hörte ich den Kleinen weinen und ich sagte ihr, wir müssen sehen warum, doch sie winkte ab. Es war ihr egal, wie sich später herausstellte.

Meine Regine hat nie auch nur ein Wort oder eine Andeutung von mir erfahren, ich wollte ihr das Herz nicht schwer machen. Obwohl sie sich hätte meiner Meinung etwas frei machen können und ab und zu mal einen Nachmittag mit ihrem Kind verbringen.

Zu der Zeit war sie schon in der Sekte »verstrickt« und arbeitete auch für den »Verein« und auch viel Geld ging dahin.

Ich ging in das Kinderzimmer, ans Kinderbettchen und nahm den kleinen Darling auf den Arm und schaukelte und küsste ihn, bis er sich wieder beruhigte.

Das war der Anfang einer wunderbaren Liebe zwischen Enkel und Grandma, wie es schöner nicht sein konnte.

Nach diesem Nachmittag fuhr ich fast jeden Tag hin. Ich

konnte mir nicht vorstellen, der Kleine liegt im Bettchen und weint und keiner tröstet ihn. Aus heutiger Sicht, muss ich sagen, kleine Babys gehören zur Mutter, nicht zum Vater und schon gar nicht zu einer fremden Frau, die Kleinen spüren das und es ist nicht dasselbe, wenn ich mein Kind im Arm habe, oder es ist jemand anderes.

Man kann immer feststellen, sobald das Baby sich bemerkbar machen kann, will es auf Mamas Arm zurück. Also hier war es eben so, dass meine Regine nicht bei ihrem Kind war, sondern ein Geschäft führte.

Von dem Tag an war ich wie gefangen, ich hätte nichts anderes tun können, als zu Josh zu fahren und ihn lieb zu haben und ihn zu versorgen. Manchmal habe ich ihn geschaukelt und wenn er müde war, seine Äugelein zumachte, habe ich ihn ins Bettchen gelegt für seinen Mittagsschlaf und bin dann nach einer Weile gegangen.

Aber was war, wenn er wieder aufwachte und ich nicht da war? Konnte er sich an mich erinnern? Im Grunde genommen hatte ich dann auch ein schlechtes Gewissen. Später bin ich da geblieben und wartete, bis er wieder aufwachte. Ich hatte ja nichts zu tun, gehörte keinem Verein an oder hatte sonst irgendeinem Zeitvertreib.

Jörg war in Deutschland und hatte wieder ein neues Verhältnis, das mich sehr traurig machte und der Kleine war wie eine Therapie für mich. Ich konnte ihn liebhaben und so war uns beiden geholfen.

An unseren Nachmittagen zusammen habe ich alles Mögliche mit Josh unternommen. Ich fuhr mit ihm im Kinderwagen draußen spazieren, so kam er an die frische Luft. Hier in Kalifornien scheint ja immer die Sonne, so konnten wir uns gut vergnügen, auch sahen wir die Nachbarskinder und der kleine Darling war an allem interessiert, schaute ganz helle alle Kinder und Menschen an.

Zu Hause in seinem Zimmer habe ich Bücher vorgelesen, obwohl er ja noch klein war, nicht viel sagen konnte und wir haben mit allem gespielt, was da war. Wir krochen beide auf der Erde herum.

Es war im Nachhinein so schön, und es war eine wunderbare Zeit, die wir hatten. Es war mein erstes Enkelkind und ich war glücklich, ihn zu versorgen. Das beste Buch war von oder über Mary Poppins.

Josh war noch so klein, aber die Bilder in diesem Buch waren so interessant und außerdem saß er auf meinem Schoß, ich hielt ihn so warm und er fühlte sich geborgen, die Vöglein im Buch, die Häuser, Fenster, Bäume, Wasser und Mary Poppins flog auf dem Bild in den Himmel.

Es war so wunderschön, auch für mich, immer wieder sahen wir uns das Buch an, jeden Nachmittag, wenn ich da war und dann sagte ich, guck mal die Vöglein, piep, piep und ich habe versucht zu schnattern wie die Enten und alle Tiere, so waren wir beschäftigt und immer haben wir alles angesehen und er kannte das ganze Buch auswendig.

Gleich morgen gehe ich in einen Buchladen und kaufe mir dieses Buch und meine Erinnerungen werden wieder wach. Außerdem werde ich etwas reinschreiben, zur Erinnerung für ihn. Heute weiß ich nicht mehr, wie viele Wochen ich mit Baby Josh verbracht habe.

Eines Tages sagte ich mir, der Kleine braucht eine Sitzgelegenheit, wie so ein kleines niedriges Sofa und so machte ich mich auf die Suche etwas zu kaufen. In einem gehobenen Kindergeschäft habe ich ein kleines Bettchen gekauft. Es war nur ca. 1 m breit und etwa 1,20 lang, hatte eine Matratze und war in weiß gestrichen. Das Kopfende war in blau handbemalt und auch das Fußende, für die Matratze habe ich einen blauen Stoff mit kleinen schwarzen Punkten ausgesucht. Es kam aus Italien, importiert.

Ich kaufte es und war so gespannt, was Josh für Augen machte. Ich habe es zusammengebaut und der Kleine sah mir ganz interessiert zu.

Als er sich dann darauf setzte, er war gerade groß genug und seine Beinchen hingen so herunter, war es schön, ich war ganz begeistert und froh, dass alles so gut zusammen passte.

Am Abend hat Regine mich zu Hause angerufen und mir erklärt, das Bettchen wäre ja ganz schön, aber es passte nicht zur Einrichtung. Ich müsste es wieder zurück bringen, es könne nicht da bleiben.

Ich konnte nicht glauben, was ich hörte, in Joshs Zimmer war nur sein Babybett und eine Wickelkommode und ein Schaukelstuhl und beides hatte eine Naturfarbe, aber was sollte ich machen?

Ich hatte ja nichts zu sagen und ich wusste genau, wer dahinter stand und so kann ich mich erinnern, es ist 20 Jahre her, war dieser Mensch mein Widersacher in allem. Ich durfte mir nichts anmerken lassen und sagte nichts, denn ich wollte ja mein Enkelkind sehen.

Am nächsten Tag fuhr ich also wieder zu Josh und begrüßte ihn, viele Küsschen und feste Umarmungen, dann machte ich mich daran, das schöne Bettchen auseinander zu bauen und Josh sah mir zu und ich sagte immer: »Bed bye bye«. Das verstand das Kind und ich hatte schon Kopf- und Fußende auseinander und Josh sah die Bescherung und er rief: »No Bed bye bye! No Bed bye bye!«

Ich war so erschrocken, was sollte ich tun? Es war keiner da, den ich fragen konnte und Josh rief immer wieder: »No Bed bye bye!« und dann setzte ich mich erstmal hin und überlegte, was sollte ich machen? Nach einiger Überlegung entschied ich, das Bettchen musste bleiben, dem Kleinen gefiel es und das war das Wichtigste. Also machte ich mich daran, alles wieder zusammenzubauen. Nachdem ich fertig war, setzten wir uns darauf und Josh sage nochmal: »No Bed bye bye!«, und ich drückte ihn, und wir waren beide ganz glücklich.

Es ist jetzt, da ich alles schreibe, als wäre es gestern gewesen, aber der Junge wird im Sommer 21 Jahre alt. Ich wünschte, er könnte diese Geschichte bald lesen. Wir haben uns 8 Jahre lang nicht gesehen und ich versprach den Buben, die Geschichten (Storys) zu erzählen, wenn sie größer sind, was ich doch noch vorhabe, wenn ich wieder mit beiden Kontakt habe. Das Bettchen stand und blieb in seinem Zimmer, der kleine Bub hatte zum ersten Mal in seinem kleinen Leben etwas entschieden, aber beim nächsten Umzug landete das handbemalte, schöne Bettchen in der Garage. Nach mehreren Besuchen konnte ich nicht mehr sehen, wie das schöne Möbelstück samt Matratze dort aufgestapelt war und ich lud es in mein Auto und brachte es nach Hause.

Heute ist das kleine Bettchen auf dem Speicher und selbst in meinem Haus habe ich es nicht aufgestellt. Übrigens ist Regines Babybett auch auf dem Speicher. Wer weiß, wann wir es brauchen, vielleicht bei der nächsten Generation?

Da wäre noch etwas anzumerken. In dieser Zeit ist Regine nach Florida gereist für ihre Sekte. Sie blieb, glaube ich, vier Wochen und am Abend, als sie zurückkam, war das Girl am nächsten Morgen entlassen. Wie ich später hörte, war Regines Ehemann mit dem kleinen Josh und mit dem Girl abends unterwegs, auch im Kino und sie rief noch bis zu 4 Monate danach an.

5. Geschichte: 21. März 2011 (22. Montag)

»Aufgeschriebene Nachricht«

Endlich kann ich die furchtbare Nachricht niederschreiben, es war das Schlimmste, was mir jemand mitteilen konnte, als Karla uns anrief, am Montag, 25. Oktober, abends um 7.15 Uhr Ich traute meinen Ohren nicht. Es war so schrecklich, niemals hätte ich gedacht, mein liebes, einziges Kind, meine Regine war gestorben. Karla sagte diese drei Worte: »She is dead.« Sie ist tot.

Alles, was ich hörte, war, – der Ehemann hat sie gefunden. Sie war schon kühl, als er sie berührte.

Er erzählte, sie fühlte sich nicht wohl am Morgen und legte sich hin, die Buben gingen zur Schule, wie jeden Morgen. Sie sollten ihre Mami nicht wiedersehen, man kann sich so etwas Grauenhaftes nicht vorstellen. Beide haben ihre Mami so lieb gehabt und sie haben sie so oft vermisst.

Wie ich geschlafen habe in dieser Nacht weiß ich nicht mehr. Am nächsten Tag hat Jörg die Polizei angerufen in Sheridan, hat sich verschiedene Telefonnummern geben lassen und mitgeteilt, dass wir die Eltern sind.

Es war der 1. Tag nach dieser Gewissheit, dass das Leben nicht mehr dasselbe war, und ich betete, lieber Gott, lass mich sterben.

Wir fuhren zu dem Haus, in dem Regine früher gewohnt hatte und sahen, dass es zu verkaufen war. Ein paar Wochen vorher war es noch zu vermieten. Jörg und ich fuhren einfach so herum, auch nach Huntington Beach. Ich konnte keine Leute sprechen, auch nicht essen. Es war unfassbar für uns, was passiert war.

Das Schlimmste war, dass ich meine Regine seit 2003 im Sommer, nach den Geburtstagen von Josh und Lukas (Juni und Juli), das waren 7 ½ Jahre, nicht mehr gesprochen hatte, kein Lebenszeichen von ihr.

Ich stellte mir vor, wie einsam sie im Bett lag, keiner war bei ihr. Der Tod hat sie im Schlaf ereilt, mein armes schönes Kind, so ein Ende zu haben, in so jungen Jahren. Sie war gerade 51 Jahre alt.

Wir fuhren nachmittags nach Hause und setzten uns vor den Fernseher, ich glaube, ich verstand kein Wort.

Am späten Nachmittag rief Jörg noch einmal bei der Polizei an und wollte genaueres wissen. Der Polizeibeamte war sehr freundlich und gab uns Auskunft.

Der Ehemann unserer Tochter hatte sich so merkwürdig aufgeführt. Er rief sofort: »Krematorium und keine Untersuchung!« usw. Das war für die Beamten sonderbar und Jörg sagte, wir wollten eine Obduktion von unserer Tochter.

Er wollte uns wieder anrufen. Am Abend kamen ein paar Freunde aus der Umgebung, und haben uns beigestanden in unserem Kummer. Wir haben erzählt, als wenn nichts passiert war, ich war wie benommen.

An diesem Abend rief der Beamte noch zweimal an und wollte genaues wissen.

Wir wussten, dass dieser Mensch sofort bei allem jähzornig reagierte. Wir kannten ihn gut genug in all den Jahren und was wir, Jörg und ich, mit ihm erlebt haben. Beim 3. Anruf sagte uns der Beamte, er habe sich mit seinem Kollegen besprochen und auch ihnen erschiene manches seltsam, was genau, hat er nicht gesagt, aber sie würden befürworten, dass Regine untersucht wird.

Sie wollen bei dem Staatsanwalt anrufen. Dann kam die 2. Nacht. Es war Mittwoch und am nächsten Morgen haben wir so gegen 9.00 Uhr die Ärztin angerufen, die für diese Untersuchung zuständig war.

»Ja«, sagte sie, »jetzt in diesem Moment ist Regine nach Oregon gebracht worden und es wird eine Untersuchung stattfinden.«

Das war für uns der erste Erfolg und somit sollten wir erfahren, was unsere Tochter hatte, woran sie plötzlich gestorben war.

Wir hatten so viele Jahre keinen Kontakt und Jörg sagte immer, wenn ich so traurig war, ich sollte daran denken, dass sie gesund sind und leben, die Regine und die Buben. Heute weiß ich, dass das so nicht stimmte.

Regine war schon lange krank. Warum hat sie keine Ärzte hinzugezogen und sich behandeln lassen? Das einzige, was ich denke, sie wollte keine Narkose, die sie aber haben müsste, das ließ sich mit ihrer Sekte, an die sie so glaubte, nicht vereinbaren. Auch da gebe ich die Schuld diesem Menschen, Namen kann ich nicht mehr aussprechen, der uns alles genommen hat, was meinem Leben einen Sinn gab und das Liebste auf der Welt war, mein einziges Kind und die Enkel, Josh und Lukas.

Wir fuhren wieder weg, konnten nicht zu Hause bleiben. Es war Mittwochmittag, wir saßen im Auto und haben den Beerdigungsmann angerufen, er sagte, er hat Regine abgeholt. Während wir mit ihm sprachen, lag unsere tote Tochter im Auto. Er sagte, er kann das Krematorium aufhalten, so lange wie es sein sollte, aber wenn der Ehemann es bestimmt, muss er es sofort veranlassen.

Ich rief laut, dass Leute, Verwandte aus Deutschland kommen und die wollten Regine noch mal sehen, es war also noch nichts passiert. Darauf rief Jörg in Deutschland an und schrieb auch SMS an Anja.

Es war Mittwoch, 2 Uhr nachmittags und in Deutschland war es 23.00 Uhr und sie waren die einzigen Menschen, die alles aufhalten konnten. Ihnen hatte der Mensch nichts erzählt von Obduktion und alles war schon geschehen, alles vorbei und niemand könnte unsere Regine sehen, was für eine Lüge. Wir haben dann nichts mehr gehört und bis heute, den 13. Februar 2011, haben wir keine Nachricht von diesem Menschen erhalten, was passiert war. Jörg und ich haben der Beerdigung unseres einzigen Kindes nicht beigewohnt, nichts wurde uns mitgeteilt. Auch seine Eltern haben sich unverantwortlich gegenüber Vater und Mutter verhalten.

Ich möchte sie nie wiedersehen, auch den Ehemann nicht und wann wir die Enkel sehen, steht in den Sternen, wir können nur hoffen, dass sie bald den Weg zu uns finden, denn hier wartet ein Haus voller Erinnerungen an ihre Kindheit.

Die Urne mit den sterblichen Überresten meiner schönen, tüchtigen Tochter wurde in Oregon ins Meer geschüttet. Wir, die Eltern waren dabei nicht erwünscht, nicht anwesend, und so haben wir keine Gedenkstätte, wo wir trauern können. Alles, was uns geblieben ist, sind Bilder und Erinnerungen, die wir im Herzen haben.

So gerne würde ich mit Regine über Vergangenes sprechen, es ist so vieles ungesagt geblieben, und so bleibe ich für den Rest meines Lebens einsam zurück, die endlos traurige Mama.

6. *Geschichte: 28.März 2011 (23. Montag)*

Montagsgeschichte:»Großvaters Schreibtisch«

»Die Geschichte heißt: Baby Josh«

Heute ist der 23. Montag, der 28. März 2011, wie die Zeit vergeht. Ich sitze in meinem Zimmer und schreibe an dem alten Schreibtisch, der von Jörgs Großvater, mütterlicherseits, aus Zeulenroda hergestellt wurde Schön geschnitzt, handgefertigt und in eigener Möbelproduktion im Jahr 1935 gefertigt. Auch das ist eine andere Geschichte. Übrigens, dieses schöne alte Möbelstück war für Jörgs Mutter zu ihrer Aussteuer bestellt und sie selbst hat daran immer gesessen.

Ich schaue in meinen Garten, raus zu dem Pool über das Gras hinweg. Es war gerade am Samstag geschnitten worden und so sah alles gepflegt aus. Hinten am Pool habe ich vor zwei Jahren rote Rosen und rote Geranien angepflanzt und links am Zaun sprießen die ersten weißen Rosen.

Die Vögel zwitschern und es sieht aus wie eine friedliche Welt. Der Frühling ist da und es ist wieder etwas wärmer geworden, und dann denke ich an meine Regine, die das alles nicht mehr erleben kann. Was ist nur aus meinem schönen, jungen, tüchtigen Mädchen geworden, als wir so froh und voller Hoffnung hierher kamen, vor über dreißig Jahren, in dieses Land, Kalifornien. Auch das wird eine andere lange Geschichte werden.

Heute will ich erzählen, wie Baby Josh im Bettchen lag und ich ihn an vielen Nachmittagen versorgte.

»Die Geschichte heißt: Baby Josh«

Josh war einige Monate alt. Er lag in seinem Kinderbettchen und konnte sich noch nicht aufrichten oder Laute von sich geben. Ich besuchte ihn an einem Nachmittag, ich konnte nicht erwarten, ihn zu sehen.

Regine war mit ihrer Firma umgezogen, die Halle war für ihre Produktion sehr viel größer und auch mehrere Büroräume waren vorhanden und so ein Raum war als Kinderzimmer eingerichtet.

Regine war in ihrem Element und es machte auch Spaß, so ein florierendes Geschäft zu haben.

So ein tüchtiges Mädchen, sie machte mit 28 Jahren ihren

Master in Business in Pepperdine, einer renommierten Universität in Kalifornien, auch das ist eine andere Geschichte.

An diesen Nachmittagen sah ich sie selten oder ganz kurz, oder ich blieb bis zum Tagesende, abends. In meinen Erinnerungen sehe ich das Zimmer mit dem einzigen Fenster zur Sonnenseite und Joshs Bettchen so deutlich vor mir, und der kleine Enkel lag still in seinem Bettchen und sah herum.

Als ich eines Nachmittags die Tür öffnete und ins Zimmer trat, kam mir schon der Geruch entgegen, der Kleine hatte eine volle Hose und ich machte mich gleich daran, ihn von seiner Last zu befreien. Ich holte ihn aus seinem Bettchen und natürlich scherzte und küsste ich ihn, mein kleiner Darling und im Nu war die Hose sauber und er freute sich und lächelte mich an.

Eigentlich war er ein stilles Kind und ich konnte erkennen, keiner hatte so richtig Zeit für ihn. Regine war zu beschäftigt und der »Vater« machte nur nichtssagende Sprüche.

Das wusste ich schon lange. Auch hätte er eine Aufgabe gehabt. sich um das Baby zu kümmern, wo doch die Frau das Geld verdiente, es sah so aus, als dass er keine Aufgaben haben wollte.

Auch das wird eine lange, andere Geschichte. Nachdem ich das Kind versorgt hatte, habe ich den Kindersportwagen geholt, habe das Kind hineingesetzt und wollte mit ihm spazieren fahren. Er musste raus aus dem Raum und an die frische Luft. Josh hatte an seinen kleinen Ohren so eine rote Infektion, darauf habe ich meine Mutter angerufen und sie sagte, das ist eine Krankheit, wenn Babys nicht ausgefahren werden. Sie brauchen Sonnenlicht. Von dieser Entdeckung habe ich niemandem erzählt. Somit war mir klar, wir – Baby Josh und ich – wollten spazieren fahren, es war absolut notwendig.

Das Firmengebäude war in einem Industriekomplex und ich musste da heraus, irgendwohin mit Bäumen und Pflanzen. Ich war fremd in der Gegend und musste etwas finden, so überquerte ich mit Baby und Kinderwagen eine große Straße mit 8 Spuren, 4 für jede Fahrtrichtung. Ich war immer ganz aufgeregt, wenn die Ampel grün so lange anzeigte, bis ich auf der anderen Straßenseite war. Drüben angekommen fuhr ich in einen anderen Bürokomplex, ich war so überrascht, wie schön es da war, schöne Gartenanlagen mit kleinen Gewässern, große Bäume und auch Bänke standen herum, auf die ich mich setzen konnte.

Die Vögel zwitscherten, es war so friedlich, man sah keine Menschen, alle arbeiteten in den Gebäuden und ich fühlte mich auf einmal wie in einem Paradies. So fuhren wir dahin und erkundeten diese grüne Welt, und immer, wenn über uns ein Baum war, sagte ich zu Josh: »Sieh mal, die Vögelchen fliegen um uns herum und sitzen in den Bäumen und sie rufen piep, piep«, der Kleine guckte ganz wach und nahm alles wahr.

Oft habe ich mich auf eine Bank gesetzt mit Josh auf dem Schoß und wir saßen ganz still. Zu dieser Zeit war ich wieder alleine und Jörg kam nicht mehr nach Kalifornien und jeder wusste warum und so war ich auch traurig, und mit dem Kind konnte ich mich auch trösten. Nach unseren Spaziergängen fuhr ich wieder über die große Straße hinweg, zu dem Firmengebäude. Dort habe ich Josh wieder frisch gemacht, er bekam etwas zu essen, der »Vater« wartete schon und ich musste mich mit ihm unterhalten und wie jedermann wusste, hat er viel herum erzählt und palavert, das ging mir auf die Nerven, aber ich habe immer geschwiegen.

Das Wichtigste, das Kind war jeden Nachmittag an der frischen Luft und der Sonne und nach einiger Zeit verheilte auch sein Ekzem an den Ohren und auch meine Mutter war beruhigt, sie machte sich doch einige Sorgen.

Nach diesem Sommer hat Regine ein neues Zuhause gemietet und ein mexikanisches Mädchen für Josh und den Haushalt eingestellt. Der Kleine machte seine ersten Laufschritte schon mit mir im Park und er musste den ganzen Tag versorgt sein.
Damit gingen die vielen Nachmittage mit Baby Josh zu Ende und was danach kam, ist eine neue Geschichte und nicht so erfreulich, wie wir beim nächsten Kapitel feststellen werden.

7. Geschichte: 4. April 2011 (24. Montag)

Montagsgeschichte: »Gedanken an Regine«

»Josh und die Farben im Mund«

Heute ist Montag, der 4. April und der 24. Montag, der mein Leben veränderte. Morgen ist der Geburtstag meiner Regine, meines einzigen Kindes! Der erste Geburtstag, den sie nicht mehr erlebte.

Sie wäre 52 Jahre alt geworden und noch jung genug, das Leben zu genießen und vor allen Dingen mit ihren Buben Lukas und Josh. Niemals hätte ich mir vorstellen können, dass mein einziges, tüchtiges Kind so verblendet war und nicht zum Arzt ging und sich operieren ließ, wo es doch eine Kleinigkeit war, ihr die Gesundheit wieder zu geben.

Warum hat sich niemand eingemischt und sie zum Arzt gebracht? Niemand hat etwas gemerkt, wie krank sie war. Alle Menschen um sie herum, mit denen sie zu tun hatte?

Auch nicht der Mensch, mit dem sie verheiratet war und dem ich die Schuld an meinem Kummer gebe, der unsere ganze Familie zerstörte, langsam aber sicher in all den vergangenen Jahren.

Alles, was sich in Regines Leben abspielte, war mir nicht bekannt, seit 2003 im Spätsommer und heute muss ich feststellen, nachdem wir keinen Kontakt mehr hatten, ging es mit der Familie meiner Regine bergab. Auch daran ist nichts zu ändern. Es bleiben nur die schönen Erinnerungen und die Fragen, was hätte ich tun sollen, um dieses Unglück zu verhindern?

Und diese vielen Fragen, die ich hätte stellen können und müssen, werden bei meiner nächsten Geschichte sichtbar.

»Josh und die Farben im Mund«

Nachdem Regine das Hausmädchen fristlos entlassen hatte, an einem Abend, als sie aus Florida zurückkam, bis zum nächsten Morgen war die Sorge groß, was zu tun bleibt, wohin mit dem Kind. Der kleine Josh war jetzt schon in einem Alter, wo er laufen konnte, noch nicht alleine und alles interessant wurde.

Regine nahm den Kleinen mit ins Büro. Sie musste ja da sein und das Geschäft führen. Josh wurde in ein rundes Laufgestell hineingesetzt und so konnte er von einem Raum in den anderen fahren. Ich selbst kam nicht mehr jeden Tag und so war er sich allein überlassen. Wo der »Vater« des Kindes war, konnte niemand nachvollziehen. So gingen die Tage und Wochen dahin.

Eines Tages, es war Freitagnachmittag, fuhr ich los und wollte meine Lieben sehen, das heißt natürlich Josh und meine Tochter. Ich hatte immer Sehnsucht, den kleinen Josh, meinen Enkel zu drücken und ihn einfach lieb zu haben. Er war ein schöner kleiner Darling, blonde Haare, kleine Löckchen und er hatte damals so viel von Regine. Ich erinnerte mich, als sie so klein war, blond mit kleinen Löckchen.

Josh war jetzt in seinem fahrbaren Roller so beweglich und es machte Spaß ihm zuzusehen. An diesem Freitag war alles anders. Als ich im Geschäft ankam, teilten mir die Leute am Empfang mit, alle waren sehr aufgeregt, Regine sei mit dem kleinen Josh zum Krankenhaus. Josh hatte Farbe geschluckt. Das war Farbe für das T-Shirt printing.

Er war unbeaufsichtigt in den Farbenraum gefahren und hatte von diesen bunten Töpfen etwas in seinen Mund gestopft. Man sagte mir, der Krankenwagen sei gekommen und habe ihn und auch Regine mit Blaulicht ins Krankenhaus gefahren. Ich war so aufgeregt und wusste auch nicht, wie gefährlich es war, so etwas im Mund zu haben.

Die Frauen gaben mir die Adresse und die Fahrtrichtung und in Sorge fuhr ich los. Damals, in solchen Momenten habe ich keinen Mann gehabt, Papa und Opa, der auch mir beistand. Ich fuhr los und im Krankenhaus erkundigte ich mich und man zeigte mir das Wartezimmer. Als ich die Tür aufmachte, war niemand zu sehen.

Ich wartete und nach einiger Zeit kam Jony und erklärte mir die ganze Situation. Jony war eine von Regines kalifornischen Freundinnen, die aber alle in der Sekte »verstrickt« waren. Alle tüchtigen netten jungen Leute, die auch so einem gefährlichen Wahn verfallen waren und die Realität aus den Augen verloren hatten.

Diese junge Frau erzählte mir die Geschichte. Regine und Josh waren gerade beim Arzt. Sie sprach ganz ruhig und eindringlich und ich konnte kaum glauben, was sie erzählte. Josh hatte die Farbe geschluckt.

Das Material war von seinem Mund in den Magen gelaufen und der Doktor sagte zu Regine, es müsste bis zu seinem Magen alles ausgepumpt werden und um das bei einem so kleinen Kind zu machen, müsste er eine leichte Narkose haben. Regine wollte keine Narkose für ihr Kind.

Das Gehirn sollte nicht ausgeschaltet werden. Ihre Sekte verbot solche Handlungen. Der Doktor sagte: »Dann ist Ihr

Kind in zwei Tagen tot. Wollen Sie das?« Und so hat sie unterschrieben, dass der Arzt seinen Pflichten, das Kind wieder gesund zu machen, nachkommen konnte.

Jony sagte zu Regine: »Du musst zu allem bereit sein, was der Arzt sagt.« Gut, dass sie da war. Was hätte Regine ohne die eindringlichen Worte dieser Frau wohl getan. Alles das ist mir so in meinem Gedächtnis, als wäre es gestern gewesen – das Krankenhaus, das Wartezimmer und die junge Frau Jony, die mit mir sprach und alles berichtete. Heute weiß ich, was auf mich, auf uns alle zukam. Ich habe niemals mit Regine auch nur andeutungsweise über »Gehirnausschalten« diskutiert.

Oder über dieses Unglück mit Josh. Warum habe ich niemals gefragt und mit meinem Kind über die Möglichkeit »Gehirn ausschalten« gesprochen, wenn es um ihre Gesundheit ginge? Warum habe ich in diesem Zusammenhang keine Fragen gestellt? War es, weil ich nicht darüber reden wollte, weil ich die Sekte ignorierte, die doch auch in meinem Leben so eine große Rolle spielte, mit diesem verhassten Verein, der unsere Familie und mein Kind zerstörte und auch meinen Enkel, ein unschuldiges Kind, nur weil die Mutter die Realität verloren hatte, langsam aber sicher.

Dieser Tag im Krankenhaus war denkwürdiger, als wir alle dachten. Damals war der kleine Josh, erst 2 – 3 Jahre alt und 17 Jahre später hat Regine sich nicht operieren lassen, aus dem gleichen Grund, wie sie es nicht für ihr Kind wollte, Gehirn ausschalten. Nur damals hat der Doktor gesagt: »Dann wird Ihr Kind sterben.« Und hat ihr, meinem armen Kind keiner gesagt – dann wirst du sterben? Nutzlos, für einen fanatischen Glauben! War da niemand da? Heute klage ich alle Personen an, die mit ihr gelebt haben. Als allererstes den Ehemann, der doch von dem Geld lebte, das sie verdiente. Hatte er keine Sorge, dass das Brot wegfiel und alle Materialien, die man zum Leben brauchte?

Alle haben eine unvorstellbare Schuld auf ihre Schultern geladen, alle, die sie kannten und nichts unternommen haben. Zu dieser Angelegenheit werde ich noch an anderer Stelle berichten. Alle in ihrer Umgebung haben meinem Kind nicht den richtigen Weg gezeigt, somit sind diese Personen mit verantwortlich für ihren Tod und müssten angeklagt werden.

Als Josh älter wurde, er hatte eine Narbe an seiner Unterlippe, die so unschön war, zurückbehalten. Seine Unterlippe zog sich nach unten. Es wärr sehr leicht gewesen, das zu beheben, aber keiner erbarmte sich des Kindes und in meiner Macht stand es leider nicht. Ich war ja nur die »Omi«. Beim Eintritt in den Kindergarten und die Schule hat Josh mir sein Leid geklagt. Er meinte, die Kinder hänseln ihn wegen seiner Lippe, aber ich konnte ihm nicht helfen, der arme Junge.
Er war hübsch und lieb und musste damit leben. Hat er seine Mami nie gefragt? So blieb auch das unerwähnt und wenn ich Josh wiedersehe – wann wird das wohl sein? –, werde ich ihn fragen.

Er wird am 29. Juni 21 Jahre alt und zum ersten Mal in seinem Leben, an so einem wichtigen Tag, hat er keine Mami, nie mehr und sie ist auch nicht in Florida und kommt in ein paar Monaten wieder. Wenn ich daran denke, während ich schreibe, kann ich nicht aufhören zu weinen, es bricht mir das Herz.

8. Geschichte: 2. Mai 2011 (28. Montag)

»Josh und sein 5. Geburtstag«

Regine war wieder umgezogen, in ein sehr großes Haus mit riesigem Garten, Grillplatz, großer Terrasse, Swimmingpool, alles war schön eingerichtet mit den Möbeln, die sie schon hatte, bevor sie verheiratet war. Danach war auch nichts mehr hinzugekommen. Das Geld wurde für den Sektenverein ausgegeben.

Nur für dieses gemietete Haus musste sie 3.500 Dollar Miete zahlen, eine stolze Summe, aber sie wollte großartig wohnen und ihre Firma lief gut. Ihre Tüchtigkeit brachte diese Summen ein. Eigentlich müsste ich stolz auf meine Tochter sein, die ihrer Familie so einen guten Lebensstandard ermöglichte.

Wenn da nicht die Trips nach Florida gewesen wären und die Abendstunden, die sie unterwegs mit der Sekte verbrachte. Josh wurde 5 Jahre alt und er war nicht mehr weit von seinem Geburtstag entfernt. Die Mami war wieder in Florida und ich besuchte den Kleinen sehr oft in seinem Kindergarten oder der Schule, wenn man diese Einrichtung so sehen wollte.

Es waren noch Wochen dahin und Josh fragte mich immer, ob seine Mami rechtzeitig zu seinem Geburtstag zurück sei. Zu dieser Zeit habe ich auch die andere Omi getroffen, an einem anderen Sonntagnachmittag und wir unterhielten uns über Joshs Geburtstag und Kuchentafel und ich erzählte ihr, welche Kuchen ich backen würde und was für eine schöne Feier wir haben werden. So eine richtige deutsche Geburtstagsfeier am Nachmittag mit Kaffee und Kuchen und geschlagener süßer Sahne. Ich muss noch anmerken, hier in Kalifornien sind englische Gebräuche und hier wird der Kuchen erst nach dem Dinner serviert und am Nachmittag werden hier Brezeln, Kräcker, Wein und Bier usw. gereicht, eine entsetzliche Erfahrung für mich, wenn ich an die gemütlichen Nachmittage am schön gedeckten Tisch sitzend mit Kaffee und Kuchen und Sahne denke.

Es waren, ich weiß nicht mehr wie viele Wochen vor Joshs Geburtstag und er fragte mich immer, ob seine Mami zu seinem Geburtstag hier sein würde. Ich konnte nichts sagen, auch hatte ich keine Verbindung während ihrer Zeit in Florida mit meiner Regine (wie man hörte, waren die Sektenmitglieder eingesperrt), was sie da wohl machte, 3 Monate waren eine lange Zeit)? So konnte ich dem Jungen nicht sagen, wann Mami wieder hier sein würde und auch pünktlich zu seiner Feier? Die Geburtstagsparty für Joshs 5. Geburtstag wurde geplant, von Jony und den anderen amerikanernischen Freundinnen von Regine und ich versprach, für den Kuchen zu sorgen, für die deutsche Kaffeetafel.

Die andere Omi hat mir einmal erzählt, sie kenne keine Stachelbeerkuchen und so sagte ich, ich werde einen backen und das war der erste Kuchen auf meiner Liste. Die Kinder mochten meinen Gugelhupf sehr, den ich immer mit dunkler Schokolade überzog und später der kleine Lukas alle Kuchenstücke am Rand abbiss und mir den mittleren Rest hinlegte. »Hier für dich, Lollo«, die Kinder nannten mich so, was war er doch ein kleiner Darling.

Die Tage vor Joshs Geburtstag wurden immer spannender und es stellte sich die immer gleiche Frage: kommt meine Mami zu meinem Geburtstag? 3 Tage zuvor war Regine noch nicht angereist und auch 2 Tage vorher nicht. Es wurde immer rätselhafter, was passiert. Ich backte meinen Kuchen für den Samstag des Geburtstages. Am Abend vorher war die Mami noch nicht da und so wie es für mich aussah, würde sie auch nicht da sein.

Was kann wichtiger sein, als den Geburtstag meines Kindes zu erleben! Regine war nicht geschäftlich unterwegs, so hätte man das noch in etwa entschuldigen können, aber für eine Sekte? Wo waren da ihr Gefühl und ihr Verstand für ihr erstes Kind? Ich konnte mich nicht in sie hinein versetzen, solche Handlungen waren mir unverständlich, ich war ein Familienmensch und alle Feiern waren mir heilig.

Am Morgen des Geburtstages packte ich meine Kuchen und Geschenke ein und Jörg und ich fuhren los. Das Haus war etwa ½ Stunde von uns entfernt. Wir parkten vor dem Haus und nahmen so viel wir tragen konnten und gingen über den Parkplatz zum Haus. Es öffnete sich die Tür und da stand unser kleiner Enkel Josh an seinem 5. Geburtstag und rief uns zu: »My Mamie did not come to my birthday!« In Deutsch: »Meine Mami ist nicht zu meinem Geburtstag gekommen!«

Wie er so dastand in der geöffneten Haustüre und uns diese Worte zurief, kamen mir die Tränen und ich hatte einen unbändigen Zorn auf meine Regine. Jetzt war es wahr und was ich schon vorher befürchtet hatte, war eingetreten; unsere liebe Tochter konnte es übers Herz bringen, wie man so schön sagt, und alles war wichtiger für sie als ihr Kind, oder dachte sie, ich, ihre Mutter, würde es schon richten? Es war so traurig, immer wenn sie weg war. Wir nahmen Josh in die Arme, trösteten ihn, den kleinen Buben, für den sein Geburtstag doch so wichtig war, ich drückte ihn ganz fest und die Tränen liefen über mein Gesicht.

Im Haus war so viel zu tun und dann kamen auch die Gäste, Bekannte von Regine und die anderen Großeltern. Ich deckte den Tisch für die Kaffeetafel und versorgte die Kuchen, ich hatte 4 Torten mitgebracht, dazu die Sahne geschlagen, für mich war das eine selbstverständliche Aufgabe, für meinen Enkel alles schön zu machen, die mich mit Freude und Stolz erfüllte.

Auch mein Josh wurde tüchtig umarmt. An diesem Tag brauchte er viele Umarmungen und ich sagte ihm, was für ein wunderbarer Junge er war, und dass ich ihn sehr lieb habe und dass er das Wichtigste in meinem Leben ist. Das

Haus füllte sich mit Leuten, die ich kaum kannte, aber alle zu dem »Verein« gehörten, Gleichgesinnte, wie man sagt. Und für mich waren diese Menschen unerreichbar, ich konnte mir nicht vorstellen, in deren Welt zu leben. Sie waren mir unheimlich, das muss ich noch dazu sagen.

Die Zeit war gekommen für Kaffee und Kuchen. Alles hatte ich schon gedeckt, Regine hatte ein schönes Blümchenservice von Villeroy und Boch, von Deutschland damals geschickt. Ich übernahm die Hausfrauenpflichten. Die anderen amerikanischen Freunde bewunderten meine Kuchen und auch die Stachelbeertorte, die die andere Omi noch nie gesehen hatte, geschweige denn gegessen. Alles schmeckte vorzüglich. Josh hat in diesen Stunden, glaube ich, etwas seine Mami vergessen. Er war der Mittelpunkt, da waren die Kinder der Freunde und nicht zu vergessen, die Geschenke.

So verlief alles harmonisch, alle sprachen Englisch und ich war als Deutsche mit meinen deutschen Kuchen mittendrin. Bis der Anruf kam und eine Freundin von Regine nach der anderen ans Telefon gereicht wurde, und es war ein Gelächter, alles war lustig, in mir kochte es. Ich wusste erst nicht, wer am Telefon war, dann habe ich nicht bemerkt, wie Josh mit Mami telefonierte. Hat sie ihn am Telefon gedrückt? Und Küsschen ins Telefon? Ich tat beschäftigt, denn es war klar, ich wollte nicht mit ihr reden.

Sie sollte merken, dass ich es nicht lustig fand, dass sie nicht hier war. Nach langer Zeit reichte mir eine Freundin das Telefon: »Regine möchte mit dir sprechen.« Ich sagte: »Danke, aber ich nicht.« Ich weiß es noch heute und die Frauen drumherum sahen mich an und verstanden gar nicht, was ich meinte. Ich habe keinen Kommentar abgegeben, nur die 4 Worte: Danke, aber ich nicht.

Und so war der Spuk mit Regine am Telefon vorbei und alles normalisierte sich. Und alle, die da waren, sahen mich verständnislos an. Ich weiß bis heute nicht, was sie dachten.

Es ist auch so unwichtig. Josh hatte doch noch einen schönen Geburtstag, den fünften.

Im nächsten Jahr war Regine in anderen Umständen, da war eine große Feier für Joshs sechsten Geburtstag in demselben Haus mit Gummihaus und Rutschen. Und 3 Tage später war Lukas geboren, am 2. Juli 1996 und ich hatte ein 2. Enkelkind, was ich liebhaben und verwöhnen konnte und das mich brauchte. Diese Geschichten schreibe ich nach all den Erlebnissen mit Josh.

9. Geschichte: 9. Mai 2011 (29. Montag)

»Muttertag«

Heute ist Montag, der 9. Mai, der 29. Montag. Gestern war Muttertag, der 8. Mai und zum ersten Mal fühle ich, dass ich keine Mutter mehr bin. Mein einziges Kind lebt nicht mehr und kann mich auch nicht mehr drücken. Zum ersten Mal bin ich nicht aus dem Haus zu einem Brunch für die Mütter, zu dem man überall hingehen kann, gegangen, ja, das Leben ist nicht mehr dasselbe. Die Traurigkeit lässt mich nicht mehr los.

In meinen Erinnerungen haben wir immer schöne Muttertage verlebt. Meine Regine war auch eine Mami, Regine hat Reservierungen gemacht, nachdem sie mich fragte, wo wir hingehen wollen. Sie brachte einen Blumenstrauß und hatte ein kleines Geschenk für ihre Mutter. Seit 2003 habe ich sie nie wieder gesehen oder gesprochen und auch die Muttertage fielen für mich aus. Wie konnte ich das alles nur ertragen. Am ersten Muttertag alleine gelassen, habe ich mich noch in alter Tradition schön gemacht und es etwas gelassen gesehen. Vielleicht kommt sie ja noch, wer weiß. Jörg und ich gingen in den BBC Club, dort war es immer schön, elegant, auch der Brunch war himmlisch gut.

Auch hatte Josh sich gewünscht, an seinem Geburtstag im Juni 2003 dort zu feiern, sein Geburtstag, an dem ich zum letzten Mal dabei war. Er liebte es, dorthin zu gehen. Nachdem uns der Ober an einen 2-Personentisch brachte, fing ich an zu weinen. Wir waren die einzigen 2 Personen am Tisch in dem großen Ballsaal. Ich schaute mich um – überall große Familien, Kinder, Enkel, Großeltern. Ich fühlte mich so verlassen und war so traurig. Vor allen Dingen wusste ich nicht, warum meine Regine ihre Mama nicht mehr sehen wollte.

Wir haben dann noch ein paar der nächsten Muttertage mit Isabella und Familie verbracht. Danach mit Jörg alleine. Auch wollte ich diese Plätze für Muttertag nicht mehr aufsuchen. Es war zu traurig.

So ist es geblieben und jetzt habe ich nur noch die schönen und traurigen Erinnerungen.

10. Geschichte: 16. Mai 2011 (30. Montag)

»Josh und der Hamster«

Gerade ist mir Heike, Freundin von meiner Regine eingefallen und somit diese Geschichte. Josh war etwa 8 oder 9 Jahre alt, Lukas war etwa 2 oder 3 Jahre alt (6 Jahre jünger). Habe Jony im Hamsterladen (Tiergeschäft) zufällig getroffen (obwohl man hier nie jemanden irgendwo trifft). Sie war sehr nett zu mir, sie war auch eine Sektenfrau, aber sie schien mir ganz normal und ich konnte mich mit ihr gut unterhalten, immer wenn wir uns begegneten.

Alles fing an, als Josh mich eines Tages fragte, er möchte einen Hamster haben, ob ich ihm helfen könnte, ins Tiergeschäft zu gehen. Zu dieser Zeit habe ich bemerkt, in der kleinen Kindergartenschule, die auch von der Sekte betrieben wurde, hatten einige Kinder im Klassenzimmer Hamsterkäfige aufgestellt und waren sehr um diese kleinen Tierchen bemüht, es war klar, Josh wollte auch an so einem Glück, einen kleinen Hamster zu haben, teilhaben und für so ein kleines Tierchen sorgen.

Josh war ein lieber Junge, ich habe ihn nie bösartig erlebt, eben ein guter, lieber Bub. Wir beide hatten immer ein so gutes Verhältnis und ich glaube, wir hatten uns lieb von dem Moment an, als wir uns kennenlernten, als er ein Baby war und er wusste, dass ich seine Grandma Lollo war und die Mutti seiner Mama und auch wir, meine Regine und ich, haben uns immer lieb gehabt und eine gute Beziehung zueinander, eben wie es so ist mit Mutter und Tochter.

Nun, als Josh mich fragte, ob ich ihm einen Hamster kaufen würde, habe ich ja gesagt. Ich muss noch dabei erklären, Josh hat mich immer, wenn er etwas haben wollte, gefragt, ob ich es besorgen kann, was immer es war in seinen jungen Kindertagen.

Vorher hatte Josh mir gesagt, sein Vater hätte es verboten und es mir erzählt, dann war die Überlegung, was wir – ich besonders – tun sollte, ich konnte es dem Jungen nicht abschlagen und alles nahm seinen Lauf. Außerdem überlegte ich, dass der Hamster in seiner kleinen Schule bleiben konnte, wie schon vorher erwähnt.

Nun standen wir also im Tiergeschäft und unterhielten uns, Jony und ich. Sie sprach von ihren 2 Söhnen und sagte, sie hätten gerade Prüfungen für die Aufnahme in eine gute Privatschule, die an der neuen kleinen Autobahn lag.

Ich fuhr an dieser Schule mehrere Tage in der Woche vorbei. Ich wusste schon von Regine, Jony hat ihre Kinder niemals in eine normale Schule geschickt und auch nicht dorthin, wo Josh und später auch Lukas hingingen, eben nach der Lehre von der Sekte geleitet. Aber davon möchte ich später erzählen.

Weil wir so herumstanden und erzählten, wurde mir so

schwer ums Herz und ich fing an zu weinen, meine Regine war wieder in Florida, wo sie immer 3 und auch einmal 5 Monate weg blieb und ich mich um die Buben kümmerte. Ich fühlte mich so alleine gelassen und war sehr traurig und auch die Buben vermissten ihre Mami so sehr, aber auch davon später.

Als Jony fragte, was wir hier im Geschäft wollten und ich sagte, Josh möchte einen Hamster und den wollen wir jetzt aussuchen, nebenbei bemerkt, Josh und Lukas liefen herum und sahen sich die Tiere an, die da waren. Wir waren zum ersten Mal in einem Tiergeschäft und es war ja so spannend und gab so viel zu sehen. Jony bemerkte, wie traurig ich war. Sie war wirklich nett und sagte zu mir: »Eleonore, du bist die beste Grandma, die ich kenne«, dabei umarmte sie mich, etwas hat es mich getröstet, aber ich wusste es schon selbst.

Ich habe alles für die Buben gemacht, um die dauernde Abwesenheit der Mama etwas zu lindern. Nach einer langen Zeit der Unterhaltung verabschiedeten wir uns und jetzt kam der schöne Teil in dem Geschäft.

Josh hatte seinen Hamster ausgesucht und natürlich den dazu gehörigen Käfig, Futter usw. Ich bezahlte gerne, Josh trug seinen Hamster samt Käfig zum Auto und wir fuhren zu seiner »Schule«, Kindergarten. Er saß vorne und hatte den Käfig auf dem Schoß und war ganz glücklich.

Nebenbei erinnerte Josh mich, sein Vater hatte es nicht erlaubt, einen Hamster zu haben und so hat er den Hamster in der Schule abgestellt zu den anderen Käfigen. Es war mir ganz elend, wenn ich daran dachte, er kann ihn nicht mit nach Hause bringen und musste warten bis zum nächsten Morgen, um ihn wiederzusehen.

Der arme Junge tat mir so leid. Ich tröstete ihn und sagte: »Auch die anderen Hamster sind da und so haben sie alle Gesellschaft.« Josh umarmte mich und bedankte sich und sagte, schon als er im Auto saß und seinen Käfig auf dem Schoss hatte: »Lollo, ich habe den schönsten Käfig.« Ich dachte: natürlich, mein lieber Junge, du sollst immer das Schönste haben. Es war alles, was ich tun wollte in den nächsten Jahren.

Es vergingen etliche Tage, vielleicht eine Woche und Josh konnte endlich Käfig samt Hamster nach Hause bringen und so war alles zum Guten ausgegangen und auch später vermehrten sich die kleinen Tierchen und hatten so viele Babys, Josh zeigte mir ganz stolz, wie viele kleine Tierchen im Käfig waren und sich tummelten (es war für mich etwas gruselig anzusehen). Ich habe, während ich schreibe, alles so nah in meiner Erinnerung, als wäre es gestern gewesen. Und so möchte ich noch viele Geschichten aufschreiben, die ich mit meinen Enkeln Josh und Lukas erlebte. Ich bin im Nachhinein so glücklich, dass ich diese Zeit hatte und werde sie bis an mein Lebensende nicht vergessen.

Übrigens habe ich Jony nie wieder gesehen, vielleicht rufe ich sie einmal an und frage, was aus ihren Söhnen geworden ist, und ob sie eine gute Ausbildung hatten auf dieser tollen Schule. Es war nicht in meiner Macht, auch meinen Enkeln dieses zu ermöglichen.

Heute ist der 30. Montag, als meine Regine, mein einziges Kind, gestorben ist. Wie soll ich meinen Schmerz bewältigen, bis zum Rest meines Lebens?

11. Geschichte: 30. Mai 2011 (32. Montag)

»Die Vogelkinder«

Heute ist der 32. Montag, der 30. Mai, ich sitze wieder an dem Großvaterschreibtisch und schaue in meinen Garten, der so friedlich ist vor mir. Unter dem oberen Terrassendach sind die kleinen Vögelchen in ihren Nestern schon groß geworden und zwitschern aus dem Nest heraus und manchmal kann man die kleinen Köpfchen sehen, rechts und links vom Dach und die Vogelmama fliegt hin und her, um ihre Kinder zu füttern und sie groß zu ziehen, damit sie ein eigenständiges Leben haben, wie wunderbar ist diese Vogelwelt.

Daran muss ich jetzt denken. Wie traurig es war, wenn meine Regine ihre Kinder so oft alleine gelassen hat, für Monate, wie hat sie die Buben umarmt und geküsst, ich komme bald wieder? So eine traurige Verabschiedung, was haben die Buben gemacht, geweint, Mama bleib doch hier, wie hat sie es ihnen erklärt? Mich rief sie immer an, bevor sie am nächsten Tag abflog. Was sollte ich auch sagen, bleibe hier, dein Platz ist bei deinen Kindern. Ich erinnere mich, Josh war immer so traurig, wie hat sie es dem Jungen erklärt, dass sie abflog und so lange. für drei Monate, einmal waren es fünf Monate.

Mein armes Kind, ich kann sie nicht mehr fragen und auch damals habe ich nichts gesagt. Wie konnte eine Mutter ihre Kinder alleine lassen und wofür? Für eine Sekte? Wie fanatisch muss man sein, täglich in drei Monaten die Kinder nicht zu sehen, schnell die Koffer zu packen und zu ihnen zu eilen?

Da war auch Lukas, das Baby war erst sechs Monate alt und wurde abgestillt, nur um für drei Monate zu der Sekte nach Florida zu fliegen. Und das Kind erst wiederzusehen, als es neun Monate alt war. Wenn ich jetzt darüber schreibe, kann ich es kaum fassen, dass so etwas wirklich stattgefunden hat, meine Regine verlässt ihre Kinder, wo sie doch so liebevoll, herzlich und zärtlich sein konnte. Es war überhaupt nicht in ihrer Natur. In was war sie da hineingeraten, das sie so fanatisch machte und sie alles hinter sich ließ? Unbeantwortete Fragen, ich werde es nie erfahren, eine sehr schmerzliche Erkenntnis.

Zu dieser Zeit habe ich so gut ich konnte, die Mutter ersetzt, eingekauft, gekocht, bin mit Brenda, dem damaligen Hausmädchen, in Spielläden gefahren, mit den Buben, damit ich sie trösten konnte und ablenken von zu Hause, wo keine Mami war. Alles habe ich getan und war auch wieder froh, wenn Regine endlich zu Hause ankam.

Jetzt, wo ich hier sitze und die Vogelmutter beobachte, denke ich, diese kleinen Vogelkinder werden nicht alleine gelassen, bis sie selbstständig fliegen können und stark genug sind, sich selbst zu ernähren.
Was für eine schöne heile Vogelwelt!

12. Geschichte:13. Juni 2011 (34. Montag)

Montagsgeschichte »Aprikose«

»Joshs Geburtstagswunsch zum 13.«

Es ist Nachmittag ich sitze wieder an dem Schreibtisch, sehe in den Garten hinaus und schreibe. Es ist still im Haus und nichts ist wichtiger für mich geworden, als jeden Montag meine Erlebnisse aufzuschreiben. Ich habe mir vorher ein paar Erdbeeren gepflückt und nach Lukas' Aprikosen geschaut. Bald sind sie reif.

Der Baum ist voller Früchte. Am Samstag habe ich mit Mario ein paar lange Holzlatten rings um den Baum gesetzt und ein Netz über den Baum gespannt. Es war so mühevoll, weil wir beide zu klein waren und die Latten zu groß, so sind wir nicht fertig geworden und jetzt warte ich, bis jemand vorbei kommt, der groß genug ist und das Werk vollenden kann. Erst dann kann ich gewiss sein, dass mir die Früchte gehören und nicht den Vögeln da draußen.

»Joshs Geburtstagswunsch zum 13.«

Es war Frühjahr 2003, das besagte Jahr voller Ereignisse, das mein Leben veränderte, wie ich es nie für möglich gehalten habe. Aber ich wusste es noch nicht. Nachdem Josh schon alles hatte, habe ich mir gedacht, sein Zimmer mit einem neuen Anstrich zu verschönern. Bei Gelegenheit fragte ich ihn, ob er einverstanden war und ob es ihn freuen würde. Er war sofort begeistert und wir machten Pläne.

Da das Haus gemietet war an Mumford Drive, hatte es einen ganz üblichen beigen Anstrich und wirkte dunkel überall, so auch Joshs Zimmer. Ich bestellte meinen Anstreicher und meine damalige Hilfe, die alle schon Jahre für mich gearbeitet haben.

Jetzt mussten wir noch die Mami, Regine, fragen, wann es ihr recht wäre. An welchem Tag wir es machen sollen. Regine war ganz erstaunt, als sie hörte, was wir vorhatten, aber auch sie sagte, das sei eine gute Idee und wenn Josh so einen Wunsch hätte, sie könne ihrem Liebling sowieso nichts abschlagen. Wer konnte das? So haben wir überlegt und nach ein paar Tagen war der passende Tag gefunden.

Es war Samstag und Regines Geburtstag, der 3. Mai 2003. Sie wurde 44 Jahre alt. Erst hatte ich Bedenken, ob der Geburtstag der richtige Tag war, aber Regine meinte, wir können trotzdem Spaß haben und eine Kaffeetafel am Nachmittag. Jetzt war alles perfekt. Ich besprach mich mit meinen Leuten, Anstreicher und Hilfe, und so wurde der Tag, Regines Geburtstag zum festen Termin. Obwohl Joshs Geburtstag erst Ende Juni war, musste so ein Projekt vorher fertig sein. Es musste noch die Farbe gekauft werden. Das machte ich, der Ton war blendend weiß, so wünschte sich Josh sein Zimmer. Es sollte hell sein.

In den vorigen Jahren hatte ich mit Josh den Schreibtisch bei Ikea ausgesucht und an einem Samstag kam der Arbeiter von Ikea und baute den Tisch auf. Er reichte über die restliche Länge des Zimmers zur Ecke und dann zum Fenster, so hatte er Platz für seinen Fernseher, den er sich zu Weihnachten gewünscht hatte und den Computer, den ich ihm zu einem anderen Ereignis oder Geburtstag gekauft hatte und er hatte genug Platz auf der Fläche für andere Schreibarbeiten. Auch der Stuhl mit Rollen war gleich dabei. Nachdem der Tisch aufgebaut war, habe ich eine Bürolampe gekauft und die Ersatzbirnen dafür hatte ich bei mir zu Hause. Ich habe sie heute noch. Auf jeder Birnenpackung steht Josh oder Lukas, für seine jeweilige Lampe.

Da wir das Anstreicher-Projekt geplant hatten und der Geburtstag meiner Regine an diesem Tag war, musste sie eine Überraschung haben. Schon lange war mir bekannt, dass die Waschmaschine und der Trockner überfällig waren, beziehungsweise der Trockner war seit einiger Zeit ganz ausgefallen und beim nächsten Besuch habe ich bemerkt, dass die Wäsche zum Trocknen nach draußen in den Garten gehängt wurde. Zwischen zwei Bäumen war eine Leine gespannt. Obwohl Regines Firma gut lief, konnte ich nur denken, wofür das Geld ausgegeben wurde. Ich muss immer wieder sagen, wie unverständlich es für mich war, dass meine Tochter am meisten für die Sekte arbeitete.

So eine Gefangene war sie in diesem Verein, wie man überall hörte. Als ich die Wäsche auf der Leine sah, war mir sofort klar, das musste ich beenden. So hatte ich den Entschluss gefasst, das Geburtstagsgeschenk sollte eine Waschmaschine und ein Trockner sein. Beide Teile habe ich bei Sears gekauft. Es waren gute Geräte und ich habe das Beste ausgesucht, aber es war erst mein Geheimnis und ich wollte Regine an dem besagten Anstreichertag, ihrem Geburtstag, überraschen.

Es ist mir, als wäre es gestern gewesen und die Freude für meine Regine spüre ich noch heute, während ich schreibe. Da es auch ein schöner Geburtstag mit Kaffeetafel sein sollte, hatte ich mit Regine vereinbart, den Kuchen zu backen. Sie sorgte für die Sahne und weil wir alle so früh am Morgen kamen, hatte Regine das Frühstück vorbereitet.

Am Morgen des Samstags kamen José, der Anstreicher, mit seinen Helfern und auch meine Hilfe zu meinem Haus und wir fuhren mit Putzmitteln und Arbeitsmaterialien zu Regines Haus.

Die Freude war groß, als wir uns sahen und es wurde ausgepackt und wir alle setzten uns an den Frühstückstisch, den Regine wie immer so schön gedeckt hatte und wir aßen auch etwas von dem mit Schokolade überzogenen Rodonkuchen, den die Kinder so gerne mochten, es war schon Tradition, dass er dabei war. Jetzt für José und Helfer und die Hilfe, Regine, die Kinder und mich und Jörg (Papa).

Der Ehemann kam erst später aus dem Schlafzimmer und machte wie immer Witze. Eigentlich war er ganz überflüssig, denn er half ja nie und sah immer den Leuten bei der Arbeit zu, dafür kannte ihn ja jeder. Nach dem Frühstück ging es los. In Joshs Zimmer wurde ausgeräumt, dann alles abgedeckt, Jörg demontierte die einfachen Lamellentüren von seinem Schrank und wir brachten sie nach draußen.

Zu dieser Zeit haben wir den Menschen nicht mehr gesehen, bis spät am Nachmittag, dann wurden die Farbtöpfe aufgemacht und die Wände wurden weiß gestrichen. Die Arbeit musste wiederholt werden, da der erste Anstrich die Wände nicht deckte. Gegen Mittag klingelte es an der Tür. Ich öffnete. Ich wusste schon, was es war und Josh, der draußen war, rief mir zu, hier sei ein großer Truck, der wollte etwas liefern. Ich stand in der Türöffnung und legte meinen Finger auf den Mund, der Mann vor mir verstand sofort. Ich schloss die Tür etwas und rief ins Haus: »Regine, komm doch bitte! Hier ist jemand für dich.«

»Ja«, sagte sie und kam zur Tür.

Der Mann sagte: »Ich habe eine Waschmaschine und

einen Trockner, den ich hier liefern soll.« Ich sehe noch Regines Gesicht. Die Überraschung war mir gelungen. Ich sagte:»Kind, das ist mein Geburtstagsgeschenk für dich«, und umarmte sie, mein einziges Kind. Sie sollte es doch immer gut haben. Wir haben immer alles für sie getan, aber das bei einem anderen Kapitel. Wäre sie doch nie dem »Verein« beigetreten und hätte sie nie diesen Mann kennengelernt, der uns alle unglücklich machte – bis heute.

Jetzt ging es richtig los, denn die alten Geräte mussten herausgetragen werden. Meine Hilfe hatte den kleinen Waschraum gesäubert, vor allen Dingen die Absaugrohre für den Trockner, dann wurden die neuen Geräte angeschlossen. Alles sah so schön sauber und proper aus. Wir gaben die Wäsche in die Waschmaschine und ich erklärte Regine die Waschvorgänge. Seit etwa 2 – 3 Jahren war keine Haushaltshilfe mehr da und somit hat Regine alles selbst erledigt. Oder war da eine Hilfe, die ein- oder zweimal wöchentlich kam?

Heute war ein besonderer Tag im Hinblick auf Regines Geburtstag und auf den neuen Raum für Josh. Am späten Nachmittag war alles fertig und jetzt hatten wir unsere gemütliche Kaffeestunde mit allen, die da waren. Es war sehr schön und vertraut, so wie wir es gewohnt waren.

Regine und ich hatten immer ein warmes Gefühl füreinander. Wir verstanden uns im Dunkeln. Natürlich hatte ich etwas Persönliches für Regine gekauft bei Saks und ich überreichte ihr mein Geschenk. Es war etwas Sommerliches zum Baden für den Strand und wie es später geschah, hat es ihr nicht so gefallen und sie bat mich, es umzutauschen. Dann sind wir an einem anderen Tag zum Umtausch und Regine hat sich ein weißes Kleid, zweiteilig, ausgesucht. Ich hielt ihre Tasche und sie stöberte in den Kleidern, probierte und ich begutachtete, bis sie das passende gefunden hatte.

Dann sind wir noch in die Schuhabteilung in die untere Etage. Ich sagte:»Auch ein paar Schuhe gehören dazu, damit der Anzug komplett ist.« Sie wollte es erst nicht, manchmal war sie so bescheiden. »Mutti, du hast schon genug Geld ausgegeben.« Ich höre noch ihre Stimme. Sie war ein liebes Kind.

Das war für mich ein Shoppingtag mit meiner Tochter, den wir niemals wieder, seit sie verheiratet war, hatten. Es war so schön und es erinnerte mich an unsere Tage in ihren jungen Jahren, am Rodeo Drive in Beverly Hills und in Düsseldorf auf der Königsallee, die schönste Shopping Meile, was hatten wir zwei immer für eine gute Zeit. Es hat uns so viel Spaß gemacht. Daran denke ich schmerzlich zurück. Jetzt, wo mein Leben so einsam geworden ist, ohne Regine und die Buben! Die letzten 8 Jahre, und jetzt werde ich sie nie wiedersehen und niemals kann ich fragen: »Weißt du noch ...?«

An diesem Nachmittag an ihrem Geburtstag und dem Anstrich in Joshs Zimmer war alles noch so, wie es sein sollte. Ich war froh, den Tag mit meinen Liebsten zu verbringen.

Später kam auch der Ehemann ins Haus und brachte einen Blumenstrauß mit auf der Wiese gepflückten Gräsern, was er da wohl machte, den ganzen Tag? Josh liebte sein Zimmer und immer, wenn ich ihn später fragte:«ie sieht es aus bei dir?«, antwortete er nur mit drei Worten: »Alles ist hell.« Das war das schönste Kompliment und so hat sich der Aufwand gelohnt und ich war glücklich, dass der Junge es auch war. Ein paar Wochen später hat mir der Anstreicher, der auch mit mir befreundet war, über die Jahre erzählt, der Ehemann sagte ihm, er sollte mich fragen ob er das ganze Haus anstreichen könne, er sagte: »Ask her to paint the whole house.« Als Joshs Geburtstag kam, hatten wir eine schöne Feier und ich hatte auch ein schönes Geschenk für meinen Enkel, aber das erzähle ich in der nächsten Geschichte.

13. Geschichte: 27. Juni 2011 (36. Montag)

Montagsgeschichte: »Jörgs Geburtstag«

»Letzter Dankesbrief von Regine«

Es ist warm geworden, so die letzten 2 Wochen im Juni. Morgens ist es noch kühl und so etwa 16–18 Grad, aber dann kommt die Sonne heraus und es wird sehr heiß, ca. 26–28 Grad. Ich halte mich im Haus auf. Nur morgens und abends wässere ich meinen Berg, so auch heute. Da der Berg in mehreren Etagen aufgeteilt ist, wässere ich auch unterschiedliche Sektionen.

Heute Morgen die unterste Ebene und die mittlere. Hoffe, im nächsten Jahr alles mit einer Bewässerungsanlage ausgelegt zu haben, aber die Zeit am Berg hilft mir in meinen Gedanken.

Es ist so friedlich da und manchmal kommen Reiter oder Spaziergänger, Jogger mit Hund vorbei, rechts und links von meinem Grundstück ist alles wilde Fläche und somit haben wir auch alle Tiere am Berg, die sich bei mir satt essen wollen. Die Vogelkinder zwitschern wieder unter dem Dach. Es sind neue Babys da und die Vogelmutter fliegt hin und her, um ihre Kinder satt zu füttern.

Am letzten Samstag war Jörgs Geburtstag, der 76. Es ist unfassbar, wie die Jahre vergangen sind. Er ist gesund und sieht immer noch gut aus und erledigt die Geschäfte in Huntington Beach. Eine große Hilfe, denn das könnte ich nicht auch noch erledigen, wie vor Jahren, als ich hier die alleinige Verantwortung hatte.

Wenn ich zurückdenke, wie jung wir waren, als wir uns kennenlernten. Er war gerade 22. Damals wollte ich nie heiraten, aber alles ist anders gekommen.

Zum ersten Mal in diesem Jahr hat Regine ihrem Papa nicht zum Geburtstag gratuliert, weil sie nicht mehr auf dieser Welt ist und sie wird es nie wieder tun. Die vorigen sieben Jahre hat sie ihrem Papa auch nicht gratuliert, weil sie es nicht wollte, was oder wer auch immer dahinter stand, wo sie doch ihren Papa liebte, der immer alles für sie getan hat. Hat sie sich denn daran nicht erinnert, in den Jahren ohne Papa? Als er 70 oder 75 wurde, eine wichtige Geburtstagszahl im Leben eines Menschen?

Als ob der Teufel in ihr Gedächtnis eingekehrt ist, anders kann man es nicht erklären. Mein armes Kind! Wir können es nicht mehr herausfinden.

»Letzter Dankesbrief von Regine«

Nach Regines 44. Geburtstag und dem Anstreichtag hat Regine mir eine schöne Dankeschön Karte gesendet (liegt als Anhang bei). Sie bedankte sich für die Waschmaschine und den Trockner, der in ihr Haus kam, dann für die schönen Kleider und Schuhe, die sie als nächstes zum Muttertag angezogen hatte.

Regine war immer ein elegantes Mädchen, alle Blicke gingen zu ihr, wenn sie den Raum betrat. Ich war mächtig stolz. In den Jahren ihrer Ehe und mit der Sekte, zu der das meiste Geld ging, hatte ihre Kleidung etwas gelitten, vorher hat Mama alles bezahlt.

In der Karte schrieb sie, dass »es schön war, mit Dir, Mama, Shopping zu gehen und das machen wir jetzt mal öfter.« Öfter? Ich las ganz erstaunt, so hatten wir ja nie ein einziges Mal einen Shoppingtag, seit sie verheiratet war, noch nicht einmal mit den Kindern an irgend einem Weihnachtsfest, zu Ostern oder Geburtstagen, oder wann sonst hätten Shoppingzeiten sein können.

Sicher hat sie sich nach unserem Tag bei »Saks« an die wundervollen Zeiten erinnert, als wir alle diese schönen Dinge erstanden hatten. So gerne würde ich mit ihr den Tag verbringen und etwas kaufen, für sie oder mich. Alle festlichen Zeiten habe ich mit den Buben verbracht. Wir sind zu Ostern zum Osterhasen nach Fashion Island in Newport Beach gefahren, dort wurden Fotos gemacht mit Lukas auf dem Schoß des Osterhasen.

Jedes Jahr bis zu Lukas 7. Jahr in 2003 und zum Weihnachtsmann auch mit Josh. Die Kinder setzten sich zum Weihnachtsmann auf dessen Schoß und es wurde fotografiert. Was sind diese Fotos eine schöne Erinnerung. Ich denke so oft daran und werde es nie vergessen. Und die Buben, haben sie mich total vergessen?

So habe ich die Karte mit Erstaunen gelesen und gedacht, jetzt wird alles anders. Auch schrieb sie: Mutti ich hab dich sehr lieb. Deine Tochter Regine. Die Karte hat mich sehr überrascht und gefreut und es zeigte mir, wir gehören zusammen. Regine und ihre Mama und dann kam Joshs Geburtstag im Sommer am 29. Juni. Er wurde 13 Jahre alt. Diese Feier war sehr schön und die letzte, die ich mit dem Jungen hatte. Das erzähle ich in der nächsten Geschichte.

14. Geschichte: Mittwoch, 29. Juni 2013

»Brief an Josh zum 21. Geburtstag«

Heute ist Mittwoch, der 29. Juni und Joshs 21. Geburtstag. Die letzten Wochen und Tage habe ich nach einer Möglichkeit gesucht, dem Jungen, meinen erstgeborenen Enkel, eine Nachricht zu übermitteln, irgendein Lebenszeichen von mir. Ich finde keinen Weg und auch bei Facebook erhalte ich keine Antwort. Der Junge möchte mich nicht als Freund anerkennen, was ist nur passiert?

Und heute, an seinem Geburtstag, kann ich diese Zeilen schreiben und so in Gedanken bei ihm sein und ihn ganz fest drücken. Es ist unglaublich, dass ich seinen 13. Geburtstag zum letzten Mal gefeiert habe, danach kein Lebenszeichen mehr.

Lieber Josh!
Heute, an Deinem 21. Geburtstag, sende ich meine Glückwünsche zu Dir mit diesen Zeilen. Ich umarme Dich tausendmal und auch einen dicken Kuss. Ich wünsche Dir einen schönen Tag und das Allerbeste für das nächste Lebensjahr und dass alle Deine Wünsche in Erfüllung gehen, die Du an das Leben hast. Jetzt bist Du ein junger Mann und der Ernst des Lebens kommt auf Dich zu und auch sicher viele Entscheidungen, wie Dein Leben verlaufen soll. Dass Du zum ersten Geburtstag und dann den 21. ohne Deine geliebte Mami verbringst, bricht mir das Herz. Wer hätte so etwas gedacht, meine geliebte Tochter ist so früh aus dem Leben gegangen. Auf dem Schreibtisch vor mir ist ein Foto von Deiner Mami, wie sie Dich auf dem Schoß hält und der kleine Baby-Lukas auf Deinem Schoß. Du warst gerade 6 Jahre alt, wir waren alle so glücklich und wussten nicht, was uns erwartete.

Man kann so vieles selbst entscheiden, wie das Leben verlaufen soll. Gern würde ich Dir dabei helfen. Ich hoffe, wir sehen uns endlich bald wieder und können uns lieb haben. Heute möchte ich Dir schreiben, wie es war, als Deine Mami ihren 21. Geburtstag hatte. Also, es waren die ersten Jahre hier in Kalifornien. Deine Mami und ich reisten von Deutschland nach Kalifornien. Wir hatten das Haus gerade gekauft und somit ein gemütliches Zuhause.

Am Vorabend von Regines Geburtstag gingen wir, Deine Mami und ich, in ein schönes Restaurant in Newport Beach. Es war ein Schiff, das im Hafen lag. Wir hatten ein gutes Essen und waren rundherum glücklich. Es gefiel uns allen in der neuen Welt. Als es später wurde, so 23 Uhr, wollte Regine endlich ein Glas Wein bestellen. In Deutschland hätte sie immer einen Drink haben können. Und so orderte ich für Regine, aber der Ober winkte ab und wollte den Ausweis sehen. Wie alt sie war. Wir sagten: »In einer Stunde wird sie 21 Jahre alt und wir möchten jetzt schon anstoßen, auf das nächste Lebensjahr.« Er brachte kein Glas Wein.

Die Gesetze waren so in Kalifornien, unter 21 Jahren kein Drink, aber heiraten mit 18 Jahren war erlaubt. Ob das Hochzeitspaar auch nicht anstoßen konnte? Die Absage des Kellners wollte ich nicht gelten lassen und fragte, ich möchte den Manager sehen. Es war mittlerweile 23.30 Uhr und Regine wurde in 30 Minuten 21 Jahre alt. Obwohl sie in Deutschland geboren war und dort schon 9 Stunden vorher 21 Jahre alt war. Der Manager kam und ich erklärte die Situation und endlich brachte er ein Glas Wein und bald war es Mitternacht und wir konnten auf Regines 21. anstoßen. In den nächsten Tagen kam auch Papa angereist und wir überlegten am Samstagmorgen, was wir unserer Tochter schenken. Regine war ein schönes, tüchtiges Mädchen und unsere einzige Tochter, also unser Sonnenschein. Wir wollten immer, dass sie glücklich ist.

Also, Papa hatte die grandiose Idee, ihr ein schönes Auto zu kaufen. Und so war es beschlossen. Bis zum Nachmittag stand ein kleiner roter Flitzer, Sportwagen, Marke Triumph TR 7, 2 Sitze, vor unserer Tür. Regine war fassungslos und glücklich, als Papa ihr den Autoschlüssel gab. Die Überraschung war gelungen. Was wollten wir mehr. Die Party mit den neuen Freunden hier in Kalifornien fand anschließend statt und Regine zeigte voller Stolz ihr neues Auto, mit dem sie die neue Welt erkunden konnte. Sie reiste erst zu ihrem 25. Geburtstag nach Deutschland und wir hatten dort in unserem Haus eine schöne Feier mit unseren vielen Verwandten und Freunden.

Wenn wir uns wiedersehen, mein Junge, werde ich dir alle die wunderbaren Geschichten von Deiner Mami erzählen und Du wirst mit offenem Mund zuhören und sie in ihrer Jugend und ihren Kindertagen kennenlernen, was eine wundervolle, liebenswerte Person sie war, denn der einzige Mensch, der alles weiß, bin ich, ihre Mami und Deine Grandma. Bis bald, ich hoffe sehr! Wünsche Dir alles Liebe und umarme Dich, *Deine Grandma Lollo*

15. Geschichte: 4. Juli 2011 (37. Montag)

»Der 4. Juli«

Heute waren wir eingeladen bei Hilde und Heinrich, wie schon so oft in den vergangenen Jahren zu einer 4. Juli Party. Erst wollte ich nicht gehen, aber dann überlegte ich und überwand mich und meinen Schmerz.

Dort angekommen sahen wir alle Menschen, die wir schon so viele Jahre kannten. Ich möchte sagen, von Anfang an, als wir nach Kalifornien kamen, und das ist über 30 Jahre her. Inzwischen sind auch die Kinder der Freunde herangewachsen, haben geheiratet und selbst Kinder bekommen – so wie Regine, nur niemand ist in eine Sekte eingetreten und hat so ein stressvolles Leben gehabt, wie meine Tochter. Von dem Ehemann und dem Leben mit diesem Menschen ganz zu schweigen.

Alle kannten Regine und wir sprachen den ganzen Nachmittag von ihr und was passiert war, musste ich erzählen und meine Tränen flossen oft. Keiner dieser wundervollen Menschen, es waren alles Deutsche, so konnten wir in unserer Sprache sprechen, kann verstehen, was geschehen ist.

Niemand konnte glauben, wie Regine in so etwas wie diese Sekte geraten konnte, wo sie doch ein studiertes Mädchen war und immer geradeheraus war, redete und ganz

dabei lebte und so aus dem Leben gegangen ist. Keinen Arzt um Hilfe gebeten hat und auch niemand um sie herum ihre Krankheit erkannte.
. Jeder hatte den Ehemann schon erkannt, aber es wurde nicht darüber gesprochen. Außer Regine, die einen Master in Business absolvierte, in English am 18. April 1987, sie war da 28 Jahre alt. Keiner von den Freunden hätte je gedacht, dass sie so einen Lebensweg vor sich hatte.
So verging der Nachmittag, es war ein schöner Tag, wie lange nicht für mich. Es gab viel zu denken und es hat mich auch etwas getröstet, mit diesen vertrauten Menschen zu sprechen, die ich so lange kannte. Im Andenken an meine geliebte Tochter.

16. Geschichte: 11. Juli 2011 (38. Montag)

»Joshs 13. Geburtstag«

Als Joshs Geburtstag näher rückte und wir überlegten, wo die Party stattfinden sollte, rief Regine mich an am Vorabend und ich sagte:»Josh liebt den BBC Club«, das ist ein Tennis-Yacht-Club, sehr exklusiv in New Port Beach. Sie fragte Josh und rief wieder an. Ja, da wollte er seinen Geburtstag feiern. Josh liebte den BBC-Club und war schon einige Male da.
Wir hatten meinen 65. Geburtstag dort gefeiert, Nachmittag im Swimmingpool und am Abend Gäste. Josh liebte schöne Restaurants, schöne Möbel für sein Zimmer. Er hatte sich eine Kommode angesehen, als ich mit den Kindern bei Glabman war und da kostete das Möbelstück $ 4.000,00.
Er war begeistert für die Nachspeisen, die immer grandios in solchen Plätzen sind, außerdem konnte man bestellen, was man wollte und musste kein Geld hinlegen, das

war faszinierend für ihn. Jetzt war es beschlossen. Da Joshs Geburtstag an einem Sonntag war, konnten wir einen Sunday-Brunch haben. Jeder hatte die Wahl von den vielen Leckereien.

Wir verabredeten uns so um 11.00 Uhr dort im Restaurant, alles war so exklusiv, die Einfahrt, und wenn wir aus dem Auto ausstiegen, fuhren junge Leute in Uniform den Wagen weg zum Parken. Ich war einige Wochen vorher in Deutschland und Josh hatte mich gebeten, große Kopfkissen zum Schlafen für sein Bett zu kaufen. Die Größe war 80 x 80 cm, solche Maße gibt es hier nicht.

Die Kissen habe ich in meinem schönen Bettengeschäft in Frankfurt ausgesucht. Am Sonntagmorgen habe ich beide Kissen mit neuen Bezügen in einem großen Karton verpackt, auch außen mit Geschenkpapier versehen. Wir freuten uns riesig, als wir uns sahen. Es war das Schönste für mich, mit meinen Enkeln und meiner Regine zusammen zu sein. Wir gratulierten Josh und drückten ihn und der Karton, das Geschenk wurde ausgepackt. Man konnte sehen, welche Freude der Junge hatte.

Wir aßen und tranken ausgiebig und erzählten und alles in englischer Sprache. Die Buben Josh und Lukas haben nie die deutsche, die Muttersprache ihrer Mami gelernt. Ich wusste, dass der Ehemann gesagt hatte: »No german in this house.« Keine deutsche Sprache in diesem Haus.

In dieser Zeit habe ich ihn so oft gemieden, wie ich konnte. Immer in Angst, er würde mir verbieten, die Enkel zu sehen, was ich mit kleinen Sticheleien zu spüren bekam.

Auch an diesem Tag merkte ich, dass etwas anders war, ich war so vertraut mit Regine, auch die Bilder, die wir knipsten, waren seltsam. Ich hatte das Gefühl, etwas stimmte nicht. Der Brunch ging über mehrere Stunden. Die Kinder hatten Spaß, mit den Leckereien die Teller zu füllen. Für mich war es das Schönste, mit meiner Familie zum Bruch zu gehen. Man konnte sich unterhalten und Gespräche über mehrere Stunden ausdehnen. Regine wusste das und war immer gleich dabei. Die anderen Großeltern hatten wir auch eingeladen, aber sie kamen nicht. Nach mehreren Stunden war alles vorbei und Regine sagte zu mir: »Jetzt geht es zu den anderen Großeltern nach Hause.« Ich war ganz erstaunt und dachte, wir wären den ganzen Tag zusammen. Meine gute Laune war dahin und ich verstand es auch nicht, warum haben wir den Geburtstag nicht zusammen verbracht. Ich sehe sie noch alle ins Auto einsteigen und der Spuk war vorbei. Josh hatte seinen Kissen-Karton zum Auto gebracht, ein Kissen legte er in seinen Rücken und eines hatte er auf dem Schoß. Er war glücklich mit diesem Geschenk und außerdem hatte er alles, was er brauchte und worum er mich bat, erhalten. So war seine kindliche Seele zufrieden.

Er liebte es nicht, zu den anderen Großeltern zu fahren, wie er mir einmal anvertraute und auch Lukas mochte nicht dorthin. Viel lieber wollten die Kinder zu meinem Haus. Die Buben liebten Steaks, nach der Frage: »Was möchtet ihr essen?«, kam immer die Antwort: »Steaks, Lollo.« Diese Zeit, die Jahre mit den Enkeln war im Nachhinein, die schönste in meinem Leben. Es lebt in mir, als wäre es gestern gewesen. Nach diesem Geburtstag habe ich keinen mehr mit Josh gefeiert, was ich damals ja nicht wusste und jetzt hatte er seinen 21. Geburtstag ohne Lollo und Papa und was noch schlimmer war, das erste Mal ohne seine geliebte Mami. Es brach mir das Herz.

Drei Tage später hatte Lukas Geburtstag, am 02. Juli 2003, den haben wir auch noch zusammen verbracht, ich den ganzen Tag mit Beiden – Lukas wurde 7 Jahre alt, doch das erzähle ich in der nächsten Geschichte.

17. Geschichte: 18. Juli 2011 (39. Montag)

Montagsgeschichte: »Aprikosenernte«

»Lukas' 7. Geburtstag«

Gerade komme ich aus dem Garten, um die letzten Früchte abzuernten, die gestern noch am Baum hingen. Leider waren die kleinen flinken Tiere da und sind mir zuvor gekommen. Etwas enttäuscht habe ich das Bäumchen angesehen, so ohne Früchte sah es doch traurig aus, und ich war es auch. Das war die 3. Ernte, und Lukas, für den ich diese Frucht angepflanzt habe, hat noch nie etwas davon gegessen. Er hat überhaupt keine Ahnung davon, dass es sein Aprikosenbaum ist. Traurig. Jetzt warte ich sehnlichst auf ihn, wie lange wird es dauern, bis ich ihn umarmen kann? 2008 angepflanzt.

»Lukas' 7. Geburtstag«

Der Geburtstag von Lukas ist 3 Tage nach Joshs Geburtstag, am 2. Juli, und wir haben eine Feier kurz nach der anderen. Am Geburtstagsmorgen habe ich beide abgeholt, um den Tag so schön wie möglich zu verbringen. Ich hatte einen Plan für die Buben und unser erster Stopp war das Fahrradgeschäft, das gleich um die Ecke von meinem Haus war.

Vor einigen Jahren haben Lukas, Josh und ich ein Rad ausgesucht und wir waren auch schon öfters da für neue Helme oder sonstiges. Außerdem gingen die Buben gerne dorthin, um in die Werkstatt zu sehen. Der Fahrradmann hat ihnen neue Reparaturen gezeigt und die Kinder sahen zu, alles war interessant. Lukas hat sich einen neuen Helm ausgesucht, das war mein erstes Geschenk, als 2. wollte ich nach Laguna Beach zum Lunch, aber die beiden wollten zu meinem Haus, warum weiß ich nicht (die Kinder liebten es in meinem Haus).

Also machten wir den 2. Stopp da und Lukas und Josh liefen in den Garten. Josh wusste immer, wo etwas Süßes im Haus war. Er liebte die deutsche Schokolade und war ganz glücklich, wenn er den Kühlschrank im Waschraum aufmachte.

Das war der Platz mit den Leckereien. Ich erinnere mich, wenn Regine bei mir war, hat Josh im Vorbeigehen nach draußen in seinen Mund und auch etwas in die Hosentasche gesteckt und er konnte kaum »Auf Wiedersehen!« sagen, so haben wir uns nur umarmt, der liebe Junge. Nach einiger Zeit saßen wir wieder im Auto und fuhren nach Laguna Beach in unser Stammlokal, ein vegetarisches, es gab alles außer Fleisch.

Diesen kleinen Ort, Laguna Beach, habe ich oft mit den Buben besucht. Da waren mein Friseur André und das Meer am Ende der Straße. Ich erledigte meine Bankgeschäfte dort. Alles war auch für uns vertraut. Die Kinder liebten es. Der Lunchplatz ist unser schönster Ort gewesen, sobald wir dorthin kamen, rannte Lukas gleich los, durch den Laden bis an den Kühlschrank und holte sich eine Flasche gelbe Limonade heraus, die er so gerne mochte. Man kann sich selbst bedienen oder aussuchen und bestellen, alles war möglich. Wir hatten keine Geldsorgen. Beide wussten, sie konnten alles bestellen. Es war ein Essparadies.

Wir saßen draußen, ich mit meinen Enkeln. Ich war glücklich, die Kinder auch, die Welt war in Ordnung. Manchmal, wenn es nötig war, hatten wir einen Friseurtermin, natürlich in Absprache mit Regine.

Die schönsten Haarschnitte waren von André gemacht. Als Lukas noch ein kleines Kind war, er konnte aber schon laufen, habe ich ihm gezeigt, wie die Geldscheine aus dem Bankautomat kamen, das war faszinierend für den Kleinen, denn dass man mit diesen Scheinen etwas kaufen konnte, hatte er schon herausgefunden. Bei der Bankmaschine angekommen, habe ich ihn vor mir hochgehoben und sein kleines Fingerchen gehalten und gezeigt, wo er drücken musste; am Ende kamen die Geldscheine heraus. Sobald ich ihn wieder auf die Erde stellte, lief er gleich mit den Scheinen davon, also ein aufgewecktes Kind, das wusste, was es wollte.

Nach unserem ausgiebigen Lunch draußen im Garten war das nächste Geschenk ein eigenes Konto für Lukas. Wir gingen zur Bank und ich sagte: »Lukas, heute an deinem Geburtstag nehmen wir aus der Maschine $ 100 für dich!« Inzwischen konnte Lukas schon vor dem Automat stehen. Er war jetzt sieben.

Ich zeigte ihm den Vorgang und er zog die fünf 20 Dollar Scheine heraus. Er war ganz stolz, danach gingen wir in die Bank und haben ein Konto auf Lukas' Namen eröffnet. Lukas' erstes Konto, ich weiß nicht, ob er wusste, was geschah, denn jetzt musste er das Geld, das so schön aussah, wieder an die Bankangestellte abgeben.

Nachdem sie ihm den Vorgang erklärte, war er ganz beruhigt und ging stolz mit dem Papier in der Hand hinaus.

Alles, wie es geschah, ist in meinem Gedächtnis, so als wäre es gestern gewesen. Die Buben neben mir, ich konnte sie umarmen, wann immer ich wollte und sie glücklich machen. Was gibt es Schöneres für eine liebende Omi?

Jetzt kam der eigentliche Spaß und wir liefen zum Strand, zum Spielplatz mit Rutschen und Leitern zum Klettern. Obwohl Josh schon 13 Jahre alt war, machte er mit. Es sah lustig aus, wenn der große Junge die Rutsche herunterkam. Der Nachmittag ging dahin. Was wäre ein Geburtstag ohne Eiscreme! So spazierten wir durch Laguna mit dem Eis in der Hand – so ein gelungener Tag. Bis zum Abend waren wir da, dann fuhren wir Richtung nach Hause zu einem Pizzaplatz.

Dort warteten schon die Eltern, die anderen Großeltern

mit den Geschenken. Dieses Lokal war in meiner Erinnerung eine unglückliche Entscheidung. Ich konnte dort nichts essen, aber Lukas erzählte voller Stolz und zeigte sein Papier von der Bank, doch komischerweise zeigte keiner Interesse. Das Geschenk von den anderen Großeltern waren solche farbigen Styroporteile für den Pool zum Spielen, ein entsetzliches Geschenk, mitgebracht in einem schwarzen Müllsack!

Diese Stunden dort waren nicht so gut. Es war, als läge etwas in der Luft, was wir, Jörg und ich, schon beim Geburtstag von Josh bemerkten.

Diese Leute mit der englischen Sprache, die ich oft nicht verstand, haben mir nichts Herzliches gegeben und wie sich später herausstellte, war es das letzte Mal, dass ich sie sah und mit ihnen sprach.

Für mich war Lukas' 7. Geburtstag der schönste Tag. Ich habe einen ganzen Tag mit beiden verbracht, das war das Wichtigste. Beide Kinder haben viel gesehen und unternommen. Ob sie sich erinnern können?

Übrigens habe ich auch mit Josh ein Konto eröffnet bei derselben Bank.

Es war der letzte Tag, an dem ich meine Familie in Frieden sah, ich, meine Tochter Regine und ihre Kinder, Lukas und Josh.

Heute, an diesem Montag, dem 18. Juli 2011, sind 8 Jahre vergangen. Die Kinder habe ich nicht mehr gesehen und gesprochen. Ich weiß gar nicht, wie sie beide durchs Leben gegangen sind, habe keinen Anteil an ihrem Großwerden gehabt.

Es ist eine traurige Geschichte, viele Tränen habe ich vergossen und bin eigentlich nie mehr richtig glücklich gewesen, ohne Familie in einem fremden Land. Wie man so schön sagt: Warum ist das geschehen, was ist passiert? Bis heute weiß ich keine Antwort. Was hat man Lukas und Josh erzählt, dass sie ihre Grandma Lollo nicht mehr sehen dürfen?

Es wird sich alles herausstellen, die Wahrheit kommt ans Licht, wenn der Tag des Wiedersehens da ist. Bei der nächsten Geschichte möchte ich erzählen, wie das Unglaubliche geschah, wie meine einzige Tochter in unser Haus kam und eine »Anklageschrift« in der Hand hatte.

18. Geschichte: 25. Juli 2011 (40. Montag)

Montagsgeschichte: »Josh kommt nach Orange County«

»Regine und die Anklage«

Heute ist ein neuer Montag, der 40. nach diesem schweren Schicksalstag, ich weiß nicht, wie die Wochen vergangen sind, so schmerzvoll viele Tränen und keine Zuversicht auf die nächsten Jahre.

Habe wieder angefangen, um den kleinen See in unserer Nähe zu laufen, damit meine Gedanken frei werden, es dauert fünfzig Minuten, bis ich wieder zu meinem Auto komme. Da es morgens schon sehr warm ist, stehe ich noch vor sieben Uhr auf, damit ich der vollen Morgensonne weglaufe.

Alles im Haus geht seinen Gang, gerade ist der Gärtner da vom Nachbarn und stutzt alle diese in den Himmel wachsenden Bäume, endlich, fast ist mir die Sicht vom oberen Stockwerk verloren gegangen. Der Blick aus dem Fenster über die Dächer hinweg zur nächsten Anhöhe ist so berauschend, vor allen Dingen hat das Zimmer Panoramafenster, die ich habe einbauen lassen.

Am schönsten ist es am Abend, wenn die Lichter brennen. In der letzten Woche hat Josh in Facebook geschrieben, er kommt am 4. August bis 7. August nach Orange County, das sind 1600 km, die er mit Auto oder Flugzeug überwinden muss. Ich bin ganz aufgeregt, wird er den Weg zu mir finden, endlich nach 8 Jahren des Schweigens? Ein Bild von ihm war auch zu sehen, es zeigt einen erwachsenen jungen Mann, den ich gar nicht kenne, der mir aber vertraut ist, irgendwie, das Kind meiner Regine, mein Fleisch und Blut. Jedenfalls finde ich ihn gutaussehend, ein schöner Junge.

Wie er ausgesehen hat in den Jahren nach seinem 13. Lebensjahr auf meinen vertrauten Bildern, dann mit 16 oder 18 Jahren, habe ich nicht mitbekommen. Es ist wie ein Loch, in das ich gefallen bin. Jetzt kann ich nur abwarten, noch eine Woche, wird dann mein größter Wunsch in Erfüllung gehen? Hoffentlich!

»Regine und die Anklage«

Ich weiß gar nicht, wo ich beginnen soll. Es war ein paar Tage vorher, als Regine mich anrief und sagte, sie möchte mich und Papa sprechen und wir verabredeten einen Tag in der nächsten Woche. Das Datum war der 14. Juli 2003. Ich habe es in meinem Kalender vermerkt und werde es, solange ich lebe, nicht vergessen.

Dieser Tag war ein schreckliches Ereignis, ich werde jedes Jahr daran erinnert, man kann es gar nicht fassen, ich wusste nicht, was sie auf dem Herzen hatte. Regine kam und wir setzten uns an unseren Frühstückstisch, es war 10 Tage nach Lukas siebtem Geburtstag.

Sie hatte ein Papier in der Hand, wie sich später herausstellte, war es eine »Anklage« an die Eltern, wie war denn so etwas möglich?

Der erste Punkt, den sie uns vorlas, war, dass wir ihren Mann, den sie geheiratet hatte, bemängelten. Diese Person trug immer, wenn wir ihn sahen oder er zu unserem Haus kam, Freizeit-Turnschuhe, das haben wir öfter zu unserer Tochter bemerkt.

Wir kamen aus Europa und dort trugen die Leute und

auch wir gute Lederschuhe, selbst Regine und ich trugen teure, besondere Schuhe und hatten immer eine Freude, diese zu kaufen auf unseren schönen Shopping-Trips nach Düsseldorf. Wir kannten so eine Freizeitmode nicht. Hier in Kalifornien war alles anders, die Sonne schien jeden Tag, es war mehr ein Strandleben oder man hatte Geschäfte zu tätigen, das war etwas anderes Selbst Regine ist es damals aufgefallen. Sie sagte damals, beim nächsten Einkauf sollte er Lederschuhe bekommen. Nach einiger Zeit beim nächsten Brunch mit Freunden oder Festlichkeiten war der junge Mann adrett, wie wir es kannten, mit langer Hose und Lederschuhen bekleidet, dafür hatte Regine gesorgt und sicher auch bezahlt.

Als Regine den Satz ausgesprochen hatte, waren wir sprachlos. Ich stand auf und ging zur Küche, holte mir ein Glas Wasser, erstmals hatten wir eine Auseinandersetzung mit unserer Tochter, wir hatten uns bisher immer gut verstanden.

Regine meinte, ich sollte wieder hinsetzen, damit sie weiterlesen kann. Es war wie beim Gericht, ich setzte mich brav wieder hin. Das, was sie vorbrachte, war ungeheuerlich, wenn man bedenkt, es war 25 Jahre her, selbst Mord ist verjährt nach dieser Zeit, solche haltlosen Anschuldigungen konnten wir nicht fassen. Es war alles kindisch, es handelte sich nur um den Menschen, den sie geheiratet hatte.

Lange habe ich darauf gewartet, es war mir immer klar, dass er einen Keil zwischen uns und unserer Tochter treiben wollte, was er auch mit kleinen Sticheleien tat, mir gegenüber, er wusste, dass ich nichts von ihm hielt. In den letzten Jahren, auch schon davor, haben wir immer befürchtet, dass etwas passiert. Wir können die Kinder, unsere Enkel, nicht mehr sehen, so haben wir nie etwas gesagt und nichts hinterfragt, wir wussten immer, dass dieser Mensch jetzt endlich uns nicht mehr sehen wollte. Dabei denke ich zurück an die ersten Jahre in Kalifornien, in unserem Haus in Fountain Valley. Auch diese Geschichte ist interessant.

Eines Samstags, in den ersten 3 Jahren, morgens kam er in unser Haus, Regine und ich unterhielten uns, wir standen am Eingang so herum, wir sprachen in unserer Sprache, mein Englisch war nicht so gut, er sagte zu uns: »You girls are too much for me«, wir beide seien zu viel für ihn. Da kann ich nur feststellen, ja, wir waren zu viel für ihn.
Er war Amerikaner und wir waren blind. Gut kann ich mir vorstellen, was er meinte. Er hatte nie irgendwelche europäischen Frauen kennengelernt.

Wir hatten alles, das schöne Haus, neu eingerichtet, den Pool im Garten eingebaut, tolle Autos und immer Geld für Shopping und Restaurants. Nicht zu vergessen die vielen Flüge mit 2 großen Hunden von Frankfurt nach LA.

Ein junger Mann mit Freizeitkleidung und Tennisschuhen.

In den ersten Jahren war uns nichts aufgefallen, Regine war tüchtig in ihrem Studium und arbeitete, eine fleißige Tochter, wir kannten es nicht anders, alle unsere Mädchen und Jungens in der Familie waren tüchtige Menschen.

An diesem Tag mit der Anklageschrift brach eine Welt für uns zusammen, natürlich haben wir auch geantwortet, zu all den anderen nichtssagenden Worten in dem Papier.

Uns war klar, alles kam von diesem Menschen, den ich nie leiden konnte, so sehr ich mich auch anstrengte.

Dieser Mensch hatte es bei unserer Tochter fertiggebracht, das Mädchen in unser Haus zu schicken und einen Bruch zu inszenieren mit den Eltern, sie hat sich dazu hergegeben, unser liebes einziges Kind, welch eine Tragödie.

Es stand nicht in der Anklageschrift, dass wir die Eltern für diesen jungen Mann viel getan haben. Nicht vergessen möchte ich diese Geschichte, es war in Fountain Valley, wir kannten uns erst ein paar Jahre, Regine und der junge Mann, eines Tages hatte er einen Unfall, Regine berichtete uns davon an einem Sonntagmorgen. Das Auto, ein altes, abgefahrenes Vehikel, war Schrott nach dem Unfall und nicht mehr zu gebrauchen. Wir haben unsere Tochter immer unterstützt, finanziell gesehen, sie sollte keine Sorgen haben, und so auch indirekt diesen jungen Mann, wieviel es war, um welche Summen es sich handelte, wussten wir nicht. Wir haben niemals etwas gefragt, Regine oder ihn. Wie weit bist du in deinem Studium?

Jetzt musste natürlich ein Auto gekauft werden, ohne Auto kann keiner hier leben, mit Fahrrad oder Bus, das geht gar nicht. Aber die große Frage: woher kommt das Geld.

Papa ist mit diesem »Studenten« zur Bank gegangen und hat für einen Bankkredit gebürgt, für $ 2000. Dann wurde ein gebrauchtes Auto gekauft. Natürlich war diese freundliche Handlung von Jörg für diesen jungen Mann, den wir eigentlich gar nicht kannten, nicht in der Anklageschrift erwähnt, aber die Turnschuhe waren bemängelt, verstehen kann ich es nicht.

Die Raten sollte der junge Mann übernehmen. Wir waren fremd in diesem Land und dann hat Jörg gelesen, irgendwo, wenn die Raten nicht pünktlich zurück an die Bank überwiesen werden, hat Jörg ein Problem, dann wird eine Eintragung in seinen Kreditreport veranlasst. Das wollte er nicht riskieren, hat dann sofort die offene Summe abgelöst. Wie die Raten dann an Jörg gezahlt wurden? Darüber muss ich nachdenken.

All das stand natürlich nicht in der Anklageschrift. Jeder, der diese Geschichte liest, weiß genau, auf wen sich das alles bezieht, wir sollten aus dem Leben unserer Tochter und den Enkeln ausgeschaltet werden! Das war der eigentliche Grund.

Da waren schon einige Anzeichen in den vorangegangenen Jahren. Bei meinem 65. Geburtstag, im BBC Club in

Newport Beach, mit vielen Freunden und Bekannten, in den schönen Fischrestaurants, habe ich den Schwiegersohn vermisst. Es hat mir nichts ausgemacht, ich konnte den Abend mit meiner Regine in deutscher Sprache reden.

Josh war glücklich über den riesigen leckeren Eisbecher und sagte: »Da gehen wir im nächsten Jahr wieder hin.«

Ganz böse wurde unsere Unterredung, als Regine sagte, das war das ungeheuerlichste, wenn wir ihre Entscheidung nicht respektieren, sie nicht mehr zu sehen und auch die Kinder nicht, würde sie einen Anwalt einschalten mit einer Restraining Order. Das heißt eine gerichtliche Verfügung, sich bis auf soundso viele Meter nicht ihr und ihrer Familie zu nähern.

So was hat es noch nie in unserer Familie gegeben, es verschlug mir die Sprache, ich sah sie stumm an, das war nicht mehr mein liebes Kind. Was hat man aus ihr gemacht? Wir können es bis heute nicht verstehen.

Es gab ein Wort das andere. Sie erhob sich und Jörg rutsche einmal die Hand aus und er gab ihr eine Ohrfeige, Regine lief weinend davon, sie verlor ihren goldenen Anhänger im Ohr, ich stand stumm und lief ihr nach zum Auto, sie hatte das Papier in der Hand.

Sie fuhr davon und das war das letzte Mal, dass ich sie gesehen habe. Sie war damals 44 Jahre alt. Unser Leben hat aufgehört, wir sahen unserer Tochter nie mehr und was noch schlimmer war, auch die Enkel nicht.

Nie mehr einen Glückwunsch, nicht zu Jörgs siebzigstem Geburtstag, auch keinen Gruß zu meinen Geburtstagen, keine Gratulation zu unserem 50. Hochzeitstag. Sie hat einfach aufgehört, von einem Tag auf den anderen, uns, ihre Eltern liebzuhaben.

War es die Sekte oder der Ehemann, den wir nie richtig mochten, und der eine falsche, folgenschwere Entscheidung unserer Tochter war. Alles das kann ich sie nicht mehr fragen, es bleibt ein Rätsel bis ans Ende meiner Tage.

Wenn ich heute und die ganzen Jahre darüber nachdenke, hätte dieses Drama nie stattfinden dürfen. Warum haben wir uns das angehört, was unsere Tochter vorbrachte, dafür einen Termin ansetzte, für diese Unterredung. Ich hätte gewarnt sein müssen, hätte das niemals zulassen dürfen.

Erstens hätten wir mit unserem Kind keine Streitereien, wir hatten auch niemals Meinungsverschiedenheiten. Papa fuhr mit der Regine in die Schweiz zum Skifahren, machte mit ihr am Starnberger See einen Segelschein, Motorradtouren und sie ist auch mit Papa öfters geflogen mit unserem Sportflugzeug. Er ist nie handgreiflich geworden, so etwas gab es nie mit unserer Tochter, das möchte ich besonders hervorheben.

Damals war alles gut und schön hier in Kalifornien, wir gingen zum Abendessen ins Restaurant oder zum Lunch, bevor sie verheiratet war und haben gemeinsam immer schöne Stunden verbracht. Nach ihrer Heirat war alles anders, die Firma, die sie aufbaute, die Kinder, nicht zu vergessen der Ehemann, mit dem wir nicht glücklich waren, er war in unseren Augen eine unglückliche Wahl.

Wir hätten uns für unsere Tochter, einen strebsamen jungen Mann gewünscht, der wusste, wohin er wollte, und wie er seine Familie ernähren konnte, aber das tat unsere Tochter sehr erfolgreich. Ich hätte diese »Aussprache« verhindern müssen, das war mir danach sofort klar. Ich hätte sagen müssen, nachdem ich die ersten Sätze über die Turnschuhe hörte von diesem unbeliebten Schwiegersohn, dass das 25 Jahre her war.

Sofort, bitte, Kind, nimm deinen Zettel, so etwas haben wir noch nie gehört und jetzt fährst du nach Hause und überlegst dir noch einmal in aller Ruhe, ob du so etwas deinen Eltern antun willst, und zähle all die guten Zeiten, die wir zusammen gelebt haben, dann brauchst du eine lange Zeit dafür.

Ich hätte diese Unterredung sofort abbrechen müssen,

so etwas wie ich schon immer sagte, hat es in unserer Familie nie gegeben.

Mit lieben Worten hätten wir sie, Papa und ich, hinausbegleiten müssen, bis bald, unser Leben weitergelebt, wie bisher, oder hätten wir etwas ändern können? Regine verlässt die Sekte oder noch besser, sie verlässt auch den Ehemann. Ich weiß nicht, was besser gewesen wäre, aber »beides« hätte sein müssen, was für ein glückliches Leben wir gehabt hätten, unvorstellbar. Alles, was passierte, wäre nie geschehen. Ich kann es mir nicht vorstellen, sonst kann ich nicht durch meine Tage gehen. Noch eine ganz wichtige Anmerkung zum Schluss, Papa hat nie die Hand erhoben gegen unsere Tochter. Beide haben sich immer geliebt, wie man auch auf allen Fotos sehen kann.

19. Geschichte: 01. August 2011 (41. Montag)

Montagsgeschichte: »Allgemeines«

»Josh und die Bücher« Wie Josh das Lesen lernte

Heute ist wieder der Tag des Geschichtenschreibens. Eigentlich viel zu wenig Zeit, ein einziger Tag in der Woche, wo es noch so viel zu erzählen gibt.

Alle die Ereignisse schwirren in meinem Kopf, um aufgeschrieben zu werden. Eigentlich wollte ich schon 2003, nachdem Regine mit der Anklageschrift bei uns war, damit beginnen, habe es immer wieder aufgeschoben, aber auch nach 2003 kamen schreckliche Ereignisse mit den Kindern, die ich nicht mehr sehen konnte. Jetzt habe ich angefangen, die ersten 18 Geschichten sind fertig und ich werde alles niederschreiben.

Ich kann kaum warten, bis es Montag wird. Draußen ist

es still geworden. Die Vögel sind ausgeflogen. Man kann das Stroh der Nester aus den kleinen Löchern sehen. Bis zum nächsten Frühjahr.

Am letzten Samstag war Mario, mein Gärtner, wieder da, auch die Gärtner von nebenan. Mit viel Fleiß haben sie die restlichen hohen Bäume gelichtet und ziemlich kurz geschnitten. Es ist so viel heller in meinem Zimmer geworden. Die Bäume waren wie eine große Wand und versperrten die Sonne auf meine weißen Rosen, die am Zaun entlang wachsen. Es ist, als wäre mir der Himmel geschenkt worden.
Ich bin meinem Nachbarn sehr dankbar, dass er diese Arbeit endlich machen ließ. Nur in der Ferne sehe ich einen Pfefferbaum, der wie ein Monster ist, 22 Jahre nicht gelichtet. Auch Peter, unser deutscher Freund, war da. Er hat einiges repariert. Er kann einfach alles, hat so eine ruhige Art, die Dinge anzugehen.
Am Berg müssen noch viele kleine Mäuerchen einbetoniert werden. Im nächsten Sommer möchte ich von der Arbeit des Handgießens befreit werden. Das Bewässern dauert ca. 2 Stunden. Hoffentlich. Heute möchte ich die Geschichte schreiben, als Josh das Lesen lernte.

»Josh und die Bücher«

Wieder einmal, an einem Nachmittag, habe ich die Kinder abgeholt, von ihrem kleinen freundlichen »Gefängnis«, wie ich jetzt zurückdenke. Die Buben waren von 8.30 – 18.30 Uhr oder sogar bis 19.00 Uhr da, den ganzen Tag, und waren die letzten, die abgeholt wurden von den Eltern. Im Winter, wenn es so früh dunkelte, am späten Nachmittag, taten sie mir besonders leid. Oft blieb ich am Nachmittag bis abends, wenn Lukas, der noch so klein war, mich bat: »Lollo, can you stay a little bit with me?«

Die Erinnerung ist noch so lebendig, wenn ich meine Augen schließe, denke ich, der kleine Lukas sitzt auf meinem Schoß. Ich halte ihn und drücke ihn ganz fest. Niemals werde ich diese Momente vergessen. Josh war etwa 11 Jahre alt und Lukas 5 oder 10 und 4, das scheint mir wahrscheinlicher. Jedenfalls fuhr ich schon immer mit Lukas, als ganz kleiner Bub, ins Buchparadies. Es gab einfach dort so viel zu sehen.

Der Platz hieß Barnes & Nobles. Die Kinderbuchabteilung war so schön eingerichtet, mit kleinen Sitzmöbeln für die ganz Kleinen, einer Eisenbahn und anderem Spielzeug. Lukas lief schon los, wenn wir in den Laden kamen, zur Spielabteilung und dort setzte ich mich hin, Lukas auf dem Schoß und las ihm die kleinen Geschichten vor. Viele Nachmittage verbrachte ich dort mit meinem kleinen Enkel auf dem Schoß, wo ich ihn liebhaben konnte. Ich muss noch die anderen Attraktionen bemerken, dieses Buchparadies hatte auch für mich eine Anziehungskraft. Es gab da Zeitungen, Reisebücher usw., aber das Schönste war die Kaffee-Ecke, die mitten im Laden war. Dort gab es alles, was süß ist, kleine Kuchen, vielerlei Kaffeesorten, Eiscreme usw. konnte man bestellen. Lukas und ich haben da oft gesessen. Der Kleine hatte immer Hunger, es war mir eine ganz besondere Freude, ihn mit kleinen Leckereien glücklich zu machen.

Oft haben wir auch da gelesen und uns vergnügt. Manchmal kam Josh mit an diesen Nachmittagen, aber nur zum Naschen in der Kaffee-Ecke. Leider nicht für die Bücher, was ich immer so schmerzlich empfand. Ich hätte ihm das Lesen zu gerne nahe gebracht. Josh war in einem Alter, wo er sich eigentlich für Bücher interessieren sollte. Aber so oft wir auch da verweilten, die Kaffee-Ecke war der einzige Anziehungspunkt.

Ich erinnere mich, vor einiger Zeit las ich von einer Mutter, die Mutter war Mrs. Hearst, die ihrem Sohn Randolph Hearst die Kunst beibrachte. Sie selbst interessierte sich so sehr für Kunst und hat ihren kleinen Buben an der Hand in alle Museen, Galerien, Kunstplätze in New York mitgenommen. Ihr ganzes Leben, auch als der Sohn größer war. Somit hat sie das Kunstverständnis ihrem Kind vermittelt. Wie sich später herausstellte, war dieser Mann ein gebildeter Kunstkenner.

Was für eine großartige Mutter, die das Richtige, was ihr wichtig war, ihrem Sohn anerzog. Daran musste ich immer denken, wenn Josh und Lukas und ich bei Barnes & Nobles unsere Nachmittage verbrachten. Mein größter Wunsch war, Josh auch das Lesen der Bücher »anzulernen«, denn auch ich war in meinen Kinder- und Jugendjahren eigentlich immer eine Leseratte, obwohl ich gar keine Bücher hatte oder bekam. »Lesen bildet«, ein gutes Sprichwort, was gibt es Besseres. Man muss nur unterscheiden, was sind gute Bücher oder nicht und aufpassen, was Kinder lesen, das ist wie beim Fernsehen usw.

Der entscheidende Tag kam, und als ich fragte: »Josh, möchtest du mit zu den Büchern?«, sagte er ja und wir fuhren eine kurze Strecke zu diesem Geschäft. Da ich etwas erfragen wollte am Informationsstand, ging ich mit Lukas dorthin und wir stellten uns an. Es waren ein paar Kunden vor uns und wir mussten warten.

Josh bat mich um etwas Geld für den Kaffeestand. Ich gab ihm bereitwillig meine Geldtasche und er ging davon. Nach einiger Zeit des Wartens, Lukas spielte mit seinen Karten in der Hand, die wir auch da immer kauften, war die Reihe an mir. Der Verkäufer fragte mich, was mein Anliegen sei.

Zu dieser Zeit hatte ich Josh ganz vergessen, sah mich um in Richtung Kaffeeplatz, und was sahen meine Augen? Der liebe Junge saß am Kaffeetisch, er hatte sich ein großes Glas Schokolade und etwas Kuchen bestellt und das Größte – er hatte ein Buch vor sich, in dem er las. Vergessen war meine Sorge über meine Geldtasche, ich traute meinen Augen nicht. Ich war so glücklich, da saß der liebe Junge und las in einem Buch, das erste Mal seit wir unzählige Besuche hier hatten. Die Tränen schossen in meine Augen. Dieser Augenblick war für mich etwas ganz Besonders.

Endlich war es so weit, der Enkel saß vor einem Buch, hatte sich mit Leckereien versorgt und saß mitten unter all den lesenden Menschen.

Das war der große Tag, es hatte sich gelohnt, immer wieder hierher zu gehen. Man muss einen jungen Menschen zu guten Taten hinführen. Es war mir geglückt. Jetzt gingen wir zu Josh. Ich drückte ihn, tat so unschuldig, dabei war es die einfachste Sache der Welt. Er hatte ein Buch vor sich. Es war ein schöner Nachmittag. Wir aßen und tranken da und nach einiger Zeit fuhren wir los, in den »Kindergarten«. Gerade zu dieser Zeit kamen die Harry-Potter-Bücher auf den Markt. Ich habe Josh alle nacheinander gekauft.

Sie sind oben in dem Bubenzimmer in meinem Haus und warten auf den Jungen. Ob er sie noch lesen wird? Einige Neuerscheinungen habe ich die ersten Jahre zu Weihnachten oder Geburtstagen mit ins Geschenkpaket gelegt, aber diese Pakete für Josh und für Lukas sind alle ungeöffnet zurückgesendet worden. Vor einigen Jahren habe ich alles auf den Speicher gebracht.

Wann werden die Kinder diese Pakete öffnen? Oder haben die Mäuse schon alles angeknabbert? Es war ja auch Süßes bei den Geschenken. Übrigens hat Josh an diesem Nachmittag das Buch gekauft. Wie konnte ich in Sorge um meine Geldtasche sein. Er war ein gewissenhafter Junge, so jung er auch war. Ob er sich an diese Geschichte erinnern kann? Wie oft liest er noch Bücher?

Für mich ist der erste Shoppingtag in einem Buchgeschäft, in welcher Stadt ich auch immer bin. Meine Koffer sind so schwer, voller Bücher. Es ist das Schönste, wenn man shoppen geht.

Zurückdenkend habe ich Josh das Lesen gelehrt. Eine

schöne Aufgabe für eine Omi, was konnte ich besseres tun? Auch darauf bin ich stolz und glücklich, dass ich so viele Möglichkeiten hatte und sie genutzt habe, meine Enkel so viele Dinge zu lehren in all der Zeit, die wir miteinander verbracht haben.

20. Geschichte: 8. August 2011 (42. Montag)

Montagsgeschichte: »Regine«

»Der Apfelbaum«

Wie die Zeit vergeht. Heute ist der 42. Montag von all der Zeit, die ich verlebt habe, mit dem Wissen, dass ich meine Regine nie mehr wiedersehen werde. Sie niemals mehr umarmen kann und auch nicht mehr fragen – weißt du noch? Es vergeht kein Tag, an dem ich keine Tränen vergieße. Es ist so unfassbar schmerzlich, ich kann es nicht in Worte fassen.

Auch kein Lebenszeichen von den Enkeln. Ich habe keine Möglichkeit, sie zu erreichen. Ich kann nur auf ein Wunder hoffen. Kann mir keiner auf dieser Welt dabei helfen? Ich bin so machtlos. Dabei habe ich gehofft, Josh, der jetzt in Orange County ist, wird den Weg hierher zu seiner Omi Lollo finden, aber es ist nichts passiert. Will er sich nicht mehr an mich erinnern, alle diese wunderbaren Jahre, die wir verlebt haben, alles ausgelöscht? Was ist der Grund? Bis heute habe ich nicht verstanden, dass Regine uns, Papa und mich, nicht mehr sehen wollte, einfach die Eltern ausgelöscht hat.

Es sind jetzt ganze 8 Jahre, dass ich die Enkel nicht gesehen habe. Wann wird der glückliche Tag kommen und ich kann beide in meine Arme schließen?

»Der Apfelbaum«

Heute beim Wässern am Berg habe ich mir den großen Apfelbaum näher angesehen. Leider schmeckt mir diese Sorte Äpfel nicht, sie sind nicht knackig genug und weil die Früchte nicht gepflückt werden, sind sie reif und hängen am Baum für die Vögel, oder sie werden überreif und fallen herunter. Eigentlich zu traurig.

Wenn ich an meine Kindheit zurück denke, da gab es keine Äpfel, ich kannte überhaupt keine, wusste gar nicht, wie ein Apfel aussah. Es war nach dem Krieg 1945, ich war gerade 8 Jahre alt. Es gab außer Milchpulver und Maisbrot von den Amerikanern nichts zu essen. Wir waren alle halb verhungert, so sahen wir auch aus. Drei Jahre später war die Währungsreform.

Es gab neues Geld, das war 1948, die Deutsche Mark, da war ich dann 11 Jahre alt. Ich erinnere mich. Ich musste irgendwie etwas Geld verdienen, so hatte ich die beste Idee, ich müsste putzen. Ich fand nach mehreren Anfragen bei Mietern eine Putzstelle.

Ich wollte etwas Geld verdienen, um mir einen lang gehegten Wunsch zu erfüllen, einen Apfel zu kaufen. Nach der Schule an den freien Nachmittagen, habe ich bei zwei ledigen älteren Damen sauber gemacht, dafür habe ich etwas Geld erhalten. Heute weiß ich nicht mehr, wie viel es war, aber es war genug, um kleine Wünsche zu erfüllen. Ich fühlte mich ganz erwachsen und habe mir damals selbst versprochen, niemals arm zu sein.

Entlang einer großen Straße waren nach der Währungsreform Gemüse und Obstbäume wie Pilze aus der Erde geschossen. Man konnte es nicht glauben. Es gab wieder etwas zu kaufen, wenn man Geld hatte. Zu diesen Ständen bin ich mit dem ersten verdienten Putzgeld gelaufen und habe mir meinen ersten Apfel gekauft.

Erst habe ich da gestanden, 11 Jahre alt, noch nie hatte ich so viel Gemüse oder Obst gesehen, es war wie ein Wunder! Es brauchte Zeit, bis ich alles, was ich sah, bewundert habe. Sofort habe ich in diesen Apfel gebissen, es war das Schönste in diesem Augenblick, überhaupt seit Jahren. Heute schreibe ich diese Geschichte, die ich selbst erlebte und möchte sie meinen Enkeln erzählen und viele mehr, die ich erlebt habe.

Es war Josh, der mich immer fragte, kannst du uns, er meinte Lukas und sich, eine Geschichte erzählen, was ich tat und dabei sagte: »Wenn du groß bist, mein Junge, kann ich dir noch viele Geschichten erzählen.« Übrigens habe ich inzwischen noch 2 Apfelbäume gepflanzt, einen im vorigen Jahr und einen in diesem Sommer. Den jetzigen mit den nicht so leckeren Früchten überlassen wir den Vögeln, wer weiß.

21. Geschichte: 15. August (43. Montag)

Montagsgeschichte: »Regine und Anabell«

»Der Fahrradkauf«

Wieder sitze ich an dem »Großvaterschreibtisch«, wenn er wüsste, dass dieses Möbelstück jetzt in seiner Familie, bei seinem Enkel, dem Sohn seiner einzigen Tochter ist und dann noch hier in Kalifornien, ich glaube, es würde ihn freuen, dass einige Möbel noch gerettet worden sind. Es war Jörgs Großvater, der so ein tüchtiger Mann war. Das möchte ich ausführlicher in einem anderen Kapitel schreiben.

Am letzten Samstag hat Mario die letzten 3 Pfefferbäume vor dem Haus ausgelichtet, aber so gründlich wurden die Hölzer abgesägt, so ist nicht mehr viel übrig geblieben. Jetzt kann man das Haus in seiner ganzen Länge sehen, was

vorher verdeckt war. Der Anblick ist jetzt etwas gewöhnungsbedürftig.
Auch unser Freund Peter und sein Helfer waren da. Unsere Treppe links vom Berg nach unten, nebst kleinen Stützmauern ist jetzt fertig gestellt. Endlich, nach einem Jahr wurde diese Arbeit fertig. Der Berg war für Regine. Sie liebte es, dort heraufzuklettern und Rosen zu schneiden. So denke ich immer an sie, wenn ich dort gieße oder andere Arbeiten verrichte. Sie ist mir dort am meisten ganz nah, ich denke, der Berg ist ihre Gedenkstätte, die es ja nirgendwo gibt. Jetzt ist der Berg meine Ruhe-Oase. Ich kann mich dort überall hinsetzen und mit ihr sprechen und in Gedanken ist sie immer bei mir. Ein Trost, den ich mir selbst geschaffen habe.

Im Jahr 1989 habe ich meine Annabell ganz oben am Berg beerdigt. Es war damals so schmerzlich, ich habe mich da auf eine Bank gesetzt und habe ihren kleinen Grabstein angesehen. »Mein kleines Herzblättchen« steht darauf. Annabell war ein Kind von Alfa, unserem ersten Hund, einem Irish Setter. Beide sind mit mir hin und her, Los Angeles – Frankfurt gereist. Sie ist nur 10 1/2 Jahre alt geworden. Ich habe sie in einem Holzsarg beerdigt.

Es ist nichts passiert, Josh ist nicht vorbei gekommen, mein sehnlichster Wunsch ist nicht in Erfüllung gegangen. Wo ist er? Was treibt er ohne Zuhause und ohne Mami? Regine hat alles geregelt und auf die Buben aufgepasst, der Junge selbst mit 21 Jahren, ist keine grenzenlose Freiheit gewöhnt. Wann wird er sich bei mir melden?

Wenn ich meine Augen schließe, halte ich Annabells Köpfchen und drücke sie, die Erinnerung ist noch da, nach den vielen Jahren, ich rieche ihren Duft. Sie war so ein schöner Hund. Das Fell war so glänzend. Sie hatte so einen guten Charakter. Ich werde sie nie vergessen. Sie liebte den Berg und bellte von oben herunter. Das gab mir die Entscheidung, da sollte sie ihre Ruhestätte haben.

Letzte Woche hatte meine Nichte, die Tochter meiner jüngsten Schwester, Geburtstag. Sie ist 40 Jahre alt geworden. Wenn ich an das kleine Mädchen denke! Ihr 2. Kind wurde im letzten Sommer geboren, als wir noch in Deutschland waren. Es war ein Junge. Er heißt Florian, da hat Bastian, der ältere Sohn, ein Brüderchen bekommen. Gabriele ist ein tüchtiges Mädchen, eine sorgende Mutter und hat eine gute Ausbildung als Graphik Designerin absolviert. Den 1. Geburtstag von Florian habe ich total vergessen, was mir sonst niemals passierte. Ich werde ihr schreiben und dem Baby etwas senden. Heute werde ich eine neue Geschichte schreiben, die heißt »Der Fahrradkauf«.

Es war Sommer. Die Kinder hatten im Juni Geburtstag. Josh war ungefähr 9 Jahre alt und Lukas 3 Jahre. Regine war in Florida. Da haben Jörg und ich beschlossen, die Buben abzuholen, um Fahrräder zu kaufen. Für Lukas war es das erste richtige Rad. Es sollte mit ihm wachsen. Wir holten die Kinder zu Hause ab. Wir begrüßten uns, auch Brenda, das Hausmädchen, und beschlossen, sie nicht mitzunehmen für diesen Einkauf. So hatten wir genug Platz im Auto. Brenda sagte, sie müsste mitfahren; nebenbei bemerkt, da war keine Ausfahrt mit den Buben ohne Brenda. Das war uns als Großeltern nicht erlaubt, auch das in einer anderen Geschichte.

Dieses Verbot kam nicht von unserer Tochter, das hatte die Person beschlossen, die mich immer spüren ließ, die Macht zu haben als Vater.

In der Nähe unseres Hauses war das Fahrradgeschäft, wie schon erwähnt in einer anderen Geschichte. Die Buben waren begeistert und freuten sich, auch für uns war es ein Vergnügen.

Zuerst sind wir nach Laguna Beach zu unserem Lunchplatz gefahren, damit wir uns gestärkt auf den Fahrradkauf konzentrieren konnten. Es war so schön mit beiden, wir mussten alle Englisch sprechen, wir lachten viel, die Kinder hatten immer etwas zu erzählen, vor allen Dingen hatten sie immer Hunger.

Die Gelegenheit für Umarmungen war großartig, was ich auch immer nutzte, auch war Josh ein anschmiegsamer Junge. Man konnte ihn immer drücken und liebhaben und auch bei Lukas habe ich das bei jeder Gelegenheit wahrgenommen. Er war ja noch so klein. Als es Nachmittag wurde, kamen wir endlich in dem Fahrradgeschäft an.

Die Buben freuten sich und bestaunten die Räder, obwohl wir keine Ahnung hatten, welches Rad zu Josh oder Lukas passte. Der Verkäufer war auch der Inhaber und aus Rumänien. Ich kannte ihn schon und wir sprachen deutsch miteinander. Sein geschulter Blick auf Josh, er holte aus den aufgehängten Rädern ein passendes heraus. Josh bekam einen Helm und flugs wurde das Fahrrad draußen auf dem riesigen Parkplatz vor dem Geschäft ausprobiert. Josh hatte Spaß, endlich ein richtiges Fahrrad, das er sich selbst aussuchen konnte. Auch die Farbe stimmte.

Dann suchten wir ein Fahrrad für Lukas, er bekam einen Helm und ab ging es nach draußen. Es war keine Bewegung auf dem Parkplatz, somit hatten die Kinder Platz zum Herumfahren, es war sehr schön. Wir standen da und waren glücklich.

Wenn wir doch nur einmal solch ein Vergnügen mit der Mami hätten. Diese Momente und Gelegenheiten hat sich Regine ganz entgehen lassen, so schade, sie wusste nicht, was sie tat. Die Sekte war wichtiger. Warum habe ich nie mit ihr darüber geredet? Die anderen Großeltern haben sich nie mit den Kindern beschäftigt. Ich habe sie weder in der »Kindergartenschule« gesehen, ausschließlich zu Geburtstagen oder Weihnachten. Man kann diese Menschen hier nicht verstehen. Sie sind eben anders. Nachdem die Kinder sich entschieden hatten, habe ich bezahlt und wir verstauten mit viel Geschick die Räder in den Kofferraum des Wagens. Wir fuhren los zum Haus der Buben, das auf der rechten Seite ziemlich am Ende einer Sackgasse lag. An den Straßennamen kann ich mich nicht erinnern, an die Häuser der Straße wohl und das Haus, das Regine angemietet hatte.

Als wir zu Hause geklingelt hatten, kam zuerst der Mensch heraus. Er lief auf Lukas zu, nahm ihn auf den Arm und rannte ins Haus. Ich war so erstaunt und wollte wissen, wo er mit dem Kind hinlief. Ich ging ihm nach, er saß auf dem Sofa, das Kind auf dem Schoß und sprach leise auf den Jungen ein. Was er sagte, konnte man nicht verstehen. Es war so unwirklich. Es hatte etwas mit der Sekte zu tun, denn ein normaler Mensch kann sich nicht so aufführen.

Ich ging nach draußen zu Papa und Josh, der lustig mit seinem neuen Rad fuhr und stellte mich zu Papa. Was dann kam, lässt mich auch noch heute erschaudern, was für ein Mensch dieser Mann war. Nach einiger Zeit kam er mit Lukas wieder heraus, Klein-Lukas lief auf sein neues Fahrrad zu und fuhr herum.

Dann nahm diese Person dem Josh das Rad aus der Hand, streckte die Beine durch und fuhr im Stand, so schnell er konnte, und dabei geschah etwas Entsetzliches. Es knirschte und das Fahrrad war kaputt.

Wir standen da und schrieen ihn an. Das konnte er doch nicht machen! Er wog 180 Pfund. Das Rad war nur ausgerichtet für einen 9-jährigen Jungen!

Wir standen da und waren sprachlos. Das war doch kein Vater! Das war ein gemeiner Mensch. Er wollte seinem Kind und auch uns die Freude verderben.

Josh sah, was passiert war und rannte weinend ins Haus. Ich lief hinter ihm her, klopfte an die Tür, er hatte sich von innen auf die Erde gegen die Tür gesetzt, weinte und schimpfte auf seinen Vater böse Worte, die ich noch nie von Josh gehört hatte. Ich war sprachlos und unsere Freude war dahin, der schöne Tag mit den Kindern. Ich sprach vor der Tür auf Josh ein, er tat mir so leid. Er ließ nicht locker von der Tür. Ich musste meine ganze Kraft aufwenden, damit ich ihn von außen wegdrückte. Als das geschafft war, habe ich mich auf den Boden zu ihm gesetzt und ihn getröstet. Wir werden das Fahrrad wieder mitnehmen und es reparieren lassen. Nach langen tröstenden Worten und Umarmungen kam das Kind aus dem Zimmer heraus und schimpfte weiter.

Ich hatte Josh noch nie zuvor so voller Wut auf den Menschen, der sein Vater war, schimpfen hören. Die Worte, die er gebrauchte, hatte ich nie zuvor von ihm gehört. Ich machte mir meine Gedanken, es konnte nicht sein, dass so etwas zum ersten Mal passierte und das Kind so eine Wut hatte.

Ich war ja nicht immer anwesend, so denke ich, hat sich manches ereignet, von dem ich nichts wusste. Papa war draußen, ich weiß nicht, was er zu dem Menschen sagte, auch hatten wir Angst, dass wir die Kinder nicht mehr mitnehmen konnten, das hatte für uns Priorität, so haben wir unsere Meinung für uns behalten. Ich ärgere mich noch heute und bin entsetzt, was da passierte. Ohne etwas zu sagen, schon für diese Tat, dass er seinem Kind so etwas antun konnte. Josh war etwas getröstet, nachdem ich ihm immer wieder versprach, alles zu reparieren, das Fahrrad wird wie neu. Von den Kosten sprach ich nicht, auch nicht davon, dass alles dahin war. Josh konnte das Rad nicht mehr bewegen, er war ganz traurig. Wir nahmen das Rad wieder mit und verabschiedeten uns von den Buben. Der schöne Tag und die Freude mit dem Fahrradkauf war für uns alle dahin. Das war es, was der gemeine Mensch wollte, er war ein Leben lang eifersüchtig auf die Kinder. Nach all diesen Jahren kann ich noch alles im Geist sehen, der auf dem Fahrrad strampelnde Mann und den hinter der Tür sitzenden 9-jährigen Jungen.

Dieses Erlebnis werde ich nie vergessen, solange ich lebe. Ob Josh sich auch daran erinnern kann? Am nächsten Tag brachte ich das Rad zur Reparatur. Der Mr. Rumäne war entsetzt, so etwas hatte er noch nie gesehen. Es wurde repariert, die Fahrradgabel war verbogen und die Kette und noch einiges. Ich weiß nicht mehr, was alles kostete. Ich weiß nur, für die Gabel bezahlte ich $ 80,00. In meiner Garage an dem mittleren Pfosten habe ich sie hingestellt und da steht sie noch heute. Jetzt ist Josh 21 Jahre alt, damals war er 9 Jahre alt. Beim nächsten Besuch in unserer Garage habe ich dem Menschen die Gabel gezeigt. Er drehte sich sogleich um, aber gesagt hatte ich es doch. In all den Jahren, nicht gleich von Anfang an, die ersten 2 oder 3 Jahre, aber danach habe ich den Mensch nicht gemocht. Es ist mir unverständlich, wie meine Regine es ausgehalten hat. Warum habe ich so einen Schwiegersohn bekommen. Warum nicht so einen anständigen, gebildeten Mann, wie ihn meine Nichten in Deutschland geheiratet haben, auch die Neffen sind gebildete Männer. Alle haben gute Positionen und ernähren ihre Familien, bei uns hat Regine diesen Menschen ernährt! Abschließend möchte ich noch sagen, wären wir doch nie in dieses Land gekommen, das mir immer fremd bleiben wird. Hätte ich doch nie meine Heimat Deutschland verlassen, mein schönstes Land auf dieser Welt, das weiß ich jetzt!

22. Geschichte: 22. August 2011 (44. Montag)

Gedenken an meine Mutti: »Der 10. Todestag«

Gestern war der Geburtstag meiner Mutter. Es wäre der 96. gewesen. Sie ist gestorben im Jahr 2001, kurz vor ihrem 86. Geburtstag. Es sind jetzt 10 Jahre her, dass ich sie so sehr vermisse, niemals kann man den Tod der Mutter verschmerzen.

Obwohl ich so weit weg von ihr wohnte, habe ich sie am Anfang gar nicht so sehr vermisst.

Wir hatten ja oft nur telefonischen Kontakt, aber dann kam die Zeit des Fragens – Mutti, wie macht man einen Hefeteig und wie geht dieses oder jenes. Da war dann keine Antwort mehr. Erst später wurde mir bewusst, was ich verloren hatte, eine immer besorgte, liebevolle Frau, die alles wusste, vor allen Dingen in jeder Lebensfrage da war. Wenn ich an meine Kindheit zurück denke, war meine Mutter eine schützende, besorgte Frau, die uns Kinder ›großzog‹, ohne männliche Hilfe, eine großartige Leistung, es waren 5 Kinder. Sie besuchte uns öfters in diesen Jahren in Kalifornien. Wir hatten eine schöne Zeit, auch die Urenkel hat sie noch kennengelernt. Lukas war da ein paar Jahre alt, er konnte sich nicht mit ihr verständigen. Alles, was sie zu ihm sagte, war fremd, aber der Kleine hatte sie lieb, wie sie ihn auch. Regine hat ihre Kinder ihre Muttersprache nicht gelehrt.

Eines Tages sprach ich mit Lukas über Omi, so nannte er sie, alles was er sagte, waren diese paar Worte: »Omi is the best!« Ich drückte den Kleinen und sagte: »Ja, Omi is the best.« Er hat es erkannt, so klein, wie er war, ein kluges Kind. Regine war ihr erstes Enkelkind, beide liebten sich, das konnte man sehen, vom ersten Moment. Mutti hat das Baby geschaukelt, wenn es Hunger hatte.

Später hat sie Ausflüge, ganze Sonntage mit Regine verbracht, eine Schifffahrt auf dem Rhein, mit dem Esel zum Drachenfels. Regine liebte ihre Mimmi, wie sie sie nannte, als sie noch klein war, und hat diesen Kosenamen immer beibehalten. Gerade habe ich Fotos von Regines Hochzeit angesehen, wie schön sie beide waren, Regine eine so schöne Braut und sie und Mimi lächelten sich an. Beide leben nicht mehr. Das hätte meiner Mutter das Herz gebrochen. Sie hat es nicht mehr erlebt.

Auch ich kann diese Bilder nur mit Schmerzen betrachten. Fragen kann ich beide nichts mehr. Vor 2 Wochen habe ich oben in Lukas' und Joshs Zimmer aufgeräumt, dabei hatte ich den weißen Teddy in der Hand, seine Schleife am

Hals war halb abgerissen. Es war ein Geschenk von Mimmi an Lukas, als sie uns besuchte. Es ist Lukas' Teddy. Ich habe einen Zettel geschrieben »Zur Erinnerung an Mimi von Lukas«, dann weiß er, es ist sein Teddy, auch die Schleife am Hals habe ich angenäht.

In meinen späteren Jahren, nachdem ich Mimmi nichts mehr fragen kann, ist mir klar geworden, was ich versäumt habe.

Wenn ich an meine jungen Jahre denke, und auch später habe ich meine Mutter niemals etwas gefragt über ihre Heimat Ostpreußen, nie sie gebeten, darüber zu erzählen. Sie war da geboren und aufgewachsen, auch ihre Mutter, ihre Großmutter, ihr Vater.

Alle ihre Verwandten kamen aus Ostpreußen. Auch ihre Schwester Anneliese, die ich so lieb hatte. Sicher hätte sie mir gerne erzählt, wie schön es dort war. Die Menschen, die dort lebten und arbeiteten, die schöne Landschaft über Königsberg, Insterburg, wo ich geboren wurde. Warum haben ich und auch meine Geschwister keine Fragen gestellt?

Wir waren im Mai 1945 nach Flucht und Vertreibung über Österreich in Deutschland angekommen. Und das war für meine Mutter ihre neue Heimat. Wir Kinder waren klein und Mutti hatte andere Sorgen, von ihrer alten Heimat sprach kein Mensch. In dem ersten Jahr traf Mutti zufällig eine ehemalige Freundin aus Ostpreußen im Milchladen, das war eine so große Freude für beide Frauen. Der Kontakt, die Freundschaft hielt ein Leben lang, auch wir Kinder hatten plötzlich jemanden, der freundlich zu uns war. Wenn ich zurück denke, diese vielen Jahre, war es mir immer selbstverständlich, meine Mutter um mich zu haben. Sie war einfach immer da, hatte keine männlichen Bekanntschaften in ihrem Leben, die Sorge und das Wohlergehen galt einzig und allein ihren Kindern.

Auch haben wir oder ich es ihr nicht leicht gemacht. In

unserem, meinem Leben, auch meine Sorgen waren ihre. Wie hat sie das alles überstanden, immer freundlich und voller Lebensfreude. Alle Hochzeiten ihrer Kinder, dann die Geburten ihrer 9 Enkel, immer ein freudiges Ereignis. Dann hatte sie noch das Glück ihrer 2 Urenkel, Kinder von Regine, Josh und Lukas.

Die Jahre waren schon oft traurig, aber Mutti hat mir immer in Gesprächen geholfen, ich konnte mit meinen Sorgen zu ihr kommen. Heute, wenn ich zurück blicke, muss ich feststellen, meine Mutter hat alles für ihre Kinder getan, was erst später so richtig erfasst wird. Eine Mutter zu haben, ist das größte Glück auf dieser Welt. Wenn ich in Ronsdorf den Friedhof und Muttis Grab besuche, ist es mir heute, nach 10 Jahren unverständlich, dass meine Mutter da in dieser Erde begraben ist, es ist einfach unverständlich.

23. Geschichte: 29. August 2011 (45. Montag)

Montagsgeschichte: »Regine und der Rosengarten«

»Josh und der Fernseher«

Die Tage und Wochen gehen dahin und sind in meinem jetzigen Leben nicht langweilig und voller Pläne für den Tag. Am Samstag habe ich mit Mario, meinem Gärtner, der schon mehr als 20 Jahre zu mir kommt und auf wunderbare Weise hilft, diesen Garten zu versorgen, mit den vielen Obstbäumen am Berg und den etwa 33 Bäumen rings ums Haus, eine volle Beschäftigung, jeder Samstag ist voll geplant. Zurzeit blühen oder verblühen schon die Obstblüten, es ist so gut anzusehen, wie die Natur voranschreitet.

Am letzten Samstag haben wir etwa 500 Erdbeerpflanzen neu gesetzt und vor etwa 3 Wochen habe ich einen Apfelbaum mit Jörg gekauft und der wurde dann mitten auf dem Berg eingepflanzt. Auch dieses Bäumchen hatte schon ein paar Blüten. Wenn ich draußen im Garten bin, erinnere ich mich, wie Regine den Berg mit all den Rosenstöcken doch so geliebt hat. Immer, wenn sie mich besuchte, meistens am Sonntag mit den Kindern, sagte sie: »Mutti, lass uns nach draußen gehen und Rosen für die Vase schneiden.« Jedes Mal sagte sie, ich sollte doch öfter rausgehen und Blumen ins Haus holen. Immer, wenn ich da auf dem Berg bin, denke ich daran und es ist schön, aber auch schmerzlich und jetzt schießen mir die Tränen in die Augen.

Über die letzten Jahre habe ich Treppen und Wege anlegen lassen, so kann man ganz bequem hin- und herlaufen und bekommt keine lehmigen Schuhe. Es ist so viel einfacher geworden.

All das habe ich angelegt, auch im Hinblick für mein einziges Kind, auch für sie, wenn ich einmal nicht mehr da bin. Es sollte für sie so viel einfacher sein. Ich habe meine Regine schon Jahre nicht mehr gesehen und gesprochen. Sie hat das Haus, den Garten, die schönen Wege am Berg herunter und herauf und die Vegetation dort nicht mehr gesehen. Mein armes Kind und auch die arme traurige Mutter.

»Josh und der Fernseher«

Heute möchte ich eine neue Geschichte schreiben über die Kinder und wie es war in meiner Beziehung mit beiden. Josh war etwa 10 Jahre alt und Lukas 6, also vier Jahre jünger. Immer, wenn die Buben etwas haben wollten, besser gesagt, wenn sie Wünsche hatten, haben sie mich gefragt, in all ihren Kindertagen.

Regine war oft für 3 Monate in Florida und dann war ich da und habe alles, was sie brauchten, angefangen bei Milch oder eben alles gekauft. Neben dem Hausmädchen Brenda, aber das ist eine andere Geschichte.

Eines Nachmittags holte ich beide an ihrer Kindergartenschule ab und wir fuhren zu einem großen Geschäft für Fernsehgeräte und alle Elektronik. Josh hatte mich gefragt, ob ich ihm einen Fernsehapparat zu Weihnachten kaufen möchte, ich sagte sofort ja, obwohl ich noch nicht wusste, wie wir das bewerkstelligen konnten.
Regine hatte mir gesagt, sie möchte keinen Fernseher für Josh und wir wussten es. Doch habe ich es dem Jungen nicht abschlagen können, diesen Weihnachtswunsch. In Regines Haus war kein Fernsehanschluss angemeldet, alles, was sie sahen, waren Videofilme, die sie besorgte und somit war ein Gerät für Josh nicht zu gebrauchen. Wir waren im Laden und sahen uns die Geräte an, Josh und auch Lukas waren ganz begeistert, was man sich ja denken kann.
Was für ein schöner Nachmittag. Wir setzten uns, wo wir konnten, und ließen diese Fernsehwelt auf uns einwirken. Um es kurz zu machen, Josh hatte sich für ein mittleres Modell entschieden, wir gingen hin und her und überlegten, ob es auch das richtige war. Josh hatte einen guten Geschmack und entschied sich immer schnell, er wusste, was er wollte. Kurz und gut, die Entscheidung war gefallen, wir gingen zur Kasse. Ich bezahlte gerne, wie ich aus heutiger Erinnerung sagen kann, auch ein paar Spiele waren dabei und beide Buben waren ganz glücklich und ich auch.
Es ging mir immer darum, den Kindern etwas anderes zu zeigen, etwa in dem Buchladen, wo wir sehr gerne hinfuhren, aber das ist eine andere Geschichte.
Außerdem war Regine mindestens 3 Monate 2 Mal im Jahr in Florida und die Kinder vermissten ihre Mami sehr. Auch das ist eine andere Geschichte. Wir gingen aus dem Laden zum Auto, der Angestellte brachte uns den großen Kasten und da war Joshs Weihnachtsgeschenk, aber der größte Teil dieser Aktion stand mir noch bevor.
Es war etwa 5 oder 6 Wochen vor Weihnachten. Ich brachte die Kinder heim und fuhr dann los, zu Hause angekom-

men brachte ich das große Paket in einem Schrank in meinem Zimmer unter. Heute ist alles umgebaut, den Schrank gibt es nicht mehr, heute hängen Bilder an den Wänden. So eine Galerie von Fotos und ein Tisch sind in der Nische für meine Kunst, für die ich gar keine Zeit habe. In all diesen Wochen vor Weihnachten hat sich Josh oder der kleine Lukas nie verraten und der Mami etwas erzählt. Auch an den Sonntagnachmittagen, wenn Regine mit den Kindern hier zu Besuch kam, wurde nichts von diesem Kasten, der im Zimmerschrank stand, erwähnt, obwohl das Badezimmer um die andere Ecke des Schrankes war.

Man muss sich vorstellen, Lukas war erst 4 Jahre alt und ein aufgewecktes Kind. Ich war immer erstaunt, was der kleine Junge so von sich gab und so kluge Fragen stellte.

Ich war so stolz auf beide, sie waren so intelligent wie ihre Mutter, außerdem hatten sie tüchtige Großeltern, das waren natürlich wir, Jörg und ich.

Die Wochen gingen dahin, es wurde langsam aber sicher Weihnachten. Regine wohnte zu dieser Zeit in dem Haus, wo viele Weihnachtsfeste stattfanden (etwa 5 bestimmt). Das Haus war angemietet und war auch das Haus, das ich nicht mehr betreten durfte, von einem Tag auf den anderen, aber auch das ist eine andere Geschichte. Wir feierten Heiligabend in diesem Jahr zusammen, die Eltern von dem »Schwiegersohn«, Jörg und ich.

Es schien, wir waren immer eine glückliche Familie, wir gaben uns kleine Geschenke. Beth beschenkte mich immer großartig, ich habe heute noch alle Erinnerungen und denke gerne an diese Zeit zurück. Josh fragte mich immer, wie ich den Fernseher ins Haus schaffen wollte. Ich glaube, er war auch etwas in Sorge, er wusste aber, Lollo wird es schon schaffen, damit er ein schönes, sein gewünschtes Weihnachtsgeschenk bekam. Alle meine Geschenke für die Buben habe ich in unterschiedliches Papier verpackt. Wenn Jörg und ich alles ins Haus brachten, habe ich Josh und Lukas gezeigt, welches Papier ihnen gehört. Somit konnten sie gleich ihre Pakete zählen und Lukas hat mich sofort gedrückt, der kleine Darling, und konnte es kaum erwarten, alles auszupacken.

Während ich schreibe, sehe ich alles vor mir – das Haus, das Wohnzimmer, der gedeckte Tisch, den Regine immer so schön herrichtete. Das hatte sie zu Hause gelernt und in ihrem Haus fortgesetzt. Dieses Jahr hatte ich ihr einen Besteckkasten aus Deutschland mitgebracht, den ich ihr vorab gab.

Jetzt hatte ich einen Plan. Ich packte alle Geschenke für die Kinder und lud alles ins Auto. Das große Paket für Josh auf den Rücksitz und dann fuhren wir los. Es dunkelte schon, es war spät am Nachmittag, als wir vor dem Haus ankamen, war es dunkel und das Paket auf dem Rücksitz nicht mehr von außen zu erkennen. Ich hatte außerdem eine Decke darauf gelegt.

Als ich mit den ersten Paketen ins Haus trat, kam mir Josh ganz aufgeregt entgegen. Ich nahm ihn mit nach draußen zum Auto, zeigte ihm seinen Geschenkkarton, mit Decke belegt. Er sagte: »Was wird passieren? Bringst du jetzt alles ins Haus?« Ich erzählte ihm, ich werde noch warten, bis die Geschenke ausgepackt werden. Dieses sollte zuletzt dran sein, außerdem hebt man sich immer das Schönste für zuletzt auf. Ich erzählte ihm, wir wollen warten, bis alle in einer guten Stimmung waren.

Dabei muss ich unbedingt anmerken, dass das größte oder kleinste Kind sein Vater war, der kam zuerst mit auspacken dran, noch vor dem kleinen Lukas oder dem größeren Josh. Als ich das beim ersten Weihnachten mit den Kindern erlebte, konnte ich es kaum fassen.

So etwas hatte ich noch nie erlebt, weder in meiner Familie oder sonstwo. Wenn man sich vorstellt, was in diesem Menschen vor sich ging, erst der Vater und dann die kleinen Buben! Er war mir nie sympathisch und da war er mir unheimlich. Ich habe ihn nicht mehr für voll angesehen. Das hat er auch gemerkt, aber ich spielte das Spiel mit, aus Angst, ich könnte die Kinder nicht mehr sehen. Auch das alles ausführlicher in einer anderen Geschichte. Ich erklärte Josh, wir wollen warten, bis auch Mami ausgepackt hat und alle in einem guten »mood« waren. Gute Laune nennt man das. Dann war es Zeit für den großen Augenblick, Jörg (Papa) ging hinaus, Josh war jetzt ganz aufgeregt, und holte den großen Karton herein. Jeder war beschäftigt, auch mit kleinen Häppchen. Der Abend war schon fortgeschritten, wir waren hungrig. So fiel es nicht auf, als Papa ins Zimmer kam und das große Paket auf den Boden setzte und Josh, der den ganzen Abend und alle Tage und Abende nach dem Fernsehkauf so aufgeregt war, machte sich daran, das Papier aufzureißen. Jetzt kam das zum Vorschein, vor dem ich Angst hatte, Regine sagte: »Das ist kein Fernsehapparat?« »Doch«, ich nickte und sagte ihr: »Josh hat es sich so gewünscht, er möchte Videofilme sehen in seinem Zimmer.« Erstaunlicherweise nickte sie und für mich war die ganze Aufregung vorbei.

Regine konnte dem Jungen nichts abschlagen, er war ihr Erstgeborener, sie liebte ihn sehr. Wenn ich jetzt zurück denke, glaube ich, die Buben waren ihr das Wichtigste auf der Welt, niemanden liebte sie mehr, als ihre Kinder. Der Weihnachtsabend war gerettet. Später hat Papa den Apparat in Joshs Zimmer gestellt, alles war gut abgelaufen. Josh hatte ein eigenes TV, das war alles, was zählte. Die nächsten Monate kamen, es war so um den letzten Februar oder März, da hat mir Josh erzählt, das TV von Mama war kaputt, das Gerät hatte es aus Altersgründen aufgegeben. Wir hatten es Regine gekauft, als sie in ihr eigenes Reich, Haus gezogen war.

Es gehörte zu allem, was wir für sie angeschafft haben, Möbel usw. bzw. was sie sich für ihr neues Zuhause, ausgesucht hatte, und das war Jahre her, aber auch das ist eine andere Geschichte. Das Gerät war nicht mehr zu reparieren.

Josh erzählte mir, was passiert war, ich sagte: »Dann musst du einspringen und dein TV herleihen.« Er war so erbost und sagte: »Mein TV kommt nicht aus meinem Raum!«« Das waren ganz genau seine Worte, er war voll entschlossen.

Man muss noch anmerken, Regine hätte sich schon längst neue Sachen für den Haushalt kaufen können, aber das ganze Geld und mehr wurde für die Sekte gespendet oder besser gesagt, sie musste an diesen Kursen und Hokuspokus teilnehmen, da ging ihr gut verdientes Geld hin und keiner konnte etwas tun oder darüber sprechen, wenn man einmal in dem »Verein« verstrickt war, aber das ist ja heute jedem klar, was damals noch nicht so bekannt war.

Es kam, wie ich gesagt hatte und befürchtet, das TV von Josh war im Wohnzimmer und stand oben auf dem alten Kasten. Josh war ganz unglücklich, es war unfassbar, dass die Eltern dem Jungen das TV wegnahmen, was er eigentlich gar nicht haben sollte, und ich mit List am Weihnachtsabend ins Haus brachte.

Danach beschäftigte ich mich in Gedanken, was zu tun sei. Ich besprach mich mit Josh, es war nicht abzusehen, wann er sein TV wieder zurück hatte, ich weiß, dass er darüber auch ärgerlich war. Nach langer Überlegung kam mir der Gedanke, meine Regine hatte am 3. Mai Geburtstag. Dann kaufe ich ihr ein neues TV und so bekommt Josh sein TV wieder in sein Zimmer zurück. Josh war ganz begeistert, Lollo hat die besten Ideen und hilft immer, darauf konnte er sich verlassen, war immer da, wenn er sie brauchte.

So gingen wir wieder in das TV-Paradies und suchten einen passenden Fernseher für Mama aus. Es sollte ja eine Überraschung sein, so haben wir wieder geschwiegen, alle zusammen, Josh und Lukas, Papa (Jörg) und ich. Als Regines Geburtstag kam, haben wir sie überrascht. Sie strahlte ganz glücklich, Mama und Papa waren doch die Besten.

Alles haben wir für unser Kind getan und die Enkel. Josh war glücklich und Papa trug sein TV wieder in sein Zimmer an seinen Platz. Ich muss noch anmerken, alle Jahre, die ich mit meinen Enkeln verbrachte, waren die schönsten in meinem Leben, alles habe ich getan, um ihnen den Alltag schöner zu machen.

Wir hatten eine wunderbare Zeit zusammen. Es werden noch viele Geschichten folgen, die klar machen was passierte und wer die Schuld daran hat.

24. Geschichte: 5. September 2011 (46. Montag)

Montagsgeschichte: »Allgemeines«

»Lukas war geboren«

Es ist September geworden. Tag für Tag ist vergangen. Man kann nichts dagegen tun. Gestern habe ich mit einer lieben Freundin aus Ronsdorf telefoniert. Es ist schön mit lieben, mitfühlenden Menschen zu sprechen.

Am letzten Sonntag haben wir den großen Parkplatz mit neuen weißen Strichen und Nummern für die einzelnen Mieter streichen lassen. Vorher am Samstag hat Mario mit seinem kleinen Sohn und Schwiegervater den Parkplatz mit Schlauch und Wasser gereinigt. So geht alles seinen Gang und jeder Tag hat seine Pflichten.

Heute war es dunkel am Himmel und es stürmte. Auf einmal hat es geregnet, aber nur einzelne Tropfen, man glaubt es kaum. Es wäre schön, wenn da mehr herunter käme. Heute ist ein Feiertag hier in Amerika. Endlich habe ich die abgeschnittenen, langen Triebe von Geranien in kleine Töpfchen gepflanzt, am frühen Morgen. Seit 5 Wochen aufgeschoben. Am Nachmittag werde ich die gepflückten

Tomaten zu einer Suppe verarbeiten. Endlich haben wir wieder alles vermietet.

Das ist ein Kommen und Gehen, oft unerwartet verlassen diese Menschen den Platz und hinterlassen unmögliche Berge voller Müll. Am Samstag ist Mario nicht hier gewesen. So hatte auch ich einen freien Tag, das hat auch mir gut getan.

Die Arbeit ist liegen geblieben. Heute möchte ich die Geschichten anfangen zu schreiben, Lukas Geburt, den ich so sehr vermisse und all die wunderbaren Jahre mit dem Enkel, die schönsten in meinem Leben. Wann kann ich ihn umarmen und für ihn sorgen, jetzt ohne Mami?

»Lukas war geboren«

Wir waren in Las Vegas für ein paar Nächte, als die schöne Nachricht kam, Josh hatte seinen 6. Geburtstag gefeiert, Regine hatte alles organisiert, mit Gummihaus und Rutschen.

Sie hatte einen Clown, auch lebende Schlangen waren da. Ich konnte nicht hinsehen. Sie war mit der Schwangerschaft in den letzten Zügen und rannte hin und her bei diesem Fest mit all den Kindern. Am nächsten Tag sind wir nach Las Vegas gefahren.

Dann war da der Anruf und wir fuhren am nächsten Morgen nach Hause. Meine Schwester Traudl und Schwager Dirk waren mit uns, als wir die freudige Nachricht erhielten.

Im Krankenhaus angekommen, haben wir sofort Regine und den »Vater« gesehen und das kleine Baby bestaunt. Mein zweiter Enkel war wieder ein Baby Boy, ein Bübchen. Entgegen dem ersten Enkel, den ich nicht berühren durfte, war dieses Mal alles anders. Ich konnte das Baby aus dem Körbchen nehmen und im Arm halten.

Wir alle, meine Schwester und Schwager haben das Kind gehalten. Mir kamen die Tränen in diesem Augenblick, das Kind im Arm. Das war der schönste Augenblick für mich und meinen Besuch. Es gab nicht viel zu berichten, das Baby war da, Mutter und Kind gesund und nach ein paar Tagen war Regine wieder zu Hause. Wie oft ich dorthin fuhr, weiß ich nicht mehr. Regine hatte das Geschäft. Sie war der Ernährer dieser, ihrer Familie und jetzt hatte sie ein zweites Kind, Baby Lukas, das war der schöne Name, der mir auch so gut gefiel, musste gestillt werden, das brauchte Zeit und Mühe. Brenda, das Hausmädchen war da.

Das große Haus mit riesigem Garten. Wie lange sie dort wohnte? Ich glaube, bis Lukas mehr als ein Jahr alt war und laufen konnte. Das erste Mal, als der Kleine seine Mami vermisste, war, als er sechs Monate alt wurde. Regine stillte das Baby, als ich sie besuchte. In meinen Gedanken sehe ich sie noch da sitzen, das Baby auf dem Arm.

Das nächste, was ich erfuhr, war, sie hatte das Kind abgestillt, jeder weiß, was das ist. Dann hat sie sich auf die Reise begeben nach Florida, wohin sonst.

Das waren fünftausend Kilometer entfernt, fünf Stunden Flug von Kalifornien. Das Baby und auch Josh und den Haushalt hat sie Brenda übergeben. Das war meine Zeit mit den beiden Buben. Sie war drei Monate in Florida und hat ihren Säugling erst wieder gesehen, als das Baby neun Monate alt war. Ich weiß heute nicht mehr, wie das alles zusammenpasste.

Wie oft ich in das Haus gefahren bin. Nach einiger Zeit, als Regine wieder zu Hause war, wurde ein anderes Haus gesucht und gemietet, es war bedeutend kleiner und kostete auch nicht so viel Miete und Unterhaltung. Es hatte auch einen Pool. Ich weiß noch so genau, ich hatte immer so große Sorge, als Lukas zu laufen anfing und die Türe von der Küche zum Garten nicht abgeschlossen war, immer habe ich Brenda gesagt, die Türe ist das wichtigste.

Hier in Kalifornien muss man eine Abdeckung, einen Zaun, einen Schutz für den Pool haben, bei kleinen Kindern im Haus. Das ist das Gesetz. Das Haus war in einer Sackgasse, wie schon in der Geschichte vom »Fahrradkauf« beschrieben. Dort wuchs Lukas heran, verbrachte seine ersten Kinderjahre. Josh ging zur Schule.

Die »Kindergartenschule« war, wie schon beschrieben, eine von der Sekte geleitete Einrichtung. Mehrere Räume in einem Gebäudekomplex mit Geschäften angemietet. Vor den Räumen ein Spielplatz mit Wiese und Rutschen, Tisch und Bänken für die Kinder zu Lunchzeiten. Nebenan noch ein Grundstück für Fußball und Roller fahren. All das war zur Straße zu beiden Seiten eingezäumt mit einem durchsichtigen Eisenzaun. Zum Parkplatz mit einer Mauer. Ein kleines Gartentor hin zum Parkplatz, so ungefähr für fünfundzwanzig Parkplätze. Es war alles nicht geräumig genug für vierzig Kinder in ungefähr jedem Alter, auch für die ganz Kleinen.

Die Frauen dort waren keine ausgebildeten Lehrkräfte, das könnte man sich in Deutschland gar nicht vorstellen. So eine Einrichtung wäre nicht erlaubt, aber hier kann jeder eine Schule oder einen Kindergarten eröffnen. Hier ist eben alles anders.

Diese Einrichtung sollte mein Leben bestimmen, davon werde ich noch schreiben. Lukas war den ganzen Tag mit Brenda alleine. Ich fuhr oft hin, das erste Mal, ich kann mich noch so gut erinnern, Brenda war oben in einem Schlafzimmer, räumte auf. Lukas rannte hinter ihr hin und her. Es war, als wenn er Angst hätte, sie zu verlieren. Ich stand an der Tür und sah zu, ab und zu rief ich: »Lukas, hier ist deine Grandma Lollo.« Aber er reagierte überhaupt nicht, als ob er vor mir Angst hätte. Kannte er mich nicht so gut?

Ich setzte mich auf den Boden und versuchte, mit ihm zu spielen, der arme Junge sah irgendwie verhungert aus, als wenn er nicht allzu viel aß, warum weiß ich nicht. Auch auf den Bildern sah er nicht mehr so wohlgenährt aus. Seine kleinen braunen Augen sahen traurig aus. Allmählich wurde er zutraulich. Wir saßen auf dem Boden, spielten alberne Spiele. Ich sprach deutsch, Brenda ausschließlich spanisch, so lernte das Kind drei Sprachen. Regine hat dem Kind oder sagen wir den beiden Kindern ihre Muttersprache nicht vermittelt.

In späteren Jahren hat Brenda mir erzählt, er der Mensch habe gesagt: »No german in this house!« Man muss sich so etwas mal vorstellen! Die Kinder sollten so dumm gehalten werden? Er hätte doch mitlernen sollen, es wäre ein Spaß gewesen, aber hier sprechen die Menschen selten eine andere Sprache, außer Englisch.

Ich erinnere mich, meine Freundin Leticia spricht spanisch, der Ehemann ist aus Österreich, spricht also deutsch. In Kalifornien sind ihre Kinder geboren. In den Schulferien hat diese wunderbare Mutter ihre Kinder einmal nach Mexiko zu ihren Verwandten einfliegen lassen, die andere Hälfte des Schulurlaubes flogen die Kinder nach Österreich zu den Großeltern. Beide Kinder sprechen englisch, deutsch und spanisch und haben Freunde überall auf der Welt. Es ist etwas Großartiges, die Leute in anderen Ländern zu verstehen. Erst dann kann man das Land und die Leute kennenlernen. Bei meinem nächsten Besuch in Regines Haus freute das Kind sich, wenn ich dorthin kam. Er begrüßte mich, ich nahm ihn auf den Arm und liebkoste den kleinen Darling. Auch hatte ich immer etwas für ihn. Regine achtete sehr darauf, dass die Kinder wenig Süßigkeiten aßen, so habe ich nur Schokolade mitgebracht, meine Lieblingsschokolade ist immer dunkel. Auch das hatte ich für Lukas. Er ist dann mit dunkler Schokolade groß geworden.

Nach einiger Zeit wurde es langweilig für das Kind im Haus, auch für mich und ich sprach mit Regine, den Kleinen zu Shoppingtrips mitzunehmen. Sie überlegte und beim nächsten Besuch sagte sie ja. Aber es musste Brenda dabei sein, und nur einmal die Woche. Ich wusste gleich, wer dahinter stand, dieser Mensch. Meine Tochter, die den ganzen Lebensunterhalt verdiente, machte, das mit, es ist mir noch heute unverständlich. Ich habe Brenda immer dabei gehabt, bei unseren Ausflügen. Es war ein fremdes Mädchen, aber sie war lieb und Lukas liebte sie. So habe ich mich daran gewöhnt. Sie fuhr den Stroller und ich spielte mit Lukas. Später war es okay. Wir haben uns wunderbar angefreundet. Bis zu dem Tag, als sie heiratete und uns verließ, was dann sehr traurig war, aber das erzähle ich in späteren Geschichten.

In meiner nächsten Geschichte erzähle ich die wunderbaren Shoppingtrips mit Lukas und die Besuche bei Josh in der »Kindergartenschule«. Ich kann es kaum abwarten.

25. Geschichte: 12. September 2011 (47. Montag)

Montagsgeschichte: »Schwarzes Gebäude«

»Erster Ausflug mit Lukas«

Die Montage fliegen sich gegenseitig zu. Meine Montage zum Geschichten schreiben. Es ist so schön, ich sitze hier und lasse meine Gedanken in die Vergangenheit schweifen, mein Leben mit den Enkeln, vor 21 Jahren.

Draußen ist es kühler geworden. Seit September merkt man es deutlich. Auch am Morgen, wenn ich laufe, brauche ich zuerst eine Jacke, später ziehe ich sie wieder aus.

Gestern habe ich Fotos angesehen, alles, was ich fand, waren Babybilder von Josh, eine ganze Kiste. Wollte eigentlich sehen und mich an Lukas erinnern im Babyalter. Werde mich weiter auf die Suche begeben.

Letzte Woche hatten wir einen Gerichtstermin, vor 8.00 Uhr dort erscheinen, der Richter kam um 9.00 Uhr in den Gerichtssaal. Wir waren die Beschuldigten. Die Sache war so: in diesem Jahr hat jemand, ein Mieter, einen Laden in dem kleinen Gebäude gemietet. Das Gebäude wurde vor ein paar Jahren neu renoviert, ich habe neue Fenster einsetzen lassen und für die Stahlrahmen und Türen eine rote Farbe gewählt, sehr schön und auffällig, das hatte ich auch so gewollt. Der Anstrich am Gebäude war gelb, alle Fenster haben Markisen bekommen, die blau waren. Die Lampen außen an den Ecken des Gebäudes waren von besonderer Schönheit ausgewählt. Sie sahen wie Glocken aus, und hatten eine rote Farbe. Das Gebäude sah farbig aus und war ein Hingucker, wie man so schön sagt.

Ich war mächtig stolz, alle Handwerker wollten mir nicht glauben, mit der roten Farbe mit Fenstern und Türen, aber ich ließ mich damals nicht beirren. Es ist auch heute noch schön, nach Jahren.

Nachdem der Mann das Geschäft, die Räume gemietet hatte, war alles anders. Ein paar Tage später erzählte Jörg: »Du wirst es nicht glauben, das Gebäude, alles draußen hat eine andere Farbe, bis auf die roten Fensterrahmen und Türen.« Ich fragte: »Um Gotteswillen, was ist passiert?« Jörg sagte: »Erst setze dich bitte, das kannst du nicht glauben, es ist alles tiefschwarz, alles, die Wände, Markisen und die roten, so schönen Lampen. Es ist einfach angestrichen worden, ohne unsere Genehmigung. Das Gebäude sieht aus wie ein schwarzer Kasten mit roten Fenstern und Türen.«

Im Vertrag steht, es muss alles vorher besprochen und genehmigt werden. Im inneren Geschäft vielleicht andere farbige Wände, außerdem hat dieser Mann eine Trennwand herausgerissen, ohne Jörg zu fragen.

Es ist schon allerhand passiert auf dem Grundstück, aber Außenwände, das hatten wir noch nie.

Dann auf einmal wollte der Mann den Laden nicht mehr

und hat gekündigt. Jetzt, das ist der Gipfel, will er den Mieteinstand zurück und klagt gegen uns. Jörg hat Gutachten von unserem Anstreicher und dem Markisenmann eingeholt, somit ergibt sich die stolze Summe von $ 4.000,00, die er uns noch schuldet. Jörg hat die Gegenklage eingereicht. An dem Morgen bei Gericht hat dieser Mann dem Richter erzählt, er brauche mehr Zeit, der Termin müsse verschoben werden. So werden wir in drei Wochen wieder dort erscheinen.

Morgen, am Dienstag, wie jede Woche, ist mein Einkaufstag, Lebensmittel, Bank, Reinigung, Post und Gärtner und was so anfällt, erledige ich an diesem Tag, so ist jeder Tag anders, andere Aufgaben. Habe nichts von den Buben gehört, kein Lebenszeichen. Warum melden sie sich nicht?

So gehen die Tage und Wochen dahin, wo doch die Zeit so kostbar ist. Wie leben sie jetzt, wo Regine nicht mehr da ist und das Geld verdient. Haben sie alles, was sie brauchen? Habe mit Karla telefoniert, auch sie hat keinen Kontakt seit Jahren. Das ist die älteste Schwester von diesem Menschen. Sie ist die Tante von Josh und Lukas, was hat man ihnen erzählt über die Tante, die doch eine liebe, treue Person ist, wie ich sie kenne, all diese Jahre. Ihren Geburtstags-Scheck für die Buben hat man erst ein halbes Jahr später eingelöst.

Mein erstes rotes Buch habe ich vollgeschrieben. Es sind jetzt vierundzwanzig Geschichten und ca. einhundert Blockseiten. Das ist erst der Anfang aller Geschichten. Das schreibe ich in meinem kleinen Zimmer, das ich besonders liebe, mit den Vitrinen und den kostbaren Puppen darin, die ich als Kind nicht hatte. Meine Bücherwände, mein Maltisch, voller Pinsel und Farben, alle Erinnerungen in den Regalen, ein Leben lang zusammengetragen. Die Bilder der Kinder, von Regine mit den Buben, die sie so lieb hatte, in den Rahmen überall und auf dem Schreibtisch. Mein Computer, auf dem ich die Banküberweisungen mache und Rechnungen bezahle.

Auf dem Großvaterschreibtisch steht die hohe Messinglampe meiner Mutter, die sie so geliebt hat. In der Ecke ist auch noch das kleine Fußbänkchen, darauf hat Regine als kleines Kind so gerne gesessen, wenn sie bei ihrer Mimi zu Besuch war. Diesen Raum möchte ich nie wieder hergeben.

Der tolle Ausblick durch die hohen Fenstertüren mit dem geschliffenen Glasfenster, die ich später, nach dem Hauskauf habe einbauen lassen, in den Garten, die grüne Wiese vor mir, rechts den Swimmingpool, das blaue Wasser, ganz am Ende sieht man die rosaroten Köpfe der Rosen, die ich am Berg gepflanzt habe.

Alles ist so romantisch, am liebsten sitze ich da am Tag, nicht am Abend, wenn das Licht angeknipst werden muss und das Fenster ist eine dunkle Wand. Mein kleines Paradies. Die nächste Geschichte, wie schon angekündigt, meine ersten Ausfahrten mit Lukas, mit Brenda dabei, die ich erst kennen lernen musste, die schönen Lunchzeiten, Spielplätze, Bücherläden und nicht zu vergessen, auch die schönen Anziehsachen, Hosen, Hemden, Schuhe, eben alles, was ich für Lukas gekauft habe. Es waren wunderschöne Tage und ich erinnere mich, als wäre es gestern gewesen.

»Erster Ausflug mit Lukas«

Es war Mittwoch, der Tag, an dem ich den kleinen Enkel abholen durfte, mit Brenda, dem Hausmädchen. Morgens ganz früh fuhr ich zu dem Haus, wie beschrieben in der Geschichte der »Fahrradkauf«.

Brenda war gewöhnlich schon bereit. Sie hatte sich und Lukas schön angezogen, ich war voller Freude auf den Tag. Alles war ganz spannend, das erste Mal mit Lukas im Auto. Hatte einen Autositz noch von Josh, aber neue Bezüge für mein zweites Enkelkind gekauft. Ich setzte den kleinen Buben in den Sitz, dann ging es los.

Dieses erste Mal hatte ich mir das South Coast Plaza ausgedacht. Eine große Anlage, man ging hinein, alles auf zwei Etagen mit hunderten Geschäften, Restaurants, Karussell für die Kinder, eben alles da zum Geld ausgeben und glücklich wieder nach zu Hause fahren. Um das Gebäude waren riesige Parkplätze für mindestens 2000 Autos, schätze ich. Die Shoppinganlage war die schönste in Orange County. Auch alle teuren bekannten Geschäfte waren da, man konnte leicht den ganzen Tag darin verbringen. Alles war sauber, voller Pflanzen überall, vereinzelt etwas Tageslicht.

Beim ersten Besuch in Kalifornien wohnten Jörg und ich gegenüber in einem großen Hotel, das damals so ziemlich das einzige Gebäude war, was sich in 30 Jahren so verändert hat, dass man jetzt das Hotel suchen muss.

Nur damals hat mir niemand erzählt, dass dieses große Einkaufscenter auf der anderen Seite lag. Ich selbst habe es niemals da entdeckt, erst bei späteren Besuchen in Kalifornien.

Wir fuhren also dorthin, parkten draußen an der Seite bei Saks Fifth Avenue, wo ich gewöhnlich parke. Brenda holte den Stroller aus dem Kofferraum. Ich befreite Lukas aus seinem Car Sitz. Er wollte gleich loslaufen mit seinen kleinen schnellen Schritten, aber das ließen wir nicht zu, setzten ihn in den Kinderwagen, es ging los zur Mall.

Beim Eingang hoben wir Lukas wieder aus dem Sitz und ließen ihn laufen, auf einmal blieb das Kind stehen und ließ alle Leute an sich vorbei gehen, guckte bloß auf die Menschen, ich wusste nicht, was da zum Staunen war, nach einer Weile drehte er sich um, schaute in die andere Richtung, alle an ihm vorbeilaufenden Menschen an.

Dann kam mir der Gedanke, das Kind war nur an Haus und Hof gewöhnt, an Mama, Papa und Josh und vielleicht Freunde, die zu Besuch kamen, aber nie hatte der Kleine Menschen gesehen, so viele, die langsam in beide Richtungen an ihm vorbei gingen.

Diese Begebenheit hat sich so fest in meinem Gedächtnis eingeprägt, dass ich es jetzt aufschreiben musste. Nachdem Lukas fertig war mit Staunen, haben wir erst einmal Lunch gehabt, essen war immer gut, Lukas hatte immer Hunger, was ja normal ist bei einem kleinen Kind.

Der Platz, den wir uns aussuchten, war ein Restaurant, bei dem wir drinnen und draußen sitzen konnten. Wir hatten uns für den Platz an frischer Luft entschieden, auch konnten wir das Kind frei laufen lassen. Wir bestellten und Brenda und ich tauschten Näheres über uns aus.

Wir mussten uns ja kennenlernen. Sie war in Guatemala geboren und aufgewachsen und hatte ihre Mama, seit sie hier in Amerika lebte, nicht mehr gesehen und es sollte noch viele Jahre dauern, bis das wieder geschah.

Es war schön anzusehen, wie Lukas aß, er machte sein Mündchen auf und ich gab ihm immer einen neuen Happen, bis nichts mehr in das kleine Bäuchlein hineinging. Dann sagte ich: »Lukas, Schatzele, ist das Bäuchlein voll?« Der kleine Witzbold hob sein Hemdchen und zeigte allen, die es sehen wollten, sein dickes, volles Bäuchlein.

Nach dem Lunch gingen wir wieder zu den Geschäften, mit Unterbrechungen natürlich. Mein Platz für Kindersachen war Nordstrom, ein sehr gut geführtes Geschäft, auf drei Etagen, auch ich habe da allerlei eingekauft. Da ich mir Lukas' Schuhe angesehen hatte, habe ich an diesem Tag entschieden, das Kind braucht ein paar neue Schuhe, die wollte ich bei Nordstrom kaufen. Wir mussten die Rolltreppe zur dritten Etage. Bei den Babyschuhen oder sagen wir Erstlingsschuhen hielten wir an. Ich suchte etwa drei Paare aus, auch und vor allen Dingen sah ich Elefantenschuhe aus Deutschland. Das sah ich sofort, diese Schuhe hatten eine feste Innensohle, die dem Fuß Halt gab. Die Verkäuferin kam, ein Mädchen, das ich über Jahre kannte, die sich immer an mich und Lukas erinnerte, obwohl ich mit Lukas nur bis zu seinem siebten Lebensjahr bei ihr war. Sie brachte die gewünschte Größe. Brenda hatte Platz genommen, Lukas saß auf ihrem Schoß.

Jetzt kam etwas, womit ich niemals gerechnet hätte. Lukas wollte keine neuen Schuhe! Wir konnten dem Kind die Schuhe nicht ausziehen. Er schrie aus vollem Hals und immer, wenn wir das Schühchen anfassten, wurde alles noch viel schlimmer. Es war nicht möglich, dem kleinen Darling die Schuhe anzuziehen. An diesem Tag nicht, und keiner wusste warum. Was ich dort noch kaufte, weiß ich nicht mehr, aber sicher Shirt und Hose oder sonstige Kleidung, einen Teddybären, etwas Erfreulicheres außer Schuhe. Alles, was angeboten wurde, Babysachen usw. war so schön. Immer, wenn ich in den nachfolgenden Jahren etwas schenken wollte, bin ich bei Nordstrom gewesen.

Nach dem Schuhdrama sind wir in das untere Stockwerk gefahren, aus dem Geschäft heraus, gleich danach auf der linken Seite war ein Restaurant. Außerhalb war eine Theke, bei der man sich anstellen konnte, da gab es alles, Kaffee, Milch, Schokolade, Limonade. Lukas liebte Limonade, das waren kleine, dickbauchige gelbe Fläschchen, die auf der Theke standen.

Später hat Lukas sofort, wenn wir dort ankamen, mit seinem Fingerchen auf das Fläschchen gezeigt, das er haben wollte. Es blieb sein Lieblingsgetränk, alle Jahre und überall, wo wir hinkamen. Ich habe diese Limonade auch im Kühlschrank, obwohl er gar nicht mehr zu mir kam. Von Zeit zu Zeit musste ich sie auswechseln, aus Altersgründen, habe aber immer neue gekauft. Das Café Restaurant nannte sich French Bakery, wirklich, es war alles köstlich, knusprig, manches war mit Schokolade überzogen. Am liebsten aßen wir die kleinen Schweineöhrchen, halb mit Schokolade gedippt. Meistens nahm ich eine Tüte davon mit, für Josh und auch meine Regine, sie war auch ein Schleckermäulchen. Ich machte doch so gerne meine Lieben glücklich. Nachmittags wurde Lukas müde.

Wir setzten ihn in den Stroller, fuhren mit unserem Kaffee an den Geschäften vorbei, bis das Kind eingeschlafen war, später wieder von alleine aufwachte. Am späten Nachmittag brachte ich Brenda und Lukas wieder nach Hause, dann machte ich mich auf den Weg zu meinem Haus. Den Kindersitz fuhr ich all die Jahre in meinem Wagen herum. Jetzt ist auch der Sitz auf dem Speicher, mit dem Baby Bett, Regines Original-Bett, das Mimi kaufte, gleich zu Regines Geburt, wir waren damals jung und arm. Dem »Bed bye, bye« wie auch der Mary Poppins und all den anderen Spielsachen. Wer das einmal haben wird, steht in den Sternen. Es ist jetzt alles anders geworden, man kann nichts mehr voraussagen.

Warum Lukas keine neuen Schuhe haben wollte an diesem Tag, erzähle ich in der neuen Geschichte zweiter Ausfahrttag mit Lukas, am nächsten Mittwoch mit Brenda. Auch die dunklen Schokoladenkügelchen von Lindt, die der Kleine so sehr mochte, habe ich immer zu Hause, als wenn er gleich zur Türe herein kommt, was aber jetzt schon acht Jahre nicht mehr geschieht. Gleich werde ich eins probieren, es sind auch meine Lieblingskügelchen.

26. Geschichte: 19. September 2011 (48. Montag)

Montagsgeschichte: »Madita heiratet«

»Zweite Ausfahrt mit Lukas«

Wieder ein neuer Montag. Es ist der traurigste aller Wochentage, wer hätte sich so etwas vorstellen können! Bin seit ein paar Tagen nicht
    mehr am Morgen gelaufen.
Es war zu kalt, oder ich war zu spät. Gestern hatte meine kleine Großnichte, Hanna, die Tochter meiner Nichte Julia, Geburtstag. Sie wurde zehn Jahre alt und war so stolz, end-

lich bei einer zweistelligen Zahl angekommen zu sein. Ich schrieb ihr – bald kannst du den Führerschein machen.

Sie wohnt in Amerika, auf der anderen Seite, da ist es erlaubt, mit sechzehn Jahren die Fahrprüfung zu machen. Habe noch keine Antwort, denn es sollte ein kleiner Witz sein, aber auf ihr Alter angesprochen.

Sie ist ein aufgewecktes, tüchtiges Mädchen von anständigen deutschen Eltern, was ich sehr bewundere, wächst zweisprachig auf. In Anbetracht des traurigsten aller Ereignisse sind wir dieses Jahr nicht nach Deutschland gereist, konnten daher auch nicht bei der Hochzeit meiner anderen Nichte Madita in Irland sein.

Die Hochzeit war in Dublin. Ich hätte mir nie in meinen kühnsten Träumen denken können, nicht an der Hochzeit, dem schönsten Tag im Leben eines Mädchens anwesend zu sein, vor allem nicht dem meiner Nichte, die immer für mich etwas Besonderes war, neben meiner Regine.

Schon als ganz kleines Mädchen haben wir uns lieb gehabt. Das erste Mal, als sie mit ihren Eltern hier in Amerika war, haben wir Weihnachten gefeiert, jedes Jahr wieder, die schönsten Zeiten mit Schwester und Schwager und eben der kleinen Madita, Regine und Papa und ich. Jetzt ist sie ein großes Mädchen und heiratet und ihre Tante Lollo, wie sie mich nennt, war nicht an ihrem wichtigen Tag dabei, so sehr schade. Nach langer Überlegung konnte ich ihr und auch mir das nicht antun. Ich hätte in schwarzer Trauerkleidung nicht dabei sein wollen, auch alle anderen Familienmitglieder hätten an meine geliebte Regine gedacht, wie es war zweiundzwanzig Jahre vorher bei Regines Traumhochzeit in Kalifornien am Meer. Leider war es der falsche Bräutigam, was wir damals schon wussten, aber keiner aussprach.

So hat dieses Familienfest ohne uns stattgefunden, etwas, was man nie mehr gutmachen kann, wie so viele Dinge im Leben, die passieren.

Am Sonntag war ich in Huntington Beach, habe die

schönen roten Fenster von einem Geschäft geputzt. Man kann es nicht glauben, aber seit einer Woche ist es wieder leer. Keiner der Mieter putzt hier eine Außentür, weder von innen noch von außen. Nebenan ist die Türe seit einem Jahr nicht sauber gemacht worden, solange die Mieter eingezogen sind. Überhaupt ist putzen keine große Sache hier. Es ist nicht so wie in Deutschland, alles ist sauber und jeder sorgt auch, dass es so bleibt. Hier kann man keine Pünktlichkeit oder geputzten Türen erwarten. Wäre ich doch nie hierhergekommen! Aber der Sonnenschein jeden Tag tröstet ein wenig.

»Zweite Ausfahrt mit Lukas und Brenda«

Ich freute mich schon die ganze Woche auf den kommenden Mittwoch. Während ich den kleinen Darling, Josh und meine Regine zwischen den Mittwochen sah, aber mit Lukas ich endlich einen Tag in der Woche hatte, den Mittwoch hatte ich mir ausgesucht, an dem ich ihm die große Welt zeigen konnte.

So ein Glück, dass mir das erlaubt war. Das kam nicht von meiner Regine, der »Mensch« hatte das bestimmt, das war von Anfang an klar. Am Morgen fuhr ich los, Brenda erwartete mich schon, Lukas lief draußen herum. Bald saßen wir im Auto, fuhren auf der Autobahn, Richtung South Coast Plaza. Als ich Lukas aus dem Sitz nahm, nach dem parken, konnte ich nicht umhin, den Kleinen zu umarmen und liebkosen, er war so ein aufgewecktes kleines Menschlein mit blonden Löckchen, so ein süßes Gesichtchen. Ich hatte ihn so lieb und hätte alles für ihn getan. Ich glaube, er merkte das, konnte aber noch nicht so viel sprechen und sich ausdrücken. Wenn ich ihn auf dem Arm hielt, drückte er sich an mich, legte sein Köpfchen auf meine Schulter, da wusste ich, unsere Liebe war geboren.

Heute hatte ich mir vorgenommen, mussten wir wieder in das Kaufhaus Nordstrom gehen, noch vor dem Lunch. Ich musste doch wissen, was heute passierte, ob wir mit dem Kind und den neuen Schuhen heraus kommen. Oben angekommen, sah uns das Mädchen gleich von letzter Woche, brachte Schühchen, mehrere Paare. Brenda setzte sich hin, Lukas auf dem Schoß.

Alles wie letzten Mittwoch, siehe da, Brenda zog Lukas Schuhe aus, kein einziger Mucks, kein weinen, nichts. Ich stand da, ganz aufgeregt, hielt die Luft an, als Brenda dem Kleinen die neuen Schuhe anzog, gleich beide. Er lief gleich los und lachte, es war wie ein Wunder.

Dann haben wir es noch mit zwei anderen Paaren probiert, jedes Mal dasselbe. Wir waren erstaunt und überglücklich. Lukas rannte jetzt wie ein kleines Wiesel um die anderen Kinder und Mütter herum. Es war so schön, er freute sich, so schnell laufen zu können. Es waren natürlich die deutschen Elefantenschuhe, die ich aussuchte. Es waren die am besten verarbeiteten und auch die teuersten. Sie kamen über den großen Teich, aber das konnte ich mir leisten, überhaupt alles, was ich für die Buben kaufte in den Jahren, vom Bett, Schreibtischen, Computer, Lampen, Kleidung, Spielzeug – alles war möglich. Auch machte es mich so glücklich. Mein größtes Glück war, alles, was sie brauchten, zu kaufen. Es sollte ihnen an nichts fehlen.

Wenn ich da an meine Kindheit zurück denke, aber das erzähle ich in anderen Geschichten. Jetzt war es an der Zeit, zu erforschen, warum Lukas letzten Mittwoch keine Schuhe probieren wollte. Ich nahm das alte Schühchen in die Hand und untersuchte es, es musste doch einen Grund geben. Die Verkäuferin half mir dabei. Wir verglichen die Größen der Schuhe und stellten fest, dass die alten einfach zu klein waren. Darum hatte Lukas geweint, die zu kleinen Schuhe taten ihm weh an seinen Füßchen. Ich wollte dem Kind neue Schuhe am Anfang kaufen, weil ich einfach dachte, das ist das erste, was wir kaufen, aber dass ich zu kleine Schuhe mit größeren ersetzen musste, war mir da nicht klar. Ich hätte es nicht ahnen können. Die Verkäuferin und ich sahen uns in die Augen, dachten dasselbe. Lukas war glücklich mit seinen neuen passenden Schuhen, das konnte man sehen. Inmitten so vieler Kinder und Mamis, wann hat er das gesehen! An diesem Tag kaufte ich nur dieses Paar Schuhe, an folgenden Ausfahrten über die Jahre, sind wir immer mit mindestens zwei Paaren aus dem Geschäft gegangen, die sich später Lukas selbst aussuchte.

Das war ein glücklicher Tag. Das nächste waren Söckchen, weiße, die die Kinder immer so nötig brauchten, auch für Josh habe ich da mindestens 10 Paare mitgenommen, oft waren die Socken verschwunden, auch die Waschmaschine hatte Brenda immer in Betrieb. In diesem Geschäft gab es so viel zu sehen, auch vereinzelte Spiele. Lukas sah alles und blieb stehen, um es zu untersuchen, alles war ja so interessant, wenn es ihm gefiel, kaufte ich einiges, er nahm das Paket unter seinen Arm und ging stolz davon. So verging der Morgen.

Es war Zeit für den Lunch. Unseren Hunger hatten wir etwas vergessen, bei all der Aufregung mit den Schuhen. Brenda fuhr den Stroller, ich nahm Lukas auf den Arm. So fuhren wir wieder die Rolltreppe herab. Dann stellte ich den Kleinen wieder auf den Boden und er lief so gut und schnell davon zu unserem Lunchplatz, nach draußen an die frische Luft. Überall bewunderte man den schönen kleinen Buben, er war etwas ganz besonderes. Ich war überglücklich. So verging der Tag, anschließend hat Lukas geschlafen. Ich habe ihn im Wagen flach gelegt, etwas zugedeckt. Brenda und ich haben uns unterhalten und den Menschen nachgesehen, die an uns vorbei liefen. Später fuhren wir wieder zur French Bakery, alles wie gehabt, am letzten Mittwoch. Wie konnte es möglich sein, dass keiner, ich meine Regine, die Mutter oder der »Vater« gemerkt haben, dass

Lukas' Schuhe zu klein waren. Ist es niemandem aufgefallen? Hat keiner die Füßchen angesehen? Für mich ist das unverständlich, Regine mit der Firma und der Sekte und die Flüge, 3 Monate in Florida, aber der Vater, der ein Vater sein wollte, aber sich um nichts kümmerte.
Dem Himmel sei Dank, dass ich da war und mir das Wohl der Kinder so sehr am Herzen lag.

27. Geschichte: 26. September 2011 (49. Montag)

Montagsgeschichte: »Der Papst in Deutschland«

»Dritte Ausfahrt mit Lukas und Brenda«

Wie die Zeit verfliegt, kaum ist es Montag, ist die nächste Woche verflogen. Es ist Herbst geworden. Man kann es nicht mehr aufhalten, den Nebel morgens, die frühe Dunkelheit am Abend, die Blätter fallen von den Bäumen. Heute sieht es so aus, dass wir den Tag ohne Sonne verbringen müssen. So sieht alles traurig aus, auch die immer wiederkehrenden Montage. Beim Laufen heute Morgen, ich war lange nicht mehr an meinem gewohnten Rundgang, war ich erstaunt, wie viel Laub auf Wegen und Straßen heruntergefallen ist. Die Blätter der Bäume sind herrlich gelb geworden.

Obwohl sich jeder denkt, im sonnigen Kalifornien gibt es keine vier Jahreszeiten. Es ist auch nicht mehr so heiß am Tag, normale Temperaturen, die man ertragen kann. Habe letzte Woche meinen Berg nicht bewässert, erst am Sonntag wieder. Mario und ich arrangieren den Garten neu, Pflanzen raus, woanders geviertelt eingesetzt. Am Zaun linke, hintere Gartenseite haben wir angefangen, und arbeiten uns jeden Samstag weiter. Ich kann es kaum erwarten. Es wird so viel schöner.

Mein Leben, meine Tage verbringe ich im Haus und auf dem Grundstück, außer an Dienstagen beim Einkaufen, sehe ich kaum irgendwelche Menschen. Mein kleines deutsches Paradies, das ich mir geschaffen habe. Letzte Woche war der Papst in Deutschland, habe alle Stationen seines Besuches im deutschen Fernsehen staunend und andächtig miterlebt. Was für ein großartiges Ereignis. Ein deutscher Papst besucht sein Heimatland, die Menschen, viele Jugendliche haben ihn gefeiert, einfach grandios, aus meiner Sicht. Auch die Rede im Bundestag, das wird sich nicht mehr wiederholen in eintausend Jahren. Nur die deutschen Menschen können so eine große Bühne überall aufbauen, alles pünktlich und geschmackvoll, ordentlich, einfach genial. Habe alle Ansprachen mitgehört auf meinem Sofa sitzend, zehntausend Kilometer entfernt, mit dem deutschen Fernsehprogramm, ohne das ich nicht mehr sein möchte. Es gab keine nennenswerten Zwischenfälle.

Es war alles gut organisiert. Der Papst selber, er lächelte so freundlich, gütig, ich habe ihn ins Herz geschlossen, auch als man ihm die Babys zum Segnen in sein Papa-Mobil reichte. Es war so bewegend. Meine Religion ist Lutherisch, aber meine Freundin Isabella, ihre Mama aus Österreich sind katholischen Glaubens. Wir haben zusammen einige Andachten in der kleinen Kirche gebetet, so ist es mir eigentlich egal, ob ich in einem katholischen oder evangelischen Gottesdienst bin. Wenn ich an die prächtigen alten Gotteshäuser denke, die ich in Deutschland aufsuchen könnte, macht es mich doch sehr traurig, wie viel ich hier verpasse. So etwas gibt es hier nicht und alles in englischer Sprache, nein danke. Zweimal habe ich das Vaterunser mit dem Papst gebetet, das tröstete mich etwas. Am Sonntagabend war alles vorbei. Jetzt habe ich eine ganz andere Beziehung zu dem deutschen Heiligen Vater bekommen. Die vielen Predigen und Gebete, sein verschmitzt lächelndes Gesicht manchmal. Gott beschützte ihn und auch meine Familie und mich.

»Dritte Ausfahrt mit Lukas und Brenda«

Jedes Mal, wenn der Tag näher rückte, an dem ich mit Lukas ausfahren durfte, konnte ich es kaum erwarten. Ich freute mich riesig, meinem kleinen Enkel die große Welt zu zeigen. Dass Brenda immer dabei war, störte mich nicht mehr, sie war auch eine große Hilfe, sie steuerte den Stroller, während ich mit dem kleinen Darling spielte.

Heute war es ein neues Spielfeld, was ich Lukas zeigen wollte. Wir fuhren, nachdem ich beide vom Haus abgeholt hatte, in Richtung New Port Beach nach Fashion Island, so nannte sich ein ganz besonderes, bekanntes schönes Einkaufsgelände. Im Gegensatz zum South Coast Plaza waren dort fast alle Geschäfte, die man im Freien aufsuchen konnte. Kleine Straßen und Wege, nirgendwo fuhr ein Auto.

Auch dieser große Shoppingkomplex war rundherum von unzähligen Parkplätzen umgeben. Ganz am Anfang unserer amerikanischen Zeit, die wir hier verbrachten, hat meine Regine in einem großen Kaufhaus »Robinsons« hier gearbeitet. Dort habe ich sie oft besucht, mein kleines, tüchtiges Mädchen. Aber das war etwas mehr als fünfundzwanzig Jahre her.

Jetzt hatte ich die Absicht, an diesem Mittwochmorgen, ihrem kleinen Lukas diese Welt zu zeigen. Wie immer nach dem Parken, zogen wir mit Stroller und Spielzeug auf eine Bäckerei zu.

Es war fast Lunchzeit und Lukas und wir hatten Hunger. Im Café roch es so gut nach Frischgebackenem. Wir standen vor der Theke, hinter und neben uns wartende Kunden. Ich hatte Lukas vor mir auf dem Arm, da konnte er die leckeren Auslagen sehen, er zeigte dann mit seinem kleinen Fingerchen auf das Gebäck. Ich bestellte auch Milch und Brenda und ich hatten Kaffee und Muffins.

Draußen setzten wir uns an einen kleinen runden Tisch,

die überall herumstanden. Gleich gegenüber war der Eingang von Neimann & Marcus, das Geschäft, das ich so liebte. Wenn man es sah irgendwo, wusste jeder, wo ich einkaufte. Während wir unseren Kaffee tranken, lief Lukas mit seinen neuen Schuhen flink umher und hat die Vögelchen mit seinem Muffin gefüttert. Es freute ihn so, wenn er ein paar Krümelchen herumstreute und dann die kleinen Spatzen alles aufpickten. Es war so schön anzusehen und ich erinnere mich, als wäre ich gestern mit ihm da gewesen. Später habe ich immer ein extra Muffin zum Füttern gekauft. Wir spazierten so herum. Es gab so viel zu sehen und zu kaufen. Bei einer kleinen Eisenbahn hielten wir an. Lukas wollte unbedingt da fahren.

Es war eine Bahn für kleine Kinder, so waren auch die Sitze. Lukas vorn und ich in nächster Bank, habe gerade das Bild vor mir, auf dem Schreibtisch, das Brenda geknipst hat. Lukas war so voller Staunen, das alles hatte er ja nie gesehen, dann die vielen Kinder um uns herum. Es war ja so schön. Ich hatte so ein Glücksgefühl, aber das sagte ich ja bereits. Auch an diesem Tag war ich mit Lukas und Brenda in meinem Lieblingsgeschäft, in der Kinderabteilung, außerdem musste ich den dortigen Damen, die ich kannte, meinen Enkel vorstellen. Ich war so stolz, auch das sagte ich bereits, ihn auf dem Arm tragend. In der Kinderabteilung habe ich voller Freude T-Shirts und Hosen, so allerlei eingekauft, auch etwas zum Spielen, dort gab es immer so ausgefallene wertvolle Spielsachen. Auch heute habe ich oben bei den Buben die runde Schachtel bunter Bauklötze aus Deutschland. Es war ein so großes Vergnügen, dort einzukaufen. Lukas war so glücklich, rannte hin und her, war gar nicht scheu. Beim Abschied winkte er allen Damen, bis zum nächsten Mal, wenn wir wieder kommen.

Dann war es Zeit für richtiges Essen. Wir hatten Lunch in einem umliegenden Restaurant im Garten. Die Sonne schien, die Welt war an diesem Tag in Ordnung für uns drei.

Brenda war ein liebes Mädchen, ich mochte sie sehr gerne, auch für sie haben wir etwas ausgesucht. Das freute sie und ich war ihr so dankbar, dass sie so gut auf Josh und vor allen Dingen auf den kleinen Lukas aufpasste. Man konnte sich auf sie verlassen. Ich glaube auch, sie liebte diese Mittwochtage.

Außerdem sprach sie spanisch, wenn sie mit Lukas allein war, so hat er diese Sprache gelernt, bis zu dem Tag, als sie ihn verließ und heiratete, aber das erst später.

Die Stunden vergingen so schnell. Es war Spätnachmittag und wir mussten uns auf den Weg begeben. Ich vergaß noch zu erzählen, bei jedem Besuch hier haben wir den Farmers Market aufgesucht, das war ein gehobenes Lebensmittelgeschäft. Die Produkte waren von ausgewählter Qualität. Es sah alles köstlich aus. Das Erste, was ich Lukas zu essen gab, war eine Aprikose. Es war eine nicht so große Frucht, die er halten konnte, selbst essen. Später wurde es seine Lieblingsfrucht, ist es auch heute für mich. Deshalb habe ich auch ein Aprikosenbäumchen im Garten am Berg angepflanzt, vor drei Jahren, wie beschrieben in einer anderen Geschichte. Beim Spazieren durch das Geschäft an der Wurst- und Schinkentheke, begrüßten wir die nächsten Verkäufer, oft hat Brenda sich mit ihnen in ihrer Muttersprache, spanisch, unterhalten. Ich verstand natürlich kein Wort, aber Lukas bekam immer eine oder zwei Salamischeiben in sein Händchen, die er sofort in sein Mündchen steckte. Dort kaufte ich auch Fleischwaren für Brenda zum Kochen. Sie musste ja jeden Tag ein Abendessen zubereiten.

An diesem Tag und später, wenn Regine in Florida war, habe ich ein ganzes Huhn oder sonstiges gekauft. Zwischen all diesen freudigen Begebenheiten war Lukas müde und brauchte sein Schläfchen. Wir setzten uns irgendwohin, wo es ruhig und schattig war und plauderten. Es gab so viel zu erzählen. Brenda aus ihrer Familie, ich aus meiner, die Zeit verging so schnell, dann war es Zeit, um nach Hause zu fahren, was beim Nachmittagsverkehr auf der Autobahn immer so eine gute halbe Stunde dauerte.

Oft blieb ich bis zum Abend, Brenda und ich kochten und Lukas, denke ich, fühlte sich nicht alleine gelassen, bis Josh und Mami nach Hause kamen und das konnte spät werden. Ich blieb gerne, auf mich wartete niemand in diesen Jahren. Das Haus war leer und sehr groß. So hatte ich immer Zeit. Außerdem gab es für mich nichts Schöneres, als mit den Kindern meine Zeit zu verbringen, die ich nie hatte, als Regine so klein war. Das wollte ich jetzt genießen. Es war, als hätte ich eine besondere Aufgabe.

Wie sich später herausstellte, wer hätte damals denken können, dass meine Zeit mit Lukas und Josh nur begrenzt war. Lukas mit sieben Jahren und Josh mit dreizehn Jahren. Danach habe ich Beide nie mehr gesehen und gesprochen, aber davon in späteren Geschichten. Ich hatte sieben glückliche Jahre mit dem kleinen Sonnenschein. Da werde ich noch von vielen wunderschönen Erlebnissen berichten.

Übrigens gibt es das schöne Café mit den kleinen, runden Tischen nicht mehr. Alles wurde umgebaut vor einigen Jahren, da sind andere Restaurants entstanden. Leider nicht mehr so romantisch. Wenn ich da bin, was selten vorkommt, sehe ich meinen kleinen Lukas herumlaufen und die Vögelchen füttern und rufen: »Piep, piep!«

28. Geschichte: 3. Oktober 2011 (50. Montag)

Montagsgeschichte: »Das Urteil«

»Lukas beim Osterhasen«

So sehr fürchte ich mich vor diesem Oktober, der Schicksalsmonat, der Schlimmste in meinem Leben, das wird sich nie ändern.

Keiner, auch ich nicht, kann etwas dagegen tun, einzig das Vergessen wäre eine Gnade. Siebenundzwanzig Geschichten habe ich schon geschrieben, in fast allen erzähle ich die Geschichten, die ich mit meinen Enkeln erlebte, da ist noch kein Ende zu sehen. Was werden sie sagen, eines Tages, wenn sie sie lesen? Auch das liegt in den Sternen. Werden sie mir dankbar sein, alles aufgeschrieben zu haben, wer weiß? Für mich ist die Vergangenheit lebendiger als die Zukunft, die ich nur traurig sehe. Wann werde ich beide wiedersehen? Auf dem Speicher sind alle Pakete für Geburtstage, Weihnachten, für Jahre gelagert, die mit der Post ungeöffnet zurückkamen. Das wissen beide nicht.

Letzte Woche hatten wir einen neuen Gerichtstermin, den wir gewonnen haben, was vorauszusehen war, für Jörg und mich. Wir warteten zwei Stunden im Gerichtssaal, der Richter war ein gesetzter, älterer Mann, sehr sympathisch. Nachdem der Mieter, der uns anklagte, seinen Teil vorgetragen hatte, hat der Richter sich an Jörg gewandt, aber ich war die Beklagte, weil ich der Eigentümer des Grundstückes bin. Jörg war der Verwalter und Manager, der alle Geschäfte tätigte.

Nach einigem Hin und Her habe ich mich an den Richter gewandt. »Entschuldigen Sie, Herr Richter«, dabei habe ich die zwei großen Fotografien in der Hand hochgehalten, das eine mit dem gelben Anstrich des Gebäudes, das andere, als jetzt alles schwarz ist, wie ein schwarzer Kasten jetzt aussieht, da habe ich mein Entsetzen über diese Angelegenheit, die Jörg mir erzählte, dem Richter vorgetragen, der anschließend sagte: »Ihre Aussage werde ich in die Akten aufnehmen.« Dabei drehte er sich zu seiner Sekretärin um, und sagte, so einen Fall hätte er noch nie in seiner Amtszeit, zwölf Jahr hier als Richter gehabt.

Der Mann, der uns anklagte, sein Geld, den Einstand, wieder zurück haben wollte, palaverte herum und erzählte immer wieder, das Gebäude sehe so viel schöner aus, auch die anderen Mieter stimmten ihm zu. Der Richter sagte: »Alles, was zählt, ist eine schriftliche Vereinbarung.« Die er von uns haben müsste, um so etwas zu tun. Die konnte er nicht vorweisen, weil es sie nicht gab. Weder Jörg noch ich wollten das Gebäude in einer anderen Farbe angestrichen haben oder hätten etwa eine schriftliche Genehmigung gegeben.

Das waren die Tatsachen, die der Richter diesem Mann erzählte, somit müsste er uns das instand setzen, für den Gebäudeanstrich, die Markisen, die ersetzt werden müssen, die herausgerissene Wand, das waren etwa viertausendachthundert Dollar, ersetzen.

Der Mann war sich nicht im Klaren, was er tat und wollte es auch nicht sehen. Jedenfalls war die Summe, die er uns schuldete, größer, als sein Einstand, Somit haben wir diesen Prozess zu unseren Gunsten gewonnen.

Die herausgerissene Wand war gut für den neuen Mieter, der ein Jahr gemietet hat, jetzt ist das Geschäft wieder neu zu vermieten, evtl. muss die Wand wieder eingebaut werden. Die Markisen müssen irgendwann ersetzt werden, Farbe auf Material ist sehr schlecht, das hält nicht lange. Das Gebäude ist immer noch schwarz, hat aber oben rundherum einen breiten gelben Streifen bekommen.

Meine schönen roten Glockenlampen möchte ich wieder rot angestrichen haben, werde den Anstreicher bestellen. Was hat uns das gelehrt? Es muss, obwohl alles vertraglich festgehalten ist, noch besonders darauf hingewiesen werden. Dieses war ein besonderer Mensch. Ich denke, so etwas wird nicht wieder vorkommen. Wir hatten es nicht in dreißig Jahren.

»Lukas beim Osterhasen«

Die wunderschönen Mittwoche waren einmal im South Coast Plaza oder den anderen Mittwochen im Fashion Island und auch oft in Laguna Beach am Meer. Alles waren Spiel-, Restaurant- und Shoppingtage. So vergingen die Monate. An diesem Mittwoch fuhren wir wieder nach Newport Beach. Es war am schönsten dort. Lukas konnte da frei herumlaufen, an frischer Luft, auch die Sonne genießen. Nach unserem Besuch im Café und Vögel füttern und spielen, entdeckten wir etwas ganz Neues. Auf dem eingezäunten Rasenhügelbeet war ein Häuschen aufgebaut. Es war ein paar Wochen vor Ostern. Der Osterhase war überall, rings um das Häuschen waren Osterglocken, Tulpen angepflanzt. Es war eine Blütenpracht, die man schon von weitem sehen konnte. Das kleine Häuschen war von außen mit Farbe dekoriert, als wenn ein Künstler daran gearbeitet hat. Am Raseneingang war ein kleiner Weg zur Tür, der war mit einem winzigen Zaun eingerahmt. Lukas lief voraus. Da war etwas zu sehen, wir sahen beim Ankommen eine lange Menschenschlange zum Häuschen. Wir wussten nicht, was uns erwartet, stellten uns aber in die Schlange.

Da warteten alles Mamis, die ihre Kleinen an der Hand oder auf dem Arm hielten. Es ging langsam voran. Nach einer ganzen Weile kamen wir der Sache näher, jetzt konnten wir sehen, was uns erwartete. Mitten im Raum war ein Großvaterstuhl, darauf saß der Osterhase, so groß, manche Kinder fürchteten sich. Der Osterhase nahm die Kinder auf den Schoß und sprach mit ihnen und sie lächelten dann. Die Dame davor fotografierte, anschließend konnte man das Bild erwerben, in einem schönen Papierrahmen.

Als Lukas den Osterhasen sah, war sein Gesichtchen ganz ernst, er lächelte nicht mehr. Ich sagte zu ihm: »Sieh mal, so ein schöner, großer Osterhase, der ganz lieb ist.« Auch Brenda flüsterte Lukas ins Ohr. Gleich waren wir die nächsten. Es war ganz spannend, ob der kleine Darling sich auf den Schoß des Osterhasen setzte? Ringsherum waren die Kinder, Mamis und die Frau mit dem Fotoapparat. Die Dame, die die Geschäfte abwickelte, vorher wurden die Aufnahmen entwickelt, an einem kleinen Tisch in der Ecke, dann der Ausgang auf der anderen Seite, alles war und ist hier gut organisiert. Bei den vielen Menschen muss das so sein.

Wir sahen dem Treiben zu, manche Kinder waren Babys, manche sehr klein. Lukas war da etwa zweieinhalb Jahre alt, wie ich mich erinnere. Er wurde drei am 2. Juli desselben Jahres. Jetzt waren wir beim Osterhasen. Lukas wollte nicht so richtig auf den Schoß von diesem übergroßen Osterhasen (Monster), wie er es sah. Ich hockte mich daneben, dann klappte es, so sieht auch sein Gesichtchen aus, etwas ängstlich, aber schön.

Nach diesem Ereignis mit dem Bild von Lukas und dem Osterhasen in der Hand, brauchten wir etwas zu essen und zu trinken, gleich um die Ecke war ein Eiscremeladen. Da waren auch ein Springbrunnen und ebenso viele Kinder. Es war auch eine Abwechslung für Lukas und für Brenda und mich. Manchmal haben wir auch ein zoologisches Geschäft besucht. Lukas liebte es, die kleinen Hündchen, die in den Käfigen herum krabbelten und sonstige Kleintiere anzusehen. Das dauerte mindestens eine Stunde, bis wir alles gesehen hatten, aber das Kind hatte so eine Freude und wir auch.

So verflogen die Mittwochtage und immer mussten wir uns verabschieden, Lukas winkte bye, bye bis zum nächsten Besuch. Gerade heute Morgen habe ich in meinen Fotos die Bilder mit dem Osterhasen gefunden. So schöne Erinnerungen! Beim nächsten Besuch haben wir auch Josh zum Osterhasen mitgenommen. Da habe ich ein Bild mit beiden Enkeln auf dem Schoß des Osterhasen. Josh war da schon fast achteinhalb Jahr alt und ein bisschen groß, aber der Osterhase liebte alle Kinder, Groß und Klein. Ich glaube, er liebte auch mich, die Grandma, die so gut auf die Buben aufpasste und ihnen die Welt zeigte.

29. Geschichte: 10. Oktober 2011 (51. Montag)

Montagsgeschichte: »Reise in die DDR«

»Die Kinder ohne Mami, Regine in Florida«

Meine erste Geschichte in dem zweiten, neuen, roten Buch, das ich über Telefonate und so viele Leute, zugeschickt bekam. Es ist fast wie ein Wunder, ich bin so glücklich darüber.
Der Herbst ist da. Morgens ist es kühl. Nur vierzehn Grad, aber am Tag erwärmt es sich bis auf achtundzwanzig oder mehr. Letzte Woche am Mittwoch hat es den ganzen Tag geregnet, der erste Niederschlag seit April. Endlich hat der große Regenguss alle Bäume und Sträucher abgewaschen. Die Vegetation sieht grün und wie neu aus, außerdem ist eine natürliche Bewässerung voller Mineralien gut für alle Pflanzen. Habe den Berg bis heute nicht gewässert, so eine Erleichterung für mich. Der Gärtner war letzten Samstag krank, so hatte ich einen Tag frei, ganz ungewöhnlich für mich, kam mir etwas verloren vor, den ganzen Tag.

Am letzten Montag war ein Feiertag in Deutschland, der Tag der deutschen Einheit. Den Festakt zum Tag der deutschen Einheit live aus Bonn im alten Plenarsaal habe ich im Fernsehen angesehen. Musikalisch begleitet wurde der Festakt vom Beethoven Orchester, zuletzt hat ein Kinderchor das Lied »Die Gedanken sind frei« gesungen. Das war der absolute Höhepunkt. Ein Kunstgenuss, ich habe mitgesungen, leise, obwohl ich in Trauer bin und nicht mehr singe. Bei dieser Sendung ist mir unsere erste und einzige Reise in die damalige DDR eingefallen, 1971. Regine war da zwölf Jahre alt. Wir besuchten Onkel Hein, den ältesten Bruder von Jörgs Mutter, den ich noch nie kennengelernt hatte. Wir waren alle so gespannt, in das von Mauern umgebene deutsche Land zu reisen.

Bei einer späteren Reise nach Ost-Berlin, erinnere ich mich, hatte ich das Gefühl, eingesperrt zu sein. Es war eine Reise mit BMW, ein neues Modell wurde vorgestellt. Dazu waren alle BMW-Händler, das waren auch wir, eingeladen und eingeflogen. Bei den anderen BMW-Leuten, beim Zusammentreffen im Restaurant habe ich auch das gleiche gehört.

Jeder fühlte sich nicht ganz wohl und freute sich wieder auf die Freiheit. Die Berliner waren nicht frei, nur ein Teil dieser tollen Stadt. Bei dieser Reise nach Thüringen fuhren wir mit dem Auto bis zur Grenze, das war Hof, dann stiegen wir in den Zug, der uns nach Plauen führte. Dort wollte der Onkel uns mit seinem Wagen abholen. Es war ein Erlebnis, nach der Grenze in dem Zug. Es ratterte und schüttelte so entsetzlich. Ich dachte jeden Moment, der Zug entgleist.

Das waren die ersten, nicht guten Eindrücke in dem Arbeiter- und Bauern-Staat. Der Onkel war ein kleiner Mann. Er kam nicht nach seinem Vater, der ein großer, stattlicher Herr war, wie ich auf den Bildern gesehen habe.

Er begrüßte uns freudig, umarmte uns. Er war sichtlich froh, seinen Neffen Jörg, ein Familienmitglied, zu sehen und zu sprechen.

Wir setzten uns ins Auto und dann begann eine Zickzackfahrt auf der Hauptstraße, die voller großer Löcher war. Nach einer Stunde waren wir in Zeulenroda, ein kleines Städtchen, das Zuhause von Jörgs Familie mütterlicherseits. Ich wusste nicht viel von Jörgs Familie. Wer da alles wohnte, nur eines hat er immer erzählt, von seinem Großvater und seiner Großmutter, ein trauriges Schicksal, das diese Menschen erfahren haben, natürlich auch seine Mutter, die den Buben so früh verließ, aber auch das in einer anderen, späteren Geschichte.

Der Onkel führte uns in eine kleine Villa, die schon abgenutzt aussah, die mit einem neuen Anstrich ein schönes Anwesen hätte sein können, auch der Garten war verwildert. Wir gingen die Treppe hinauf zum ersten Stock, dort begrüßten wir die Dame des Hauses, es war Lotte und das Kind Rieke. Sie war da sechs Jahre alt. Es war ein freundlicher, herzlicher Empfang. Es gab viel zu erzählen. Der Onkel und die Tante mussten die untere Etage zur Miete frei geben, so wohnten sie in den oberen Schlafzimmern, hatten ein Bad mit Toilette, aber keine Küche. Im Badezimmer war eine Kochplatte aufgestellt. Es war für mich ganz fürchterlich, diesen Zustand zu akzeptieren. Tante Lotte war eine liebe Frau, die äußerlich nicht zu ihrem Mann passte. Wir waren drei Tage da und verstanden uns gut. Onkel Hein zeigte uns, Regine und mir, Jörg kannte ja alles, die Firma seines Vaters, Jörgs Großvater, die auch seine eigentlich ist, aber schon 1948 enteignet wurde.

Vor einigen Jahren wurde die Firma abgerissen, ein Gebäudekomplex, der sich über mehrere Straßen erstreckte und einmal zweihundertfünfzig arbeitenden Menschen Brot gab. Dann hat man da fünfzig Eigenheime errichtet – ohne eine Entschädigung für die Erben. Es ist wie eine Fata Morgana, nur auf den Bildern sieht man die Gebäude mit den großen Schornsteinen. Eine unglaubliche Geschichte. Es hört sich an wie in einem schlechten Roman.

Das Schlimmste an dieser tragischen Geschichte ist, keiner fühlt sich schuldig und verantwortlich. Das musste ich aufschreiben. Es war mir sehr wichtig. Wir haben keine anderen Verwandten gesehen oder gesprochen. Onkel Hein hat uns nicht zu ihnen geführt, und Jörg hat nie seine anderen Verwandten erwähnt. So wusste ich nicht, ob es sie überhaupt gibt, obwohl es die Verwandten von seiner Oma waren.

Die ganze Familie Brock, ob der Onkel sich nicht mit ihnen gut war? Es gab ja dort nichts zu kaufen. Tante Lotte hat mir zum Abschied einen schönen Kristallkuchenteller geschenkt, den sie unter der Ladentheke ergattert hatte, wie sie mir sagte und die passenden Dessertteller schenke sie mir beim nächsten Besuch, den wir nie hatten. Auch habe ich sie nie wieder gesehen. Sie hatte einen Schlaganfall mit zweiundfünfzig Jahren, ihr kleines Mädchen war da zwölf Jahre alt, hatte plötzlich keine Mami mehr.

Beim Spazieren durch das kleine Städtchen mit Onkel Hein erzählten wir von uns, unserem Leben im goldenen Westen, der es auch war, alles war golden, im Vergleich mit diesem »Bauernstaat«, das war mir sofort klar, als ich den Fuß über die Grenze setzte.

Es war unvergleichlich traurig und öde. Beim Erzählen, beim Herumlaufen, hörte Onkel Hein auf zu sprechen, sobald jemand uns entgegen kam, das fiel mir besonders auf, auch wir verstummten.

Drei Tage waren genug, bei diesen Räumlichkeiten, auch heute kann ich mich nicht an die Häuser und Straßen erinnern. Regine hat sich gut mit der kleinen Rieke verstanden und lachte immer, wenn sie etwas sagte.

Außerdem waren wir auf dem Friedhof und haben das Grab von Jörgs Mami und Omi besucht, gleich daneben war eine kleine alte Kirche, da haben wir gebetet.

Bevor wir abreisten, hat Onkel Hein mir eine so schöne, alte Porzellanfigur von Rosenthal geschenkt. Ein Andenken von Jörgs Mama. Ich habe das gute Stück in unsere alten Wäscheteile eingewickelt und gut nach Hause gebracht. Heute ist die Figur in der Glasvitrine, das Esszimmer auch von Jörgs Mutter und das war hergestellt in der Möbelfabrik von Großvater Heinrich Nellenschulte.

Der Onkel brachte uns bei der Rückreise nicht mehr zur Bahn. Wir nahmen den Bus. Mit meiner Porzellanfigur in schmutziger Wäsche eingewickelt in einem kleinen Sack unter dem Arm, traten wir die Heimreise an. Im Bus hatten wir alle drei einen Stehplatz, beim Ansehen der Passagiere fiel mir die Armut der Leute auf, wie sie angezogen waren. Das beeindruckende war, keine der vielen Frauen in dem Bus war geschminkt, keine hatte Lippenrot aufgetragen. Das habe ich bis heute nicht vergessen. Der Zug bis nach Hof, dann kamen wir endlich zu unserem Auto.

Als ich eingestiegen bin, meine Regine und Jörg, habe ich gesagt: »Es war schön, deine Verwandten kennengelernt zu haben, aber die Mühe und der Abschied waren sehr traurig.«

Damals habe ich jedem Westdeutschen gewünscht, einmal diese Erfahrung zu machen, drei Tage den »Arbeiter- und-Bauern-Staat« zu besuchen, damit sie wissen, wie gut es uns geht, im Westen, in der Freiheit.

Vor ein paar Wochen hatte ich Kaffeebesuch und den Kristallkuchenteller für die deutschen Besucher benutzt, dann muss ich wehmütig an die Tante Lotte denken. Ob sie mir noch später die Dessertkuchenteller passend besorgt hat?

Es bleibt ein Geheimnis, da ist niemand, den ich fragen kann, aber sie ist in meinem Erinnerung geblieben. Wer wird alle diese schönen Dinge erben, jetzt, wo ich mein geliebtes Kind verloren habe?

»Die Kinder ohne Mami, Regine in Florida«

Meine nächste Geschichte möchte ich schreiben über die Zeit, als wir ohne Regine, ohne Mami leben mussten. Regine hat uns immer für drei Monate verlassen.

Als Josh noch klein war, reiste sie öfter weg, blieb aber nicht lange, vielleicht vier Wochen, es fiel nicht so auf, wenn wir sie nicht sahen. Das erste Mal waren es drei Monate, als Lukas sechs Monate alt war.

Eines Tages, als ich sie besuchte, es war in dem großen Haus, in dem Josh seinen fünften Geburtstag feierte, auch ohne Mami, beschrieben in einer vorigen Geschichte. Sie saß auf dem Stuhl und stillte Klein-Lukas, das Baby, wenn ich meine Augen schließe, sehe ich sie da sitzen mit Baby Lukas, eine Einheit, Mutter und Kind, was gibt es Schöneres zu sehen.

Sie sagte mir, sie möchte das Baby jetzt abstillen, das heißt, das Baby an normale Milch gewöhnen. Damit war sie frei und hatte nicht mehr diese Pflichten.

An diesem Tag war ich ahnungslos, ich dachte mir nichts, was sie mir da sagte. Ein paar Tage oder eine Woche später, weiß ich nicht mehr so genau, sie war weg, nach Florida zu der Sekte. Alle waren sprachlos, die das hörten. Eine Mutter lässt ihren sechs Monate alten Säugling alleine, bei Kindermädchen und »Vater«, auf den man sich nie für etwas verlassen konnte. Ich war fassungslos, was sollte ich sagen?

Auch ich war machtlos, die Mutter und die Großmutter, mein einziges Kind setzte sich über alles hinweg und ging zu der Sekte, fünftausend Kilometer entfernt, nichts und niemand konnte sie aufhalten.

Es war das Jahr 1996 im Sommer. Lukas war geboren am 2. Juli und sie verließ ihn sechs Monate später, das war im Januar zum ersten Mal. Jetzt waren es zwei Kinder, die sie verließ, kann denn ein normal denkender Mensch so etwas glauben, wie herzlos musste man sein, wie fanatisch an diese Sekte glauben. Sie rief mich an, einen Tag vorher oder am nächsten Morgen, wenn sie abflog. So hatte ich keine Gelegenheit mehr, sie persönlich zu sprechen. Es hätte auch nichts genutzt, wir wären in Streit geraten, so habe ich nichts gesagt, ich musste es hinnehmen. Die armen Kinder, ich denke an meine Kindheit zurück, wir waren fünf Kinder und nie, auch nur einen Tag hat uns meine Mutter verlassen. Wir sahen sie jeden Tag, sie sorgte für uns uneingeschränkt. Was hat dieser Sektenverein für eine Macht auf diese Mutter, meine liebe Tochter, dass sie ihr Baby abstillte, um diesem Einfluss zu folgen?

Der Haushalt war jetzt ohne Mutter, das Oberhaupt der Familie, auch die Firmenchefin war fort. Man muss sich so etwas vorstellen, kein nützlicher Verein würde so etwas verlangen. Es war eine böse, böse Organisation, wie ja allgemein bekannt ist. Unser Kind war gefangen, verhext, ich weiß nicht, wie ich es beschreiben soll. Wir alle mussten damit leben. Eines Montags fuhren Jörg und ich zu dem Haus, wir wollten wissen, was dort passierte. Gleich, als wir ins Haus traten, lief Josh uns entgegen, er rief laut: »Lollo, did you bring some milk?«, er meinte, ob wir Milch mitgebracht haben.

Woher sollten wir so etwas wissen. Es war montags, wo war der »Vater«, hat er nicht am Wochenende eingekauft, alles, was die Kinder zum Essen und Trinken brauchten? Wir waren entsetzt. Die Kinder hatten keine Milch und keine Mami, wenn das Regine wüsste oder interessierte sie es nicht? Ich öffnete den Kühlschrank, danach gingen wir alle einkaufen. Ich bezahlte.

Jetzt begann meine große Zeit mit den Enkeln und dem Haushalt meiner Tochter. Meine ganze Zeit verbrachte ich mit den Kindern, spazieren mit Baby Lukas, Josh in der Kindergartenschule, was hatten sie zum Anziehen, die Kleidung, das Essen besorgte ich weitgehend. Brenda kam in Regines Haus, als Josh vier Jahre alt war, es war ein Segen, dass sie da war.

Sie war jung und anständig. Sie versorgte den Haushalt, und was viel wichtiger war, sie liebte die Kinder, tröstete sie mit ihrer immer ruhigen Art. Nichts konnte sie aus der Ruhe bringen. Das Baby Lukas hat sie so gut versorgt, liebkost und umarmt.

Regine hatte in dem Haus einen Raum in dem oberen Anbau, den nur sie betrat, draußen war ein Schild an der Tür, das sagte »in Session«, wenn sie drinnen war. Selbst als das Baby weinte, durfte sie nicht gestört werden, was für ein Hokuspokus?

Ich war da, hab es erlebt. Nach dieser Floridazeit, drei Monate, kam sie zurück. Lukas, das Baby, war da neun Monate alt. Sie hat die Zeit des Lächelns, alles neue, als das Baby heranwuchs, nicht erlebt.

Ich habe nie auch nur ein einziges Mal gelesen, dass die Königin von England, bei all ihren Reisen, ihre Kinder drei Monate lang allein gelassen hat, kein einziges Mal. Sie hatte vier Kinder. In was für einen Hexenhaufen war mein Kind hineingeraten? Sie liebte ihre Kinder, aber die Organisation war stärker.

Außerdem kosteten diese Floridaaufenthalte viel Geld, wie viel wussten wir nicht, hätten es auch nicht erahnen können, das kam später heraus. Da lief die Firma noch gut ohne sie. Nach ihrer Rückkehr wurde ein neues Haus gesucht, da fing Lukas schon an zu laufen.

Es wurde umgezogen, der Möbelwagen bestellt. Das neue Haus war in der Sackgasse, wie beschrieben in der Geschichte »Der Fahrradkauf« oder »Josh und der Fernseher«, es war etwas kleiner, aber gemütlicher, wie ich fand.

Von da an war ich voll eingespannt, wenn Regine ihre Floridareisen antrat. Zweimal im Jahr für jedes Mal drei Monate. Im Haus in der Einrichtung hat sich nichts verändert, alles dieselben Möbel, die Regine noch hatte, aus der Zeit ihres Eigenheimes, das ist eine andere Geschichte.

Bei meinen Reisen nach Deutschland habe ich die Federbetten, Kopfkissen, die passende Bettwäsche, die Wolldecken, alles für die Buben gekauft und mitgebracht. Es sollte den Kindern an nichts fehlen, ich wollte, dass sie sich geborgen fühlen in kalten Nächten hier in Kalifornien.

Es waren nur ein paar Jahre in diesem Haus, dann wurde wieder umgezogen. Ob da der Mietvertrag nicht mehr verlängert wurde? Die Zeit war sehr schön und auch traurig für mich. Ich vermisste meine Tochter, ich hatte während ihrer Abwesenheit nie mit ihr Kontakt gehabt, kein telefonieren, nichts.

Sie war einfach verschwunden, auch wussten wir nicht, wann sie zurück zu ihrer Familie kam.

Nachdem ich öfter in den Kühlschrank schaute, habe ich das Einkaufen übernommen. An irgendeinem Tag, ich war zwei Tage nicht da, hat Brenda mir gesagt, dass sie und die Kinder schon zwei Tage nichts Richtiges zu essen hatten. Ich war entsetzt.

Wo war der Mann, der Vater? Hatte er auch nichts gegessen? Natürlich hat er sich schon selbst versorgt. Am Abend, wenn ich nach Hause ging oder beim Abendessen habe ich ihn fast nie gesehen, wo war er?

Nachdem Brenda mir erzählte, da war nichts zu essen, zeigte sie mir den langen Einkaufszettel, sie hatte alles aufgeschrieben.

Sofort nahmen wir Lukas, setzten ihn ins Auto und fuhren in das nächste Einkaufscenter. Selbst da in diesem Haus, durfte ich mit Brenda und Lukas nur überall zu Fuß hingehen.

Ich hatte keine Erlaubnis, mit dem Kind irgendwohin mit dem Auto zu fahren. Das konnte meine Tochter nicht bestimmt haben, die mich, wenn wir uns sahen, umarmt hat, das hat dieser Mensch mir verboten, meine Regine hat es geduldet. Wir fuhren in den Essmarkt, Lukas habe ich sofort Salamischeiben ins Händchen gegeben, dann hat Brenda alles eingepackt, was sie zum Kochen brauchte. Eines Tages, am Abend habe ich festgestellt, wie viele Glühbirnen in dem Haus nicht brannten, das war im Gang nach oben, der obere Flur, in der Küche waren fast alle Lampen tot.

Ich habe alle gezählt und beim Einkauf etwa zwanzig Glühbirnen gekauft. Nachdem ich wieder im Haus war, habe ich eine Leiter geholt, die alten ausgeschraubt, Brenda hat mir die neuen gereicht.

Gerade in diesem Moment kam der Mensch nach Hause, sah mich auf der Leiter und sagte: »Oh, das machst du ja ganz schön«, ging vorbei, hat mich nicht aufgehalten oder sagte: das übernehme ich jetzt. Ich kannte ja ihn und hatte es auch nicht anders erwartet.

Nach dem Einkaufen haben wir gekocht. Brenda wusste, wie sie die Familie gut versorgte, sie kochte gut. Eines Tages fragte ich Josh, ob er einen Pudding möchte, er nickte, er liebte Süßspeisen. Von da an kochte ich Pudding, Vanille Pudding, Grießpudding aus dem deutschen Laden, den Grieß original verpackt von Deutschland. Ich setzte mindestens drei Liter Milch auf, das ergab viele kleine Schüsseln von dem leckeren Pudding, mit Honig gesüßt.

Es war so schön anzusehen, sofort aß Josh gleich zwei. Auch war es mir wichtig, Lukas diese Milchspeise zu geben. Er war ja so dünn und manchmal auch traurig. Ich habe ihn viel umarmt und liebkost, er war so ein schöner, kleiner Junge. Ich liebte ihn so sehr und wollte nur das Allerbeste, ob er da auch seine Mami so sehr vermisste?

Drei Monate war eine lange Zeit. So ein kleines Kind hat noch keine Erinnerung. Ich war nicht dabei, wenn sie zurückkam und Lukas sah sie wieder, hatte er sich erinnert? Jede Woche fuhr ich mit Brenda zum Einkauf, jedes Mal ganz sicher für zweihundert Dollar, von den Glühbirnen, den Batterien und sonstigen Dingen ganz abgesehen. Ich wollte das nicht mehr von meinem Geld bezahlen, dann hätte ich ja die Sekte unterstützt, irgendwie.

So hat er, der Mensch, mir den Scheck gegeben, den ich jede Woche bei der Bank einlöste. Ich wusste allmählich, dass Regine in Geldschwierigkeiten war, da hörte ich so einiges, es war vorauszusehen. Keine Firma kann den Boss drei Monate vermissen, das kann jeder bestätigen.

Brenda war der ruhige Pol in der Familie. Sie sorgte dafür, dass alles aufgeräumt, geputzt und gewaschen war. Lukas lief ihr nach, wo immer sie arbeitete, man konnte sich ein Leben in der Familie ohne Brenda nicht vorstellen, auch ich nicht.

So gingen die Wochen, die Monate dahin. Außer dass ich nicht wusste, wann Regine wieder bei ihren Kindern war. Dann kam die Zeit, dass ich mit Lukas im Auto diese Mittwochsausflüge machen durfte, aber nur mit Brenda, das sagte ich bereits, zum Spielen, Einkaufen, Shopping und Lukas die Welt zeigen.

Einmal, als ich bei Regine war, sie brachte mich zum Auto, bedanke sie sich und sagte, die Anziehsachen, die ich den Kindern kaufte, wären ja so schön und teuer, das waren sie auch, aber sie könnte sich so etwas nicht leisten. Ich sehe sie noch, mein geliebtes Kind, vor mir stehen an meinem Auto, auf der Straße vor dem Haus.

Da sagte ich: »Doch, ich glaube, das könntest du«, mehr nicht.

Sie sah mich an und wir beide wussten ganz genau, obwohl ich sonst nichts bemerkte, dass ihr gut verdientes Geld alles für die Sekte dahin floss.

Es war nicht zum Aushalten, keiner hat etwas gesagt oder sie zur Rede gestellt. Dieses Ärgernis, wie ich es nennen möchte, hat uns all diese Jahre begleitet. Ich muss noch bemerken, dass einige der Schecks nicht gedeckt waren, die Bank hat sie nicht eingelöst. Ich kann mich so gut daran erinnern, die Bank war in Newport Beach, ich stehe in der Warteschlange, dann reiche ich den Scheck ein, der Bankangestellte sieht nach und schüttelt den Kopf, da ist kein Geld auf dem Konto. Vor allem hat dieser Mensch den Scheck unterschrieben. Mein Schwiegersohn, der er ja nach Gesetz war, hat mir dieses wertlose Papier gegeben. Geld, das ich für seine Kinder und ihn für essen und trinken ausgegeben hatte, war nicht gut, war wertlos. So einen haben wir vorher noch nie kennengelernt.

30. Geschichte: 17. Oktober 2011 (52. Montag)

Montagsgeschichte: »Gespräch mit Regine«

»Die Kinder ohne Mami, Regine in Florida, Teil 2«

Heute, der letzte Montag von diesem Jahr, der 52. Montag, wie habe ich das überstanden? Ohne meine Regine. Letztes Jahr in dieser Woche habe ich Isabella in Newport gesehen. Wir haben uns bei meinem Einkaufsmarkt getroffen, wie jeden Dienstag.

Plötzlich sagte Isabella: »Ich rufe Regine an und frage sie, ob sie zu der Party ihrer Mama kommen möchte, zu ihrem Geburtstag, die sie selber ausrichtet.« Sie, Isabella, saß auf dem Stuhl, ich ihr gegenüber, zum ersten Mal nach all den sieben Jahren, haben wir sie, meine Tochter angerufen, ich habe mich nie getraut, ich wäre zu unglücklich gewesen, oben drauf, wenn sie hätte nicht mit mir reden wollen. Ich hörte Isabella, wie sie mit ihr sprach. Ich habe ihr nicht das Telefon weggenommen und in den Hörer gerufen: »Hallo Reginchen, wie geht es dir? Ich vermisse dich, möchtest du mich wiedersehen? Bist du gesund?«

Alle diese Worte habe ich mir jetzt gedacht, hätte ich sagen wollen, nichts habe ich getan. Das Gespräch war beendet. Ich saß da, wie eine Fremde, dann am folgenden nächsten Montag ist sie gestorben. Ich wusste nicht, wie krank sie war. Ich wusste nichts von meinem einzigen Kind.

Heute, wenn ich an das Telefongespräch denke, das Isabella mit ihr hatte, denke ich, welchen unverzeihlichen Fehler ich gemacht habe. Es war die letzte Möglichkeit mit meinem Kind zu reden. Ich wusste es nicht, hätte es auch nicht geglaubt, oder hätte ich ihr helfen können, den Arzt bestellen? Warum, wenn es einen Herrgott gibt, lässt er das Schreckliche geschehen? Jetzt ist ein Jahr darauf gefolgt. Ich kann das, was passiert ist, noch nicht fassen und weine, wenn ich daran denke. Draußen zwitschern die Vögel, als wäre nichts geschehen. Ich sehe über die Wiese, die am Samstag frisch gemäht so sauber aussieht und von den herumliegenden Blättern befreit ist, sie ist wie ein geputzter Küchenboden.

Es ist fast fünf Uhr nachmittags, es ist noch warm genug für ein Sonnenbad auf dem Liegestuhl. In den Pool kann man nicht mehr hinein springen, das Wasser ist nicht mehr warm genug. Gestern am Sonntag habe ich Brenda, nach fast einem Jahr gesprochen, ich hatte endlich ihre richtige Telefonnummer. Sie war wie immer sehr freundlich, ich fragte nach ihren Kindern, wie alt sie sind. Sie erzählte mir, Leslie, ihre Tochter wird im Februar elf Jahre alt, der Junge im Dezember sechs Jahre alt. Wir sprachen über Regine und die Buben. Sie ist mir dann sehr vertraut, mehr als andere Leute. Wir haben so viele Jahre für Josh und Lukas gesorgt. Es war so schön, mit ihr zu reden. Ich versprach, deutsche Kinderschokolade an ihre Lieben zu senden, die sie so gerne mochten.

Zum letzten Weihnachtsfest ist Brenda zum ersten Mal, nach so vielen Jahren, zu ihrer Mutter nach Guatemala gereist, mit beiden Kindern, ich habe sie gar nicht nach diesem Ereignis befragt. Das waren die glücklichsten Momente, für die Mutter und den Vater, die Tochter und die Enkel endlich zu sehen. Beim nächsten Gespräch werde ich sie unbedingt fragen, wenn ich die Schokolade abgeschickt habe.

»Die Kinder ohne Mami, Regine in Florida, Teil 2«

Mein Leben mit den Enkeln waren meine schönsten Jahre. Das weiß ich heute, damals dachte ich nur an meine Pflichten als Omi. Ich hatte nur die Sorge jeden Tag beiden Buben ein schönes Leben zu gestalten, in ihren heranwachsenden Jahren.

Es war mir eine Herzensangelegenheit, alles andere war unwichtig. Ich hatte das große Haus zu versorgen, den Garten mit den vielen Bäumen und Grünpflanzen.

In den Jahren von 1990 bis »später« war ich alleine. Jörg war in Deutschland und kümmerte sich um die Firma und andere Personen, ich war da abgemeldet, so war es auch egal, wann ich abends nach Hause kam.

An Wochenenden hatte ich frei, da war Regine da oder dieser Vater, Brenda hatte auch frei. Ihre Brüder, zwei, die ich kannte, holten sie am Samstagmittag ab, sie kam am Sonntagabend zurück in das Haus. Die Brüder von Brenda mochten den Menschen nicht. Wenn er im Haus war, sind sie nicht hinein gekommen. Das fiel mir auf, ich sagte aber nichts. Wenn Regine in Florida war, kam der Vater mit den Buben am Sonntagnachmittag zu Besuch zu mir, die Kinder liebten es in meinem Haus und liefen begeistert in den Garten und kletterten auf dem Berg herum. Da waren noch keine betonierten Wege und Treppen.

Heute wären sie erstaunt, den Berg zu sehen. Ich freute mich immer auf die Kinder, hatte im Haus ein Zimmer eingerichtet mit Fernseher und Computer, mit Büchern und Spielsachen, alles ist heute noch da, sogar die Kiste mit den bunten Holzbausteinen, mit denen sie spielten, als sie klein waren.

Einmal, ich war im oberen Stockwerk, hörte ich den Vater Lukas fragen: »Wo ist Josh?« Der antwortete: »Oh Josh is in his room – er ist in seinem Zimmer.« Das war dem Menschen zuwider. Er wollte das nicht. Er wusste, die Buben fühlten sich wohl in meinem Haus, kam aber immer wieder mit den beiden. Einmal – es war abzusehen – waren wir zu Ostern alle alleine. Regine war in Florida.

Wir mussten das Osterfest alleine planen. Wie ich es von zu Hause in meinen Kindertagen gewohnt war, auch später, als wir heranwuchsen, gab es Ostern und Pfingsten neue Kleider. Es war einfach unmöglich, den Osterhasen ohne schöne, neue Anziehsachen zu erwarten.

Ich denke an meine Mutter, sehe die alten Kinderbilder, die uns in jungen Jahren zeigten. Meine Mutter hat uns Mädchen neue Kleider, alle vom selben Stoff genäht, für meinen Bruder das Hemd. So sahen wir immer alle gleich aus, auch heute sehe ich die Bilder so gerne an. So habe ich in alter Tradition auch für meine Enkel neue Kleidung gekauft. Ich habe das Oberteil, die Hose auf den Bügel aufgehängt, am Fußende des Bettes, die Schuhe davor auf die Erde und die Strümpfchen darin. Da habe ich eindringlich dem Vater gesagt, am Ostermorgen sollen die Buben festlich angezogen zu unserem Haus kommen. Dann habe ich den Kleinen die Osterkörbchen gegeben, dann fing die Suche nach den versteckten Osterhasen, Schokoladenhasen, bunten Ostereiern an.

Dabei habe ich fotografiert, alles für die Ewigkeit festgehalten. Jedes Jahr bis heute werden in meinem Haus viele, viele Ostereier gefärbt, auch als die Enkel nicht mehr kamen, die nächsten sieben Jahre, aber ich dachte immer, vielleicht sehe ich sie und die Kinder sind enttäuscht. Es war schon sehr schmerzlich, ich habe da so oft geweint und dachte, dass meine Regine mich so kränken wollte. Wie hat sie damit gelebt?

Es war im Jahr 1998 im Sommer, als Regine wieder nach Florida reiste. Es muss im August gewesen sein, nach drei Monaten war sie nicht wieder zurück. Es wurde Oktober, November, ich war sehr in Sorge, ob wir sie überhaupt wiedersehen werden, man wusste ja, dass in Florida Leute eingesperrt waren, das war auch bekannt. Ich hatte so große Angst, ich hatte kein Lebenszeichen von ihr.

Eines Abends, um die Weihnachtszeit fuhr ich mit den Buben nach Hause. Es war schon fast dunkel, während wir in die Straße einbogen und um die Sackgasse fuhren, bestaunten wir die Lichter an den Häusern. Alle waren festlich erleuchtet.

Wir hielten vor dem Haus an. Da brannte kein einziges

Licht am Haus. Es war das einzige dunkle Haus in der Straße auf beiden Seiten. Josh sagte zu mir: »See Lollo, there is no light outside and there is no light inside, we are the only one«, er meinte, da ist kein Licht außen und da ist auch kein Licht im Haus, wir sind die einzigen und wir haben keinen Tannenbaum beleuchtet im Haus, alles sieht schwarz aus.

Mir kamen die Tränen, die armen Buben, was mussten sie alles ertragen! Sie waren noch kleine Kinder und konnten nicht verstehen, warum das so war. Wie hätte man es ihnen erklären können. Hier in Amerikan werden die Tannenbäume schon früh aufgestellt, nach dem Erntedankfest, das ist Ende November.

Die Mutter in Florida, konnte dieser Mensch das Haus nicht schmücken, den Kindern zuliebe?. Was konnte ich tun? Warten, bis Regine endlich kam und sich auf ihre Mutterpflichten besann? Es wurde spät, Dezember. Wir hatten Sorge, ob sie überhaupt am Heiligen Abend da war.

Zwei Tage vor dem Fest, Jörg war auch schon angereist, rief Regine hier im Haus an, Papa war am Telefon. Er fragte: »Wo bist du?« Sie sagte etwas, ich weiß es nicht, dann Papa zu ihr: »Wenn du am Heiligen Abend nicht hier mit deinen Kindern feierst, bist du nicht mehr meine Tochter.« Ich war ganz erschrocken, so habe ich Papa noch nie mit ihr reden gehört, aber es half, am Heiligen Abend war sie angereist und wir haben das Weihnachtsfest in meinem Haus gefeiert.

Ich hatte mein Haus drinnen und draußen geschmückt. Die Gärtner haben das große Haus, eine Länge von mehreren Metern, zwei Etagen mit tausenden kleinen Lampen versehen. Es sah so schön aus, auch den großen Tannenbaum vor dem Haus, wie jedes Jahr. Das große Haus, alles strahlte im Lichterglanz und war schon von unten zu sehen, wenn man die Straße herauf fuhr. Die Geschenke lagen schon lange im Dezember unter dem geschmückten Tannenbaum, alles war bereit.

Regine kam am Nachmittag am Heiligen Abend mit

ihrer Familie, auch mit Geschenken, die alle schnell verpackt oder in letzter Minute gekauft waren, das konnte man sehen, aber sie war da! Das war das Wichtigste. Weihnachten ohne Mami, das kann man sich nicht vorstellen! Der Heilige Abend war harmonisch, keiner sagte etwas. Wir haben uns so benommen, als wäre gar nichts geschehen. Das war das einzige Mal, dass Regine fünf – das muss man sich mal vorstellen – fünf lange Monate ihre Kinder nicht gesehen hatte, damals zweifelte ich an ihrem Verstand. Ich kannte keine Sektenfrauen, Gott sei Dank!, hätte auch mit diesen Menschen nie befreundet sein können. Wenn Regine hier war, haben wir harmonische Tage verbracht, oft war die Familie zum Abendessen bei mir, sie kamen schon am frühen Nachmittag. Regine und ich haben am Berg Rosen geschnitten.

Sie liebte diese Rosen. Eben alles, was schön war, hat sie gerne gemacht. Kuchen backen, kochen, Rosen in Vasen anrichten. Nur am Aufräumen war sie nicht so interessiert, das machten Mama und Brenda. Immer habe ich Steaks gekauft. Die Buben aßen gerne Fleisch. Wenn ich Josh fragte, was möchtest du zum Abendessen, er sagte: »Steaks«, immer. Einmal vertraute er mir an, bei der anderen Großmutter gab es nur Würstchen, das wollte ich meinen beiden nicht zumuten.

Als Lukas etwas größer war, bekam er auch sein eigenes Stück Fleisch auf den Teller, nichts Abgeschnittenes von jemand anders, mein kleiner Darling. Oft habe ich Josh in der Kindergartenschule abgeholt, wir sind dann in ein großes Kinderspielgeschäft gefahren, haben ganze Nachmittage verbracht. Für den Abend haben wir in der Videoabteilung Filme ausgesucht, ich staunte, was die Kinder so alles kannten, auch Lukas, der ja noch klein war, hatte so einen guten Geschmack.

Wir suchten mehrere Filme aus. Ich war da ganz großzügig, wusste ich doch, die Mami war nicht da am Abend, so mussten die Buben etwas zum Schauen haben. Die Filme brachten sie durch die einsamen Abende. Ich fühlte sie versorgt und konnte das Haus verlassen, nachdem ich beide umarmt und geküsst hatte. Es war immer ein schmerzlicher Abschied. Alleine fuhr ich dann nach Hause, wo auch niemand auf mich wartete.

Eines Tages, als Brenda kochte und ich den Pudding zubereitete, die Kinder saßen auf der Erde und spielten, da kam der Vater, was am Abend selten war, setzte sich an den Tisch, Josh gegenüber, dann ein Klingeln, das Telefon, sofort war es der Mensch, der abhob. Er saß am Tisch und lachte und sprach. Es war Regine, die Mami. Da hörte ich Josh, er war ganz aufgeregt und rief: »Is this my Momi, is this my Momi? Can I talk to my Momi?« Er wiederholte immer diese Worte mit seiner weinerlichen Stimme, verschluckte die Silben und immer wieder fragte er, der Mensch gab dem Kind nicht den Hörer und lachte weiterhin ins Telefon.

Ich war wie erstarrt, der arme Junge! Warum bin ich nicht hin und habe ihm das Telefon aus der Hand genommen und Josh gegeben? Ich hatte damals schon Angst vor diesem Menschen. Das Weinen und immer diese Worte, höre ich noch heute in meinen Ohren. Es war so gespenstisch, diese weinerlichen Worte. Wie musste der Junge seine Mami vermisst haben, das können wir heute nur ermessen. Ich weiß nicht, was passierte. Ich habe meine Tasche ergriffen und bin aus dem Haus gelaufen, es war so schrecklich für mich. Ich weinte die ganze Zeit, bis ich zu Hause ankam.

Wie kann dieser Mensch so herzlos sein? Hätten wir ihn doch nie gesehen. Ich muss mir das von der Seele schreiben, dabei wird es aber nicht besser.

Sie blieben bis spät am Abend, wir verabschiedeten uns, brachten alle zum Auto, standen draußen vor dem so schön erleuchteten Haus. Der Schreck kam, als die Kinder zu Hause ankamen, kein erleuchtetes Haus, auch kein Tannenbaum, der beleuchtet war.

Was war am nächsten Morgen, als sie aufstanden. Wohin wurden die Geschenke abgelegt, an die Stelle, wo voriges Jahr der Tannenbaum stand? Oder hat Regine noch einen Tannenbaum gekauft und eilig geschmückt? Ich kann sie nicht mehr fragen, habe es auch damals nicht getan. Mein armes Kind.

Jedes Jahr trafen wir uns am ersten Weihnachtstag zum Brunch. Die meisten Hotels richteten einen besonders prächtigen Brunch aus. Schon die Hotelhalle war festlich geschmückt, mit einem riesigen Weihnachtsbaum, leise Weihnachtsmusik in allen Sprachen, überall. Die Sonne schien, während wir parkten und uns vor dem Hotel begrüßten.

Alle Menschen waren festlich gekleidet, es war eine schöne Atmosphäre. Die Tische mit den köstlichen Esswaren ein Augenschmaus, man konnte es kaum abwarten, davon zu probieren. Lukas war noch so klein, trug seinen Teller, er zeigte auf die Speisen, was er essen möchte. Ich half ihm, er sah immer frisch geduscht und verhungert am Morgen aus, ich musste ihn zum Lachen bringen. Der Weihnachtsmorgen war der schönste für Papa und mich, hatten wir doch nur ein Kind, unsere Regine, außerdem waren wir in der Fremde, hatten keine Verwandten hier.

Damals war ich noch glücklich hier mit meiner Tochter und den beiden Enkeln, die mein »Ein und Alles« waren. Ich hätte mir nie träumen können, das zu verlieren. Auch gefällt es mir heute nicht mehr, ohne Familie hier zu leben, wir hätten hierher nur zum Urlaub reisen sollen.

Meine Heimat ist Deutschland, das war mir damals nicht bewusst. Ich sehe zurück und muss feststellen, ich war blind.

31. Geschichte: 31. Oktober 2011 (54. Montag)

Montagsgeschichte: »Das Böse in unserer Familie«

»Lukas, Brenda und ich«

Den Oktober habe ich überstanden, irgendwie sind die letzten Tage vorbei gegangen. Draußen ist es kühl geworden. Am Abend ganz kühl.

Vorletzter Sonntag, der 23. Oktober war mein Geburtstag, ich kann diesen Tag nicht mehr feiern, obwohl es doch schön ist, ein gelebtes Jahr in Gesundheit verbracht zu haben. Jörg und ich sind nirgendwo hingefahren, ich habe niemanden außer meine Bäume da draußen gesehen. Viele Geburtstagskarten sind gekommen, auch per E-Mail, ganz liebe Grüße, auch viele liebe Leute haben mir per Telefon gratuliert. Zwei Tage nach meinem Geburtstag war der erste Todestag meiner geliebten Tochter, mein einziges Kind, der 25. Oktober. Ich sehe sie nie wieder, kann sie nie mehr umarmen und ihr sagen, wie lieb ich sie hatte. Sie war mein Ein und Alles, das Wichtigste in meinem Leben, neben meinen Enkeln.

Da ist auch kein Grab, das ich besuchen könnte. Wie ich durch das Jahr gekommen bin, weiß ich nicht. Es war eben ein Tag nach dem anderen, aber jeden Tag denke ich an sie, mein liebes Kind, wie schön sie war, anständig und liebenswert. Warum alles so gekommen ist, werde ich in anderen Geschichten erzählen. Ihre jungen Jahre und alle Jahre hier in Kalifornien vom ersten Tag. Somit fällt jeder Geburtstag für mich aus. Von den jetzt schon großen Enkeln kein Lebenszeichen, haben sie ihre Lollo ganz vergessen?

Es sind jetzt acht Jahre, dass ich sie nicht gesehen habe. Über andere Leute habe ich Unwahrheiten, die über mich verbreitet werden, gehört, da werden die jungen Kinderseelen vergiftet. Wie ich schon sagte, das Böse war in meine

Familie eingekehrt, schon die vielen Jahre. Ich kann nichts dazu tun oder dagegen. Der liebe Gott wird es eines Tages richten, daran glaube ich ganz fest. Heute schreibe ich über meine Ausflüge mit Brenda und Lukas bis zum Dezember 1999. Von da an veränderte sich unser aller Leben.

»Lukas, Brenda und ich«

Unsere schönen Mittwochausflüge waren die schönsten von der ganzen Woche. An anderen Tagen besuchte ich Lukas im Haus, spielte mit dem Kind, wir lasen Bücher, fuhren draußen mit dem Fahrrad oder Roller, wir sahen fern, Videofilme, die Nachmittage gingen so schnell vorbei.

Da ich nur einmal in der Woche mit dem Kind irgendwo hinfahren durfte, waren wir ans Haus gebunden und mussten uns da vergnügen. So gingen die Monate dahin. Lukas war im Sommer drei Jahre alt geworden. Er war jetzt so viel verständiger und sprach schon so schöne Worte, ich konnte mich so gut mit ihm unterhalten. So ein gutes, liebes Kind, so wie Regine damals war, ein gutes, liebes Kind. Josh war da neun Jahre alt im Sommer und schon ein großer Junge, auch war er lieb und drückte mich, wenn wir uns sahen. Er hatte so allerlei Wünsche, nebenbei bemerkt, er fragte immer nur mich, die ich ihm auch erfüllte.

Es waren kleine Wünsche und ohne Geburtstag vertretbar. Seinen Computer, den ich kaufte, bekam er zu seinem 9. Geburtstag. Jetzt hatte er aber keine Kommode, der kleine Kinderschreibtisch musste ersetzt werden. Eines Tages fuhren wir alle, Lukas, Brenda und ich zu Ikea. Ich wusste, nur dort war es möglich, ein passendes Möbelstück zu finden. Zuhause, in Joshs Zimmer, hatte ich mir die Maße besorgt, es war das letzte Haus, was ich kannte, vorher wurde wieder umgezogen, von dem Haus in der Sackgasse. Brenda hatte wieder den ganzen Hausstand verpackt.

Also in dieses Haus wurde der neue Tisch geliefert, am darauf folgenden Samstag, ein Ikea-Mann kam und hat alles zusammen gebaut. Es war ein langer Tisch bis zur Ecke, dann zum Fenster. Jetzt war reichlich Platz und später stand auch der Fernseher darauf. Auch die Lampe habe ich dazu gekauft, es sah so komplett aus in dem Zimmer, Josh war glücklich, das war alles, was zählte, ich auch. Oft habe ich mit Lukas auch meine Freunde hier besucht, meinen kleinen Enkel stolz gezeigt oder vorgeführt. Die glückliche, stolze Omi. Einmal kam meine Mutter von Deutschland zu Besuch nach Kalifornien, oft waren wir bei Regine, haben mit Lukas gespielt, das war noch in dem Haus in der Sackgasse.

Ich kann mich so genau an das Haus draußen, mit Swimmingpool, dem Gartentisch besinnen. Vor ein paar Tagen habe ich beim Suchen der Bilder eines gefunden, es zeigte Regine, Mimi, wie sie meine Mutter von klein auf nannte, in der Mitte und ich daneben. Es ist so ein schönes Bild, habe es sogleich in einen Silberrahmen gestellt, kann es immer betrachten, wenn ich auf meinem Sofa sitze und fernsehe.

Lukas war ganz begeistert von Omi, wie er sie nannte. Sie sprach Deutsch. Er konnte sie gar nicht verstehen. Sie drückte ihn immer und nahm sein kleines Händchen und küsste es, er hielt auch ganz still, ich glaube, er liebte sie auch. Er sagte: »Omi is the best.« Omi ist die Beste. In späteren Jahren, wenn wir über Omi sprachen, sagte der kleine Darling: »Omi was the best.« Omi war die Beste, warum weiß ich nicht. Auch ich sagte dann: »Du hast es ganz gut erkannt, Omi is the best.

Er hat Omi nur, ich denke zweimal in seinen Kindertagen gesehen, sie verstarb im Sommer 2001, ein Schock für uns alle, wo sie doch nie krank war. Das war das darauf folgende Jahr, als sie uns noch einmal besuchte. Viel zu jung, so ein schmerzlicher Verlust, aber auch das in einer anderen Geschichte.

Manchmal sind wir auch ans Meer gefahren, nach

Laguna Beach. Lukas liebte es, im Wasser zu planschen, das machte Brenda mit ihm. Danach gingen wir Eis essen, vorher hatten wir Lunch im Laguna Hotel auf der Terrasse am Meer. Man konnte die Badesachen am Strand lassen und einfach die Treppe herauf spazieren und schon war man da und Hunger hatten wir immer. Lukas aß auch ganz prächtig, stopfte sein Mündchen immer ganz voll, es war zu schön. Wenn ich daran denke, sehe ich uns heute noch dort sitzen, vor uns das blaue Meer und der immer blaue Himmel und wir unter dem Sonnenschirm. Unvergessliche Tage.

Später beim Spazieren durch das kleine Städtchen, lief Lukas in jedes Geschäft, stellte sich in jedes Schaufenster, es war zu lustig. Wir haben so viel Spaß gehabt.

Meine Regine wusste nichts davon, war auch kein einziges Mal dabei. Sie arbeitete nur, dann fuhr sie weg, die Floridamonate. Wenn sie zurückkam, musste sie eben fleißiger sein, das Geld musste wieder herangeschafft werden, für die nächsten Sektenaufenthalte.

Bei all den wirklich Reichen, ich meine sehr reichen Mitgliedern, hat man nie gehört, dass diese Leute ihr ganzes Vermögen abgaben, in kleinere Häuser zogen. Ich meine, ihre zehn oder zwanzig Millionen Dollar Häuser, und in kleinere Reihenhäuser ziehen.

Weniger bemittelte, wie meine Tochter, gaben alles, was sie hatten und mehr.

So kamen die Vorweihnachtsmonate heran. Überall war es festlich geschmückt, sehr schön war es in Newport Beach, in Fashion Island, dort wurde mit einem festlichen, großen Konzert im Freien der große Lichterbaum feierlich angezündet.

Wir beobachteten, wie Anfang Dezember der Baum aufgestellt wurde, an einem bestimmten Tag fand die große Show statt. Wir merkten uns den Tag, kamen am späten Nachmittag, Josh sollte auch an diesem Erlebnis teilhaben. Es war ein grandioses Ereignis. Viele Leute umringten den großen, so schönen geschmückten Baum, wir schätzten, er war mindestens 30 Meter hoch. Er wurde aus Oregon mit Spezialmaschinen angeliefert, eine frische Tanne, jahrelang gewachsen. Eine echte Tanne voller schöner Ornamente. Es dunkelte draußen, als wir da standen, auf den großen Augenblick warteten. Papa war dieses Mal auch hier, aber nicht die Mutter oder der Vater der Kinder, die bei solchen Gelegenheiten immer abwesend waren. Papa hat Lukas auf seine Schultern gesetzt, sonst hätte er ja nichts gesehen. Das Orchester spielte Weihnachtsmusik, es war sehr feierlich. Dann, als die Musik verstummte, haben alle Leute von zehn auf eins gezählt, dann brannten die Lichter am Baum und alles war hell um uns herum, wir hörten wieder Musik und langsam verliefen sich die Menschen, so auch wir, jetzt hatten wir alle Hunger und suchten ein Restaurant, von denen es viele gab, denn die meisten amerikanischen Leute gehen zum Abendessen ins Restaurant, die alle voll sind am Abend, auch heute noch. Nachdem ich meine Enkel nicht mehr sehen durfte, habe ich diese Plätze nie mehr aufgesucht. Es war zu traurig. Ich hätte es nicht verkraftet.

Eines Tages im Dezember hat Brenda mir gesagt, dass sie Ende Dezember heiratet, einen jungen Mann, den ich gar nicht kannte. Dieser Entschluss war in aller Stille herangereift. Dann habe ich sie gefragt, wo sie wohnen wird, eine dumme Frage – natürlich mit ihrem Mann. Sie sagte, sie arbeite dann nicht mehr bei Regine. Ein Schock, ich dachte nicht, dass sie uns verlassen wird. Das konnte ich mir nicht vorstellen, davon war auch mal erst nicht die Rede, alles ging seinen gewohnten Gang weiter. Im Dezember fuhr ich mit Lukas und Brenda in ein großes Küchengeschäft. Brenda suchte sich Töpfe, Pfannen aus, ein ganzes Set zum Kochen, ich sagte, das ist mein Hochzeitsgeschenk, wusste ich doch, gute Kochtöpfe waren teuer und das Wichtigste in der neuen Küche. Brenda war sehr erfreut, ich auch. Hatte ich doch die richtige Entscheidung getroffen und ein passables Hochzeitsgeschenk gefunden. Sie wird dann in ihrer Küche mit den Töpfen und Pfannen an mich erinnern. Kurz vor Weihnachten, am 18. Dezember war die Hochzeit. Es war alles schön geschmückt, nicht zu vergessen, Brenda kam aus Guatemala, so war auch das Zeremoniell, alles war spanisch, für mich etwas fremdländisch, auch verstand ich die Sprache nicht, spanisch. Danach erst das Standesamt, Brenda war da schon im Hochzeitskleid, gleich dabei war auch die kirchliche Trauung.

Danach fuhren wir zu der Hochzeitsfeier, mit Tanz und vielen Gästen. Beide Brüder kannte ich ja schon, jetzt lernte ich die Familien kennen. Den Bräutigam hatte ich vorher noch nie gesehen, er hieß Rolando, ich war nicht so beeindruckt, ich weiß heute nicht mehr, warum. Als ich ihn da sah, dachte ich mir, hoffentlich ist er gut zu Brenda, wenn etwas schief geht, kann sie immer auf mich zählen. Das sagte ich aber nicht, ich wünschte ihr alles erdenklich Gute, viel Liebe auf dem neuen Lebensweg für das junge Paar.

Die Feier war sehr schön, ich habe viele Leute gesprochen, es war so unterhaltsam. Die Sonne schien so warm an diesem Dezembertag. Brenda sah so glücklich aus. sie war so eine liebe Person, ich vermisse sie noch heute. Lukas wusste noch nicht, was passierte und dass Brenda uns verlässt, jetzt eine eigene Familie gründen wollte. Ich wusste auch an ihrem Hochzeitstag nicht, was werden sollte. Ich konnte nicht daran denken, Brenda war Lukas' zweite Mami, wenn nicht auch ein bisschen die erste. Sie war immer da, Tag und Nacht, vor allen Dingen, wenn Regine diese langen Monate in Florida war, hängte er sich an ihre Schürze, wie man sagt,

Brenda hatte gar keine Schürze. Nach der Hochzeit, ein paar Tage später, war Brenda wieder da, auch ein neues Mädchen war da, das Brenda für eine Woche anlernte. Ich weiß ihren Namen nicht mehr, auch gefiel sie mir nicht so, sagen wir mal, sie war mir etwas fremd und ist es auch geblieben. Sie war etwa ein halbes Jahr da, dann hat Regine sie entlassen. Lukas kam gleich nach Brendas Hochzeit, im neuen Jahr, zu Josh in die »Kindergartenschule«. Er war erst dreieinhalb Jahre alt, viel zu klein für das Kind, wenn man bedenkt, der Aufenthalt da war von morgens um etwa 8.30 Uhr bis abends kurz vor sieben. Diese armen Buben, meine Enkel wurden abends als letzte abgeholt, wenn kein Kind mehr da war.

Meine nächste Geschichte werde ich erzählen, wie ich meine Tage in der Kindergartenschule verbrachte und meine Enkel versorgte, vor allem Lukas, der ja so klein war und Brenda so sehr vermisste. Er hat eigentlich allen nur hinterher schauen können, erst seine Mami, die immer auf und davon war, wenn sie zu Hause war, hat sie immer nur gearbeitet, Sonntage abgezogen, dann Brenda und später hat man ihm die Grandma Lollo weggenommen.

Wie hat der Junge das verkraftet? Ich vermisse ihn so sehr, ach könnte ich ihn nur öfters in die Arme schließen und ihm zeigen, wie lieb ich ihn habe. Mein lieber kleiner Darling!

32. Geschichte: 7. November 2011 (55. Montag)

Montagsgeschichte: »Oma Henriette«

»Lukas Tage ohne Brenda«

Ein neuer Montag, habe meine Spaziergänge um den kleinen See wieder begonnen. Es waren mindestens drei Wochen, die ich ausgesetzt habe. Danach fühle ich mich nicht so gut, auch meine Waage zeigt den Zeiger nach oben. Die Uhr wurde Sonntagnacht eine Stunde zurückgestellt.

Es war so kalt am Morgen wie noch nie, hab drei Jacken

angezogen, eine Mütze auf den Kopf, der Temperaturanzeiger zeigte die untere Grenze nach 10, es waren acht Grad, an. Diese Kälte ist hier selten, vielleicht im Dezember, aber die Sonne schien, so früh am Morgen. Jörg hat die Heizung angestellt, die deutsche Buderus Heizung, mit den warmen Heizkörpern, überall im Haus, die wir vor Jahren haben einbauen lassen. Gestern, am sechsten November, hatte meine Großmutter Geburtstag. Sie ist sechsundachtzig Jahre alt geworden.

Ich kann mich noch gut an diese traurige Nachricht erinnern, wir waren mit Mimi und Alfa, unserem Irish Setter, in der Schweiz, in Grindelwald zum Skifahren. Es war so um die Weihnachtszeit, meine Mutter war ganz traurig, wir alle wussten, dass ihre Gesundheit nicht die allerbeste war. Ich kann mich so gut an meine Oma erinnern, obwohl ich sie eher nicht so oft gesehen habe, ein unverzeihlicher Fehler, wie ich jetzt weiß. Ob jeder, der jung ist, so denkt? Ich hätte doch so viele Fragen stellen müssen, jetzt ist es zu spät, auch meine Mutter kann ich nichts mehr fragen. Zum Beispiel über Ostpreußen, Insterburg, Königsberg, wie haben sie da gelebt? Ich bin in Insterburg geboren, also ich bin ein preußisches Mädchen, mit preußischen Tugenden, worauf ich ganz stolz bin, ehrlich gesagt.

Auf einem kleinen Bild sitze ich auf einer Decke, auf einer riesigen Wiese mit Oma, ich war da ein Jahr alt. Außerdem waren da noch andere Verwandte, wie war der Name und wer hat wo gelebt in Ostpreußen, bis zur Flucht und Vertreibung, vor oder nach 1945, da ist niemand mehr da, der mir meine Vergangenheit erzählt.

Meine Oma war eine tüchtige Frau. Sie hatte fünf Kinder geboren und großgezogen, vier Mädchen und einen Sohn, der im Krieg verschollen war und den sie nie mehr gesehen hat.

Bei all den Heimkehrsoldaten ist sie auf jeden Bahnhof geeilt und hat nach dem Sohn Ausschau gehalten und nie kam jemand auf sie zu, hat sie umarmt und gesagt – Mutter, ich bin wieder da.

Ein unglaublich kräftezehrendes Erlebnis. Sie konnte es nicht glauben, dass ihr einziger Sohn nie bei den heimkehrenden Soldaten war. Sie musste in ein Nervensanatorium eingeliefert werden. Diese Krankenanstalt war außerhalb Ronsdorf, gleich in der Nähe meiner Mutter, ihrer ältesten Tochter.

So haben wir sie oft gesehen und besucht. Jetzt, seit meine Mutter nicht mehr da ist, ist auch diese Oma in Vergessenheit geraten. Ich habe in meinem Zimmer eine Fotografie aufgestellt und sehe sie oft an. Ich hätte doch so gerne mehr von ihr gewusst.

Da ist noch die jüngste Tochter, zu der ich leider keinen Kontakt habe, vielleicht rufe ich sie an. Es wäre doch so schön, auch von Ostpreußen und meiner Oma mehr zu erfahren.

Am letzten Samstag haben wir den grünen Abfall weggefahren. Jörg hat einen kleinen Truck gemietet und Mario ist zweimal vollgeladen zu dieser grünen Müllhalde gefahren, endlich ist alles weg und sauber. Peter war auch da und hat eine große lange Mauer gesetzt, von oben links am Berg herunter zum mittleren Weg, es fehlten Blocksteine, die wir woanders weggenommen haben, nicht einbetoniert waren. Endlich nach fast zwei Jahren ist dieser Teil fertig. Jetzt können wir rechts und links vom Treppenweg pflanzen. Im nächsten Frühjahr blüht es überall. Alle diese Arbeiten sind für mich so wichtig, jetzt in meinem Leben. Ich bin sehr beschäftigt, es entsteht etwas Neues, ich grübele nicht so sehr. Es ist wie eine Therapie. Von den Buben noch nichts gehört. Manchmal ruft jemand an und meldet sich nicht am Telefon. Ich rufe immer: »Hallo, hallo!«, nichts. Jetzt sage ich: »Lukas, Schatzele, bist du es?« Aber an der anderen Leitung kein Ton. Ist er es wirklich? So verbringe ich meine Tage immer in der Hoffnung, dass sie sich melden.

Diese Woche habe ich frei, der Staubsauger wird nicht aus dem Schrank herausgeholt. Es wird keine Wäsche gewaschen und auch nicht gekocht. Ich musste mal frei haben von dieser Hausarbeit und habe überlegt, diese freie Woche öfter einzulegen. Außerdem hatten wir keinen Urlaub dieses Jahr. Heute möchte ich erzählen, wie wir – vor allen Dingen Lukas – ohne Brenda leben mussten. Jetzt waren meine Tage voll, mit den Buben in der Kindergartenschule.

»Lukas' Tage ohne Brenda«

Nach Brendas Hochzeit war das Leben etwas trauriger geworden. Lukas war jetzt nicht mehr zu Hause, auch die Mittwochausflüge mit Brenda fielen aus.

Auch ich habe Regines Haus wenig gesehen. Ich fuhr zur »Kindergartenschule«. Den Platz, die Gebäude kannte ich ja schon, aber dass ich jetzt ganze Nachmittage dort verbringen sollte? Es wurde mir erlaubt, an den Mittwochtagen mit Lukas ins S. C. Plaza zu fahren, auch nach Fashion Island, aber da war keine Brenda mehr. Ich besuchte Lukas dort mittags, erkundigte mich, ob er Lunch hatte, etwas Gutes zu essen.

Der Parkplatz nebenan war meine Kommandostelle. Ich kann mich nicht erinnern, irgendwo auf der Welt so viel Zeit auf dem Parkplatz verbracht zu haben, wie da. Lukas brauchte seinen kleinen Mittagsschlaf, das sah ich sofort. Es war einfach zu viel für den Jungen, von morgens früh bis Mittag war er überfordert, das konnte jeder sehen.

Ich nahm Lukas an die Hand, wir gingen zum Auto, ich setzte ihn in den Kindersitz, den ich übrigens für Jahre in meinem Auto spazieren fuhr. Dann fuhr ich etwas herum, nach einiger Zeit und ein paar Straßen weiter, war mein Lukas eingeschlafen, das war der Moment, als ich den Parkplatz ansteuerte. Dort fuhr ich unter einen großen Baum im Schatten. Dann habe ich den vorderen Sitz gelegt und eine dicke warme Decke darauf ausgebreitet, Lukas musste ganz flach liegen und warm, dann holte ich das schlafende Kind aus seinem Sitz und legte ihn nach vorn auf das schöne weiche Bett. Er hat sich nicht bewegt, schlief ganz ruhig, jeder hätte ihn forttragen können. Ich ließ die Rückenlehne ganz herunter, so war es eine fast flache Unterlage für meinen kleinen Darling. Danach öffnete ich die Wagenfenster einen Spalt und setzte mich auf den Fahrersitz.

Es war so friedlich da, die Vögel zwitscherten, Lukas hielt seinen Mittagsschlaf, den er so sehr brauchte. Ungefähr ein bis einundeinhalb Stunden saß ich da, manchmal habe ich ein Buch gelesen, ich war so beruhigt, den Kleinen schlafen zu sehen. So ein Glück, dass ich da war. Auch ich konnte über so vieles nachdenken. Es war auch sehr geruhsam für mich. Wenn Lukas von alleine aufwachte, seine Bäckchen waren so rosig, sein ganzes Gesichtchen war ausgeruht, er lächelte immer, ich drückte ihn, ich hatte ihn ja so lieb, ich fühlte mich verantwortlich, da war sonst niemand da. Regine arbeitete, ich war glücklich, sie mit den Kindern zu unterstützen. Jetzt waren wir hungrig und ich fuhr in den nächsten Supermarkt gleich um die Ecke. In Gedanken geh ich jetzt mit Lukas zur Tür herein, die Wursttheke war zur rechten Hand, da war alles, was man sich so denken kann, Wurst und Roastbeef, so große runde Stücke, die es in Deutschland gar nicht gab, werden die Rinder hier so viel größer? Später erfuhr ich, das Fleisch wurde ganz anders portioniert, deshalb. An der Theke bestellte ich mindestens zwei Roastbeef Scheiben und gab Lukas davon. Er aß es sofort auf. Daneben war gleich ein Trinkautomat, es gab verschiedene Sorten. Lukas drückte auf den Sodaknopf und im Nu hatte er etwas zu trinken. Wir hielten noch bei der Joghurttheke an und spazierten durch das Essparadies, kauften Obst usw.

An der Kasse erinnerte Lukas sich immer, was sonst so im Haus fehlte, das waren immer Batterien oder Glühbirnen. Er griff nach einem Malbuch mit Stiften. Am Ausgang waren da noch diese eisernen Gestelle, auf die sich die Kinder setzten und schaukelten, natürlich musste man ein Geldstück einwerfen.

Draußen empfing uns die warme Sonne, wir fuhren wieder zu der »Kindergartenschule« zurück. Natürlich habe ich auch etwas Essbares für Josh mitgebracht. Lukas war ausgeschlafen und satt und voller Kraft lief und hüpfte auf die anderen Kinder zu. Jetzt begann seine Spielzeit für diesen Nachmittag. Ich sah ihm zu und setzte mich auf eine Bank. Diese »Kindergartenschule« war auch eine Tagesstätte. Am Nachmittag konnten alle Kinder draußen spielen.

Man wurde um vier oder später abgeholt. Jede der Lehrerinnen hatte am Nachmittag abwechselnd Aufsicht. Da war auch eine junge Frau, eine Deutsche mit Namen Theresa und eine von den drei jungen Mädchen, die sich in der Universität kennenlernten. Meine Regine, Jacky aus Berlin und Theresa. Die kam aus dem schwäbischen Land. Die Mädchen lernten sich kennen, so ungefähr in den achtziger Jahren. Diese »Kindergartenschule« war keine normale städtische Schule, sie war eine Sektenschule.

Die Lehrerinnen waren keine ausgebildeten Lehrkräfte, aber alles Sektenmitglieder, so war auch der Unterricht! Unglaublich! Am Anfang dachte ich mir, die Buben sind jung und irgendwann wird sich alles ändern, ein Wunschdenken von mir, es wurde niemals wahr. Regine hat Theresa dorthin gebracht, auch Theresa überredet, in die Sekte »einzusteigen«, das arme Mädchen. Aber davon später in anderen Geschichten. Ich verstand mich gut mit Theresa, konnte ich mich doch in meiner Sprache mit ihr unterhalten. Auch waren wir wie Verwandte im Ausland. Sie war eine liebe junge Frau, hatte zwei Söhne, ungefähr in Joshs und Lukas Alter. Wir sahen uns auch privat bei Regine, an

Geburtstagen oder anderen Gelegenheiten. Ich hatte vertraute Menschen in dem fremden Land. Auch Theresas Mutter war eine liebe Frau, wir konnten nicht verstehen, wie unsere Töchter in diese Sekte kamen und schon Jahre zugehörig waren. So hatten wir Mütter immer ein Gespräch und tauschten unsere Gedanken aus. Manchmal sahen wir uns, wenn sie den kleinen Sohn von Theresa abholte, am Nachmittag, auf dem Parkplatz. In dem langen, flachen Gebäude waren nur etwa vier Räume, eine kleine Küche und ein kleiner Raum für die Anmeldung, in dem der »Sektenschulen Unterricht« abgehalten wurde. Nebenan waren ein Frisör und andere Geschäfte, deren Eingänge von der anderen Seite des Gebäudes waren. Bei den Ausgängen der Klassenzimmer kam man sofort nach draußen zu der Spielwiese mit Klettergerüst und Sandkasten, daneben war ein kleiner betonierter Platz zum Fußballspielen, Roller fahren usw. Das Ganze war eingerahmt mit einem Maschendrahtzaun.

Gleich hinter dem Zaun war der Bürgersteig, die Straße, die am Ende der Spielwiese in einer anderen Straße mündete. Man hörte und sah die Kinder überall. Die Wochen vergingen. Immer dasselbe Ritual. Erst Lukas' Mittagsschlaf, dann der Supermarkt, damit Lukas einen späten Lunch hatte mit Roastbeefscheiben usw., der Spielnachmittag. Wir hatten Winterzeit. Es wurde schon früh dunkel am Nachmittag, ich blieb bei Lukas, Josh war manchmal am Nachmittag mit einem Freund gefahren. So war ich immer bis sechs am Abend geblieben. Lukas wollte mich nicht gehen lassen. Er sagte:»Lollo, can you stay with me a little bit.« Kannst du noch ein bisschen bei mir bleiben, so blieb ich.

Die Kinder mussten um fünf Uhr alle ins Klassenzimmer gehen. Für die kleineren wurden Videofilme gezeigt. Dann habe ich Lukas auf meinen Schoß gesetzt. Wir beide haben die Mickey-Maus-Filme angeschaut. Ich hielt ihn fest, so hatte der Kleine das Gefühl, nicht allein zu sein. Er war geborgen. Es machte mich so glücklich, mein kleiner Darling!

Oft habe ich aber keinen Vater und keine Mutter gesehen, die Klein-Lukas abholten. Erst vor sieben kam der »Vater«, unglaublich! Ich sagte aber nichts. Ich hatte immer Angst, ich könnte die Kinder, meine Enkel nicht mehr sehen. Wie ich das nur ausgehalten habe? Nächste Woche schreibe ich über die nächsten Monate mit den Enkeln und was wir drei unternommen und erlebt haben.

33. Geschichte: 14. November (56. Montag)

Montagsgeschichte: »Allgemeines«

»Lukas' Monate ohne Brenda. 2. Teil«

Schon der 14. November, wie die Zeit vergeht. Gestern hatte meine Schwester Inge Geburtstag. Sie ist ein Jahr jünger als ich. Leider haben wir keinen Kontakt, ich meine, wir sehen uns nicht und das seit Jahren, leider.

Am Samstag war ich am frühen Morgen in Huntington Beach, Mario war schon da, sonst niemand. Die Geschäfte sperren erst um 8.00 Uhr auf. Wir haben die vorderen Gartenanlagen neu bepflanzt, Stiefmütterchen weiß mit blauen Flecken, auch die hochgewachsenen Palmen auf der anderen Seite des Grundstücks, seitlich vom kleinen Gebäude, hat Mario abgesägt. Auch da haben wir Blümchen, Stiefmütterchen gepflanzt.

Danach hat Mario die ganze Straßenfront mit einem Wasserschlauch abgespritzt. Es hat da noch nicht geregnet, so ein Glück. Das hat sich später geändert, alle Pflanzen wurden richtig eingegossen. Bei dem abgrenzenden Zaun am hinteren Parkplatz wächst das Unkraut so hoch, wie ich groß bin, so etwas hatten wir noch nie. Daran muss der

Gärtner noch arbeiten, während der Woche. Ich kam müde um drei Uhr am Nachmittag nach Hause. Die Arbeit war getan, was mir immer ein beruhigendes Gefühl gibt.

Meine letzte Woche habe ich in Ruhe verbracht, keine Hausarbeit und kochen, welch eine Erleichterung. Auch wenn ich Arbeiten liebe, habe ich viel Zeit für andere Aufgaben. Der Regen hat das Gießen am Berg für mich übernommen, auch das ist schön. Gerade höre ich das Geräusch, das Abknipsen der Zweige. Beim Nachbarn werden wieder Bäume gelichtet. Jörg hat letzte Woche wieder die Frontläden vom kleinen Gebäude vermietet, junge Leute, die Roller, Scooter, wie man hier sagt, verkaufen wollen. Hoffentlich bleiben sie recht lange, haben gute Geschäfte.

Am liebsten sitze ich in meinem kleinen Zimmer und schreibe, meine Regine, die Fotos auch der Kinder sehen mich an. Leider sind es alles alte Fotografien, wie Lukas heute aussieht, kann ich nicht sagen. Ach, könnte mir doch jemand helfen, die Buben endlich zu sehen. Vielleicht passiert bald etwas! Daran muss ich glauben!

»Lukas' Monate ohne Brenda. 2. Teil«

Die Monate gingen dahin. Mein Leben war ganz gut organisiert. Ich hatte meine Nachmittage bei den Enkeln in der »Kindergartenschule«. Brenda habe ich öfter am Telefon gesprochen. Sie war nach Little Rock in Arkansas gezogen, fast 3000 km von hier. Sie sagte, ihr Mann Rolando hat dort größere Arbeitsmöglichkeiten. Auch die Häuser sind dort erschwinglicher als hier in Kalifornien. Ich glaubte ihr nicht so recht, ihre beiden Brüder waren auch hier, hatten Familien, es musste etwas anderes sein. Ich sagte Brenda, die Familie müsste zusammen bleiben, aber es waren ja auch nicht Rolandos Brüder. Das war der Unterschied. Ich glaube, Rolando wollte Brenda weg von den Einflüssen ihrer

Brüder haben. Im Baugewerbe war es nirgendwo besser, als hier zu der Zeit um das Jahr 2000. Auf jeden Fall war sie sehr weit weg.

Lukas fragte jeden Tag nach Brenda, aber er hatte ja jetzt mich. Ich versorgte ihn gut und liebevoll. Ich fuhr mit Lukas an jedem Mittwoch zu Nordstrom ins South Coast Plaza, auch um Leute zu sehen. Es wurde ja langweilig für mich, auch für das Kind. Lukas freute sich, wenn wir an unserem französischen Kaffeeplatz seine Lieblingslimonade und die leckeren Hefeteilchen kauften. Anschließend gingen wir zu Nordstrom, da war immer etwas Neues zum Anziehen.

Jetzt war das Kind bald vier Jahre alt. Er suchte sich seine T-Shirts selber aus, die auf den Bügel aufgehängten Teile, steckte er unter den Arm, bis er so etwa sechs hatte, dann sortierte ich. Die Verkäuferin Janet kannten wir ja schon. Sie rief Lukas beim Namen und freute sich. Schicke passende Shorts half sie uns zu finden. Dann gingen wir zur Schuhabteilung und kauften Schuhe, die Lukas sich selber aussuchte. Unzählige Paare von Söckchen habe ich gekauft in den Jahren, auch für Josh. Er drückte mich jedes Mal. Er freute sich. Manchmal am Nachmittag fuhr ich mit Lukas ins nahe gelegene Buchparadies, setzte den Kleinen auf meinen Schoß und las ihm aus den Büchern vor. Dort hatten wir auch etwas zu naschen. In meinem Auto hatte ich einen Karton, in dem ich neu gekaufte Kleidung für Lukas hatte, konnte ihn auch öfter umziehen, wenn wir jemanden besuchten oder Lukas draußen beim Spielen vom Regen überrascht wurde.

Einmal in der Schule sprach Josh mich an, ob ich eine Unterhose für ihn in meinem Auto habe. Ich war ganz erschrocken und sagte: »Mein lieber Junge, das habe ich nicht.« Das war ein Zeichen, es musste etwas gekauft werden. So fuhren wir am nächsten Mittwoche alle drei ins S.C.P. Dort habe ich in einem Herrengeschäft Unterhosen für Josh gekauft. Er hat sie selbst ausgesucht, von Polo, an der Kasse sagte der Junge zu mir: »Are you happy, Lollo?« Bist du jetzt glücklich, Lollo? Ich sagte: »Jetzt bin ich glücklich und du auch.« Damit sich unser Ausflug lohnte, haben wir im nächsten Schuhgeschäft zwei Paar Schuhe für den großen Jungen ausgesucht, endlich. Jetzt hatte es sich gelohnt, unser Shoppingnachmittag. Danach baten mich die Buben zu McDonalds zu gehen, auch das haben wir gemacht. Es war so schön mit den Buben. Ich habe es sichtlich genossen. Dann war es Zeit, wieder in Richtung »Kindergartenschule« zu fahren.

In den Jahren habe ich alle Kleidung für die Buben gekauft, auch sonst alles, was sie brauchten. Im Sommer hatten beide Geburtstag, Josh wurde am 29. Juni zehn Jahre alt und Lukas drei Tage später am 2. Juli vier Jahre alt. An Joshs Geburtstag habe ich Pizza bestellt, für die ganze Schule, ungefähr acht große, übergroße Schachteln mit Pizza wurden geliefert. Alle saßen draußen und drinnen, auch die Lehrerinnen dabei und sangen: »Happy Birthday, Josh!« Es war sehr schön. Josh war ganz gerührt. Ich hatte ihn überrascht. Da war keine Mami und sonst niemand da, nur ich. Die andere Großmutter auch nicht, für uns als deutsche Menschen unverständlich, zumal die Frau in der Nähe wohnte und meine Tochter ihren Sohn die ganzen Jahre ernährte.

Bei Lukas' Geburtstag, drei Tage später, haben wir alle wieder gefeiert, mit Pizza und Drinks und haben immer wieder »Happy Birthday, Lukas!« gesungen. Alle Kinder waren glücklich. Ich auch. Später hatte Josh und Lukas zu Hause mit Mami eine richtige Geburtstagsparty, natürlich jeder für sich. In den Sommerferien hatte die Schule Ferien, alles wurde geschlossen, die Kinder hatten frei. Heute kann ich mich nicht erinnern, was wir unternommen haben, sicher Disneyland, ans Meer in Laguna Beach usw. Jeden Tag etwas anderes.

Nach den Ferien machten alle Klassen einen Ausflug zu

Knotts Berry Farm. Die Lehrerinnen fragten mich, ob ich auch mitfahren möchte. Ich sagte ja gerne, aber ich fahre nur meine Enkel in meinem Auto. Es war ein schöner Tag. Die Sonne scheint ja hier immer, so ist es auch immer warm. Am Morgen ging es los. Ich fuhr schon früh los. Allmählich fanden sich die Kinder ein. Lukas und Josh waren noch nicht da. Ich wartete und sprach mit den Lehrerinnen. Nachdem ich jeden Tag da war, hatte ich mich auch gezwungenermaßen mit einigen angefreundet. Jetzt kamen meine beiden. Ich sah schon, Lukas musste etwas anderes anziehen, ich hatte genug im Kofferraum. Der Kleine stand vor mir, wir begrüßten uns, dann machte er mich auf etwas aufmerksam. Ich wusste erst nicht, was er meinte, dann zeigte er auf seine Schuhe und sagte: »Sieh Lollo!« Ich sah herunter. Oh Gott, dachte ich, das kann nicht wahr sein.

Das Kind hatte die Schuhe verkehrt herum an, links auf rechts und umgekehrt, das war aber nicht alles. Es waren auch zwei verschiedene Paare. Sofort gingen wir zum Parkplatz, da habe ich Lukas komplett neu angezogen. Auch seine Limonade war da. Das Auto hatte einfach alles, Spielsachen, Teddybären. Es war ein Kinderauto, es war Lukas' zweites Zuhause, auf dem Parkplatz. Um neun sind wir alle losgefahren. In dem Vergnügungspark angekommen, haben wir einen schönen Tag verbracht, mit Lunch, natürlich konnten sich meine Enkel alles aussuchen zu essen und zu trinken, und andere Spielsachen, die es zu kaufen gab.

Wir haben auch das immer gut abgewägt. Aber man konnte merken, dass andere Kinder kein oder fast gar kein Geld dabei hatten. Wenn man bedenkt, die Sektenschule war teuer im Monat. So sahen auch die Kinder aus. Das konnte man an der Kleidung sehen, fast immer an den Schuhen. Die Leute hätten sich das Geld sparen können und ihre Kinder auf eine normale Schule gehen lassen, die nichts kostete und die Kleinen normal aufwachsen, ohne Vernebelung des Gehirns.

Aber alle diese Menschen hatten den Verstand verloren. Ich konnte es nicht fassen, sah es doch jeden Tag.

Auch eine junge Lehrerin hatte kein Geld, wir hatten alle zusammen Lunch und ich habe sie eingeladen. Wir hatten trotzdem Spaß. Der Sektenführer war ja nicht anwesend. Heute habe ich die Fotos in meinem Zimmer, die schön rot und weiß angezogenen Buben stehen vor der McDonalds Theke, haben Cola Becher vor sich, passend zum Anzug, als wenn beide Reklame für die Marke machten.

Ein unvergessliches Erlebnis. Ich denke so gerne an unsere so schönen Tage. Es ist aber so lange her. Im Sommer erzählte mir Brenda ihr freudiges Ereignis. Sie war in anderen Umständen. Das Baby würde Anfang Februar 2001 geboren. Ich freute mich für sie. Sie war da 27 Jahre alt. Im Stillen dachte ich immer und hoffte, sie kommt zurück, um hier in Kalifornien zu leben und wir alle wären eine große Familie. Dieser Wunsch hat sich nie erfüllt. Manchmal kam ich in die Kindergartenschule und Josh war nicht da. Ich fragte, wo er ist und man sagte mir, Josh sei in dem Sektenverein und habe »Kurse«.

Ich war entsetzt, so ein kleiner Junge, der junge Verstand wird ganz vernebelt. Wie soll der Bub einmal auf eine normale Schule gehen? Oder auf eine Universität? Es ist so gekommen, wie ich es nie für möglich gehalten habe. Papa hat einmal zu Regine gesagt: »Ich hoffe, du wirst deinen Kindern eine so gute Schulausbildung geben, wie wir dir gegeben haben.« Regine machte ihren Master in Business Administration, als sie 28 Jahre alt war. Auf der Universität Pepperdine in Kalifornien.

Wir waren so stolz auf unsere Tochter und hatten eine große Party. Wenn man bedenkt, sie war hier eingewandert, mit 21 Jahren. Außerdem hatte sie eine verantwortliche Position als Assistent Store Managerin, ihre Universität hatte sie nur nebenbei absolviert, die sie in englischer Sprache machte. Es war nicht ihre Muttersprache.

Sie war ein so tüchtiges, schönes Mädchen, hat uns nie Kummer bereitet. Aber mit den Buben, mit der Schulausbildung, hatten wir doch große Sorgen. Wir konnten nichts tun. Der Sommer war vorbei, das Leben ging weiter, immer ein neuer Tag. Ich fuhr Lukas immer noch im Kindersitz spazieren, anschließend hatte er seinen Mittagsschlaf.

Im Oktober desselben Jahres reiste ich nach Dublin zu meiner Schwester, weiter zu ihrem Wohnort. Mein Schwager war nach langer schwerer Krankheit verstorben.

Regine flog mit, damals war die Familie noch zusammen, ein Glück, wenn auch jeder dachte, Regine ist verrückt geworden mit ihren Sektenansichten.

Theresa hatte die Aufgabe, den kleinen Lukas zu versorgen, da war die Mami und die Lollo fort. Heute würde ich ihn nicht alleine gelassen haben. Jeden Tage sagte Lukas: »Lollo don't go!« Gehe nicht.

Ich weiß heute nicht mehr, wann wir zurück flogen, glaube aber, es waren keine vierzehn Tage. Dann waren wir wieder zu Hause. Ich war so glücklich, den kleinen Buben in meine Arme zu schließen und ihn jeden Tag zu versorgen.

34. Geschichte: 21. November 2011 (57. Montag)

Montagsgeschichte:» Aus Ostpreußen geflüchtet«

»Lukas' Monate ohne Brenda, 3. Teil«

Ein neuer Montag, nichts ist geschehen, ob ich die Buben jemals wiedersehe? Heute ganz früh habe ich meine Tante angerufen, die jüngste Tochter meiner Oma. Alle anderen Töchter sind gestorben. Ich hatte erst ein bisschen Angst, ob sie sich noch an mich erinnert. Ich hatte für mindestens zwanzig Jahre keinen Kontakt. Ich war sehr überrascht, sie war sehr freundlich zu mir am Telefon, gab mir bereitwillig Auskunft.

Meine Oma war 1892 in Insterburg geboren. Sie verstarb mit 82 Jahren. Ich war damals 37 Jahre alt. Jetzt habe ich diese Daten.

Von Ostpreußen hat sie mir nicht viel erzählt. Ich sagte: »Ich rufe dich kurz vor Weihnachten noch mal an.« Meine Oma hatte noch vier Schwestern, keinen Bruder, vielleicht kann ich anhand der Geburtsnamen etwas im Internet erfahren.

Sie hat während ihres langen Lebens zwei ihrer Kinder verloren; ihren einzigen Sohn Fritz, der nicht mehr aus dem Krieg nach Hause kam. In späteren Jahren ihre drittgeborene Tochter, die an einer Magenkrankheit verstarb. Ein schweres Schicksal.

Außerdem wurde sie mit ihrer Familie aus ihrer Heimat Ostpreußen vertrieben, wie man so schön sagt, was für ein gnädiges Wort, für Menschen, die alles haben zurücklassen mussten, Haus und Hof und was viel schlimmer ist, die Heimat und nie wieder gesehen. Ich kann heute ermessen, wie tragisch dieses Ereignis ist, auch ich habe meine Heimat verlassen, aber aus freiwilligen Gründen, außerdem kann ich mich jederzeit ins Flugzeug setzen, mein Heimatland, meine Familie besuchen. Nach meiner jetzigen Erkenntnis, kein zweites Mal hätte ich diese, meine Heimat verlassen. Der Mensch ist nur glücklich in seiner Heimat, mit der Familie, mit der vertrauten Umgebung und der Muttersprache.

Gestern am Sonntag hat es geregnet, auch die ganze Nacht bis zum frühen Montagmorgen, heute ist es trocken, aber kühler. Die Sonne scheint, es sind nur 16 Grad über Mittag. Am Samstag haben Mario und ich vor dem Haus angefangen, die Beete neu zu bearbeiten und Blumen zu pflanzen, jetzt jeden Samstag, bis wir alles schön haben. Es ist ein ganzes Jahr nichts passiert. Peter war auch da mit seinem Helfer. Endlich ist unten am Berg der Zaun mit Gartentor neu einbetoniert. Wir haben wieder ein Auto gemietet, um Blocksteine zu transportieren. Ich habe einhundert gekauft und Beton zum Anrühren. Jetzt wird es so früh dunkel, um fünf Uhr ist alles ganz finster, die richtige Jahreszeit zum Ausruhen. In ein paar Wochen ist wieder ein Weihnachtsfest. Ich kann nicht daran denken. Es ist zu traurig. Heute werde ich meine nächsten Erlebnisse mit Lukas und Josh aufschreiben.

Brenda hat letzten Freitag angerufen, das Schokoladenpaket ist angekommen, die Kinder haben sich gefreut. Ich habe mit Lesly und Andy gesprochen, ganz liebe, wohlerzogene Kinder. Ich sagte: »Bitte sendet ein paar Bilder.« Lesly spricht englisch und spanisch. Brenda geht mit ihr in die Bücherei. Das Mädchen liest in beiden Sprachen. Es ist so schön. Ich glaube, sie ist ein belesenes Kind, man sagt »lesen bildet«. Ich möchte so gern die Kinder kennenlernen. Ich wünschte, sie lebte hier in Kalifornien, in meiner Nähe.

»Lukas' Monate ohne Brenda, 3. Teil«

Es war Herbst geworden, wieder bald Weihnachten. Das Jahr 2000 näherte sich. Jetzt war Brenda schon fast ein Jahr verheiratet, Lukas hat sich eingewöhnt ohne Brenda, dachte ich, obwohl wir nicht mehr so oft von ihr sprachen. Regine kam oft mit ihrer Familie zu Besuch an Sonntagen.

Es war jedes Mal schön, alle hier im Haus zu haben. Manchmal ist es einsam in so einem großen Haus. Wir schnitten Rosen überall, Regine arrangierte sie in großen Vasen, nahm sich auch immer einen riesigen Strauß mit, für ihr Büro, wie sie sagte. Ich bereitete das Abendessen, natürlich Steaks für alle, Joshs Leib- und Magengericht, der gute Junge, damals, er war gerade zehn Jahre alt. Eines Tages nach dem Abendessen habe ich Regine gefragt, ob sie daran denke, mit den Kindern zum Arzt zu gehen, für die ausstehenden Impfungen. Es wäre doch so wichtig, überaus notwendig. Beide Kinder hatten keine Impfungen, weder für Masern, Diphterie noch Kinderlähmung. Sie antwortete, sie glaube nicht an irgendwelche Impfungen, man könnte von den Spritzen krank werden. Um es kurz zu machen; wir hatten eine kleine Diskussion. Ich sagte, was ich dachte, aber ich sprach zu tauben Ohren. Die Buben waren in den Zimmern verteilt und sahen fern. Wir saßen alleine am Tisch, Papa war auch nicht da, wie so oft bei diesen wichtigen Gelegenheiten. Wir sprachen ganz ruhig. Ich war so in Sorge um meine Enkel. Wie ich wusste, hier in Kalifornien musste jedes Kind die erforderlichen Impfungen haben, um in eine öffentliche Schule zu gehen.

Bei dieser »Kindergartenschule«, von der Sekte geleitet, war das nicht nötig. Ich weiß bis heute nicht, ob Theresa ihre beiden Söhne auch nicht geimpft hatte, habe sie nie danach gefragt. Am Ende der Unterhaltung habe ich gesagt, ich war jetzt auch etwas aufgeregt, dieses Thema lag mir so lange am Herzen, aber vorsichtig, wusste nie, wie er, der »Vater« reagierte und ich wollte auf jeden Fall jeglichen Streit vermeiden. Also ich sagte ganz ruhig: »Wenn ihr euch entschieden habt, die Buben nicht zu impfen, sie der Gefahr der Erkrankung, ja sogar des Sterbens aussetzten, seid ihr beide ja noch jung genug, um neue Kinder zu machen.« So, jetzt war es heraus, ich konnte nicht anders, es musste mit aller Deutlichkeit gesagt werden. Ich hörte keine Antwort. Es war still, sicher war Regine geschockt, dachte darüber nach, was meine Worte bedeuteten. Wir verabschiedeten uns ganz freundlich wie immer.

Es wurde über dieses Thema nie mehr gesprochen. Ich konnte nichts tun, meinen Enkeln wurden die lebensrettenden Impfungen versagt. Ich bete zu Gott, an diesem Abend und alle Zeit davor, dass sie niemals krank werden. Bis heute, weiß ich, haben sie keinen Arzt für Impfungen gesehen. Sie sind nicht geimpft und nicht getauft. Zwei Jahre später habe ich bei meinem Versicherungsagenten für beide eine Krankenversicherung abgeschlossen, die ich bis heute jeden Monat bezahle. Niemand weiß etwas davon, für alle Fälle, es beruhigt mich. Wie ja jeder weiß, sind viele amerikanische Menschen nicht versichert, aber für mich als Deutsche ist das selbstverständlich. Lieber Trocken-Brot essen, aber versichert. Ich hoffe, wenn ich Josh und Lukas wiedersehe, ihnen zu erklären, dass die Impfungen zum Leben gehören, um diese bösen Krankheiten zu vermeiden. Meine Tage verbrachte ich weiterhin mit Lukas. Ich versorgte ihn mittags.

Eines Tages, als ich in die »Kindergartenschule« kam, es war ein Montag, ich weiß es noch ganz genau, denn an diesem Tag kam am Abend, so gegen sechs Uhr ein Mann zu Lukas' Klasse, der den Kindern etwas über Boyscouts (Pfadfinder) erzählte, also ungefähr am ganz frühen Nachmittag, als ich in den kleinen Schulhof trat, konnte ich Lukas gar nicht entdecken. Er spielte nirgendwo.

Auf einmal sah ich ihn, er saß den Rücken zu mir auf einer Bank, den Kopf auf die Arme am Tisch gebeugt.

Ich fragte die Lehrerin, was passiert war. Sie sagte, der Junge habe Hunger. Ich war fassungslos, das war doch nicht möglich, oder? Danach sah ich in sein Lunchpaket und stellte fest, dass da kein Butterbrot oder irgendetwas Essbares war, außer Rosinen. Ich drückte ihn. »Lukas, komm, wir fahren in den Supermarkt.« Das war der Anfang meiner täglichen Fahrten zur Kindergartenschule, wie ich ja schon erzählte in vorigen Geschichten. Von dem Tag an hatte ich mir vorgenommen, es war meine Aufgabe, dass das Kind immer mit gutem Essen versorgt war. Später an diesem Nachmittag bat mich Lukas zu bleiben, wenn der Boyscout-Unterricht begann, natürlich blieb ich.

Es war gegen sechs am Abend, als alles anfing. Ich setzte mich auf die kleinen Stühlchen neben Lukas. Er hatte ein

Buch vor sich. Der Mann erzählte den Kindern lustige Geschichten, im Grunde war Lukas viel zu klein, um etwas lesen zu können, aber er hörte aufmerksam zu.

Die Uhrzeit war nicht gut gewählt, denn die Kinder waren am Abend alle müde. Ich saß als einzige erwachsene Person zwischen den kleinen Stühlchen. Ich nahm mir Lukas' Buch vor, es war ein dickes Schreibheft, blätterte durch die Seiten, die alle leer waren, bis auf eine Seite, da waren die Namen der Eltern, Daten, Geburtstage aufgeführt. Am Ende las ich, wenn den Eltern, ich meine die Mutter, meine Regine und dem Vater etwas passierte, für den Fall müsste die Freundin von Regine benachrichtigt werden.

Nicht Lollo oder Papa oder die anderen Großeltern, denn wir hätten keine Rechte, als Großeltern zu fungieren. Allein die Freundin wäre der Ansprechpartner für die Buben, es war in dem Schreibheft verfügt, allein diese Freundin war berechtigt, die Kinder zu versorgen. Das war original unterschrieben mit Namen meiner Regine und des Ehemanns. Ich war wie gelähmt, konnte es nicht fassen, was ich da las, schwarz auf weiß. Ich konnte nicht glauben, in was war nur mein Kind, meine intelligente Regine geraten!

Die Freundin war auch ein Sektenmitglied, die beiden Großeltern nicht. Ich glaube, die anderen Großeltern wussten nichts von dieser Verfügung. Ich habe es außer meiner Familie niemandem erzählt. Bei all meinen Geschichten, die ich aufschreibe, kann jeder lesen und sich ein Bild von meinen Jahren mit meiner Tochter, den Enkeln und dem Ehemann machen. Wir waren mit dem Sektenverein täglich konfrontiert. Meine nächste Geschichte schreibe ich über Weihnachten 2000 im Dezember.

35. Geschichte: 28. November 2011 (58. Montag)

Montagsgeschichte: »Tannengrün«

»Weihnachtsparty 2000«

Gestern war der erste Advent, die vorweihnachtliche Zeit hat begonnen, zum zweiten Mal ohne Regine. Sie kann nichts mehr erleben. Es kommt Jörg und mir vor, als wäre alles nicht wahr. Wir denken, sie lebt weiterhin in Oregon, 1600 km entfernt. Wir hatten ja keinen Kontakt über 7 Jahre. Wenn ich daran denke, weine ich jeden Tag, schon morgens beim Zähneputzen. Der Schmerz, mein geliebtes Kind nie mehr wieder zu sehen, ist unermesslich.

Die letzten Tage war es sehr warm hier, am Tag zeigte das Thermometer 26° C. Ich habe die Sprinkleranlage wieder eingeschaltet. Die weißen Rosen am linken Zaun blühen so prächtig. Am letzten Freitag habe ich Tannengrün gekauft. Ich bin zu Rodgers Garden in Newport Beach gefahren, dort gibt es jedes Jahr eine große Auswahl an Girlanden, Kränze groß und klein, leider keine großen Zweige, nur abgezwickte kurze Tannenzweige. Alle Tannenbäume sind hier zurechtgestutzt, sehen aus wie Coins, auch die Spitze ist meist abgeschnitten. Der Tanne ist das Schönste abgezwickt, ein schrecklicher Anblick für mich, daher auch das kurze Tannengrün. Ich bin dann zu dem Tannenbaumverkauf am Ende des Garten-Centers gegangen und habe da große Zweige für meine Vasen erhalten.

Der Verkäufer war sehr nett, hat die abgeschnittenen Zweige von den Bäumen aus der Mülltonne geholt, die da stand, ich war glücklich. Morgen am Dienstag, an meinem Einkaufstag, gehe ich noch mal hin. Die Gebräuche hier sind total anders. Weihnachtsmärkte wie in Deutschland gibt es hier nicht, auch keinen zweiten Feiertag. Keiner hat einen Adventskranz auf dem Tisch. Die Kränze werden an die Tür gehangen, deshalb gibt es auch keine roten Kerzen. Die Welt mit den Menschen hier ist total anders. Ich hatte noch eine dicke rote Kerze vom letzten Jahr.

Ob wir einen Tannenbaum aufstellen? Wir wissen es noch nicht. Ich wünschte, das Weihnachtsfest wäre vorüber. Wie jedes Jahr kaufe ich hier Adventskalender, die natürlich alle von Deutschland sind, für die Kinder meines Gärtners, dieses Jahr auch für Brenda, für die drei Kinder meiner Nichte in New Jersey, den Anstreicher in Huntington Beach, die Mieter usw., so etwa fünfundzwanzig habe ich gekauft.

Dieser Brauch hat sich etwas eingebürgert. Ich wünschte, da wäre mehr in diesem Land von den schönen Gebräuchen aus meiner Heimat oder anderen europäischen Ländern. Meine nächste Geschichte möchte ich aufschreiben, über meine Weihnachtsparty in meinem schönen Haus, Weihnachten 2000.

»Weihnachtsparty 2000«

Lange schon hatte ich den Wunsch, eine Weihnachtsparty auszurichten. Mit vielen Freunden und Bekannten, außerdem sollte jeder unser prächtiges, großes Haus sehen, mein Traumhaus.

Die schönen alten Möbel aus Familienbesitz, die Einrichtung aus dem Haus in Deutschland, alles war vom Möbelhaus Pasche in Wuppertal, die Teppiche, die großzügige Eingangshalle usw. Ich war sehr stolz auf das Ergebnis langer Jahre einrichten mit meiner Designerin Linda. Jetzt hatte ich den Entschluss gefasst, meine Planung sollte beginnen. Linda gab mir gute Ratschläge für die Weihnachtsdekoration. Den sehr großen Tannenbaum stellten wir in der Rundung der Treppe auf. Beim Hinaufspazieren der Treppe und auf der Brücke schmückten wir den Baum. Er überragte das Brückengeländer und voller Lichter sah er großartig aus. Der Baum war ca. 4,5 Meter hoch. Am Geländer der Brücke, man konnte von beiden Seiten nach unten sehen, haben wir lebende Tannengirlanden, auch am Treppengeländer nach unten dekoriert. Überall in die großen chinesischen antiken Übertöpfe habe ich rote Weihnachtssterne hineingestellt. Alles war festlich geschmückt.

Die Gäste waren vom Rotarierclub, Jörgs Civil Air Patrol und viele deutsche Freunde, die wir im Lauf der Jahre kennengelernt haben. Es waren etwa fünfzig Gäste auf der Liste, auch Regines Freundinnen Theresa mit ihrer Mutter und Jacky aus Berlin, eine immer lustige, junge Frau.

Eine Dame vom Rotarierclub hat das Catering übernommen. Nicht zu vergessen, den Klavierspieler, den ich für den Abend hergebeten hatte. Er kostete mich ein kleines Vermögen. Es war es wert, wie sich später herausstellte. Die Musik ist ja bekanntlich das Wichtigste bei jedem Fest. Damit jeder mitsingen kann, habe ich eine Menge Liedertexte auf einzelne Blätter drucken lassen, in Deutsch und Englisch. Soweit war meine Vorarbeit getan. Der Abend war da, der Klavierspieler klingelte, er kam herein, setzte sich ans Klavier und spielte.

Die Atmosphäre war sehr festlich. Ich habe mir wie jedes Jahr etwas Rotes angezogen, auch eine rote Satinschleife im Haar. Jetzt rief ich meine Regine an, es war Zeit, wo blieb sie mit den Buben? Sie sagte, sie könne nicht kommen, es sei kein Auto für sie da. Wie ich wusste, hatte Regine große Geldprobleme. Ihr Auto war schon lange in der Reparatur. Der Motor war defekt, so war es ein größeres Problem. Sie hatte sich einen Wagen von einer Angestellten geliehen und das seit mindestens sechs Wochen. Das Auto war jetzt nicht verfügbar? Ich sagte: »Oh Schreck! Regine, du bist die wichtigste Person, du und die Buben, meine Enkel auf der Gästeliste, das Allerwichtigste.«

Wie konnte ich meine Weihnachtsfeier ohne mein Kind

feiern? Ich sagte: »Rufe eine Taxe und komme bitte, Mama bezahlt.« So war es geschehen. Ich sehe sie noch heute aus dem Taxi steigen. Ob ich den Fahrer bezahlte, ich weiß es nicht mehr. In einer halben Stunde war sie da. Ach endlich, war ich glücklich, sie und die Buben zu sehen. Beide liebten es, zu meinem Haus zu kommen. Lukas war da vier Jahre alt und Josh zehn Jahre. Ich umarmte sie, das Liebste, was ich hatte. Aber wo war der »Vater«?

Regine kam alleine, was mir auch so egal war, wir hatten ihn öfter bei Familiengeburtstagen nicht gesehen. Es war mir so wurschtegal. Alle Gäste waren da. Es war ein Raunen in den Räumen, der Duft der Tanne, die Speisen, die Weihnachtsmusik erklang in allen Räumen. Dann verteilte ich die Liederblätter, wir alle standen überall um den Tannenbaum, beim Klavierspieler, manche Gäste saßen auf der Treppe mit den Liederblättern in der Hand und sangen zur Klaviermusik. Ich sang aus voller Brust und in Deutsch natürlich. Ich fühlte mich glücklich, auch meine Gäste.

Später, es war schon nach zehn Uhr am Abend, klingelte es an der Tür. Da stand der Vater. Wo kam er her? Und wieso hatte er ein Auto und Regine und die Kinder keins? Das ist bis heute ungeklärt. Später sah ich ihn mit Jacklyn auf dem Sofa sitzen in angeregter Unterhaltung. Die Kinder sind nach dem Essen ins obere Stockwerk in das für sie eingerichtete Zimmer zum Fernsehschauen gegangen. Es war eine gelungene Party. Keiner verließ vor zwölf Uhr das Haus. Ein unvergesslicher Abend, meine Weihnachtsparty 2000!

36. Geschichte: 5. Dezember 2011 (59. Montag)

Montagsgeschichte: »Weihnachtsdinner«

»Meine schönste Schlittenfahrt mit Lukas«

Heute schon Dezember 2011, wie die Tage vergehen. Ein Tag schleicht sich in den nächsten. Irgendwie wird jeder gelebt. Da ich viel im Haus zu tun habe, vergehen alle Tage voller Taten, es erfüllt mich mit Erleichterung, wenn ich viel geschafft habe. Da sind die Rechnungen, Kartengrüße usw. Alles muss erledigt werden. Je mehr zu tun ist, desto besser gelingt es mir, meinen traurigen Gedanken keinen Raum zu geben. Am Mittwoch letzter Woche fühlte ich mich nicht so gut, habe aber weiter fest gearbeitet. Am Donnerstag war es mit meiner Gesundheit nicht besser. Am Abend habe ich etwas meine Stimme verloren, um fünf Uhr am Nachmittag sind wir zum Arzt gefahren.

Anschließend war das Dinner mit Jörgs Civil Air Patrol in einem eigentlich schönen italienischen Restaurant, das Jahresdinner, auch die Gattinnen waren eingeladen. Nach dem Arztbesuch fuhren wir dorthin. Es waren etwa fünfzig Personen anwesend, eine langweilige Gesellschaft, wie ich mich schon vor zwei Jahren erinnerte. Der einzige deutsche Mann saß neben mir, mit dem ich mich gut unterhielt. Das Essen war nicht großartig, der Salat war ohne Salz und Pfeffer, dann der Hauptgang mit grünen Stangenbohnen, die so hart waren, sie waren ungenießbar, aber das ist hier normal. Alles ist hier englisch gekocht, alle Speisen sind geschmacklos, das Hühnchen war auch nicht gewürzt.

Das meiste blieb auf meinem Teller. Wenn ich daran denke, wie viele Kinder auf dieser Welt verhungern. Der deutsche Mann, Klaus, erzählte mir, beim durchsehen alter Papiere habe er einen Brief seiner Mutter gefunden, darin habe sie aufgeschrieben, wie man grüne Stangenbohnen zubereitet. Ich gab auch meine Kenntnisse an ihn weiter. Seine amerikanische Frau fragte mich, ob es mir nicht schmeckt, welch eine Frage! Ich hoffe, Klaus wird beim Kochen das Rezept seiner Mutter verwenden. Alles wird lecker sein. Ich werde ihn fragen, bei meinem Weihnachtsgruß auf der Karte.

Am Abend hatte ich meine Stimme fast verloren. Die nächsten Tage habe ich so recht und schlecht verbracht. Mit der Einnahme der Medizin, dachte ich, geht alles schnell vorüber. Jede Woche freue ich mich auf Samstag, dann arbeiten Mario und ich im Garten, das heißt, er arbeitet, ich gebe die Anweisungen. Die letzten vier Samstage haben wir nur vor dem Haus gewerkelt, auch neue kleine weiße Lieschen Pflanzen gesetzt, es wird so schön. Die weißen Blümchen leuchten schon von weitem, kein Unkraut, die Erde ist neu aufgehackt. Wenn wir vorne fertig sind, arbeiten wir von den Seitenbeeten zum Garten hinter dem Haus. Es werden noch zwei Monate vergehen, bis wir durch sind. Das sind acht Samstage. Es wäre schön, wenn wir mehr Zeit hätten, leider ist es aber nicht so. Meine nächste Geschichte möchte ich erzählen, von meiner Schlittenfahrt mit Lukas oder besser gesagt, Lukas im Schnee und ich.

Es war eines der schönsten Erlebnisse mit meinen kleinen Enkeln im Frühjahr 2001.

»Meine schönste Schlittenfahrt mit Lukas«

Im Frühjahr 2000 hat Brenda ihr erstes Kind geboren. Es war im Februar, es war ein Mädchen und hieß Lesley. Wir waren sehr erfreut, obwohl ich Brenda vermisste und auch Lukas, wie ich weiß. Wir fühlten uns beide etwas verloren, wir vermissten unsere Ausflüge mit Brenda. Meine vielen Tage, die ich in der »Kindergarten Schule« verbrachte. Ich war ganz heimisch dort, ich lernte die Lehrerinnen gut kennen, auch sie mochten mich, denke ich, wir begegneten uns freundlich.

Immer freute ich mich, Theresa zu sehen, wir sprachen dieselbe Sprache, es war, als hätte ich ein zweites Zuhause, ich fuhr mit meinen Enkeln jede Fahrt, wo immer es hinging. Es war die Zeit für Ski- und Schlittenfahrten, die Schneewinterzeit hatte begonnen.

Wenn ich in meinem Garten vor dem Swimmingpool stehe, sehe ich bei klarer Sicht am Horizont die schneebedeckten Berge. Ungefähr zwei Autostunden von hier ist man im Schnee.

Da sind die Skigebiete im Winter. Jörg fuhr an manchen Tagen dorthin erst alleine für einen Tag, dann nahm er die Kinder mit. Er holte Josh am Morgen ab, dann fuhren sie in die Berge. Bei der nächsten Reise konnte Lukas mitfahren, die Kinder freuten sich, so kamen sie mal raus aus dem alten Schultrott.

Jörg hatte Spaß mit den Enkeln. Eines Tages fragen mich die Lehrerinnen, ob ich mit Lukas in den Schnee fahren möchte, es war nur für die kleineren Schüler angesagt, eine Klassenfahrt. Es kam so überraschend, aber natürlich sagte ich ja. Wir holten Lukas am Morgen von der Kindergartenschule ab und los ging die Reise. Lukas saß in seinem Kinderstühlchen im hinteren Auto. Jörg fuhr die weite Strecke. Nach kurzer Zeit war der Kleine eingeschlafen, seine Beinchen hingen herab. Ich nahm eine Stütze, eine zusammengelegte Decke, legte sie unter seine Füßchen zum Ausruhen, legte eine warme Decke auf seinen kleinen Körper, mehr konnte ich nicht tun. Sein Köpfchen fiel nach links.

Die Fahrt war etwa zwei Stunden. Wir fuhren Richtung Big Bear. Viele Menschen wohnen da in den Bergen, von Bäumen umgeben. Es sieht aus wie in der Schweiz, nur nicht so aufgeräumt, wie dort.

Der Schnee bedeckt alles und lässt die Landschaft romantisch aussehen. Lukas schlief noch immer. Bald waren wir da. Nach einiger Zeit hielten wir an einem entlegenen Parkplatz an. Ich wollte Lukas schlafen lassen, er sollte von alleine aufwachen, nicht von irgendwelchem Kindergeschrei. Jörg lief davon. Ich öffnete die linke Wagentür, setzte mich nach draußen auf ein mitgebrachtes Stühlchen. Ich wartete, bis das Kind aufwachte, ich tat alles für den Kleinen, er war mein Sonnenschein. Ich weiß nicht mehr, wie lange ich da saß, plötzlich wachte mein kleiner Darling auf. Ich lief um das Auto herum, umarmte ihn, sprach leise mit ihm.

Dann gingen wir los. Es war jetzt mindestens 11 Uhr am Vormittag. Lukas hatte jetzt Hunger. Wir trafen Jörg und gingen in einen Selbstbedienungsladen. Zuerst etwas zum Trinken, dann suchten wir gutes Essen für uns alle. Überall waren Kinder, groß und klein. Sicher war Lukas' Klasse schon an den Hängen zum Schlittenfahren.

Jetzt, wo ich schreibe, bin ich ganz in meinen Erinnerungen da im Restaurant. Dann war das Bäuchlein voll, Lukas strahlte, er war ausgeschlafen und voller Leben. Jetzt ging der Spaß erst richtig los. Wir nahmen den Schlitten, gingen dem Kinderlachen und Lärm entgegen. Alle waren längst da und vergnügten sich, die rodelnden Kinder fuhren den Berg herunter. Lukas nahm seinen Schlitten, wir beide gingen Hand in Hand diesen kleinen Berg herauf. Es war für mich schwerer, als ich dachte, aber für den Kleinen tat ich alles, auch musste ich unbedingt mit. Lukas wollte das so.

Endlich oben angekommen, setzte Lukas sich auf den Schlitten und fuhr mit viel Geschrei den kleinen Abhang herunter. Ich sah von oben zu, dann ging es wieder herauf, dann setzte ich mich mit Lukas auf den Schlitten und ab ging die Post. Alle lachten, ich schrie.

Es war ungewohnt, aber lustig. Lukas hatte solchen Spaß, und die Kinder um uns herum. Die Lehrerinnen sah ich unten am Berg plaudernd stehen. Immer musste ich mit Lukas den Berg herauf, er fuhr allein herunter, ich wartete oben, bis er wieder den Berg herauf kam, manchmal lief ich neben ihm herunter, jedes Mal nahm er meine Hand, wir stiegen dann den Berg wieder herauf. Ich war die einzige erwachsene Person auf dem Hügel. Der Hügel war steiler, als ich dachte, auch länger. Die Sonne schien, es war warm, Lukas hatte nur ein langärmliges T-Shirt an. Wir brauchten keine dicken Jacken. Dann riefen die Lehrerinnen mir zu: »Setz dich auf den Schlitten und fahr allein den Berg hinunter.« Ich sah Lukas an, er meinte: »Klar, Lollo, jetzt bist du dran!« Ich setzte mich auf den Schlitten, ich war ein bisschen ängstlich, dann fuhr ich lachend den kleinen Berg hinunter. Meine schönste Schlittenfahrt in meinem Leben.

Eine von den Frauen fotografierte diese Fahrt. Jörg stand da mit der Kamera und knipste die schönsten Bilder von Lukas, ein rundherum glückliches Kind, voller Lebensfreude. Er hatte mich auch so lieb wie ich ihn. Das spürte ich immer. Wir liefen den Berg herauf, Lukas fuhr herunter, viele Abfahrten an diesem wunderschönen Sonnentag. Es war Zeit für eine Erfrischung.

Dann fuhren wir nach Hause, ein glücklicher Tag war zu Ende. Viele gelungene Fotos erinnern an diesen Tag. Das schönste Foto zeigt Lukas, wie er da stand im Schnee mit Gummistiefeln, ein glückliches, lachendes Gesicht.

Ich habe das Bild vergrößert in einen italienischen, roten Bilderrahmen gestellt, den ich in New York in einem Bildergeschäft gekauft habe.

Der Besitzer/Inhaber war deutsch, die Rahmen waren einmalig schön und nicht preiswert. Jedes Mal, wenn ich in New York war, habe ich ihn aufgesucht, meine Lieblingsstraße war Madison Avenue, die ich immer in beiden Richtungen ablief, die Geschäfte, die Auslagen bewunderte. Heute steht das Bild auf einem runden antiken Tisch in meiner Diele, im Bogen vom Treppenaufgang. Unzählige Male am Tag gehe ich vorbei, sehe in Lukas' lachendes Gesicht.

Er sah so schön und glücklich aus, immer erinnere ich mich an unsere Schlittenfahrt. Nach etwa zwei Wochen zeigten mir die Lehrerinnen eine kleine Zeitschrift von der Schule, auf einer Seite in dem Heft war ein Bild, das zeigte mich, wie ich mit wehenden Haaren und lachend den Berg auf dem Schlitten hinunterfuhr.

Meine schönste Schlittenfahrt mit meinem kleinen Enkel Lukas im Frühjahr 2000.

37. Geschichte: 12. Dezember 2011 (60. Montag)

Montagsgeschichte: »Krankenhaus«

»Regine und das dritte Baby«

Wieder eine vergangene Woche, gestern war der dritte Advent, mein Kränzchen ist schon reichlich vertrocknet, habe ein zweites gekauft und in Wasser gelegt, draußen an die frische Luft. Rote dicke Kerzen habe ich auch in einem Schrank gefunden. Letzten Dienstag habe ich mich, wie jeden Einkaufsdienstag, mit meiner jungen Freundin Isabella getroffen. Es ist immer eine schöne Plauderstunde.

Beim nächsten Geschäft merkte ich beim Schnellgehen etwas Schwindel, dachte mir aber nichts. Am nächsten und folgenden Tag habe ich weiter gearbeitet wie immer. Am Freitag sind Jörg und ich zu meinem Magendoktor gefahren.

Dr. Peter B., der beste Arzt in der Stadt. Er ist deutscher Herkunft, ich kann in meiner Sprache mit ihm reden, er hat schon drei Colonoscopien bei mir gemacht. Ich kenne ihn mehr als zwanzig Jahre. Die Blutdruckmessung war nicht gut, konnte es aber nicht glauben. Der Arzt sagte, die Antibiotika waren nicht gut für meinen Magen, diese Pillen waren keine gute Medizin.

Beruhigt fuhren wir nach Hause. Am Abend ging es mir nicht gut, ich musste dauernd Luft holen, nachdem ich den

Kuchen aus dem Ofen nahm, fuhren wir ins Krankenhaus nach Newport Beach, da war der Blutdruck 190. Wir gingen in die Notaufnahme, plötzlich lag ich auf einem Krankenbett mit Schläuchen an einer Maschine. Ich sprach mit dem Arzt, da war es etwa 7.30 Uhr, dann gab mir die Schwester eine kleine, weiße Pille, danach wurde es ruhig in meiner Brust, das Herzpumpern hörte allmählich auf.

Gegen Mitternacht, nachdem der Doktor mit mir sprach und mir erklärte, ich bin nicht herzkrank, es war nur die Aufregung, die Medizin für die Erkältung. Die kleine Pille war nur zur Beruhigung, dann konnten wir das Krankenhaus verlassen, da war es 11.30 Uhr. Ich war beruhigt, obwohl ich doch in meiner Verzweiflung sterben wollte. Aber ohne meine Enkel zu sehen, wäre dieser Wunsch nicht gut, weder für mich, noch für Lukas oder Josh. Jetzt will ich mich bemühen, ernsthaft, mich wieder an Dingen zu erfreuen.

Gestern am Sonntagnachmittag haben wir Rena besucht, in Newport Beach, Isabellas Mama. Sie war am Samstag eingeflogen, von Wien. Sie ist mir eine liebe Freundin. Ich kann mich gut mit ihr unterhalten. Wenn sie nicht hier ist, vermisse ich sie sehr. Sie bleibt immer ein paar Monate hier in Kalifornien, bis April, dann lebt sie die Sommermonate in Wien. Wir werden uns oft sehen und plaudern. Ich bin so froh, sie zu haben.

Heute am Montag regnet es, die Sonne werden wir nicht sehen. Ich liebe den Regen, die Pflanzen sehen so schön abgeregnet aus. Außerdem brauche ich den Berg nicht zu wässern. Habe alle grünen Topfpflanzen ins Freie getragen, für den gesunden Regenguss. Isabella wünscht sich Plätzchen, Vanillekipferl, die ich für sie backen soll. Es sind noch zwei Wochen bis Weihnachten. Aber bei meiner strikten Arbeitseinteilung für jeden Tag werde ich es schaffen, das preußische kommt immer wieder durch, das habe ich in jüngeren Jahren nicht so gesehen.

Alle Rosenstöcke blühen noch, es ist ja Dezember. Habe

ein paar abgeschnitten, für Rena, unvergleichlich schöne Blumen, viel schöner, als die aus dem Laden. Dabei denke ich an meine Regine. Vor einiger Zeit habe ich im deutschen Fernsehen etwas gehört, was ich sofort aufgeschrieben habe. Es sagt: »Wenn du deinen Vater verlierst, verlierst du deine Vergangenheit. Wenn du dein Kind verlierst, verlierst du deine Zukunft.« Wie wahr! Die Zukunft ist verloren gegangen, oder lebt sie weiter in den Enkeln?

Wann werde ich sie wiedersehen? Meine nächste Geschichte schreibe ich, wie ich Regine fragte: »Möchtest du noch mal Mama werden?«

»Regine und das dritte Baby«

Es waren ein paar Jahre vergangen, Josh war sechs Jahre alt im Sommer 1996, drei Tage nach seinem Geburtstag hatte Regine ein neues Baby. Lukas war geboren am 2. Juli, ein zweites Bübchen. Wir waren alle glücklich, das Kind und die Mutter waren gesund, das war das Schönste. Ich hätte mir ein kleines Mädchen gewünscht, aber das konnten Regine oder ich nicht bestimmen, keiner konnte das.

Gleich als Regine mir erzählte, sie erwartet ein zweites Baby, habe ich mir gedacht, vielleicht ist es diesmal ein Mädchen, so warteten wir alle auf diesen großen Tag. Jörg und ich waren mit meiner Schwester Waltraut und Schwager in Las Vegas, als wir die schöne Nachricht erfuhren. Sogleich am nächsten Morgen sind wir abgefahren, ins Krankenhaus.

Der Kleine sah etwas anders aus als Josh, natürlich sieht jedes Kind anders aus. Sein kleines Gesichtchen war so schön, nicht verrunzelt, wie oft bei Babys in den ersten Tagen nach der Geburt. Es hatte die schöne Hautfarbe wie Regine, als sie geboren war. Überhaupt waren alle Babys in meiner Familie nach der Geburt schön, alle hatten eine glatte Haut, Regine hatte eine besonders schöne Hautfarbe, man führte das auf die vielen Apfelsinen, die ich täglich mit Heißhunger aß, zurück.

Keiner wusste, dass der Bub so einen scharfen Verstand hat. Ich liebte ihn vom ersten Moment, als ich ihn auf dem Arm hielt. Zu meiner Zeit habe ich es verpasst, mehrere Kinder zu haben. Regine war mein einziges Baby, umso glücklicher war ich jetzt, nach so langer Zeit, die Babys meiner Tochter zu halten und lieb zu haben. Zurückdenkend habe ich den größten, allergrößten Fehler meines Lebens gemacht.

Das größte Glück einer Mutter ist es, mehrere Kinder zu haben. Diese Einsicht kam zu spät in meinem Leben. Immer habe ich meine Schwester beneidet. Sie hat drei wundervollen Menschen das Leben gegeben, auch jetzt hat sie so viele Enkel, bei denen sie sich wieder finden kann, denen sie so viel von sich gegeben hat, die ich niemals haben werde.

Die Zeit kann man nicht zurückdrehen. Regine sagte immer in späteren Jahren, weil ich keine Geschwister habe, lenkt sich eure Fürsorge ganz besonders auf mich. Das wäre anders bei mehreren Geschwistern. Da hatte sie vollkommen Recht, so ist das eben überall bei Einzelkindern. Lukas wuchs heran, als er so ungefähr zwei Jahre alt war, dachte ich mir, hoffentlich wartet Regine mit einem dritten Baby nicht auch wie bei Josh sechs Jahre. Meine Gedanken waren damit beschäftigt, ob ich sie einmal frage, möchte sie noch ein drittes Kind? Eine Tochter kann nicht so viele Babys haben, wie mehrere Töchter hätten.

Bei einer passenden Gelegenheit fragte ich sie. Lukas war jetzt schon zweieinhalb Jahre. Sie hatte jetzt eine lange Babypause, habe viel zu lange gewartet für diese Frage. Wir saßen beim Kaffee draußen in ihrem Haus, was ja selten vorkommt bei einer vollbeschäftigten Geschäftsfrau.

Ich fragte: »Regine, möchtest du noch ein Baby?« Ich wartete die Antwort gar nicht ab. Ich sagte sofort, ich werde alles, was das Baby braucht, Bettchen, Kleidung, einen neuen Babystuhl, Kinderwagen usw. das Kinderzimmer ganz neu einrichten, alles möchte ich kaufen, damit du mal erst keine Ausgaben hast, ich war ganz aufgeregt, sprach ganz schnell und hatte Angst vor der Antwort. Regine sah mich an, überlegte nicht lange und hier ist ihre Antwort, sie sagte, ja, sie hätte nichts gegen eine neue Schwangerschaft, ein neues Baby, aber jetzt kommt es, ich war so gespannt, ließ sie nicht aus den Augen, jetzt kam es heraus. Sie sagte, sie möchte kein neues Bett oder Kinderwagen.

Sie möchte einhunderttausend Dollar von mir, dann hätten wir ein kleines Mädchen. Sie wollte alles tun, dass es diesmal kein Bübchen ist. Mir blieb die Sprache weg, ich sah sie an, sagte nichts, damit hatte ich nie gerechnet. Sie möchte eine so große Summe Geld!

Sogleich wusste ich wofür, für ihren Sektenverein, um diese horrenden Summen aufzubringen für diese einzelnen Kurse. Brachte sie ja schon längst ihr schwer verdientes Geld da hin und jetzt auch noch das. Mein größter Wunsch, ein Mädchen von meiner Tochter, ein drittes Enkelkind zu haben, verschwand auf einmal. Ich wusste nicht, was ich sagen sollte.

Die Antwort und wie das Gespräch endete, weiß ich nicht mehr. Ich wusste nur eins, Regine wollte das Geld für ihre Sekte, da war ihr jedes Mittel recht. Meine Gedanken waren tot, ich hatte keine Sprache mehr. Natürlich hätte ich das Geld gehabt, das war nicht die Frage, ich hätte sofort darauf eingehen sollen. Wir machen einen Vertrag mit unserem Anwalt, fragen einen guten Doktor, ich wusste schon ganz genau, dass man das Geschlecht bestimmen konnte, da ich das genau wusste, hatte ich einen Plan für eine neue Schwangerschaft, aber einhunderttausend Dollar? Was für ein Glück bedeutete ein kleines Baby Girl, das heranwuchs, so aussah wie Regine, als sie klein war, mit blonden Löckchen, die Buben hätten eine kleine Schwester.

Im spanischen Königshaus waren schon drei Buben, das

vierte Kind war ein Mädchen, welch ein Glück für diese Mutter, auch überall in der Welt. Gerade ist im französischen Präsidentenhaus ein Mädchen geboren, nach mehreren Jungen. Ich habe mich so sehr für diese Familie, den französischen Präsidenten und seine Gattin, gefreut, so sehr gefreut. Ich wünschte mir nichts sehnlicher, ich dachte an alle meine Puppen im Haus überall, die ich von meinen Reisen mitgebracht habe, die ich an das kleine Mädchen hätte weitergeben können. Ich hätte das kleine Mädchen so viele Dinge gelehrt, zum Beispiel stricken, wie man eine Jacke strickt oder einen Gugelhupf backt, wie man ordentlich seine Sachen faltet oder wir könnten jedes Jahr Weihnachtsplätzchen backen. Von den schönen Kleidchen, Schleifen fürs Haar, Armbändchen, all das, was ich für ein Mädchen hätte kaufen können, nach all den Shorts und T-Shirts für Lukas und Josh, eben Mädchensachen. Regine hätte das Haus weitervererben können, das wäre für mich die größte Beruhigung für die nächsten Generationen.

Alle meine Hoffnungen habe ich begraben, warum bin ich nicht auf ihren Vorschlag eingegangen? Was hat mich abgehalten? Ich glaube, es waren die Lebensumstände, die täglichen Anforderungen, Regine nach Florida für drei Monate usw. Ich habe keine Enkeltochter und meine Tochter ist auch nicht mehr auf dieser Welt, keiner konnte das voraussehen, sonst wäre alles anders geworden. Trotzdem hätte ich auf den Handel eingehen sollen, müssen, das weiß ich jetzt, was ist schon Geld, es war nützlich damals. Ich habe es nicht getan. Heute, wenn ich daran denke, wird mir ganz schlecht, wie konnte ich nicht auf diesen Geldwunsch meiner Regine eingehen.

Ein Fehler, der größte in meinem Leben. Lukas ist heute fünfzehn Jahre alt. Er hätte eine Schwester, die jetzt mindestens zehn Jahre alt wäre, aber ohne Mami, aber ich bin da, solange ich lebe. Das Haus hat so viele Zimmer, für alle drei Kinder.

38. Geschichte: 19. Dezember 2011 (61. Montag)

Montagsgeschichte: »Hochzeitstag«

»Kleine Geschichten mit Lukas«

Hochzeitstag, der dreiundfünfzigste, ich bin aufgewacht, wie immer. Es war nichts Besonderes, auch am ganzen Tag nicht. Wir haben am Abend ferngesehen, keine Feier, keine Karte.

Wie jeder normale Tag. Ich erinnere mich an unseren fünfzigsten Hochzeitstag, der wurde im kleinen Rahmen mit einem guten Dinner und Freunden im Balboa Bay Club gefeiert. Ich hatte zwei große Tische reserviert, wir saßen draußen auf der Terrasse. Den Blumentischschmuck hatte ich von Rodgers Garden selbst arrangiert und vorher abgeholt. Unser Hochzeitsbild, ohne weißes Kleid, das konnte ich mir damals nicht leisten. Meine Oma Henriette schenkte mir zweihundert D-Mark, das war 1958, davon habe ich die Federbetten gekauft.

Wir besaßen ja nichts, da blieb kein Geld mehr, um ein weißes Brautkleid zu kaufen. Damals war ich schon schwanger mit Regine. Ich spürte schon Leben in meinem Bauch und fand, ein normales blaues Kleid tut es auch. Es kostete neunundvierzig Mark und fünfzig Pfennige, bei C&A in Wuppertal-Barmen.

Wenn ich die Hochzeitsfotos meiner Schwestern ansehe, überkommt mich heute noch Wehmut, ich hätte auch so gerne ein Foto als Braut mit einem weißen Kleid und Schleier, ich war da gerade 21 Jahre alt, aber wie ich heute denke, zu verantwortungsbewusst und dachte an die nützlichen Federbetten. Heute zurückdenkend wäre das für mich kein Thema, ohne ein Brautkleid und ein Brautbild wäre es für mich keine Hochzeit. Es waren ja keine Kriegszeiten. Also dieses Hochzeitsfoto hat der Fotograf ganz groß vergrößert auf eine Malstaffel gestellt und die anderen Gäste konnten uns bewundern, wie wir aussahen an unserem Hochzeitstag vor fünfzig Jahren.

Ich hatte mir eine weiße Taftbluse mit fast langen Puffärmeln, bei Saks Fifth gekauft, zur schwarzen Hose. Habe meinen großen Pelzmantel übergeworfen, alle meine Pelzjäckchen und Pelzstolen für meine Freundinnen mitgenommen. Es war ziemlich kalt, aber jeder Tisch hatte oben und unten große Gaslampen.

Die vorbeifahrenden, großartig beleuchteten Schiffe und Yachten konnten wir und alle anderen Gäste an diesem Abend bewundern. Es war Bootsparade, wie jedes Jahr im Dezember. Die Atmosphäre war schön und festlich.

Meine Regine und meine Enkel Josh und Lukas waren auch diesmal nicht dabei, obwohl Josh den Club, ein Resort Hotel, Yacht, Tennis- und Golfclub am Wasser so gerne besuchte, wir hatten seinen dreizehnten Geburtstag da gefeiert, den letzten, den ich miterleben durfte. Auch an diesem Abend, inmitten so vieler Menschen hatte ich immer Tränen in den Augen, wie konnte es unsere einzige Tochter übers Herz bringen, nicht bei Mama und Papa zu sein?

Welcher Macht war sie verfallen, hat die Realität nicht gesehen, auch ihr Gefühlsleben war ausgeschaltet. Der Abend verging lustig mit lieben Menschen, es ist eine schöne Erinnerung. Wer weiß, wie lange wir noch zusammen sind, in voller Gesundheit. Unseren 25. Hochzeitstag feierten wir auch in diesem Club, im Ball Raum mit vielen Gästen, auch meine Mutter war dabei gewesen. Wir waren jung und tanzten ausgelassen.

Jetzt noch ein paar Tage bis Weihnachten. Habe sechsundsiebzig Weihnachtskarten verschickt. Jeden Abend habe ich in den letzten drei Wochen Adressen geschrieben. Alle sind pünktlich angekommen.

Am Freitag hatten wir uns mit Mario und Familie verabredet, in einem großen Geschäft. Es war Nordstrom, zum Abendessen und vorher hatten die drei Buben einen Wunsch, den ich ihnen erfüllten wollte, was immer es war. Marco, der Älteste, sah auf seine Schuhe und meinte, die brauchte er dringend. So habe ich ihm zwei Paar gekauft. Er war ganz glücklich, auch eine Armbanduhr, diese großen Uhren, die jetzt so modern sind, auch für seinen kleineren Bruder.

Marco ist vierzehn Jahre alt und geht auf die höhere Schule und braucht immer gute Anziehsachen. Wenn er so vor mir steht, denke ich an Josh, wie er war mit dreizehn, ich habe ihn auch öfter gedrückt. Nach dem Einkaufsbummel sind wir in ein riesiges Familienrestaurant zum Essen gegangen.

Die Kinder und auch ich haben Hamburger bestellt mit Pommes. Es war so lecker und auch schön mit den Kindern. Vor zwei Jahren hatten wir auch den Einkaufsbummel und dasselbe Restaurant und letztes Jahr musste alles ausfallen. Das werde ich nächstes Jahr wiederholen.

Am späten Nachmittag, nach langen Überlegungen, ohne Baum, das hatten wir außer letztem Jahr noch nie in unserem Leben, sind wir zu Rodgers Garden gefahren und haben einen Tannenbaum ausgesucht. Der fast Letzte, als hätte er auf uns gewartet, wurde auf das Autodach gebunden, dann sind wir zum BBC-Club gefahren zu Rena und Freunden, es war der letzte Tag der Bootsparade in diesem Jahr und wieder draußen, wie immer, haben wir gesessen.

Ein schöner Tag ging zu Ende. Am Samstag hat Mario den Baum ins Haus gebracht. Jörg hat unsere deutschen Lichterketten, große, lange, etwa zehn Zentimeter Kerzenbirnen am Baum befestigt. Ich habe handgemalte Holzkugeln angehangen, auch kleine geschnitzte Anhänger. Der Baum sieht so einfach und wirkungsvoll geschmückt aus. Von diesem Tag an brannten die Lichter von morgens bis abends. Außer ein bisschen Tannengrün in den Töpfen und Vasen habe ich keine Weihnachts-Dekoration, ich bin zu traurig. Auch draußen ist unser Haus dunkel, nichts ist mit Kerzenlichtern beleuchtet, wie in den vorangegangenen Jahren.

Am Samstag sind wir abends in ein elegantes Restaurant gefahren. Newport Coast. Rena hatte Geburtstag. Es war ein schöner Abend, wundervolles Essen, eine bleibende Erinnerung.

»Kleine Geschichten mit Lukas«

Mehr als ein halbes Jahr ist vergangen nach Brendas Hochzeit und ihrem Umzug so weit weg, nach Little Rock. Eines Tages fuhr ich mit Lukas irgendwo hin. Lukas saß im Auto, spielte mit seinem Gameboy. Plötzlich fragte er mich: »Lollo?« Ich sagte: »Ja, mein kleiner Schatz.« Er wiederholte: »Lollo, can you bring back Brenda in my family?« Das waren genau seine Worte, er meinte, ob ich Brenda wieder zurück in seine Familie bringen könnte.

Daraus ist für jedermann ersichtlich, das Kind war der Meinung, ich könnte alles besorgen, alles tun, auch diesen Wunsch ihm erfüllen. Daran dachte ich jetzt und wusste, Lukas hat Brenda nicht vergessen. Er wünschte sich nichts sehnlicher, als diese Frau wieder in sein Leben, in sein Haus zurück. Erstmal war ich doch sehr getroffen, er hat sie nicht vergessen. Was spielte sich zu Hause ab, ohne Haushaltshilfe? Lukas war den normalen, geordneten Haushalt gewohnt mit Brenda. Was spielte sich in seinen Gedanken ab? Erst konnte ich gar nicht antworten. Ich war erstmal sprachlos. Ich erklärte Lukas, Brenda hat jetzt eine eigene Familie, einen Mann und bald ein Baby. Ob er das verstand, wenn ja, verstehen wollte? Lukas war ein aufgewecktes Kind, er brachte Sätze heraus, da war man sprachlos.

Er wurde bald im Sommer 2000 vier Jahre alt oder war das nach seinem Geburtstag? Jetzt war ich hilflos. Ich konnte dem Kind diesen Wunsch nicht erfüllen. Meine Gedanken waren beschäftigt die folgenden Monate, was konnte ich tun? Lukas musste die Sehnsucht nach Brenda verlieren. Bei unseren Ausflügen, wo immer wir hinfuhren, gab es so viel Abwechslung für das Kind. Im nächsten Halbjahr nach seinem vierten Geburtstag versorgte ich Lukas mit allem, Kleidung, Essen usw. Ich erfuhr von Theresa, der Pizzamann kam zweimal in der Woche, dienstags und freitags, dazu brauchte Lukas Geld. Wir verabredeten mit Theresa, eine einfache Blechdose sollte die Spardose sein, im Regal im Klassenzimmer. Ich legte zwanzig Dollar hinein, wann immer Lukas etwas brauchte, zum Beispiel in der allgemeinen Küche, da etwas zu kaufen, kleine Suppenbecher, die erhitzt werden oder Sonstiges. Wenn man bedenkt, Lukas' Tage waren lang.

Er und Josh lebten praktisch in der »Kindergartenschule«, von morgens fast 9.00 Uhr bis abends, kurz vor sieben wurden sie erst abgeholt. Die Kinder waren die Letzten, aber ich glaube, ich erwähnte das schon in einer anderen Geschichte. An zwei Tagen war für den Lunch gesorgt. Dann kam die Neuigkeit mit dem Markt an jedem Mittwoch, auf der anderen Straßenseite. Wir gingen zusammen hin, zum Ansehen. Lukas entdeckte einen Grillstand, das war die nächste Versorgung für den Mittag. Es kostete fünf Dollar für ein kleines Stückchen gegrilltes Hühnchen mit Pommes, nächstes Mal erzählte mir Lukas, er mochte keine Pommes, lieber eine zweite Portion Hühnchen. Ich sagte: »Okay, dann nimmst du zweimal Hühnchen.« Den nächsten Mittwoch fragte ich: »Und, hattest du zweimal Hühnchen?« Lukas sagte: »I forgot, Lollo.« Er hatte es vergessen. Aber dann die nächste Woche hat er alles richtig gemacht.

Das Geld in der Dose gab ihm auch eine gewisse Sicherheit. Kurz bemerkt, einmal war das Geld aus der Dose gestohlen, obwohl ja im Sektenverein keiner lügt und keiner stiehlt. Die Monate, auch wenn Regine in Florida war, gingen ihren gewohnten Gang. Die Ausnahme war, wenn ich nach Deutschland reiste, für vier Wochen. Lukas bettelte und sagte: »Lollo, don't go, please don't go.« Es war für mich sehr schmerzlich, aber ich ging. Ich war dann einfach weg. In die Dose legte ich etwas Geld und Theresa gab ich zweihundert Dollar für beide Buben, wann immer sie etwas brauchten. Bei meiner Rückreise, Regine holte mich am Flughafen ab, sind wir sofort zu den Kindern in die Schule gefahren. Lukas war beleidigt, ich musste ihn ganz festhalten.

Das arme Kind, wenn ich daran in späteren Jahren dachte, überfiel es mich, wie konnte ich nur so herzlos sein und den Kleinen allein lassen. Ich bin in den Jahren zweimal nach Deutschland geflogen. Jeden Tag wartete er auf mich, keine Lollo kam vorbei, brachte etwas zu essen oder schlichtete Streitigkeiten mit den anderen größeren Kindern, passte auf seine Kleidung auf, mir kommen die Tränen. Im nächsten Frühjahr 2001 hatte Brenda eine Tochter geboren, im Februar. Alle waren erfreut, Mutter und Kind gesund.

Eines Tages waren wir waren bei der anderen Grandma eingeladen. Regine war in Florida, ich hatte beide Kinder zur Nacht in meinem Haus, was sehr selten vorkam. Der besagte Tag war ein Samstag. Wir fuhren dorthin, etwa zwanzig Minuten. Beth öffnete die Tür. Wir begrüßten uns ganz herzlich. Die anderen Kinder, drei Mädchen, von Beths Tochter tobten im Swimmingpool, alle waren erfreut, uns zu sehen. Josh entledigte sich seiner Kleider und sprang in das Wasser. Die Mädchen jubelten. Ich setzte mich auf einen Stuhl und sah dem Treiben der Kinder zu. Lukas saß auf meinem Schoß. Er war auf einmal sehr scheu, sprach kein Wort. Er drückte sich an mich. Er wollte von niemandem etwas wissen. Beth streichelte ihn am Arm, er drehte den Kopf weg. Ich habe ihn lange so gehalten, für mindestens eine Ewigkeit. Er rührte sich nicht von meinem Schoß, was war da geschehen? War da etwas, was ich nicht wusste?

Am nächsten Tag, die Buben waren wieder zur Nacht bei

mir, holten die anderen Großeltern beide Kinder bei mir ab, es war Sonntag so gegen Mittag. Barny klingelte an der Tür, Josh war sofort bereit, lief nach draußen. Lukas wollte nicht mit, nicht ins Auto steigen.

Es dauerte eine Weile, bis alles zusammengepackt war. Ich beruhigte ihn, sprach, wie schön es doch wäre mit Barny und Beth, den anderen Großeltern, einen Ausflug zu machen. Kurz gesagt, Lukas weinte beim Einsteigen ins Auto, er schrie, als sie abfuhren. Ich stand draußen, während sie abfuhren, die Straße hinunter fuhren. Lukas schrie so laut, ganz unten hörte ich es noch am Ende der Straße.

Ich stand da, entsetzt, wie gelähmt, ich hatte nichts unternommen. Warum habe ich das Kind da einsteigen lassen? Bis heute denke ich, ich war ein Trottel, ich hätte sagen sollen: »Nein, Lukas bleibt bei mir, fahrt alleine.« Warum habe ich es nicht getan? Es belastet mich heute noch. Ich mochte die Eltern von dem Sohn nicht so sehr. Bei aller Freundlichkeit waren sie mir fremd geblieben.

Aber sie waren die Eltern und dieser Mensch bestimmte das Geschehen. Niemals hätte ich da tatenlos zusehen sollen, während Lukas so laut schrie und sich nicht beruhigte. Er war lieber bei mir, wir beide waren so vertraut. Ich war seine Ersatzmami. Von diesen kleinen Erlebnissen werde ich noch viele Geschichten aufschreiben, da muss noch viel gesagt werden. Ob sich Lukas an alle diese Begebenheiten erinnern wird, einmal?

Wenn doch endlich der Tag käme, wo ich den Kleinen, den jetzt fast sechzehn Jahre alten Buben wieder sehe und ihn festhalten kann! Wie lange eigentlich für alle diese verlorenen Jahre.

39. Geschichte: 26. Dezember 2011 (62. Montag)

Montagsgeschichte: »Weihnachten 2011«

»Unsere zweite Reise nach Amerika«

Zweiter Weihnachtstag: Der Heilige Abend ist überstanden, es war ganz ruhig mit unserem deutschen Fernsehen. Jörg hat mir ein Geldgeschenk gegeben. Ich habe für ihn ein paar Auto-Schuhe gekauft, er war ganz überrascht; von Neiman Marcus, auch dementsprechend eingepackt mit rotem Satinband und großen Schleifen. Bei meinem Shoppingtag am Freitag vor Weihnachten habe ich bei Saks in der Pelzabteilung eine Nerz-Stola gekauft, bei all den Pelzsachen, die ich habe, war noch nichts Dunkles, es ist ein schönes Teil mit Volant aus Pelz an einer Seite. Dieser Kauf machte mich etwas glücklich, das brauchte ich.

Am ersten Weihnachtstag waren wir mit Wolfi und Familie verabredet, das hatte ich mir gewünscht, in einem Hotel zum Brunch, in dem wir uns an Weihnachten immer gesehen haben, vor etwa zweiunddreißig Jahren. Diese Stunden haben wir genossen, die Tochter und der Sohn von Wolfi sind vierzig und achtunddreißig Jahre alt. Damals, als wir anfangs nach Kalifornien gereist sind, war Wolfi am Flugplatz und hat uns zu unserem Haus gefahren, da lebten Alfa und Annabell noch, unsere zwei Irish Setter, Mutter Alfa und Kind Annabell, die auch mit uns reisten.

Später kam Trish mit eben diesen kleinen Kindern, die in meiner Erinnerung noch auf der Erde spielten. Es tat so gut, diese jungen Menschen zu sehen und sprechen. Es hilft, wenn man traurig ist, mit jungen Freunden sich zu erinnern an die alten Zeiten.

Wie und wo wir Wolfi kennen lernten, ist eine schöne Geschichte und voll in meiner Erinnerung. Beim Verabschieden sagte Colleen: »Ich liebe dich«, mir kamen die Tränen.

»Unsere zweite Reise nach Amerika«

Die 2. Reise haben wir im Frühjahr 1976 angetreten. Jörg hatte Flugscheine nach New York gekauft und das Hotel gebucht. Wir waren tüchtig aufgeregt, alle Urlaube haben wir mit unserer Tochter verbracht. Ohne unser einziges Kind wären wir nirgendwo hingefahren.

Der Flug war nicht so lang, etwa 8 Stunden, dann waren wir in der neuen Welt. Wie staunende Kinder schauten wir aus dem Taxi bei der Fahrt zum Hotel »Waldorf Astoria«, ein riesiges, altes, sehr schönes, sehr beeindruckendes Haus, wo hat man so ein Hotel in Europa gesehen. Übrigens sind wir bei allen späteren New York Reisen im Waldorf abgestiegen, unzählige Male, immer hatten wir ein anderes Zimmer. In der Hotelhalle habe ich so viele Male gesessen und die Menschen, die herumgingen, beobachtet. Es war immer faszinierend!

Das Frühstück war so ganz anders, als wir es kannten, auch der Raum, die vielen Menschen, die kommen und gehen, es war ein sehr ruhiges, gediegenes Wirrwarr, ich erinnere mich, als wäre es gestern gewesen. Der Frühstücksraum war auch der Lunch und Dinner Raum. Immer war ein kleines Büfett aufgebaut. Es gab »Waldorf Salat«, eine Spezialität des Hauses, die ich noch nicht kannte. So lecker, ein Salat aus säuerlichen Äpfeln und rohem Knollensellerie, in feine Streifen geschnitten, mit gehackten Walnusskernen vermengt, mit einer leichten Majonaise angemacht. Das Rezept wurde Ende des 19. Jahrhunderts kreiert.

Das Waldorf Astoria Hotel wiederum wurde von den Nachfahren des aus Baden stammenden deutschen Auswanderers Johann Jakob Astor gegründet. Sogleich habe ich mich immer so wohl gefühlt, sobald ich das Haus betreten habe und nach den vielen Aufenthalten war es wie mein Zuhause, wenn ich durch die Drehtüren ins Innere eintrat.

Ich kann heute sagen, ich liebe das Hotel und bin in Gedanken so oft da, auch wenn ich das große Bild ansehe, ich sitzend auf dem Sofa in der Lobby, meine elegante Tasche und mein Nerz neben mir. Nur so viel von dem einzigartigen Hotel Waldorf Astoria in New York. Noch zu erwähnen, jedes Mal beim Verlassen des Hotels kamen wir in einer anderen Straße heraus, ich fühlte mich wie Alice im Wunderland, und das wohlgemerkt nur beim ersten Aufenthalt 1976. Regine war fast 18 Jahre alt, es war so schön, mit ihr und Papa dieses Paradies zu erkunden.

Wir blieben eine Woche, liefen die schönen Geschäftsstraßen rauf und runter, Geschäfte, die Restaurants, alles war berauschend. Natürlich haben wir in den schönen Geschäften auch einiges gekauft, ich erinnerte mich an Saks Fifth Avenue und etwas höher auf der anderen Seite das große Bergdorf & Goodman mit 9 Stockwerken, das waren spitze Geschäfte mit einem Warenangebot und Preisen, dass es einem schwindelig wird.

Auch eine Theater Show war auf unserem Programm, im Herzen von Manhattan in New York City, Radio City Music Hall.

Das Gebäude gehört zum Rockefeller Center. Die Radio City Music Hall wurde in den 1920er Jahren erbaut und galt damals als Mekka der Radiostrahlung der musikalischen Klänge. Mit 5933 Plätzen war die Radio CMH weltgrößtes Filmtheater zur Zeit seiner Eröffnung. Wir hatten Karten für eine Vorstellung, die »Rochettes«, die als eine der besten Showtanzgruppen der Welt galten. Die Truppe mit 36 Tänzerinnen auf der Bühne bot ihrem Publikum eine atemberaubende Show. Wir waren begeistert, das Publikum in New York City war so ganz anders, für uns eine ganz andere Welt.

Nach solch einem Abend besuchten wir die Bar im Hotel Waldorf Astoria für einen gemütlichen Ausklang.

Dann hieß es Abschied nehmen von New York, wir

flogen nach Charlotte, North Carolina, etwa eine Stunde. Am Flugplatz angekommen sahen wir große Reklamebilder von der Firma Barmag aus Remscheid-Lennep, von wo wir herkamen, die hatten da eine Zweig-Niederlassung, etwas erstaunt nahmen wir davon Notiz.

Jörg mietete ein Auto und die Fahrt ging zu einem Hotel für die erste Übernachtung. Ich kann mich noch erinnern, wie ängstlich ich in dem Hotelzimmer stand, hoch, in welcher Etage weiß ich nicht mehr, aber dass die Fenster nicht zu öffnen waren, man musste mit der Klimaanlage leben. Das war für mich unmöglich, ich musste nach Luft schnappen, es war gewöhnungsbedürftig, Jörg und Reginchen lachten mich aus.

Am nächsten Tag fuhren wir die Stadt ansehen, alles war so anders als in Deutschland.

Nach etwa 2½ Stunden, nach 270 km waren wir in Raleigh, der Hauptstadt von North Carolina. Die Stadt war gegründet in 1850 am 23. Januar. Wir fuhren in die Innenstadt, Jörg fährt gern die Straßen ab, da bekommt man einen guten Überblick. Diese Stadt war mit ihren 80.000 Einwohnern eine kleinere Stadt, wir sahen uns die Häuser an, wollten sehen, wie die Menschen hier lebten.

Es war etwas außerhalb, da sahen wir, wie eine Frau ihre große Hecke vor dem Haus schnitt, sie hatte eine Riesenschere in den Händen und bearbeitete diese grüne Wand. Jörg verlangsamte die Fahrt, wir fragten die Frau nach dem Weg, wir trauten unseren Ohren nicht, die Antwort kam in fließendem Deutsch. Sie sagte: »Wie kommen Sie hierher, in diese gottverlassene Gegend?« Jörg hielt an, wir stiegen aus dem Auto und begrüßten uns, kamen ins Gespräch, wir erzählten von uns und sagten, wir suchen einen Ort, wo wir ab und zu wohnen können, da die Anreise von Deutschland nicht so weit, die Flugstunden kürzer sind, als nach Kalifornien.

Die Dame und ihr Mann, der auch Deutscher war, luden

uns zu einem Glas Wein für den nächsten Abend ein. Sie erzählten uns alles, was wir wissen sollten, und das war sehr informativ. Wir fühlten uns wohl bei diesen deutschen Menschen fernab von der Heimat. Wenn man dieselbe Sprache spricht, das ist das Beste und einfach gesagt, wir verstanden uns im Dunkeln.

Nach dieser nächsten Nacht ging die Reise weiter nach »Kitty-Hawk«, 330 km auf dem US Highway 64 E, einem kleinen Ort. Ich sitze gerne im Auto und Jörg fährt wie immer vorsichtig, geübt, er war ja schließlich auch ein Fahrlehrer. Die Fahrt dauerte 3½ Stunden. Immer bei diesen weiten Strecken im Auto, haben wir natürlich Lunch-Pausen gehabt. Ich kann mich erinnern, es war kein Tropfen Regen auf den Straßen und somit das Reisen ganz gemütlich, wenn man das so sagen kann. Außerdem hatten wir uns immer etwas zu erzählen, Papa, Reginchen und ich.

Heute kann ich nicht mehr sagen: »Reginchen, weißt du noch?« Mir kommen die Tränen. Aber ich muss tapfer weiter schreiben.

Die Einwohnerzahl in diesem kleinen Städtchen war, wie ich lesen konnte, 2991 Menschen. Wir fuhren zu dem Denkmal der Gebrüder Orville & Wilbur Wright. Am 14. Dezember 1903 gelang ihnen der erste »Hüpfer« mit dem von ihnen neu entwickelten Wright Flyer. Am 17. Dezember 1903 schließlich gelangen ihnen 4 Flüge mit Höhengeschwindigkeit durch Motorkraft.

Ich war nicht so interessiert an Flugzeugen, ich hatte Angst, in eines zu steigen, große Angst, und die begleitete mich immer den ganzen Flug über, ich konnte nichts dagegen tun. Aber Jörg und auch unsere junge Tochter waren begeistert, über die Gebrüder Wright zu hören und deren erste Versuche, die nicht so lange her waren, im Jahre 1976, als wir das Denkmal und die historische Geschichte erkundeten.

Jörg war zudem sehr an der Fliegerei interessiert, weil,

ja, jetzt kommt es, er an das Erlernen des Fliegens dachte, ein Flugzeug selbst zu fliegen, nur noch diesen Gedanken hatte. Und tatsächlich im Oktober 1978 den Privat-Pilotenschein in Köln erwarb und einen Monat später ein Flugzeug kaufte.»Amen!«

Nachdem wir alles besichtigt hatten, fuhren wir zu unserer nächsten Station, das war Williamsburg im Bundesstaat Virginia, ein kleines Städtchen mit 14.000 Einwohnern. Später fuhren wir nach Jamestown auf dem Caratoke Hwy 196 km, ca. 2 gute Stunden, dann zum James River 50 km und erreichten Jamestown, wo die ersten englischen Settler am 14. Mai 1607 an der Küste gelegenen Insel Jamestown Island eintrafen, nach dem König James I. von England benannt. Sie war zugleich die erste aus England gegründete Kolonie und somit Keimzelle des Britischen Weltreichs. Siedlung: Colonial National-Historical-Park. Hintergrund: erstes Ausgreifen Englands nach Nordamerika, Jamestown v. 1607–1699. Sie war zugleich die erste aus England und es könne ein neuer Markt für englische Produkte geschaffen werden und zugleich könnten die in den Kolonien gewonnenen Güter den Reichtum vermehren. Zunächst ging es darum, das Land für die englische Krone in Besitz zu nehmen, Gold und Silber zu finden und eine Route zu den Reichtümern des Orients zu erkunden. Alles sehr interessant für uns wissbegierigen Touristen, das alles zu sehen, die Denkmäler zu bestaunen. Es war alles auch anstrengend, aber wir waren jung und einen Italienurlaub am Meer wollten wir nicht! Außerdem fuhren wir nach Italien zum Baden jedes Jahr, seit Regine ein ganz kleines Kind war.

Unsere nächste Reise führte uns wieder mit dem Flugzeug nach Miami, 1.300 km. Wieder ein Auto gemietet, Fahrtrichtung nach Fort Lauterdale im Bundesstaat Florida, 165.521 Einwohner 2010 Die Partnerstadt ist Duisburg in Deutschland, das wusste ich damals noch nicht.

Wir fuhren an der Küste entlang, sahen das Meer, den

breiten Strand, die Hotels, die in den Himmel ragten. Es war sehr schön, diese Reise. Bei einem Lunch in einem Hotel Restaurant, sprach ich ein älteres Paar an, nein, wir unterhielten uns in unserer deutschen Sprache und an den kleinen Nachbartischen hörten sie. was wir sagten und sprachen uns an, so nette, gebildete Menschen. Nach kurzer Zeit hatten wir uns angefreundet. Der Name der Dame war Rena, sie erzählte, sie seien aus Deutschland nach Amerika im Jahr 1937 übergesiedelt, so ein nettes Ehepaar. Nach einiger Zeit fragte ich sie, ob es möglich wäre, ich möchte doch so gerne eine amerikanische Küche sehen und die Einrichtung. Was nutzte es mir, die Hotels und Straßen, Denkmäler von Amerikanern anzusehen und keinen Einblick in einen amerikanischen Haushalt zu haben. Rena sagte: »Dann lade ich euch liebe Menschen am nächsten Tag in mein Apartment, in die 9. Etage in einem Wolkenhaus ein.« Ich hatte nie einen schöneren Lunch auf dieser Reise, als mit diesem netten Ehepaar, Rena und Paul, und wir sprachen Deutsch, mein Vokabular in Englisch war zu dieser Zeit fast null.

Am nächsten Tag, zu verabredeter Zeit, betraten wir das riesige Haus mit vielen Stockwerken, wie es viele an der Küste gab. Die Lobby war grandios, man musste sich anmelden, unseren Namen sagen, den Namen der Leute, die wir besuchten. Dann fuhren wir im Aufzug bis in die neunte Etage, Rena und Paul erwarteten uns, wir sahen von der geöffneten Tür gleich weiter hinaus aufs Meer, ein toller Anblick, sobald man das Apartment betrat.

Es waren alles Eigentumswohnungen, sehr gediegen und diese war auch mit Geschmack, elegant eingerichtet, das sah ich sofort. Rena führte mich in die Küche, ich sah den großen Backofen, viel breiter als der deutsche und auch in aufrechter Höhe zu bedienen. Den übergroßen Kühlschrank mit Eismaschine für Würfeleis, das, was die amerikanischen Leute benötigen für die Drinks, keiner trinkt hier was ohne Eiswürfel, das lernte ich da schon von Rena und Paul. Man hält das Glas an die Tür, in die dafür eingerichtete Aussparung, drückt das Glas an den Hebel, und schwups kommen die Eiswürfel heraus, in das Glas gesprungen, soviel man möchte.

Es bahnte sich eine Freundschaft an, an diesem denkwürdigen Tag im Frühjahr 1976. Die ersten Amerikaner, die Deutsch sprachen. Wir verabschiedeten uns und versprachen in Kontakt zu bleiben. Ich habe zwei Briefe von Rena in meinen Unterlagen gefunden, der erste war von 1977, der zweite 1978. Wir haben uns nie wieder gesehen, aber sie sind beide so klar in meinem Gedächtnis, diese lieben Menschen. Sie werden immer in meiner Erinnerung bleiben, und ich werde sie immer in meinem Leben liebhaben, versprochen!

Unsere nächste Reise war Miami, diese Stadt mussten wir gesehen haben, immer in einem Leihwagen unterwegs, in einem anderen Hotel, es war sehr aufregend und anstrengend! Miami gegründet 1896 im Bundesstaat Florida, Metropole mit über fünf Millionen Einwohnern aller Nationen. Die Mehrheit der Einwohner Miamis spricht Spanisch als Muttersprache. Miami, keine Partnerstadt mit Deutschland, nachgesehen in Wikipedia. Eine Touristenattraktion ist das Miami Seeaquarium, das wir uns ansahen, wir standen vor den riesigen Fenstern und sahen dem Treiben der Fische und Schnecken, dem Getümmel von wasserschwimmenden Tieren zu. Es ist erst ganz interessant, aber nach einer Weile war es genug. Wir hatten Lunch und fuhren in der großen Stadt herum, die vielen Menschen verschiedener Nationen, es war so fremdländisch, verglichen mit unserer Heimat, leben hätte ich auch da nicht können.

Allmählich waren unsere Tage gezählt, ich freute mich auch wieder auf mein Zuhause, die Firma und mein eigenes Bett.

Jetzt möchte ich erzählen von der Begegnung mit Wolfi

in Miami. Am Abend, unserem letzten, kehrten wir zum Essen in ein gutes, gemeint ist teures Restaurant ein. Wir saßen da, studierten die Speisekarte, die in englischer und französischer Sprache geschrieben war. Ich konnte beides nicht lesen, aber unser Reginchen las alles vor, sie lernte in der höheren Schule beide Sprachen. Ich war ganz stolz auf mein kleines Mädchen, sie war immer so tüchtig, aber davon schreibe ich in einem anderen Kapitel. Wie gesagt, ich sprach laut und sagte: »Nichts kann ich lesen!« Während wir uns verständigten, was da geschrieben stand, sagte am anderen Tisch ein Herr: »Kann ich Ihnen helfen?«, in schöner deutscher Sprache, ich war überrascht und wieder einmal trifft man jemanden, der aus der Heimat ist.

Ja, so fing die Freundschaft mit Wolfi an, im Jahre 1976. Wir bestellten, und nach dem Abendessen haben wir an der Bar unsere gerade neue Bekanntschaft vertieft. Es war ein schöner Abend, wir hörten, Wolfi kam aus Kalifornien, war auf Geschäftsreise. Was für ein denkwürdiger Tag, wie wir uns an diesem Abend in gerade diesem Restaurant trafen. Später haben wir uns in Kalifornien gesehen, die Familie kennengelernt. Wolfi hatte zwei kleine Kinder, seine Ehefrau war die erste richtige Amerikanerin, die ich privat in ihrem Haus getroffen habe. Unsere Freundschaft hat bis heute nach so vielen Jahren gehalten, wir sehen uns manchmal, oder wie ich in der vorigen Montagsgeschichte geschrieben habe, zum Weihnachtsfest. Wir sind uns noch nach so langer Zeit verbunden, es ist wie Familie, so vertraut über die Jahre.

Von Miami ging es mit dem Flugzeug nach New York und dann wieder über den großen Teich nach Hause. Unsere Reise war schön anstrengend, wir haben viel von Amerika gesehen, es war einmalig und es war mit unserer Tochter, das war das Allerschönste, mein liebes Herzchen.

40. *Geschichte: 2. Januar 2012 (63. Montag)*

Montagsgeschichte: »Millennium in Las Vegas«

»Brendas Besuch in Kalifornien«

Der 2. Januar 2012, endlich sind die Festtage vorüber, wir haben alles überstanden, mit vielen Freunden und Bekannten. Das neunte Fest ohne die Enkel Josh und Lukas. Ich weiß nicht, wo sie leben, ob sie noch bei diesem »Vater« sind. Ich kann mich so gut an Silvester 2000 erinnern, das Millennium, das musste unbedingt ganz besonders gefeiert werden. Jeder sprach davon.

Jörg hat Reservation in Las Vegas, im Hotel Bellagio gemacht. Die Hotelzimmer wurden sozusagen bestmöglich versteigert, man musste für drei Nächte Aufenthalt reservieren. Der Preis war fünftausend Dollar für das Zimmer.

Um Mitternacht haben Jörg und ich an den Spieltischen zugeschaut, haben auch gespielt. Genau um zwölf Uhr hat keiner der Spieler von den Tischen aufgeschaut, oder »Frohes Neues Jahr« sich gegenseitig gewünscht, es war, als wäre nichts geschehen, für uns unfassbar, diese regungslosen Menschen an den Spieltischen.

Auch das musste man erlebt haben. Ich denke, es war vorige Woche, aber es sind über zehn Jahre her, wo ist die Zeit geblieben? Jetzt ist das Jahr 2012 angebrochen, der Januar mit allen Hoffnungen und Wünschen für das neue Jahr. Mein größter, allerallergrößter Wunsch, meine Enkel wiederzusehen und in meine Arme schließen, sie versorgen und lieb zu haben, bis an mein Lebensende, außerdem unsere Gesundheit und dass unsere Geschäfte immer vermietet sind. Ist das zu viel, was ich mir wünsche? Wo ich doch immer brav war? Wir sind nicht aufgeblieben, so habe ich das alte und das neue Jahr verschlafen.

Am ersten Sonntag, also gestern, haben wir uns mit Rena im Balboa Bay Club verabredet zum Mittagsfrühstück, haben mit einem Glas Champagner auf das neue Jahr angestoßen, alle lieben, guten Wünsche für uns alle. Isabella war auch dabei, die Sonne schien, es waren über Mittag sechsundzwanzig Grad Celsius. Wir saßen auf der Terrasse unter einem Sonnenschirm, keine sechs Meter entfernt lagen die sehr großen Yachten im Wasser, die wir schauen konnten. Alles war da teuer und schön. Es wurde ein kleines Frühstücksbuffet angeboten. Ich habe es genossen und zwei Gläser Champagner getrunken, das hatte ich lange nicht. Ein sehr schöner Tag zum Erinnern.

Heute, am Montag, bin ich zum ersten Mal seit vielen Wochen wieder an meinen kleinen See gelaufen. Der erste gute Vorsatz im neuen Jahr, die Waage hat sich etwas nach oben bewegt, ich habe vier Pfund zugenommen. Es war kalt am Morgen, nur zehn Grad Celsius, aber die Sonne schien, das Beste in diesem Land ohne schöne alte Kirchen und Kirchenglocken. Dieses ist meine vierzigste Geschichte, wie viele es werden, weiß ich nicht. Nicht von allem, das Leben, das Atmen der frischen Luft, die Geburtstage, Weihnachten, die Freude, ihre Buben zu sehen und ihr Fortkommen, all das kann meine Regine nicht mehr erleben, mein armes einziges Kind. Manchmal kommt so ein Kummer über mich, dass ich laut weinen muss, sonst sind immer Tränen in meinen Augen, ich kann nichts dagegen tun.

Die letzten zwei Samstage keine Gartenarbeit, ich hatte frei, ich freue mich auf den nächsten Samstag, es ist so viel zu tun. Draußen beim Wässern sah ich an verschiedenen Stellen, die Osterfrühlingsblumen blühen schön. In einem großen roten Topf am Gartenhäuschen hatte ich im Herbst zwei Erbsenpflanzen eingesetzt, da waren neue Erbsenschoten, neue weiße Blüten, der ganze Stock rankte sich weiter in die Höhe. Die Erbsen schmeckten wunderbar, gegen die Vegetation hier ist nichts einzuwenden, das tröstet etwas.

Meine Nichte Julia hat angerufen, die Glückliche hat drei Kinder, zwei Buben und ein Mädchen, Hanna, ist das nicht ein schöner Name? Alle drei werden auch deutschsprachig erzogen. Hanna sendet öfter eine SMS auf ihrem iPod, wir haben guten Kontakt, auch meine kleinen Pakete erfreuen sie. Leider können wir die Familie nicht sehen beim Telefonieren, das werden wir jetzt einrichten. Rainer, Julias Ehemann, ist ein tüchtiger, gut ausgebildeter Mann. Er hat eine gute Position bei Goldmann & Sachs in New York. Ich wünschte, der Mann meiner Regine hätte so tüchtige Ambitionen.

Am zweiten Weihnachtstag rief ganz überraschend meine Schwester Lilly, die Mutter von Julia an, wir haben mehr als eine Stunde telefoniert. Ich habe mich so gefreut. Ihre drei Kinder wohnen verstreut, sie muss den Koffer packen, um sie zu besuchen. Die einzige Tochter, mit drei ihrer Enkel kann sie nur mit dem Flugzeug besuchen. Ich fühle mit ihr, wenn ich an sie denke. Wie das Leben sich verändert hat von uns allen. Vor Jahresende habe ich meine Tante angerufen, ich konnte nicht umhin, ihr alle meine guten Wünsche zum neuen Jahr auszusprechen, auf ihre Gesundheit und noch viele gute Gespräche über Ostpreußen, meine Oma Henriette, meine Mutter Lotte, die mir so viel mitgegeben haben in meinen Genen, meinem Verstand und meiner Gesundheit. Toi, toi, toi!

Abschließend haben wir dem Konzert von Franz Lehar im Konzerthaus Semper Oper in Dresden gelauscht. Auch die Ansprache der Kanzlerin, Frau Doktor Angela Merkel haben wir uns angehört. Ein würdevoller Abschied vom alten Jahr 2011.

»Brenda zu Besuch in Kalifornien«

Brenda hatte eine Tochter im Februar 2001. Wenn ich Lukas ansah, dachte ich so oft an seine Worte, wie kann ich Brenda wieder zurückholen, was, wie ich wusste, nie geschehen wird. Sie war für uns verloren, für den Haushalt von Regine, unwiederbringlich. Meine Gedanken kreisten um dieselbe Geschichte, ich musste sie hierher bringen. Lukas musste sie wiedersehen, mit Baby, er musste einsehen, dass Brenda jetzt eine eigene Familie hat. Aber wie konnte das geschehen? Ich war mit Brenda in Kontakt per Telefon, ganz spontan hatte ich ein paar Überlegungen, Ostern war nur zwei Monate entfernt, das Baby war dann mehr als drei Monate alt. Sie musste hierher fliegen, nach Kalifornien mit Baby Lesly. Jetzt hatte ich einen festen Plan, ich hatte immer in meinem Leben einen Plan, alles musste geordnet sein.

Ich sah immer ein Fortkommen, zielstrebig hielt ich daran fest. Wie ich wusste, war Brenda nicht so flüssig, ein Flug mit Baby wäre zu viel für sie. Ich rief sie an und erzählte ihr, wie Lukas sie so sehr vermisste, wie sie schon immer wusste, aus anderen Gesprächen, wir waren schon so lange in Sorge. Ich machte ihr ein Angebot, es war wie eine geschäftliche Vereinbarung. Sie kommt und ich bezahle das Flugticket und sonstige Ausgaben. Außerdem hatte sie ihre Brüder mit Familie hier, die sie auch besuchen und wiedersehen konnte. Ich war so gespannt, ob sie einwilligt.

Nach ein paar Tagen rief ich wieder an. Sie hatte sich mit ihrem Mann, besprochen und sagte ja, sie kommt. Das schönste Wort in dieser Angelegenheit. Sie kommt, das, was zählt, ich war überglücklich. Als ich Lukas wieder sah, habe ich ihn gefragt: »Was glaubst du, wer kommt, dich besuchen?« Er wusste es nicht, was ja nicht verwunderlich ist. Auf Brenda kam er nicht, die ja so weit weg wohnte. Wir setzten uns auf eine Bank. Ich erzählte Lukas ganz langsam:

»Du wirst Brenda wiedersehen, wenn der Osterhase kommt, bald, es sind noch ein paar Wochen.« Er war glücklich, sie endlich wiederzusehen, seine Zweitmami wieder zu umarmen.

Er war ja von einem Tag auf den anderen von ihr getrennt worden, hat sie nie wieder gesehen. Ein Schock fürs Leben, denke ich, ich musste alles tun, um das Kind zu heilen, die Gedanken mussten frei sein, dann wird endlich für ihn klar sein, Brenda kann nicht zurückkommen. Wird er sich damit abfinden? Immer sprachen wir davon, bald ist sie da. Ich kaufte das Ticket und wartete. Wir konnten es kaum erwarten. Einige Tage vor Ostern holte ich sie mit Lukas ab.

Wir standen hier am Flugplatz in Orange County, gleich werden wir sie sehen, mit Baby auf dem Arm. Auch die Brüder mit Kindern waren gekommen, ein glücklicher Empfang. Lukas war ganz aufgeregt, als er sie sah. Er war mehr als ein Jahr älter geworden, eine lange Zeit in seinem kleinen Leben. Brenda drückte ihn so fest. Sie hielten sich in den Armen. Man konnte die Liebe sehen, die beide füreinander empfanden.

Brenda hatte Tränen in den Augen, auch ich stand stumm da. Endlich war der Moment gekommen, auf den ich so lange gewartet hatte. Endlich hatte ich erreicht, dass Brenda hier war bei Lukas. Die ersten zwei Tage hat Brenda bei mir übernachtet, die nächsten vier Tage war sie bei Regine mit Baby. Die Ostertage verbrachte sie mit ihren Brüdern und Familie. Auf einmal war alles anders, auch Lukas konnte sehen, es wird nicht wieder so, wie es einmal war. Noch eine schmerzliche Erfahrung in seinem jungen Leben, aber es beruhigte ihn. Jetzt war ganz klar, er sah es ein, sein Schmerz war vorbei, die Tage mit Brenda und Baby waren so schön, wie sie nur sein konnten. Er konnte sich daran gewöhnen, Brenda fuhr wieder nach Hause, wann wir sie wiedersehen, keiner wusste es. In den darauffolgenden Tagen und Wochen sprach ich oft mit Lukas über Brenda und das Baby Lesly. Es war etwas Vergangenes, das wussten wir beide, es blieben die schönen Erinnerungen, die Jahre mit Brenda in Regines Haushalt.

Für mich war es das Wichtigste, dass sie hier war und Lukas jetzt wusste, es ist vorbei. Das hatte ich erreicht, das Kind war geheilt, hat mich nie wieder gefragt: »Lollo, can you bring Brenda in my family?« Bis heute habe ich sie nicht wieder gesehen, auch Lukas nicht, vielleicht am Telefon gesprochen? Außer telefonischem Kontakt habe ich nichts. Aber irgendwann wird sie uns besuchen, mit beiden Kindern, auch Lukas.

41. Geschichte: 16. Januar 2012 (65. Montag)

Montagsgeschichte: »Weihnachten«

»Kleine Erlebnisse mit Lukas«

Der zweite Montag in diesem Jahr, die Tage rennen davon. Niemand kommt zu Besuch, wenn man nicht einlädt. Letzten Freitag hatten wir Gäste, ich habe ein Gänseessen gekocht.

Das hatte ich schon lange vor, aber immer wieder aufgeschoben, jetzt im Januar musste es sein. Die Gans war von Bristol Farms und wog elfeinhalb Pfund, englische Pfunde, ein nicht zu kleines Geflügel. Ich hatte Heinrich und Hilde eingeladen. Heinrich war von Geburt Hamburger, Hilde kam aus Mexico, hatte einen deutschen Vater. Beide lernten sich in Hamburg kennen, damals. Wir trafen diese lieben Menschen ganz zu Anfang hier in Kalifornien. Hatten immer einen freundschaftlichen Kontakt, alle diese Jahre. Sie freuten sich über die Einladung, besonders Heinrich, der ja Gänseessen von seinen Eltern kannte. Rena und Isabella waren auch dabei und Jörg und ich. Heinrich und Hilde hatte ich schon zum frühen Nachmittag eingeladen, ich wollte die Zeit nutzen, ihnen den Berg zu zeigen. Wir sind dann hinunter und herauf spaziert, haben auch ein paar Erbsenschoten gepflückt. Im Haus roch es wunderbar nach Gänsebraten.

Es war noch ein bisschen wie Weihnachten. Den Weihnachtsbaum konnten sie auch bewundern, mit den schönen Kerzenlichtern. Klöße und Rotkraut mit einer wundervollen Soße und einem grünen Kopfsalat habe ich gereicht. Die Gans aus dem Ofen habe ich auf einer riesigen, großen Platte serviert, das Tranchieren habe ich am Tisch übernommen. Die Brust war so knusprig, die ganze Oberfläche, wir haben es genossen. Rena sagte: »Ich habe schon so lange nicht mehr so viel gegessen.« Sie achtet sehr auf ihre Linie und ist beneidenswert schlank.

Noch eine Woche danach redeten wir von diesem gelungenen Essen. Heinrich schrieb eine Karte, bedankte sich für den schönen Abend, er schrieb, alle seine Erinnerungen im Haus seiner Eltern und Großeltern, väterlicher und mütterlicher Seite wurden wieder wach. Ich habe mir vorgenommen, im nächsten Jahr, das Gänseessen zu wiederholen. Von Regine spricht kein Mensch. Sie wird niemals erwähnt, warum, weiß ich nicht. Alle kannten sie so gut, sahen sie aber nicht so oft, während ihrer Ehe. Jeder tut so, als wäre diese schreckliche Geschichte nicht wahr. Ich auch nicht. Das Wochenende geht so schnell vorbei, der Samstag ist schon vergeben, an den Garten, am Sonntag, die kostbaren Stunden laufen davon, es ist sonst nichts passiert. Mario hat vor dem Haus angefangen, alle Rosen abzuschneiden, der Winterschnitt, wie jedes Jahr im Januar, damit sie sich erholen für das neue Erwachen im frühen Sommer.

»Kleine Erlebnisse mit Lukas«

Jeden Tag von Montag bis Freitag besuchte ich Lukas in der »Kindergartenschule«, es war für mich Routine, meine Pflicht geworden. Ich musste sehen, ob er etwas brauchte, ich meine zu essen. Seit wir für den Lunch für Dienstag, Mittwoch und Donnerstag gesorgt hatten, kam ich nicht so früh dorthin. Als Lukas kleiner war, habe ich ihn ins Auto gesetzt zum Spazierenfahren, bis er einschlief, dann zum Parkplatz, wie schon erzählt in einer vorigen Geschichte. Nachdem das Kind größer war, haben wir Kinderspielplätze, Spielzeugläden, Buchläden usw. aufgesucht. Immer an den Nachmittagen etwas anderes, damit der Junge aus dem einerlei Trott heraus kam. Auch Josh haben wir oft dabei gehabt, der auch andere Freunde hatte. Er war ja sechs Jahre älter.

Einmal im Auto fragte mich Lukas: »Lollo, how old are you?« Wie alt bist du? Ich war erst ganz ruhig, mit so einer Frage aus dem kleinen Kindermund. Ich war etwas sprachlos. Ich wusste nicht so recht, was ich sagen sollte, so habe ich ein bisschen geschummelt mit meinen Jahren nach unten.

Ich sagte neunundfünfzig. Lukas überlegte, dann sagte er das Schönste, was man sich denken kann, er sagte: »Oh Lollo, than I can have you for a very long, long time.« Er meinte, dann hätte er mich noch für eine lange, lange Zeit.

Wie er das wusste, die Zahl des Alters 59, was bedeutete diese Zahl für so ein kleines Kind? Wie konnte er die Lebenszeit eines Menschen wissen? Wie lange jemand lebt, der neunundfünfzig war? Mein kleiner Darling, er war das Schönste, was ich hatte, so ein kleiner Mensch und so schlau und liebenswert. Das hat mich so sehr beeindruckt, ich habe es nie vergessen. Die Lehrerinnen erzählten, dass es allen Klassen der »Kindergartenschule« im Sommer in den Schulferien, wenn die anderen Schulen in der Umgebung auch frei hatten, erlaubt war, gleich um die Ecke in einer Schule, die ein großes Schwimmbad hatte, dort zu schwimmen. Es war für die Kinder ein Sommerferienvergnügen.

Zu Hause nahm ich die Badetasche, die ich schon immer für Lukas hatte, packte noch ein paar große Handtücher ein und fuhr los. Das Schwimmbad war voller Kinder und Lehrerinnen, ich musste herumsehen, bis ich Lukas fand, er schwamm im Wasser, aber mit Straßenhosen, seinen dunkelblauen Shorts, er hatte keine Badehose an. Er war das einzige Kind ohne Badesachen, das Handtuch, das für ihn auf der Erde lag, werde ich nicht beschreiben. Lukas sah mich, kam sofort aus dem Wasser, lief auf mich zu, umarmte mich, Lollo endlich, »you are too late.« Ja, ich war zu spät, aber ich war jetzt da, holte die Badehose aus der Tasche, Lukas zog sich um, hatte er doch immer die schönsten Shorts und Badeshorts, die wir bei Nordstrom kauften. Mein armer Junge, ich war entsetzt, es war nicht für ihn gesorgt, gut, dass ich da war. Lukas nahm mich an die Hand. er hatte Hunger.

Wir spazierten um das Schwimmbad, begrüßten die Lehrerinnen, gingen auf den einzigen Laden zu, erst etwas zu essen, dann hatten wir eine Eiscreme. Jetzt war das Kind glücklich, endlich, danach sprang Lukas voller Freude in das Schwimmbad, ich auch, es war herrlich. Die nächsten Schwimmtage war ich pünktlich, versorgte das Kind mit Kleidung, ein schönes Badetuch auf der Erde, immer etwas zu essen, auch ein leckeres Eis. Nach dem Schwimmen fuhren wir wieder zu der Kindergartenschule und spielten mit anderen Kindern oder wir haben eine Bücherei aufgesucht.

Diese Tage mit Lukas waren die Schönsten. Er brauchte mich, ihn zu versorgen, da war niemand da. Die Badetasche mit Shorts, Geld und Lukas' Googles (Schwimmbrille) stehen im Schrank seit damals. Wir haben sie nie mehr gebraucht. In einem Sommer fuhren die Klassen ans Meer in Corona del Mar.

Durch die kleinen, sehr teuren Strandhäuschen Straßen

bis zur Küste etwa acht Minuten. Am Ende der Straße sahen wir das Meer, es war überwältigend schön. Der ganze Ort war anheimelnd, kleine Geschäfte an der Hauptstraße. Alle Häuser waren schön gestrichen, kleine Vorgärten, ein Rummel, viele Menschen im Sommer. Ich hatte Lukas in meinem Auto und meine Schwester Inge aus Irland, die für ein paar Wochen bei mir zu Besuch und sonnenhungrig war. Wir saßen auf mitgebrachten Stühlchen und sahen den spielenden Kindern zu. Theresa saß neben uns, wir haben uns unterhalten, wir verstanden uns gut. Lukas hatte Hunger, es war Mittagszeit. Der kleine Strandladen war nicht weit weg, Lukas hat sich etwas ausgesucht, ich auch, wir setzten uns auf eine Mauer, dann noch eine Eiscreme, auch für die Lieben am Strand. Ich legte ein schönes rotes Badetuch auf die Erde für Lukas. Es war ein rotes, großes Tuch für den Strand, darauf rollte ich ein kleines für den Kopf. Lukas legte sich darauf.

Mit Eiscreme in der Hand, sagte er: »Lollo, nobody takes that much care of me, like you.« Ich sagte: »Ja, mein kleiner Liebling, immer werde ich für dich sorgen.« Mein kleiner Darling, ich tat alles, mein sehnlichster Wunsch war, ihn glücklich zu machen. Er erkannte das, so klein wie er war.

Den Verstand hatte er von seiner Mama, auch natürlich von mir. Wir hatten einen schönen Tag am Strand, auch die nächsten Tage. Einmal beim Laufen draußen durch die Straßen, fragte Lukas mich plötzlich: »Lollo, ja, how much money do you actually have?« Diese klugen, spontanen Sätze, die ich hörte, machten mich sprachlos. Was ging in seinem kleinen Köpfchen vor? Was dachte er? Ob ich noch so viel hatte, um seine kleinen Wünsche zu erfüllen? »Ja«, sagte ich. »Lukas, es ist genug für dich da und auch für Josh und Papa.« So nannte er Jörg. »Wir können unsere Wünsche erfüllen.« Ob er das verstand? Ich wusste immer, dass dieses Kind einen scharfen Verstand hatte, auch aussprach, was er dachte. Meine Antwort schien ihn zu beruhigen.

Danach habe ich nie mehr dieses Wort gehört. Alles war klar, er brauchte sich keine Sorgen mehr zu machen, ob die Dollars reichten für alle seine Wünsche. Wir wussten damals nicht, was uns erwartete, dass wir uns eines Tages nicht mehr wiedersehen sollten. Immer hatte ich und auch Jörg die Sorge mit diesem »Vater«, der mich nicht gerne sah, in der Kindergartenschule. Er war nicht der freundlichste Mensch da. Ich ging ihm aus dem Weg, wo ich konnte. Ich sah nur die Kinder meiner Tochter. Ich hoffe, ich sehe ihn nie wieder in meinem Leben.

Der Parkplatz mit meinem Auto war mein fester Platz für die Kinder. Im Kofferraum hatte ich alles, Kleidung, Schuhe und meist brachte ich Hefeteilchen von Laguna, kleine Gefäße mit richtigem Essen, belegte Brote aus South Coast Plaza mit gekochtem Schinken usw. Regine rief einmal in der Kindergartenschule an, es regnete, sagte den Lehrerinnen, als Lukas nasse Schuhe und Socken hatte: »Meine Mama kommt jeden Tag, hat alles, was die Kinder brauchen im Kofferraum, macht euch keine Sorgen.« Lukas und Josh liebten es, wenn ich da war, eine willkommene Abwechslung an den langen Nachmittagen bis zum Abend. Einmal, ich erinnere mich, war ich zwei Tage hintereinander nicht bei Lukas.

Ich ging eilig zu dem kleinen Schulplatztor und suchte den kleinen Schatz. Ich hatte ein schlechtes Gewissen, als er mich sah, rannte er auf mich zu, durch das Gartentor auf den Parkplatz zu meinem Auto.

Mit seinen schnellen Schritten, dabei sagte er, ich höre seine Stimme noch heute, diese Worte: »Lollo, you did not came for two days, two days, Lollo!« Ich sagte: »Lukas, wie oft soll ich denn kommen?« Ich lief neben ihm her, was für eine dumme Frage! Ich wusste ja, er möchte mich jeden Tag sehen. Er sagte: »I want you to come every day, Lollo.« Every day, das wiederholte sich, bis er mit seinen kleinen Schritten am Auto war. Ich war traurig, wie konnte ich nur, zwei Tage ihn nicht gesehen und versorgt zu haben, ich fühlte mich so schuldig. Ich umarmte ihn, dann setzten wir uns ins Auto und verspeisten alle diese Leckereien, mitgebrachten Kleinigkeiten, dabei sagte Lukas nochmal: »Please Lollo, you have to come every day.«

Ich versprach es. Es tat mir so leid, wie musste er mich vermisst haben, der kleine Junge.

Niemals danach habe ich einen Tag ausfallen lassen. Immer war ich da. Die Bowlingausflüge mit der Klasse in der näheren Umgebung waren die Abwechslung in der Woche. Ich fuhr Lukas in meinem Auto dorthin. Der Bowlingplatz war voller Menschen, die letzten zwei Reihen am Rande des Raumes waren für die Kinder reserviert, das Bowling machte Spaß, die Kinder spielten mit kleineren Kugeln. Ich war zum ersten Mal da, auch die Kinder. Natürlich hatten wir Hunger, zur Mittagzeit bestellten wir Pizza und Sprite, eine Limonade für Lukas. Ich war erstaunt, einige Kinder hatten kein Geld, um etwas zu kaufen. Hatten diese Sektenmitglieder kein Geld für ihre Kinder? Lukas und ich standen in der Warteschlange. Um uns herum andere Kinder.

Als die Verkäuferin uns nach den Wünschen fragte, erst Lukas, dann mich, da meldeten sich noch etwa acht andere Kinder. Alle waren sicher, hier war Lukas' Omi und bezahlt für uns alle. Einer nach dem anderen, was ich auch tat, gerne selbstverständlich. Viele Kinder kannten mich, so war ich eine Ersatz-Omi für alle. Später kamen noch andere Kinder, die mich baten, sie alle hatten Hunger und kein Geld. Mit einem leeren Magen macht auch das Bowling keinen Spaß.

Wieder ein schöner Tag mit meinem kleinen Enkel, im Kreise anderer Kinder. Ich kam mir vor, wie eine Glücksfee. So sahen es die Kinder auch.

42. Geschichte: 23. Januar 2012 (66. Montag)

Montagsgeschichte: »Lunch mit Colleen«

»Regines 40. Geburtstag«

Ein neuer Montag, der dritte in diesem Jahr, die Woche läuft dahin, die Stunden jeden Tag eilen vorbei. Das Leben verrinnt. Diese Woche hatte ich Trish und Tochter Colleen eingeladen, zu einem kleinen späten Frühstück. Wir hatten beide Weihnachten gesehen, zum Brunch, Wolfgang und seine Frau. Ihre Tochter Colleen hatte das Haus noch nie gesehen, jetzt wollte sie unbedingt alles besichtigen. Sie kamen am Mittwoch, die Sonne schien, es war gemütlich warm draußen und drinnen mit unserer deutschen Buderus Heizung. Wir sind nach oben gegangen, links vom Haus die Zimmer, alle Bilder hat Colleen sich ganz genau betrachtet, sie kannte viele Verwandte, war sie doch so klein, als wir uns kennenlernten. Im großen Schlafzimmer haben wir gemütlich gesessen, auf den schönen Sesseln und geplaudert, eigentlich sitzt da sonst niemand.

Die Tour durch das Haus und die Fotografien anzusehen, das plaudern dauerte so eineinhalb Stunden, danach wurde der Garten und auch der Berg besichtigt. Es war sehr schön, sie hier zu haben. Colleen hat auch mein Frühstückszimmer fotografiert und bei Facebook ins Internet gestellt. Später gab ich ihr eine Stoffpuppe von »Käthe Kruse« zur Erinnerung, für das Auto, einen kleinen Talisman. Sie sagte: »Ich liebe dich« in Deutsch, ein paar Worte kannte sie in ihres Vaters Sprache. Ich kann mich so gut an Wolfgangs Eltern erinnern, die vor mehr als dreißig Jahren jeden Sommer angereist waren.

Die Mama hieß Paula. Eine ganz liebe Frau, mit der ich mich gut angefreundet hatte. Shopping hier und zum Lunch, wir verstanden uns gut. Von Deutschland aus fuhr ich mehrere Male mit dem Zug nach Hamburg, sie zu besuchen, dort lernte ich auch Paulas Familie kennen, ich denke so gern daran zurück. Eine Ewigkeit her.

Heute kann ich Colleen und Ronny von ihren Großeltern erzählen. Beide Kinder haben nur etwas die deutsche Sprache erlernt, so sehr schade, denke ich. Habe ein Buch zum Deutschlernen gekauft, mit Disc und an Ronny gesendet, ich sagte: »Jeden Tag zwei Worte und in zwei Jahren kannst du dich mit deinem Vater deutsch unterhalten.« Ob er es will und eisern lernt? Ich werde ihn fragen. Ich wünschte, meine Enkel hätten die Sprache ihrer Mutter gelernt. Wie konnte Regine nur so trottelig sein, das arme Mädchen hat nur an die Sekte gedacht, ans Geld verdienen für den Verein.

Wo sind wir nur hingekommen, könnte ich doch noch mal von vorne anfangen. Letzte Woche hatten wir schöne Sonnentage, Mario war am Samstag hier, der Garten vor dem Haus ist immer noch nicht fertig, es geht langsam voran. Es ist langweilig geworden, immer dasselbe jede Woche. Beim letzten Einkauf habe ich in der Gemüseabteilung Kohlrabi entdeckt, ich war sehr erfreut, wann sieht man hier das Gemüse, äußerst selten. Ich sah auf das Schild, da stand in Deutsch »Kohlrabi«. Ich kann es immer noch nicht glauben. Wir haben mehr als 2 Tage reichlich davon gegessen. Beim nächsten Einkauf frage ich den Verkäufer, hoffentlich ist von den wunderbar gesunden Knollen noch etwas da. Amerikaner kennen das Gemüse nicht, wie so vieles hier.

Die großen Pinienbäume müssten ausgelichtet werden, unbedingt, die Sonne scheint nicht mehr auf der Böschung. Der Mann sagte, ein Baum kostet einhundertfünfundsiebzig Dollar, es sind sieben Baume. Alle Bäume jedes Jahr machen mich arm, es sind zu viele. Der Tannenbaum steht noch immer abends beleuchtet im Wohnzimmer und wird von den Ladys bewundert. Letzten Samstag hat der Bäume trimmende Mensch alle Obstbäume am Berg gelichtet. Jetzt muss Mario alle Zweige aufsammeln, dann wird ein Auto gemietet, alles weggefahren. Manchmal denke ich, ich habe eine kleine Ranch hier und nur einen Helfer. Ich hoffe, ich bleibe noch lange gesund, kann alles eines Tages an meine Enkel weitergeben. Da denke ich an ein paar Worte, die Josh sagte, damals, als wir hier draußen saßen. Er sagte mit Blick zum Pool, in den Garten so vor sich hin: »Eines Tages gehört mir das alles, weil ich der Erstgeborene bin.« Er war da vielleicht elf oder zwölf Jahre alt, Lukas sechs Jahre jünger. Es war ganz still, Jörg und ich dachten, wir hören nicht richtig, niemals haben wir darüber, wer etwas erbt, gesprochen, woher hatte der Junge diese Gedanken? Wir taten, als hätten wir nichts gehört. Wo ist er jetzt? Warum kommt er nicht? Will er das alles nicht mehr? Wer beeinflusst den armen unschuldigen Jungen? Im Augenblick wissen wir nicht, wo er sich aufhält.

Im Haus seiner Mama lebt er nicht, das wissen wir. Ich wünsche mir nichts sehnlicher, als ihn zu sehen, zu umarmen, so viele Storys zu erzählen.

»Regines 40. Geburtstag«

Der Einzug in unser großes Haus, mein Traumhaus, war im Januar 1988, im Spätherbst, ein paar kurze Wochen vor der Hochzeit unserer Tochter.

Es war jetzt 1999. Am 3. Mai wurde mein einziges Kind vierzig Jahre alt. Ein ganz besonderer Geburtstag im Leben vieler Menschen, wie man so hört.

Ich denke an Jörgs vierzigsten Geburtstag in Deutschland im Sommer 1975, meinen Geburtstag im Oktober, zwei Jahre später. Beide Male hatten wir eine besonders große Party in unserem Haus.

Nun möchte ich eine Kaffeetafel für mein liebes Mädchen ausrichten. Es hatten sich meine Schwester aus Irland, und Jörgs Sohn mit Ehefrau aus Rüsselsheim angemeldet. Es sollte ein schöner Nachmittag, eine Kaffeetafel mit deutschen, selbstgebackenen Kuchen sein. Am frühen Morgen deckte ich den Tisch mit schönem Porzellan. wir waren neun Personen, in meinem großen Esszimmer. Auch diese Möbel waren von Jörgs Mama und angefertigt in Großvaters Möbelfabrik in Zeulenroda, zur Hochzeit seiner einzigen Tochter Sofie, also alt, aber hell und schön. Ich war immer ganz stolz, diese wunderbaren Möbel in unserem Haus zu haben. Die Gäste aus Übersee waren ein paar Tage vorher angereist, so hatten wir ein paar schöne Tage und Abende in den Restaurants und Bars in der Gegend, Newport Beach, weltberühmt.

Eine schöne Erinnerung. Frühmorgens backten wir noch Kuchen und Torten, auch Rosana hat fleißig geholfen, sie ist eine gute Hausfrau. Wir standen in der Küche, lachten, rührten verschiedene Teige an, freuten uns, dass wir zusammen waren und uns sahen in dem fernen Amerika. Ich sehe uns noch alle da beisammen in der Küche, wir waren so weit weg von der Heimat. Aber damals dachte ich nicht so daran. Ich hatte meine Tochter hier, schon zwei Enkelkinder. Josh war neun Jahre und Lukas drei Jahre alt, war in mein Traumhaus gezogen, die Welt war da noch in Ordnung.

Die Sonne schien jeden Tag, das Beste hier. Um drei Uhr sollten alle Gäste da sein. Regines Schwiegermutter war auch eingeladen. Sie saß am Kopfende des Tisches, am anderen Ende hatte ich meinen Platz. Regine saß neben Tante Inge und ihrem Halbbruder Jörg Jr., neben mir zur linken Seite, hatte ich Lukas' Teller und Glas gestellt. Er war so schmal damals, ich wollte ihm beim Essen helfen und ihn liebkosen. Die Kinder mochten meine selbstgebackenen Kuchen am liebsten, waren doch die amerikanischen Torten mit Frosting, wie man sagt, für Europäer nicht genießbar, an diese übersüße Zuckerdekoration konnten wir uns nicht gewöhnen. Alle waren hungrig und warteten auf Kaffee, es war eine schöne Tafelrunde mit lieben, so vertrauten Menschen. Wir setzten uns alle, jeder fand seinen Platz, es war alles angerichtet, das schöne Porzellan, die duftenden, selbst gebackenen Torten auf dem Tisch. Regine, das Geburtstagskind, in der Mitte, meine schöne liebenswerte Tochter war vierzig Jahre alt heute.

Ein tüchtiges Mädchen, hatte zwei gesunde hübsche Kinder, unser Glück war nicht vollkommen, ich wusste es nicht so genau, damals dachte ich, es wird schon werden. Der Ehemann war das erste Problem, schon die ganzen Jahre, dann der Sektenverein. Den Ehemann könnte man vor die Türe setzen, zu dem Sektenverein einfach nicht mehr hingehen, ein anderes Leben hätte beginnen können, ein glücklicheres für uns alle. Ich sah in die Runde, freute mich, wollte mich setzen, da hatte dieser Mensch den Teller von Lukas einen Platz weiter und er sich dorthin gesetzt, stillschweigend in meinem Haus hat er diese meine Tischordnung verändert. Ich setzte mich sprachlos, sagte nichts, warum eigentlich habe ich mich nicht gewehrt?

So habe ich wieder nichts getan, des lieben Friedens willen, ich hatte Angst vor diesem Menschen, wie schon bei so vielen Begebenheiten. Jörg sagte immer: »Vorsichtig, sonst sehen wir die Kinder nicht mehr.« Alle um uns herum bemerkten nichts, lachten und aßen die köstlichen Kuchen, die wir noch am Morgen gebacken hatten. Natürlich fehlte die süße, geschlagene Sahne nicht. Später hat Regine ihre Geschenke ausgepackt. Ich hatte für meine Tochter ein Schmuckstück gekauft. Eine Halskette von David Yurman, bei Saks Fifth Avenue, dazu einen Anhänger mit einem großen fliederfarbenen Stein. Ich hatte mich tüchtig angestrengt, wollte etwas Kostbares, Vererbbares schenken. Beim Auspacken war Regine so überrascht, legte die Kette gleich um ihren Hals und lächelte glücklich. Die schönen

Geschenke kamen doch nur von Papa und Mama, sie sah so schön aus, ich wusste, ihr gefiel die Fliederfarbe sehr. Eine Strickjacke hatte ich gestrickt, eine lange, lilafarbene Wolle, der Faden war nicht so glatt, etwas gekräuselt, mit einem dünnen schwarzen Beifaden. Ich habe mich tüchtig beeilt, um das Teil am Geburtstag fertig zu verschenken. Regine packte das große Paket aus, war sehr überrascht. »Oh Mutti«, sagte sie. »Wie schön!« Sie bedankte sich mit einem glücklichen Lächeln. Ich war es auch. Sie öffnete alle Schachteln, alle freuten sich mit Ihr, es war ein froher Nachmittag.

Plötzlich, ich war in der Küche, stellte sich der Mensch zu mir, ich sehe ihn noch heute da stehen, obwohl die ganze Küche umgebaut wurde vor sechs Jahren, und sagte, er habe kein Geschenk für seine Frau, er hätte seine Geldbörse vor zwei Tagen verloren. Ich sah ihn nur sprachlos an, ich kann mich an diese Worte so genau erinnern. Mir fehlten die Worte, ich drehte mich um und setzte mich an den Tisch. Wie ich schon sagte, dieser Mensch war ein unnützes Mitglied in unserer Familie. Was soll ich dazu noch sagen. Nicht mal einen Blumenstrauß? Ich vermutete immer, da stimmt was nicht.

Die Frau, die diesen Menschen die ganzen Jahre ernährt, ohne ein kleines Zeichen der Achtung oder Liebe? Nicht mal eine Blume zum vierzigsten Geburtstag. Außerdem gratuliert man schon am Morgen seiner Liebsten zum Geburtstag.

Ich habe Regine nie gefragt, was sie von diesem Menschen als Geschenk erhalten hat. Wie einsam hat sie sich gefühlt? Manchmal war sie sehr verschlossen, wie ihr Vater. Das war unser Geheimnis, jetzt kann ich sie nicht mehr fragen, ich bin total traurig, aber an diesen Geburtstag ist meine Erinnerung so wach, ich sehe alle meine Lieben an meinem Esstisch sitzen, drinnen im Haus, an diesem Tag im Mai 1999 war uns die Sonne nicht wohl gesonnen.

Die kostbaren Nachmittagsstunden verflogen viel zu

schnell, wie immer, wenn alles so traulich und freundlich ist. Am Abend hatte Regine eine Party in einem mexikanischen Restaurant, mit mexikanischer Musik und Getränken.

Es erwarteten uns eine Menge anderer Menschen, Freunde, viele Sektenmitglieder, auch aus »ihrer« Firma. Die Tische waren schon gedeckt, als wir kamen, es war eine Überraschungsparty für Regine. Es war ein schöner Abend, viele junge Menschen, ein gelungener Geburtstag. Ich hatte eine runde Anstecknadel anfertigen lassen, darauf stand Regine, unter ihrem Namen, vierzigster Geburtstag, 3. Mai 1999. Habe heute noch einige in verschiedenen Schubladen, die mich erinnern an meiner Tochter vierzigsten Geburtstag, mit dem Ehemann ohne Blumen und Geschenk. Wer weiß, wo alle diese Geschenke jetzt sind? Auch alle anderen Schmuckstücke von unserem einzigen Kind.

Ich werde nichts vergessen, solange ich lebe und hoffentlich bald meinen Enkelkindern erzählen, was für ein wunderbarer Mensch ihre Mama war. Gott behüte uns alle.

43. Geschichte: 30. Januar 2012 (67. Montag)

Montagsgeschichte: »Normales Leben«

»Jörgs 60. Geburtstag«

Der letzte Montag in diesem Monat, mit Riesenschritten ist die Zeit vergangen. Letzten Samstag hatte mein Schwager Georg Geburtstag. Er wurde siebzig Jahre alt. Wer hätte damals gedacht, die Jahre, unser Leben vergeht so schnell.

Leider sitzen wir hier fest, die Reise ist so lang, der Kontinent so weit weg, wann werden wir uns wiedersehen?

Am Samstag hat es geregnet, wir konnten nichts im Garten tun, ein freier Tag für mich, ich habe an meinen Geschichten geschrieben. Ich sitze so gerne an meinem Schreibtisch, die Fotografien meiner Regine, die Buben, als sie noch klein waren, und schaue in den Garten. Am Mittwoch haben wir Wolfi getroffen, in Newport Beach, in einer alten Bar, nichts Besonderes, könnte man in Gartenkleidern hingehen, guckt dich keiner an, Hauptsache gewaschen. Niemanden kennt man, es ist nicht so wie in Deutschland, da kennt man Leute, sagt Guten Tag und freut sich.

Rena kam auch, ein paar gesellige Stunden. Wolfi sagt, im Mai reist er mit Trish nach Utah, die Landschaft ansehen, keine zehn Pferde könnten mich dahin bringen.

Wenn ich zum Flugplatz fahre und in die Lufthansa einsteige, bin ich zu Hause, die vertraute Sprache, die schönen Zeitungen, das Schönste für mich.

Rena hat das Beste, im Winter hier, Ostern und im Sommer in Wien. Wie lange wir uns noch sehen können. Heute am Montag regnete es, der Himmel ist grau verhangen, es stürmt in den Bäumen, für den Garten wunderbar. Wenn ich an den Sommer denke, die heiße Sonne, kein Regen für Monate.

Unser Weihnachtsbaum steht immer noch im Wohnzimmer, der Regen hat unsere Pläne ausgeschaltet. Habe mir den Januar als einen Ruhe-Monat ausgewählt. Ab Februar wird das Leben wieder normal.

»Jörgs 60. Geburtstag«

Heute möchte ich die Geschichte erzählen von Jörgs 60. Geburtstag, ein Meilenstein im Leben eines Menschen.

Jörg war eingereist von Deutschland, ich weiß nicht mehr, vor seinem sechzigsten oder danach. Wir lebten schon fünf Jahre getrennt, nach dem Einzug in das Haus und Regines Hochzeit blieb Jörg einfach weg, ich flog nicht mehr hin und her mit Alfa und Annabell.

Es war wieder das, was wir schon vor einigen Jahren hatten, Jörg hatte wieder ein neues Verhältnis, mit einer neuen Frau, da war ich wieder abgemeldet, aber das in anderen Geschichten.

Er war hier und wir benahmen uns, Regine und ich, normal, soweit das möglich war, ich war vor Kummer ganz abgemagert, mein Gewicht war in den letzten Jahren rapide gesunken, meine Kleidergröße war Nummer 8 hier, d. h. 38 in Deutsch.

Der Appetit war mir vollständig ausgegangen, zumal ich diese Phase mit Jörg das dritte Mal erlebte.

Josh war fünf Jahre alt. Er liebte seinen Grandpa, so oft er ihn sah, das war manchmal alle paar Monate.

Regine und ich bestellten einen Tisch im Ritz Carlton, etwa 25 Minuten von hier entfernt, hoch über dem Meer gelegen, ein First Class Hotel, berauschend schön die Aussicht.

Es sollte etwas Besonderes sein, zur Erinnerung an einem schönen Platz. Es war Sonntag, Brunch da, was wir alle liebten. Auf den wenigen Bildern, die ich habe, steht Regine da, in einem weißen Kostüm, schön und schlank. Ich etwas neben ihr, umhalste sie mit meinem Arm von hinten, der kleine Josh vor uns auf dem Stuhl, Papa etwas abseits von uns, als gehörte er gar nicht mehr zu uns, nur in unseren Erinnerungen.

Ich hatte ein blaues Kleid, mit wenigen weißen Tupfen, am Halsausschnitt weiße Spitze, die sich an den halben Ärmeln bis zur Ellbogenbeuge wiederholte. Mein abgemagertes, sagen wir etwas spitzes Gesicht, lächelte ein wenig, keine glückliche Ehefrau.

Wir waren seit 1958 verheiratet, eine lange Zeit, siebenunddreißig Jahre.

Niemand war mit uns, feierte mit bei diesen Brunch, keine Verwandten, keine Freunde, auch nicht Regines Ehemann, der uns auch damals schon nicht mochte, wir ihn auch nicht.

So konnte unsere Unterhaltung in Deutsch stattfinden,

ich brauchte mich nicht anzustrengen und die englischen Worte suchen.

Wir blieben über Mittag, das Essen war superb, wie man sich ja denken kann. Wie wir den restlichen Tag verbrachten, ich weiß es nicht mehr, es ist nichts in meiner Erinnerung, es war sicher nichts Besonderes, Reginchen kann ich nicht mehr fragen, mein armes Kind, was hat sie alles erlebt, mit ihren Eltern und dann auch noch mit dem Ehemann, den keiner richtig ausstehen konnte. Das Ende dieses Geburtstages und der Geschichte.

44. Geschichte: 06. Februar 2012 (68. Montag)

Montagsgeschichte: »Charlotte«

»Mein 65. Geburtstag«

Heute fange ich mein drittes rotes Buch an, in dem ich meine Lebensgeschichten fortsetze.

Es ist der 6. Februar 2012. Wie die Zeit vergeht, hatten wir doch gerade das neue Jahr eingeläutet. Den Tannenbaum hat Mario weggeräumt, er hat ein großes Tuch auf der Erde ausgebreitet und diesen noch immer schönen Baum zerstückelt. Ich bin ans andere Ende des Hauses gegangen, dieser traurigen Arbeit wollte ich nicht zusehen, es tat mir so leid. Wenn man bedenkt, wie viele Jahre ein Tannenbaum wächst, dann vier Wochen in meinem Wohnzimmer steht und uns erfreut.

Gestern habe ich die ersten rosa Blüten entdeckt an Lukas' Aprikosenbäumchen, es sieht so hübsch aus. Den Berg habe ich erst einmal nach dem Regen gegossen, das Unkraut ist überall, hat den Berg in eine grüne Oase verwandelt. Die weißen Margeritensträucher, die wir im letzten Jahr gepflanzt haben, leuchten aus dem Grün weiß heraus. Am Samstag habe ich mit Mario das Unkraut am linken Gartenzaun herausgezogen. Die Rosensträucher sind alle herunter geschnitten, es sieht so sauber aus. Auch grüne Pflanzen und weiße Margeriten haben wir gesetzt.

Die Stunden am Samstag gehen so schnell vorbei. Letzte Woche hatte Charlotte Geburtstag, sie wurde 99 Jahre alt. Wenn ich mit Ihr am Telefon spreche, hört es sich wie ein junges Mädchen an, wir verstehen uns prächtig, schade, dass ich sie so spät in meinem und ihrem Leben kennenlernen durfte.

Sie wohnt jetzt seit zwei Jahren in einem Seniorenheim, geht spazieren und sagt: »Alle meine Freunde sind weggestorben.« Wie traurig, sollte man dann nicht so alt werden? Charlotte habe ich im Sommer vor zwei Jahren zuletzt gesehen, da sind wir im Seniorenpark zu einer Bank, mit Bäumen umrankt, spazieren gegangen.

Wir fragen von der Vergangenheit, sie hat nichts vergessen. Jörg ist an ihren Erzählungen sehr interessiert, war doch seine Mama in jungen Mädchenjahren mit Charlotte befreundet in seiner Heimatstadt Zeulenroda in Thüringen.

Bis zuletzt hat sie in ihrem Elternhaus, einem Geschäftshaus, mitten in der Stadt gewohnt. Wer kann das von sich behaupten?

Charlotte erzählte, wenn man einen Raum betrat, konnte man das Parfüm von Sophie, das war der schöne Name von Jörgs Mama, riechen, obwohl sie nicht mehr da war. Ich hätte mir gewünscht, sie als Schwiegermutter zu haben, Regine hätte noch eine Omi gehabt, so viel von ihr lernen können, und zum Liebhaben.

Wir haben Regine mit zweitem Namen Sofie getauft, nach ihrer Großmutter. Charlotte erinnerte sich an so manche schöne Erlebnisse mit ihrer Freundin Sophie.

Einmal fuhren sie mit dem Zug, in dem französische Soldaten waren, Sophie mit Pelzmantel und Pelz Hut sah aus wie eine Diva vom Film, was ich auch von den Bildern gesehen habe, die oben in unserem Herrenzimmer stehen und sprach mit den Herren in französischer Sprache, die dann diese Dame für eine deutsche Schauspielerin hielten. Außerdem hat Sophie dann Autogramme verteilt. Eine schöne Anekdote. Zum Geburtstag habe ich für Charlotte eine Strickjacke und darunter ein Top in beiger Farbe und aus feinstem Kaschmir bei Neiman Marcus in Newport Beach gekauft, damit sie warm ist im Winter.

Es hat sie sehr gefreut, sagte sie, aber jetzt kommt es, sie wolle bis ins Frühjahr warten mit dem Tragen der Sachen. Sie hat eine gute Zukunftsperspektive, oder? Werden wir uns wiedersehen im September? Es liegt in Gottes Hand, wenn wir dann alle gesund sind. Ich sehne mich nach Deutschland, meiner Heimat, nach meinen Verwandten, den kleinen Kindern. Die Buchläden suche ich in jeder Stadt auf, bleibe da für Stunden. Meine Koffer sind deshalb vollgestopft, wer wird einmal alle diese Bücher in deutscher Sprache lesen?

»Mein 65. Geburtstag«

Ein Meilenstein im Leben eines Menschen, Hauptsache gesund. Ich fühlte mich wohl, hatte mein einziges Kind, meine Regine, meine Enkel Lukas und Josh, meine drei liebsten Menschen. Ich dachte nicht an die Jahreszahl. Es war eben so, ich fand die Zahl gar nicht so schrecklich, ich war da so hineingerutscht. Wie jedes Jahr habe ich meinen Geburtstag ein bisschen gefeiert in einem besonders schönen Restaurant, zur Erinnerung.

Da denke ich an andere Geburtstage, da waren Regine und die Kinder und Papa, Josh hat den Nachtisch so geliebt, er sagte: »Da gehen wir nächsten Geburtstag wieder hin.« Es war eine große Eiscremeschale, wir vermissten niemanden. Diese Geburtstagsessen waren für mich die schönsten.

Dieses Mal sollte es etwas Besonderes sein. Ich hatte mir den BBC-Club ausgesucht. Vor Jahren hatten Jörg und ich unsere silberne Hochzeit im großen Restaurant gefeiert, mit anschließendem Tanzabend in der Bar. Wie jung wir da waren, jetzt sind die Jahre etwas fortgeschritten, mit Höhen und Tiefen, aber davon in späteren Geschichten. Ich hatte mich mit Regine verständigt, diesen besonderen Tag gemeinsam zu verbringen. Schon gegen Mittag haben wir uns verabredet. Regine kam mit so vielen Sachen, die auf einem Kofferträger gefahren werden mussten. Ich sehe sie noch heute da ankommen. Sie sagte, sie habe eine Torte für mich gebacken. Regine konnte wunderbar backen und kochen, was sie auch immer tat. Alles gelang ihr perfekt, mein liebes, schönes Kind. Sie brachte die Torte in die Küche. Dann hatten wir Lunch, alle waren hungrig.

Die Speisen im BBC waren köstlich, mischte da auch ein deutscher Küchenchef mit, deshalb. Nach dem Mittagessen sprangen die Buben in den Swimmingpool, Jörg hatte ein Nickerchen auf dem Liegestuhl. Regine und ich unterhielten uns, tranken etwas Besonderes, ein Glas Champagner, der Tag musste gewürdigt werden. Der BBC-Club lag direkt am Wasser, die großen Yachten waren nur ein paar Meter entfernt. Vom Pool aus konnte man das Meer sehen, eine traumhafte Kulisse, sehr teuer, auch sehr schön, alles, die Gartenanlagen, die blühenden Blumenbeete, die Ober sehr zuvorkommen in weißen Jacken, erfüllten jeden Wunsch. Rechnungen wurden nur unterschrieben, am Monatsende bezahlt. Josh fand das am schönsten, er bestellte etwas zu trinken, ohne einen Dollar hinzulegen. Er hatte sich seinen dreizehnten Geburtstag auch dort gewünscht, seinen letzten mit mir und Papa, das war 2003.

Als wir nach Kalifornien kamen und diesen Club entdeckten, der nur für Mitglieder war, nur mit Klubzugehörigkeit betreten werden konnte, war uns klar, wir wollten da hinein gehen. Es musste ein Sponsor gesucht und dann eine stolze Summe eingezahlt werden, dann kam eine kleine Plastikkarte für Jörg und mich mit der Post, dann waren wir dabei. Das war der erste Erfolg hier, wir waren berauscht, dann der erste Zutritt, es war spannend. den Club zu erkunden.

Damals habe ich da Tennisstunden genommen, dieser schöne Club, die netten Damen und Herren, komischerweise hatte ich in all den Jahren keine amerikanischen Freunde. Der Manager für die Events war ein junger Mann aus Deutschland, in der Küche ein deutscher Chef aus Bayern, und der General Manager des BBC Clubs war auch Deutscher, so viel von deutschem Engagement, auch heute noch gehe ich am liebsten zu jeder Gelegenheit, Ostern, Weihnachten oder nur zu einem Frühstück, Lunch dorthin. Vergessen habe ich die monatlichen Beiträge. Heute waren wir da, an meinem 65. Geburtstag. Später am Nachmittag hatten wir Kaffee und Regines Torte, die so wunderbar aussah und auch köstlich schmeckte. Nur wir, Regine, Lukas und Josh und Papa und ich.

Alle waren so liebevoll, wir waren so vertraut, eine Familie, endlich hatte ich meine Regine ein paar Stunden für mich. Geburtstage waren immer so wichtig in unserer Familie, auch für Regine. Die Buben schwammen und spielten den ganzen Nachmittag. Sie waren glücklich. Papa auf seiner Liege auch. Es war Ende Oktober, die Tage noch warm.

Für den Abend hatte ich einige meiner Freunde zum Dinner eingeladen, einen Tisch bestellt, eine kleine Gruppe, ich denke, es waren sieben Paare, da ist eine gemütliche Unterhaltung am Tisch möglich. Es dunkelte schon, es war ja Oktober, aber auch nicht mehr so warm wie am Tag. Wir fotografierten die schöne Torte, Josh, bei mir auf dem Schoß, lachte so glücklich, das Bild sehe ich mir so gerne an. Ich habe es eingerahmt, auf mein Klavier gestellt, der liebe Junge, schöne Erinnerungen, so lange her, warum wird alles Erlebte so lange her sein. Wie aus einem anderen Leben, wenn man in die Jahre kommt. Könnte man doch die Zeit anhalten. Meine Mutter war nicht hier, hat meinen Geburtstag nicht mehr erlebt. Alle Freunde kamen, brachten Geschenke, keiner sprach von Regines Ehemann, fragte, warum er nicht da war. Auch ich sagte oder fragte Regine nicht. Wir waren unter uns, fast alle sprachen deutsch. Später am Abend, so gegen acht Uhr, fragte mich Josh: »Lollo, wann kommt mein Daddy?« Ich sagte: »Keine Ahnung, ich weiß es nicht.« Ich hatte auch an vorigen Geburtstagen mit Regine und den Buben und Papa in schönen Restaurants gegessen.

Wir haben ihn nicht vermisst. Ich war froh, wenn ich ihn nicht sah, wusste er ja, dass ich nicht viel von ihm hielt, weil er keine Aufgabe im Leben hatte. Wir waren mit Regine glücklich, wir brauchten ihn nicht. Er kam aus einer anderen Welt. Das Essen war so gut, jeder war gut gelaunt. Alle waren schön angezogen. Die Zeit, der ganze Tag verging so schnell. Regine hat sich am späten Abend mit den Kindern verabschiedet, ich war so stolz auf mein schönes, kluges Mädchen.

Ein Geburtstag, den ich nie vergessen werde, die schönen Bilder erinnern mich. Ein paar Tage später rief Regine mich an, der Phoenix Club in Anaheim feierte Oktoberfest, es wäre schön, wir könnten uns da sehen, die ganze Familie, noch mal meinen Geburtstag feiern im Nachhinein, auch mit den Verwandten ihres Ehemannes, die Schwiegereltern, die Schwester und der Ehemann, die drei hübschen Töchter. Sie sagte: »Bitte lade ein paar von deinen Freunden dazu ein. Wir werden alle einen deutschen Oktoberfesttag haben.« Ich rief einige deutsche Freunde an, der Tag war der 27. Oktober, ein Sonntag. Die schöne Gruppe waren zwölf Erwachsene und fünf Kinder. Im Nachhinein war es sehr lustig. Alle tanzten nach der deutschen Kapelle, die immer zum Oktoberfest, das hier mindestens zwei Monate dauert, einfliegt.

Regine hatte wieder eine Torte gebacken, Tischdecke

und Oktoberfestservietten, blau-weiß, aufgelegt. Es war zünftig nach Bayernart. Die Männer von der Kapelle trugen Lederhosen, bayerische Tracht. Gleich bei der Begrüßung sagte Regines Schwiegermutter: »Hallo, wir sind ja alle deutscher Abstammung.« Ich war überrascht über ihre Worte, aber ich erinnerte mich, sie erzählte immer von ihren Nachforschungen, den leiblichen Eltern und Verwandten. Sie war ein angenommenes Kind, aufgewachsen in San Francisco, bei einer wohlhabenden Familie. Es war freundlich von ihr, das zu sagen, hatte doch ihr Sohn ein deutsches Mädchen geheiratet.

Es war ein gelungenes Oktoberfest, Geburtstagsnachmittag, alle, auch die Kinder, haben getanzt, es war so lustig. Lukas war da sechs Jahre alt, Josh zwölf im Jahr 2002. Gestern habe ich alles auf den Bildern noch mal angeschaut.

Am späten Nachmittag hat Regines Ehemann sich verabschiedet, er musste zu einem wichtigen Game, es war ein besonderes Spiel, ich kenne mich da nicht besonders aus. Er verließ uns, seine Frau, Kinder, Eltern und seine Verwandten, warum nahm er die Buben nicht mit? Sie waren alt genug, mit dem Vater ein sportliches Spiel mit zu verfolgen. Regine machte ein betretenes Gesicht, ich fragte nichts, wie immer, auch vertraute sie mir nichts an, wie immer, so verschlossen wie Papa. Er verabschiedete sich schnell und ging eilig, alleine davon. Niemals habe ich Regine gefragt, ich konnte mir denken, wo er hinging am Sonntagnachmittag. Das konnte sich jeder denken, auch seine Eltern, ein sportliches Ereignis anzusehen ohne die Buben. Er war das, was ich immer von diesem Menschen gehalten habe, meine gebildete Regine war zu schade für ihn, warum haben wir sie nicht vor diesem Menschen schützen können? Später haben sich außer unseren Freunden alle verabschiedet,

Regine blieb noch, wir hatten ein deutsches Abendbrot, natürlich Sauerkraut, Schweinebraten, Würstchen. Alle Fleischgerichte waren von deutschen Metzgern hergestellt.

Dort gab es auch ein schönes gemütliches Restaurant, das man jeden Tag aufsuchen konnte. Wir saßen draußen auf den Bänken, überall hingen die kleinen weiß blauen Fähnchen aufgeschnürt, über uns in Reihen aufgespannt, die deutsche Musik, es war ein herrlicher Nachmittag. Wir hatten unser Kind so gerne für uns, wir sprachen in unserer Heimatsprache, waren so vertraut, ach, könnten wir doch glücklich sein. Mit einem tüchtigen Schwiegersohn. Man sagt ja nichts, ist vollkommen, gerne hätte ich ein zärtliches Verhältnis mit dem Ehemann meiner Tochter gehabt.

Aber hier fehlte eine ganze Menge, dann noch eine andere Kultur, es passte nicht von Anfang an, wir waren so verblendet, jetzt mussten wir damit leben.

Wir verabschiedeten unsere Tochter und die Buben, brachten sie zum Auto, viele Umarmungen, vielen Dank für den schönen Tag, mein gutes Mädchen, ich drückte die Buben, konnte gar nicht genug Zärtlichkeiten austeilen. Dann ein Winken. Sie fuhren davon, die liebsten Menschen, die ich hatte.

45. Geschichte: 13. Februar 2012 (69. Montag)

Montagsgeschichte: »Dresdner Kirche«

»Der Hauskauf«

Wieder ein Montag, ein trüber, wenn ich aus dem Fenster schaue. Ich warte auf den Regen für meinen Berg, die Pflanzen sehen so trocken aus. Auf meinem iPhone zeigte der Montag Regen an, aber nur 30 %, also keine Chance für einen tüchtigen Regenguss. Es ist früh am Morgen, vielleicht wird es noch was.

Jörg will in die Lüfte steigen, eine kurze Strecke fliegen und einmal landen. Ich bin doch immer in Sorge, er lässt es nicht, ist er doch nicht mehr der Jüngste. Wie sich das anhört, sind wir da schon angekommen in unserem Leben?

Meine Nichte Sabine erwartet ein Baby, das erste. Ich bin voller Freude für sie, endlich wird sie eine eigene Familie haben. Vor zwei Jahren haben wir, Jörg und ich, Ihre Hochzeit mitgefeiert und jetzt das erste Kind, sicher werden noch mehrere folgen, welch ein Glück für meine Schwester Traudl, sie hat zwei Töchter, dieses wird ihr drittes Enkelchen, ein Bübchen. Das Baby wird Anfang Mai erwartet. Jeden Tag fährt sie zum Flughafen Frankfurt mit dem Auto, jetzt bei Eis und Schnee, das macht mir etwas Sorgen. Letzten Dienstag habe ich zwei Päckchen an sie gesendet, einmal schwarze, lange Kaschmirhandschuhe, im anderen eine Flasche Parfüm von Chanel, das sie so liebt.

Eine werdende Mutti braucht in dieser Zeit Zuwendung und Geschenke, ich habe sie ins Herz geschlossen. Sie ist ein anständiges, gebildetes Mädchen, spricht perfekt Englisch und wird eine wunderbare liebe Mami sein. In meinen Erinnerungen sehe ich sie als kleines Mädchen dastehen, in einem schönen Kleidchen und langen blonden Haaren, sah wunderschön aus. Sie war immer ein liebes Kind. Wann werde ich sie wiedersehen? Und das Baby bestaunen? Wäre ich nicht am anderen Ende der Welt, könnte ich mal schnell hinfliegen und sie besuchen.

Vor einer Woche, samstags ist unser Entenpaar wieder eingeflogen, landete mit Geschnatter auf dem Wasser unseres Schwimmbads draußen. Seitdem sind Sie jeden Tag da, in der Nacht höre ich sie landen.

Heute ist der 67. Jahrestag, Erinnerungen an die Bombennacht auf die Hauptstadt Dresden, alle historischen Gebäude wurden zerstört. Britische und amerikanische Bombenflugzeuge haben ganze Arbeit geleistet, 25.000 Menschen starben in dieser Nacht. Ich finde das heute unglaublich, wie konnten diese Nationen einfach alles zerstören. Ich denke, es hätte nicht so kommen müssen, auch mit wenigen Bomben hätte man ein Zeichen setzen können. Ich habe mit meiner Mutti eine Reise dorthin gemacht. Wir fuhren mit einem großen BMW von Remscheid nach Dresden. In einem schönen Hotel machten wir Quartier, von da aus erkundeten wir die Stadt, auch in Meißen sind wir gewesen, habe mir ein paar schöne Teile Meißner Porzellan gekauft, erste Wahl natürlich, die mich heute erinnern. Die Frauenkirche war da noch nicht aufgebaut, man hatte den Keller der Kirche weitgehend benutzbar errichtet, die ersten Weihnachtsgottesdienste fanden statt. Um die Kirche herum lagen die großen Steine der bombardierten Kirche, beschriftet, ordentlich aufeinander gestapelt, zum Wiederaufbau, alles war mit Drahtgeflecht zusammengehalten. In den Buchländen, meine Lieblingsbeschäftigung, habe ich die Literatur von Dresden gekauft, da konnten wir sehen, wie die Kirche aussah vor dem verheerenden Bombenangriff und wie sie wieder strahlt in ihrer Pracht, wenn sie in ein paar Jahren wieder, hergestellt sein wird..

Ein Opernbesuch in der Semper-Oper war das Wichtigste für uns. Ich bestellte Karten im Hotel für Mutti und mich. Die Karten waren teurer als in New York in der Met, aber das prächtige Opernhaus, kein Vergleich. In New York war ich sehr enttäuscht, ein gewöhnlicher Flachbau, man ging hinein, wie in ein Kino. Andächtig haben wir uns alles angesehen, der Musik gelauscht, ein unvergessliches Erlebnis in diesem historischen Gemäuer.

Mario hat am letzten Samstag alle Rosenbüsche professionell zurück geschnitten, vier Wochen zu spät dieses Jahr, er brauchte mindestens vier Stunden, ich muss jetzt endlich zählen, wie viele Stöcke da wachsen. Bei so vielen Rosen, ist man dann eine Rosenkönigin?

Heute Abend werden alle Kirchenglocken in Dresden zur gleichen Zeit läuten, zur Erinnerung an die Bombennacht in Jahr 1945. Ich war damals acht Jahre alt. Alle Gebäude in Dresden sind wieder aufgebaut. Wir sind da gewesen, Jörg und ich, vor ein paar Jahren, die Frauenkirche, haben ganz Dresden für ein paar Tage besichtigt. Die Glocke von der Frauenkirche wurde von England gespendet. Der Pilot mit Bombenabwurf hat sich für das nötige Geld eingesetzt. Nach all dem Leid eine kleine versuchte Wiedergutmachung an der Zerstörung dieses Gotteshauses? Erster Gottesdienst im Kellergewölbe zu Weihnachten war am 23. Dezember 1993.

Es hat nicht geregnet, leider. Jörg ist auch wieder gut gelandet.

»Der Hauskauf«

Das Haus in Fountain Valley war ein kleines Anwesen, ein kleiner Garten hinter dem Haus, ein Schwimmbad, das wir haben einbauen lassen.

Als der Container mit unseren Möbeln aus Deutschland vor der Tür stand, wusste ich nicht, wohin mit all der Extra-Einrichtung aus unserem Haus in Remscheid. Ich erinnere mich, als die Möbelpacker unser Hab und Gut seefest verpackten.

Zuletzt stand nur noch der Fernseher in dem Wohnzimmer, die Hochzeit von Sarah Ferguson mit dem englischen Prinzen Andrew wollte ich unbedingt verfolgen. Ein Ereignis, was man nicht alle Tage sehen konnte, eine echte Märchenhochzeit. Es dauerte eine lange Woche zu packen. Jetzt stand alles vor der Türe in Kalifornien, musste ins Haus. Junge Freunde von Regine halfen, so auch Theresas Freund Tom, ein ganz lieber, junger Mann, ihr späterer Ehemann.

Er sagte, eines Tages wird er auch so ein Haus haben. Da war er jung und zuversichtlich, später haben dieser Mensch und meine Regine diese unschuldigen Freunde in die Sekte verführt, das Haus haben sie nie, bis heute nicht, gekauft. Alles Geld bekam der Sektenverein, ein verirrtes, trauriges Schicksal.

Unsere schönen Esszimmermöbel hatten in einem kleinen Gästezimmer ihren vorläufigen Platz gefunden. es war nicht benutzbar. Es war mir immer klar, in diesem Haus, für uns zu klein, wollte ich nicht bleiben, auch in unserer damaligen Gegend nicht. Die Häuser waren alle zehn bis zwanzig Jahre alt.

Mit der Zeit haben wir Plätze aufgesucht, in der ganze Siedlungen neu errichtet wurden. Straßen zuerst, dann die Plätze für die Häuser. Es wurden Auktionen veranstaltet, die ersten hatten die Auswahl, wir haben auch mehrere Male daran teilgenommen, aber entweder wir waren zu spät oder das Anwesen war zu teuer, der Garten zu klein. Jedenfalls mussten wir weiter suchen, mit Unterbrechungen, nach Deutschland usw.

Im Jahr 1987 zum Weihnachtsfest hatten wir eine Party in unserem Haus, am ersten Weihnachtstag, mit vielen Landsleuten, die wir hier inzwischen kennen gelernt hatten, mit selbstgemachtem Heringssalat, gebackenen Plätzchen, Torten usw., alles deutsch. Nur die deutschen Menschen sprachen englisch.

Ich saß auf meinem Sofa und verstand fast nichts, bis ich bat: »Bitte in meiner Sprache, das ist eine deutsche Weihnachtsparty.« Heringssalat kannte man hier nicht mit gekochten roten Beten, die Amerikaner essen rohen Fisch, keine Leber, hier gibt es auch kein Wild, keinen weißen Spargel, all das wusste ich damals noch nicht.

Ich war auf dem Höhenflug, alles war so viel besser, als Remscheid. Essen und Gebräuche sind englisch. Die Party war sehr schön, jeder brachte ein eingepacktes kleines Geschenk für bis zu zwanzig Dollar mit. Es war ein großer Sack da. Nachher nahm Klaus, der Gute, den Sack und kam als Nikolaus verkleidet wieder herein, verteilte die kleinen

Geschenke, jeder musste ein Liedchen singen, auf Englisch, Mexikanisch oder Deutsch. Alle Gäste blieben bis nach Mitternacht.

Vor einigen Wochen hatte ich eine neue Musterhäuser-Siedlung entdeckt, da wollte ich hin am zweiten Weihnachtstag, hier gibt es keinen zweiten Festtag, da ist der größte Umtauschtag der Nation, die Läden öffnen schon um 8.00 am Morgen. Alle Parkplätze, die hier wie Fußballfelder um die Einkaufscenter sind, waren alle in ein paar Stunden belegt. Ich habe mir das einmal angesehen, bin dann nie wieder hingegangen.

Wir feiern in aller Stille und Besinnlichkeit unsere Festtage. Jetzt, wo wir deutsches Fernsehprogramm seit einigen Jahren haben, ganz besonders.

In diesem Jahr 1987 am zweiten Weihnachtstag fuhren Jörg und ich mit unserem Hund Annabell, ich mit einem Zettel und deutschem Maßband, zu diesen Musterhäusern hin. Wir fuhren eine gute halbe Stunde über die Autobahn, Richtung Süden, San Diego hin. Ich war ganz aufgeregt, endlich eine neue Häuserbesichtigung, was wird uns erwarten?

Von der Autobahnabzweigung geht es rechts den Berg hinauf, da war ein Parkplatz, links andere bewohnte Häuser, rechts die Modellhäuser. Wir gingen in ein Büro, an den Wänden und in Glaskästen waren die Modelle aufgezeichnet. Es waren fünf verschieden große Häuser da, das nächste Haus war nebenan und so wie die anderen mit kleinen Zäunen umgeben. Die Gartenanlagen hatte man aufs Schönste angelegt, man spazierte von einem Haus ins nächste. Alle Häuser waren vollkommen eingerichtet, unbeschreiblich schön und perfekt, mit Bildern an der Wand, sogar in den Badezimmern, es könnte nicht schöner sein. Alle Lampen in den Häusern waren angeknipst. Ich hatte meinen Wohnzimmerschrank aus Deutschland, handgearbeitet aus alter englischer Mooreiche, ein besonders kostbares Möbelstück, ausgemessen; wenn der an eine Wand in einem der Häuser passte, das war das unser Haus.

Es sollte das Letzte und Größte sein. Die Wand im Wohnzimmer war groß genug für meine Maße und darüber, ich war berauscht. Ich hatte mein Haus gefunden.

Wir gingen zurück ins Büro und fragten nach den nächsten Daten, wo das Haus stehen würde, wann es gebaut wird, wann fertig; wieviel es kostete, wussten wir schon aus der Broschüre, die man jedem Besuchter bzw. Interessenten aushändigte. Das Haus hatte zwei Stockwerke, man ging seitlich eine große geschwungene Treppe herauf, dann war eine Brücke in das Master/Elternschlafzimmer. Von beiden Seiten ein Geländer und man konnte in das untere Stockwerk sehen.

Es hatte fast fünfhundert Quadratmeter, vier Bäder mit Toiletten, eine extra Gästetoilette, diverse kleine Zimmer oben und unten, für mich das schönste Haus, was ich bisher gesehen hatte.

Wir sprachen mit dem Herrn da, Mr. Mori und fragten, wo das Grundstück liegt. Er zeigte uns einen Straßenplan, wir fuhren dorthin, sofort.

Die Straße, wo unser Grundstück sein sollte, war ganz neu, nichts war da, kein Baum, kein Strauch, wir fuhren den Berg hinauf. Auf der linken Seite war das Grundstück, ich weiß es wie damals, die Nummer war Lot 62. Das Grundstück war größer als unseres damals in Remscheid und hier kam noch der Berg hinzu, wir waren überwältigt, das war unser Garten und unser Haus, daran war nichts mehr zu rütteln. Jetzt mussten wir mit Mr. Mori sprechen. Wir gingen wieder in das Büro.

Anhand der Broschüre und meinem Metermaß zeichnete ich alle meine wichtigsten Möbel ein, ich dachte an das schöne Esszimmer mit Glasvitrine von Großvater Nellenschulte aus Zeulenroda. Die Häuser sollten ungefähr Mitte Januar 1988 verkauft werden. Wir fuhren nach Hause mit der Gewissheit, das wird unser Haus. Den ganzen zweiten Feiertagabend verbrachte ich mit Plänen, Möbel einzeichnen und träumen.

Sicher war die Anzahl der Leute groß, die an diesem Grundstück interessiert waren. Nach einigen Überlegungen hatte ich einen Plan, ich musste die »Erste« am Tage des Verkaufs der Häuser in dem Büro sein.

Ich hatte die Idee, einen Wohnwagen zu mieten und auf dem Parkplatz auf den Verkaufstag zu warten. Jörg und ich fuhren am selben Tag der Besichtigung des Hauses zu einem Wohnwagenplatz, leider waren alle ausgebucht, wurden erst nach Silvester abgeliefert. Wir bestellten uns ein Modell, nicht zu groß, es sollte ja nur für mich und Annabell sein. In der Zwischenzeit fuhr ich jeden Tag mit Annabell zu den Modellhäusern, manchmal am Vormittag und Nachmittag, sprach mit Mr. Mori und freundete mich mit ihm an, ging in mein Traumhaus, setzte mich in die Sessel der Räume und träumte vor mich hin, wie schön alles wird, wenn wir erst mal da wohnen. Natürlich sagte ich nichts von meinem Wohnwagen, obwohl mir Mr. Mori anvertraute, dass Leute auch vor den Büros und Musterhäusern campen.

Nach Silvester holten wir unseren Camper ab, stellten ihn vor unser Haus in Fountain Valley. Jörg fuhr sofort nach Silvester nach Deutschland.

Ich blieb hier und setzte mich in den Wagen vor meiner Tür, um vertraut zu werden, wenn ich da schlafen musste. Nach ein paar Tagen und Besuchen bei Mr. Mori hatte ich den Entschluss gefasst, jetzt war der große Tag gekommen. Am Morgen fuhr ich zu der Vermietung und bezahlte für weitere zwei Wochen, fragte, ob jemand das Mobil fahren könnte, außerdem brauchte ich noch eine Person, die mit dem PKW hinterher fährt und dann den Lenker des Mobiles wieder mit zurück nimmt.

Um fünf Uhr am Nachmittag sollte die Reise losgehen.

Ich kaufte Wasser, Kaffee, Dosenwürstchen, Lebensmittel, auch Hundefutter für Annabell und lud die Sachen ein, holte mein Federbett aus dem Haus, Kaffeemaschine und sonstige Sachen zum Überleben auf dem Parkplatz, den ich dann nicht wieder verlassen konnte.

Ich rief Regine am Nachmittag an, sagte: »Kind, du musst heute Nacht bei mir im Wohnwagen schlafen.« Sie war überrascht, sagte aber zu, jetzt wurde es ernst. Meinen Bekannten und Freunde habe ich nichts erzählt, es war mein Geheimnis.

Pünktlich um fünf am Nachmittag, wie bestellt, kamen die Männer zu meinem Haus. In Kolonne fuhren wir los, ich voran mit meinem silberfarbenen BMW mit Annabell, dann der zweite Mann in einem PKW. Um diese Jahreszeit, es war Anfang Januar, wurde es früh dunkel, endlich waren wir auf der Autobahn, bis dahin war die Sicht noch gut, nach einer halben Stunde, mit Berufsverkehr, bogen wir nach rechts ab, dann den Berg hinauf.

Jetzt war ich schon sehr aufgeregt: bin ich die Erste auf dem Parkplatz? Ich konnte es fast nicht mehr erwarten, Annabell sprang auch schon im Wagen herum. Nur noch eine kurze Strecke, dann eine Abbiegung und wir fuhren auf den Parkplatz. Endlich, es war jetzt stockdunkel, ich konnte nichts sehen. Ich hielt mitten auf dem Parkplatz an, stieg aus dem Auto, sah herum, kein anderes Auto war da, außer meinem.

Ich sprang in die Höhe, ich habe es geschafft, das Haus auf dem Grundstück war jetzt meines geworden. Ich war die Erste, die an dem Verkaufstag in das Büro geht, da konnte ich mir jedes Grundstück mit Haus aussuchen. Alles war gut. Die Männer bestaunten mich, so etwas hatten sie bestimmt noch nicht erlebt. Ich fuhr an den vorderen Rand des Platzes, das Mobil, das jetzt für die nächsten zwei Wochen mein Zuhause war, daneben, die Männer schlossen Wasser- und Stromanschlüsse an.

Ich bezahlte sie, dann fuhren sie davon, nachdem alles aus meinem Pkw in mein neues Domizil geladen war. Ich erinnere mich an den dunklen Parkplatz, die nicht gut beleuchteten Musterhäuser, die nächsten Anwohner zu weit weg, ich fürchtete mich, ich setzte mich auf die Sitzbank, Annabell gleich ganz dicht neben mir, wie gut, dass sie da war, mein kleines Herzblättchen, wie ich sie liebkosend nannte. Nach einiger Zeit war ich eingenickt, plötzlich klopfte es am Fenster, ich sprang auf, hörte Regines Stimme. Sie war da, es war so gegen zehn Uhr am Abend.

Sie sagte: »Meine tüchtige, verrückte Mutti«, wir umarmten uns. Bald danach legten wir uns schlafen, am Ende des Mobiles war ein riesiges Bett und mit meinen Federdecken schliefen wir bald ein. Am nächsten Morgen, nach einem guten Kaffee, fuhr Regine fort. So gegen zehn Uhr klopfte es an der Tür, es war Mr. Mori. Er fragte, wer da sei, ich antwortete: »Ich bin es.« Er erkannte mich an der Stimme und sagte: »Ich wusste es, du bist es«, namentlich nannte er mich nicht. Er sagte: »Wenn es dir möglich ist, komme bitte ins Büro, damit du dich in die Liste eintragen kannst.« Ich sagte: »Oh Mr. Mori, ich habe schon ein Papier und mein Name steht ganz oben als erster darauf.« Hatte gleich, als ich ankam am vorigen Abend, das Blatt hingelegt und meinen Namen eingeschrieben, mit Datum und Uhrzeit. Nach den vielen Geschäftsjahren wusste ich, was zu tun ist. Später im Büro habe ich mich natürlich in Mr. Moris Liste verewigt. Alles war jetzt erledigt, ich konnte aufatmen.

Der erste, allerwichtigste Schritt war getan. jetzt musste ich nur noch warten, bis der Verkaufstag kam. Die Tage draußen auf dem Parkplatz waren ganz neu für mich, ich war »festgenagelt«, konnte mich nirgendwo hin bewegen.

Es war Anfang Januar, die Sonne schien jeden Tag, ich hatte Urlaub mit Annabell. Am ersten Tag habe ich mich in meinen mitgebrachten Liegestuhl gelegt und gelesen, Bücher natürlich, Annabell lag am Fußende auf meiner

Liege. Wir verstanden uns so gut, mein liebes Herzblättchen. Wir aßen Würstchen, in der Kaffeemaschine heiß gemacht, es war einfach schön. Ich lag da, machte die Augen zu, ließ die Bilder von meinen eingerichteten Räumen in dem Traumhaus vorbeifliegen.

Wir hatten auch einen Fernsehapparat im Wagen, nur kein Telefon, es dauerte nicht lange, Jörg hat alles von Deutschland arrangiert, nach ein paar Tagen kam jemand vorbei und brachte eines vorbei, so ein Monster im Vergleich zu heute, aber ich konnte mit Leuten reden, Jörg rief jeden Tag an. Die erste Woche verflog ziemlich schnell. Der erste Sonntag am Parkplatz, immer kamen Interessenten zum Verkaufsbüro, besuchten mich.

Am Morgen kam eine Frau zu mir in den Wagen, begrüßte mich freundlich, fragte, ob sie sich setzen darf, fragte mich die für sie entscheidende, spannende Frage: »Für welche Grundstücksnummer sitzt du hier?"

Ich sagte: »Für die zweiundsechzig.« Die Frau schlug ihre Hände vor das Gesicht, war fassungslos, Sie kam zu spät. Sie konnte es nicht glauben, sie war ganz blass, hatte sie das Grundstück schon als ihres angesehen und es zeitweilig besichtigt. Eine deutsche Frau hatte ihren Traum weggenommen. Nach einer Weile sagte sie, ihr Mann sei im Verkaufsbüro draußen, sie werde ihm sagen, er möchte den kleinen Wohnwagen von zu Hause holen und ob sie bei mir bleiben kann, dann ist sie die zweite Anwärterin auf dasselbe Modellhaus, nur zwei weitere Häuser die Straße herunter auf der linken Seite. Ich muss noch erklären, bei dieser Bauphase hatte man achtzehn Häuser ausgeschrieben, das fing unten am Berg an und hörte bei meinem Grundstück auf.

Die größten drei Häuser waren auf der linken Seite eingezeichnet, also das erste war ziemlich am untersten Berg, dann eines in der Mitte, das nächste Lot zweiundsechzig ganz oben. Danach kam eine neue Bauphase mit mehreren

Häusern in etwa einem Jahr und so ging das voran, bis der Berg oben und hinunter, Nebenstraßen usw. voller Häuser stand. Carol, so war der Name, den Nachnamen habe ich nie gekannt, war also die zweite auf der Liste. Die Grundstücke liefen auf der Gartenseite verkürzt nach unten, so hatte Carol einen viel kleineren Garten und auch einen kleineren Berg, erheblich kleiner. Es war eigentlich nur eine verlängerte, aber steilere Böschung. Von meinem Berg nach unten war ein Pferdepfad, der sich an den hinteren Gärten bis zum Ende der Straße zog, denn hier konnte jeder Pferde halten, was auch einige Hausbesitzer taten. Die ganze Häusergegend hatte Berge und Täler, überall Pferdepfade für die Reiter, oder auch zum Spazierengehen, überall an den Wegen sind Eukalyptusbäume gepflanzt, die Schatten spenden und riesig groß waren. Es ist sehr schön. Wenn ich heute am Samstag mit Mario auf dem Berg arbeite, grüßen wir die vorbeireitenden Reiter oder Spaziergänger. Keiner meiner Nachbarn rechts oder links oder unten hat den Berg urbar angelegt, nur ich, mit Obstbäumen, Rosenstauden und Treppen oder Stützmauern, eine blühende Oase. Wir haben eintausend Blocksteine und auch eintausend Zementsäcke, viel Arbeitslohn usw. in den Berg eingearbeitet, ein kleines Vermögen.

Carol musste jetzt die zweite Anwärterin für das mittlere Haus sein, das war jetzt mit dem Wohnwagen sicher. Jetzt waren zwei Wagen auf dem Parkplatz, wir warteten auf den Verkaufstag, entspannt, keiner konnte uns die Häuser mehr streitig machen. In der zweiten Woche teilte uns Mr. Mori mit, der Verkaufstag sei um zwei Wochen verschoben, also erst Ende Januar. Noch zwei Wochen Urlaub. Ich musste den Wohnwagen bezahlen, die Verlängerung usw. Meine Erinnerung war, wir hatten schon fünftausend Dollar ausgegeben vor der Unterzeichnung des Hauskaufes. Die Besichtigung meines Traumhauses dauerte noch mal zwei Wochen. Jetzt kannte ich jedes Zimmer, jede Ecke im

Schlaf. Von Carol habe ich nicht viel gesehen, die war Amerikanerin, die Sprache war mir nicht geläufig, außerdem trennten uns Welten. Die nächsten Tage und Wochen mehrten sich die Wohnwagen, bis hin zu normalen Pkw's, in denen die Leute schliefen, bis zu dem großen Tag.

Jörg kam wieder angereist. Am Morgen des Verkaufs der achtzehn Häuser, es war ein Samstag, wir waren die ersten im Büro, war natürlich auch die Presse da, nach Unterzeichnung des Vertrages wurden wir fotografiert. Jörg hob die Arme, wir waren glücklich. So ist es in der Zeitung auf dem Titelblatt, von mir war nicht viel zu sehen, wo ich doch alles arrangiert und fast vier Wochen auf dem Parkplatz ausgehalten hatte. Ohne mich, meine Initiative, meine Tatkraft, hätten wir dieses Haus mit Grundstück nie bekommen. Punkt. So ist das in der Männerwelt. Nachdem alles Geschäftliche unterschrieben war, sagte mir Mr. Mori, niemals bei neuem Häuserverkauf, könnten die Leute mehr in Campern warten, die Möglichkeit wäre nicht mehr gegeben.

Am Verkaufstag waren alle Häuser verkauft, vor dem Nachmittag. Ich habe das bewirkt mit meinem ersten Parken. Es war alles mein Tun. Wir fuhren wieder nach Deutschland, im Sommer kamen wir zurück. Unser erster Gang war zur Baustelle, das Fundament stand, Keller gibt es hier nicht, der Hausbau ein einziges Gerüst aus Holz, so wird hier in Südkalifornien gebaut, erdbebensicher nur die Steine der Kamine, wir hatten drei im Haus, traten hervor, es war traumhaft. Bald werden wir einziehen. Es kann noch Monate dauern, aber was sind schon Monate, wenn ein Traum wahr wird. Dann sind wir noch zweimal nach Deutschland gereist, bis im Herbst an einem wunderbaren Novembertag die Schlüsselübergabe stattfand, der Einziehtag da war. Davon möchte ich in meiner nächsten Geschichte schreiben, »Das Haus«. Carol habe ich nie mehr richtig gesprochen, auch unsere eingerichteten Häuser haben wir nicht gegenseitig bewundert, wir winkten uns freundlich zu, wenn ich die Straße herunterfuhr. Etwa zwanzig Jahre wohnt sie hier, dann hat sie das Haus innen und außen, den Garten, um das Haus herum Platten vor den Garagen, Mauern, eine Küche mit Dach draußen großzügig ausgebaut, alles nur für Show, damit sagte man, hat sie sich tüchtig verschuldet. Sie musste ausziehen, das Haus wurde zwangsversteigert. Habe sie nie mehr gesehen, auf einmal war sie weg mit ihrer Familie. Ihre Kinder waren in dem Haus groß geworden, wie viele sie hatte, habe ich nie erfahren.

Hier gibt es keine Vergangenheit in den Häusern, die sind nur Objekte, wie man Geld verdient, man zieht von einem Haus zum nächsten. Das Beständige, wie in Deutschland, gibt es hier nicht. Alle Leute fliegen hin und her, keiner ist hier richtig ansässig. Als das Haus zum Verkauf stand, haben wir, Jörg und ich, es besichtigt an einem Sonntag. Die Badezimmer waren alle noch wie beim Einzug, alt, nicht renoviert, alle Türen nach draußen alt, der Garten war mit Steinen ausgelegt, kaum ein grüner Fleck, am Ende war ein Zaun, der Berg nicht genutzt. Nichts, was Arbeit macht, das ist das wichtigste hier. Kaum eine Frau arbeitet hier im Garten, schneidet die Rosen, eine ganz andere Welt. Ich bin die einzige in meiner Straße und überall.

Alles war unromantisch. Sie hat, über die Jahre, trotzdem mindestens dreimal so viel, wie es gekostet hatte, erhalten, eine schöne Summe.

Damit ist die Geschichte zu Ende. Nie mehr kann ich Reginchen fragen; weißt du noch? Für sie war das Haus, ihr hätte ich dieses schöne Anwesen, mit all seinem ganz besonderen Innenleben, den Möbeln aus Familienbesitz, übergeben wollen. Ich erinnere mich, als ich sie einmal fragte: »Was wird aus all den schönen Sachen, die ich ein Leben lang zusammen getragen habe?« Sie sagte: »Mutti, mach dir bitte keine Sorgen, es bleibt alles, wie es ist, mache dir bitte keine Sorgen«, sie war so ein liebes Kind, hatte einen liebenswerten Charakter, wie soll ich nur ohne sie weiter leben?

Gerade fand ich eine Karte von Mimi. Sie schrieb, Glück und Segen im neuen Haus, das war Winter 1988. Meinen Enkeln, Lukas und Josh, schreibe ich diese Geschichte auf, damit sie erkennen, wie wichtig dieses Haus für mich ist, welche Anstrengungen ich unternommen habe, es zu bekommen, auch sollen sie feststellen, was für eine tüchtige Omi sie haben. Außerdem soll das Haus in der Familie bleiben, der Berg, den ich so aufwändig begehbar machte und schön anlegte, für die Ewigkeit sein, auch für die nächsten Generationen, vor allen Dingen kein Verkaufsobjekt, ein Home, wie man hier sagt, aber gar nicht kennt.

Die Sicherheit und die Vergangenheit, mit Regine und den Buben, Jörg und mir, allen Verwandten, die hier zu Urlaub waren oder Osterpartys im Haus und Garten, alles soll weiterleben in diesen Mauern, der gute Geist darin erhalten bleiben.

Der Mensch braucht eine Vergangenheit, sonst hat er keine Zukunft, denke ich. Wann sehe ich meine beiden wieder? Meine bisher längste Geschichte!

46. Geschichte: 20. Februar 2012 (70. Montag)

Montagsgeschichte: »Wulffs Rücktritt«

»Lukas und der Architekt«

Ein neuer Montag, ohne Sonne oder nur vereinzelt einige Sonnenstrahlen am Nachmittag, kein Regen. Letzte Woche am Mittwoch endlich der ersehnte Regenguss. Alles wurde gut gewässert, dem Himmel sei Dank. Die Enten schwimmen jeden Tag bei uns, der Enterich passt gut auf seine Entendame auf, manchmal ist sie noch nicht eingeflogen. Er sitzt und sitzt und wartet, bewundernswert, ich könnte ihn küssen, wenn das möglich wäre. Die ersten weißen Kirschblüten sind am Baum, habe zwei vor zwei Jahren eingepflanzt, letztes Jahr war da nur eine einzige rote Frucht am Baum, mal sehen, was dieses Jahr passiert.

Jörg hat am Samstag einen kleinen Lastwagen gemietet, Mario hat schwer gearbeitet, diese Unkrautballen zum Auto zu tragen, vorher alle abgezwickten Zweige von den Obstbäumen aufgesammelt. Es sieht aufgeräumt aus am Berg. Wir haben endlich 15 Margeritenpflanzen überall am Berg eingesetzt, es werden große runde Büsche, das Unkraut hat dann nicht mehr so viel Platz, sich zu entwickeln. Außerdem leuchten die weißen Blumen schön, blühen das ganze Jahr. Mit der Zeit, denke ich, ist der Berg schön bepflanzt. Es werden noch Jahre vergehen, aber ich gebe mir Mühe. Heute ist Rosenmontag. Karneval, hat jemand gesagt, ist Verführung, Sex und Maskerade, ist das wahr?

Ich kann die lustigen Sendungen im Fernsehen nicht verfolgen, es macht mich traurig. Jörg hat mit Charlotte telefoniert. Sie sagte einen schönen Spruch: »Ich bin der König, gebt mir nicht zu wenig, lasst mich nicht so lange stehen, ich will ein Haus, noch weitergehen«; aufgeschrieben am 17. Februar 2012. Charlotte hatte gerade ihren 99. Geburtstag im Januar. Ich fand es sehr schön. Das größte Ereignis letzte Woche war der Rücktritt des Bundespräsidenten, eine unglaubliche Geschichte. Ich kann es noch gar nicht fassen, endlich ein schönes, junges Glamourpaar im Schloss Bellevue, in Deutschland, gerade von der Italienreise zurück. Was ist da geschehen? Ich mochte beide, anständige Menschen, aber von der Presse überrollt in einer unanständigen Weise, über Monate. Ich dachte, das geht vorbei, in ein paar Wochen spricht keiner mehr davon. Jetzt das, es ist doch wirklich schade. Die Staatsanwaltschaft will jetzt ermitteln, was wird da noch herauskommen, was noch keiner weiß?

Für mich war alles fremd, in den Talkshows wurde der Mann richtig niedergemacht, nach allem gesucht, was irgendwie angreifbar ist. Schämen sich denn nicht alle diese Menschen, die an der Hetzjagd beteiligt waren, oder entschuldigen sie sich? Und das Gehalt für einen Bundespräsidenten, wenn es das höchste Amt im Staate ist, ein lächerlicher Betrag, wenn man die Summe auf zwölf Monate verteilt, oder? Ein Sparkassendirektor oder, wie Jörg an Facebook geschrieben hat, ein Pilot, der einen A 380 Airbus fliegt, bekommt dasselbe Geld, da ist doch etwas faul. Der französische Präsident erhält neben seinem Gehalt eine Summe in Millionenhöhe für Aufwandsentschädigung, das ist doch richtig. Ich wünsche diesem schönen und tüchtigen Paar gute erfolgreiche Jahre und der Frau bitte noch ein Baby, eine kleine Tochter, damit ihre Buben ein kleines Schwesterchen haben.

Habe am Montag sechs Stunden geschrieben. Denke an meine Nichte Sabine, die auch mein Patenkind ist, bald ist sie eine Mami. Letzte Woche konnte ich nicht widerstehen, habe bei Neiman in Newport Beach in der Baby- und Kleinkindabteilung, die ersten Babysachen gekauft, wieder alles in blau, wie immer. Ob Sabine meine Päckchen erhalten hat?

»Lukas und der Architekt«

Jetzt und endlich möchte ich die Geschichte erzählen, die mir so lange am Herzen liegt, von meinem kleinen Enkel Lukas. Ich denke, niemand kann sich so etwas ausdenken, es muss erlebt sein. An einem schönen Mittwochnachmittag fuhren wir nach Hause zu Regines Haus. Wir, Lukas und ich, hatten einen schönen Bummeltag mit kleinen Einkäufen, Lunch essen, Bücher ansehen im South Coast Plaza, das war ein wirklich schöner Buchladen, ein individueller Platz, nicht so groß, aber ausgesuchte Bücher, Karten und sonstiger Kleinkram, Kalender usw., wenn man bis hinten in das Geschäft hinein ging, da war auch ein Ausgang zu der Shopping Mall, durch Fensterscheibenglas getrennt, dort war unsere Ecke für die Kinderbücher für jedes Alter. Ich hatte diesen Laden vor einiger Zeit entdeckt, seitdem besuchten wir die Bücher jede Woche.

Lukas liebte es, wir saßen auf der Erde, manchmal war auch Papa, wie er Jörg nannte, mit dabei. Wir saßen dann alle drei auf dem Fußboden. Papa, Lukas und ich, kramten die einzelnen Bücher aus den Regalen und lasen, bzw. ich las, Lukas war noch zu klein, aber er liebte die bunten Bilder. Er war ein ganz wissbegieriger kleiner Darling, niemand störte uns, es war in Ordnung, wir fühlten uns wie zu Hause, oft habe ich zu Lukas deutsch gesprochen. Ich glaube, manchmal verstand er mich auch. Wenn wir vom Schauen und Lesen, sitzend oder liegend, das war Lukas, genug hatten, fragte ich den Kleinen, welches Buch er nach Hause mitnehmen möchte, das war schnell entschieden, das Kind war entschlussfreudig. Ich bezahlte. Wir gingen glücklich aus dem Geschäft. Lukas nahm immer meine Hand, ich die Buch-Tüte in der anderen. Danach brauchten wir etwas zum Trinken, wie beschrieben in anderen Geschichten, gingen wir zu dem French-Cafè, dort bekam Lukas seine Lieblingslimonade, ein kleines gelbes Fläschchen. Ich hatte immer Ersatz zu Hause im Kühlschrank, in der Garage, noch später kaufte ich die kleinen gelben Fläschchen frisch, aber Lukas kam nicht mehr. So warteten die Fläschchen und auch ich. Oft hatten wir auch einen kleinen Snack, dann zum Auto, es war Zeit zum Aufbruch.

Am späten Nachmittag kamen wir immer in die Rushhour, das heißt, in den Berufsverkehr, da war nur stop-and-go auf der Autobahn. Ich nahm es gelassen hin, denn die Stunden am Mittwoch mit Lukas waren die köstlichsten der ganzen Woche. Zu dieser Zeit wurden die Autobahnstrecke nach Süden und die Abzweigung nach

Norden ausgebaut. Brücken, Baustellen überall, um den Verkehrsknotenpunkt für die Zukunft zu entlasten. Jede Woche dasselbe für uns, stop-and-go, unter den Brücken durch. Lukas saß in seinem Kindersitz hinten im Auto rechts, so dass ich ihn immer anschauen konnte. Wir plauderten, es war immer so schön, ich liebte meinen kleinen Lukas wie mein eigenes Kind. Bei stop-and-go und über uns eine Brücke zur Einfahrt nach Nord fragte ich Lukas. Ich sagte: »Schatzele, was denkst du. Vielleicht wirst du, wenn du auch groß bist, ein Architekt und kannst auch so schöne Brücken bauen.«

Ich weiß es noch wie heute und werde es nie vergessen, diese Geschichte wird mich ein Leben lang begleiten. Lukas war damals keine sechs Jahre alt. Er ist in meiner Erinnerung eher bei der fünf, als bei der sechs, also noch ein kleiner Bub, aber sehr aufgeweckt. Alles, was er sagte, hatte einen Punkt. Während ich am Steuer saß und vor und über mir diese gewaltigen Bücken zu sehen waren, und ich diese Frage stellte, war es erst einmal still, Lukas sagte nichts, dann wie aus der Pistole geschossen: »I don't want to be an architect, I want to work at Pacifica. Then I can see my mommy.« Er will kein Architekt werden, er will bei Pacifica arbeiten, im Geschäft seiner Mama, dann könne er sie immer sehen. Ich hatte erfasst was das Kind sagte, die Tränen schossen in meine Augen, das Kind will immer seine Mami sehen, so sehr vermisste er sie, meine Regine.

Man denkt immer, alles ist in Ordnung, die Mutter geht jeden Morgen ins Geschäft, die Kinder in die Schule oder den Kindergarten, aber keiner, auch ich nicht, machte sich Gedanken, dass diese kleinen Wesen ihre Mami so sehnsüchtig den ganzen Tag lang vermissten. Mein armer kleiner Schatz. Erst fiel mir nichts ein zu erwidern, ich war sehr traurig. Ich drehte mich um und sah in sein kleines Gesichtchen, was sollte ich tun. Ich sagte: »Lukas, nächste Woche, wenn ich dich wieder abhole (mir war nur erlaubt, einmal in der Woche das Kind abzuholen), also nächste Woche fahren wir zuerst zu Mami ins Büro, besuchen sie und du kannst sie tüchtig lieb haben.« Er nickte, war sichtlich erleichtert, war er das? Beim Nachhausefahren sagte ich immer wieder, wir werden Mami besuchen, es ging mir nicht mehr aus dem Kopf.

Am nächsten Mittwoch holte ich Lukas ab. »Heute fahren wir zu Mami. wir werden Mami ein Lunchpaket bringen.« Lukas freute sich, wir parkten und gingen in ein schönes Schnellrestaurant, wie immer eine Warteschlange. Ich bestellte für Regine, Lukas und mich.

Dann ging alles ganz schnell, dann fuhren wir zu Mami. Gleich sind wir da. Lukas freute sich, gleich sehe ich meine Mami. Wir gingen ins Geschäft. Lukas lief voraus, suchte sie. Regine war in ihrem Büro und war ganz überrascht, als sie uns sah. »Was treibt euch denn hierher?« Ich sagte: »Lukas möchte dich so gerne sehen, wir haben auch Lunch dabei.«

Regine hatte auch Hunger, es war Mittagszeit, Sie freute sich. Lukas saß auf ihrem Schoß. Er konnte nicht loslassen. Endlich war er bei ihr, sprach mit seiner Mami und liebkoste sie. Welch ein schönes Bild. Nach einer Weile gingen wir hinaus an die frische Luft und haben uns ins Gras gesetzt, auf einer kleinen Anhöhe. Wenn ich meine Augen schließe, sehe ich den Platz, ich könnte im Dunkeln dahin finden. Wir hatten Lunch, Lukas lachte, er saß bei seiner Mami am helllichten Tag, einem Arbeitstag, was für ein Ereignis. Es hat nicht lange gedauert und der Mensch kam heraus. Sagte Hallo und palaverte und unsere vertraute Dreisamkeit war vorbei.

Außerdem war kein Essen für ihn da, oder jemand teilte, ich nicht. Nach dem Lunch kletterte Lukas in den Baum, Regine half, sie spielten herum, Mutter und Kind, mitten in der Woche. Nach einer langen Weile musste Regine wieder ins Büro. Ich machte ein Foto von diesen denkwürdigen, glücklichen Stunden. Regine ging hinein, aber der Mensch blieb, spielte mit Lukas, hatte Zeit, wie jeder wusste, hatte er keine Aufgabe in der Firma. Ich erinnere mich noch genau an das Büro, es sollte seins sein. Es sah unbenutzt aus, auf dem Tisch stand der Computer, die Kabel hingen herunter, waren nicht angeschlossen, für Monate, wie lange, weiß ich nicht. Was sollte er auch mit einem Computer. Lukas saß noch immer im Baum, ich wollte jetzt aber fahren, denn mein Tag mit Lukas hatte ja erst angefangen, aber der Mensch ließ Lukas nicht laufen. Ich ging ins Büro zu Regine, die ja so beschäftigt war, diese große Firma zu leiten und wartete. Nach einer langen halben Stunde sind wir endlich gefahren. Lukas rannte noch einmal zu Mami, drückte sie, war dann glücklich.

Endlich war er bei seiner Mami, konnte dann wieder fahren. Heute habe ich das Foto in meinem Badezimmer in einem goldenen Holzrahmen neben dem zweiten unbenutzten Waschbecken auf schwarzem Marmor stehen. Der Baum mit Blättern, Regine in einem kurzen Kleidchen, sonderbar, genau die Farbe der Blätter, an den Baum gelehnt, einen Fuß angewinkelt an den Baumstamm. Lukas über ihr, schaut mit seinem kleinen Gesichtchen aus den Blättern hervor.

Immer, wenn ich das Bild anschaue, denke ich an diesen Tag und den Satz »Wenn ich groß bin, will ich kein Architekt sein. Ich will bei Pacifica arbeiten, dann kann ich meine Mami sehen.« Auch heute macht mich dieser Satz so traurig und immer muss ich weinen. Wer hätte damals gedacht oder nur ahnen können, dass der kleine Junge seine geliebte Mami verliert, als er gerade vierzehn Jahre alt war. Sie nie mehr in seinem Leben wieder sieht, ich auch nicht. So eine wahre, traurige Geschichte.

47. Geschicht: 27. Februar 2012 (71. Montag)

Montagsgeschichte: »Telefonat mit Brenda«

»Catalina mit Mimi«

Ein neuer Montag, der letzte in diesem Februar, ein trüber noch dazu, wenn ich von meinem Schreibtisch in den Garten schaue. Heute ist Regen angesagt, über Mittag achtzig Prozent, dann wird es endlich nass im Garten.

Draußen vorm Haus steht ein etwa fünfzehn Meter hoher Tannenbaum, der mir viel Sorgen bereitet, wurde vor dreiundzwanzig Jahren gepflanzt. Es war mein Wunsch, ich wollte einen Weihnachtsbaum vor der Türe haben, mit Lichterketten, wie in meiner Heimat. Vor zwei Jahren im Sommer, als wir zweieinhalb Monate in Deutschland herumgereist sind, hat der Baum nicht genügend Wasser bekommen. Mario hat nicht gut achtgegeben, so ist der Baum, besonders von der Sonnenseite, ausgetrocknet. Nach Rücksprache bei Rodgers Garden und Recherche im Internet, müsste dieser Baum an einem Teich stehen, so viel Wasser braucht er zum Überleben. Wir haben einen Wasserschlauch hingelegt, das Wasser Tag und Nacht laufen lassen, für Wochen, jetzt zeigen sich neue grüne Sprossen an den fast vertrockneten Zweigen. Ich habe wieder Hoffnung, so bete ich jede Woche für einen neuen Regenguss. Ganz besonderen Dünger hat Mario am Samstag vor zwei Wochen hingestreut.

Am Sonntag habe ich in der Bildschublade Fotos gefunden, ich mit einem selbst genähten Sommerkleidchen, einen Petticoat sieht man hervor blitzen, noch dunkle Haare, meine Naturfarbe, ein Baby auf dem Schoß. Regine war das Baby, mein erstes und einziges Kind. Ich war da gerade zwanzig Jahre alt. Von der Pille hatte man in meinem Umkreis noch nichts gehört, lang, lang ist's her.

Meine Freitage liebe ich ganz besonders, keine Hausarbeit, ich kann den ganzen Tag schreiben, später am Abend ist Kriminacht.

Am Samstag waren wir erfolgreich. Peter war da, endlich, hat ein paar kleine Mauern gesetzt, das alte Holz hat der Helfer zersägt und nach oben getragen zum Entsorgen. Mario hat endlich die gelben Rosenbüsche vom Pool Beet ausgegraben. Wir haben die linke Böschung mit Rosen und anderen Grünpflanzen neu arrangiert, es sieht toll aus. Endlich, nach drei Frühjahren, habe ich es geschafft. Nächsten Samstag geht es weiter bis zum Pool Beet.

Der Garten ist zu groß, aber es macht Spaß. Ich liebe auch den Samstag. Es ist jetzt Mittag, noch kein Regen in Sicht. Brenda habe ich endlich letzte Woche angerufen. Lesly hatte am 1. Februar Geburtstag. Sie wurde elf Jahre alt, schon bald ein Teenager. Alle Schokolade haben sie von Weihnachten aufgegessen, habe versprochen, ein Osterpaket zu senden. Andy und Lesly, beide tragen die Armbanduhren, die ich im Weihnachtspaket gesendet hatte. Das freut mich besonders, ich habe es nicht geschafft, Lukas und Josh eine Uhr tragen zu lassen. Irgendwie waren sie immer verschollen, oder was ich besonders in Verdacht habe, es war der Mensch, der auch keine Uhr am Arm trug, so oft Regine ihm auch immer wieder eine schenkte.

Ich spreche so gerne mit Brenda, ich wünschte, sie könnte Lukas und Josh anrufen, aber wir haben keine Telefonnummer und da ist niemand, den wir fragen können.

Heute erst habe ich meine Ruhetage beendet. Heute war der Tag. Ich bin auf meinem Grundstück hin- und hergelaufen, den Berg hinauf und herunter, fast alle Treppen habe ich ausprobiert, dreimal von oben nach unten. Es sind zweiundvierzig Minuten zusammen gekommen. Ich bin so froh, dass ich es ausprobiert habe, erst einmal werde ich meinen Lauf um das Wasser nicht mehr machen. Zu Hause laufen ist viel schöner. Ach ja, fast hätte ich es vergessen, das

Entenpaar ist jeden Tag da. Es ist ganz dunkel geworden, bald regnet es. Endlich! Es schüttet! Es ist spät am Nachmittag. Die Enten sind immer noch da. Die Armen werden ganz nass.

»Catalina mit Mimi«

Catalina, eine Insel im Meer, ungefähr fünfunddreißig Kilometer von unserer Küste. Wie oft in den Jahren haben wir sie besucht. Ich kenne alles da, aber es gibt immer wieder etwas Neues zu entdecken, auch die schönen Häuser in den Bergen. Meine Mutter war hier zu Besuch, immer haben wir etwas Schönes mit ihr unternommen. Dieses Mal sollte es die Insel Catalina sein, mit dem Schiff zu erreichen oder fliegen mit Jörg, der dort schon mehrere Male gelandet ist.

Ich hatte mich mit Regine verabredet. Sie und die Kinder, Papa, Mimi und ich. Mimi, wie Regine ihre Omi liebevoll von klein auf nannte. Das Schiff legte früh am Morgen ab, so mussten wir zeitig aufstehen. Jörg und Mimi und ich fuhren los. Regine trafen wir an der Schiffsanlegestelle in Newport Beach. An diesem Morgen waren wir alle in froher Erwartung, es sollte ein schöner Tag werden. Die Sonne schien, es war Sommer. Ich freute mich, alle meine Lieben den ganzen Tag zu sehen. Wir warteten an der Anlegestelle, standen in einer Menschenschlange, warteten, bis der Schalter aufsperrte, wir unsere Schiffskarten kaufen konnten.

Regine war da noch nicht da. Nach einer Weile machten wir uns Sorgen, ob sie überhaupt kommt. Es wurde immer später. Mimi und ich liefen herum, hielten Ausschau nach Ihr. Jörg kaufte die Karten, im letzten Augenblick sahen wir sie auf uns zu eilen, Sie war da, alles war gut. Er hat sie gebracht und versprach, um fünf Uhr am Nachmittag pünktlich da zu sein, zum Abholen. Wir suchten uns Plätze auf dem Schiff, die Buben waren ganz aufgeregt. Lukas war vier Jahre alt im Sommer und Josh hatte seinen zehnten Geburtstag, unglaublich, wie auch da die Jahre vergingen. Die Überfahrt zur Insel dauerte etwa eine Stunde. Wir hatten Zeit für Erfrischungen und Gespräche, dann legte das Schiff an, wir gingen an Land, die Kinder staunten. Als erstes haben wir zwei elektrische Golf-Carts gemietet, mit denen wir den Strand abfuhren, die Küstenstraße, dann die Berge hoch, kleine Wege und Straßen, die Häuser bewunderten. Es war eine kleine Stadt mit dreitausendsiebenhundert Bewohnern. Der größte Teil ist Privatbesitz. Es kommen jedes Jahr ungefähr eine Million Touristen. Die Stadt heißt Avalon, ist für die meisten Menschen, die da leben, ein Erholungsort, gehört zu Los Angeles County. Los Angeles hatte 1890 circa fünfzigtausend Einwohner und lag nur fünfunddreißig km entfernt. Noch etwas Interessantes, in den achtziger Jahren, genau 1981, ertrank Natalie Wood an der Küste und noch etwas, Marylin Monroe lebte kurzzeitig als jung verheiratete Frau auf Santa Catalina und arbeitete als Babysitterin für ihre Nachbarn. Das ganz kurz, einige Anmerkungen. Beim Erkunden der Gegend fanden wir einen kleinen Tierpark auf halber Höhe des Berges. Den Buben machte es so viel Spaß, sie lachten, waren glücklich. Ihre Mama lenkte das kleine Gefährt. Papa und Mimi und ich im zweiten Wägelchen.

Jetzt war Mittagszeit, wir alle waren hungrig. Ein Eis zwischendurch war nicht genug. Überall mussten wir warten. Endlich haben wir ein Restaurant im Freien gefunden. Obwohl es lange her ist, kann ich mich so genau erinnern. Nach dem Essen gingen wir ans Wasser, die Kinder wollten schnorcheln, Regine hatte Badehosen, alles mitgebracht, eine treusorgende Mama. Mimi und Papa gingen Shopping zu den bunten Souvenir-Geschäften an der Küstenstraße. Nach einiger Zeit bin ich mitgegangen, zwischen den kleinen Gassen fand man schöne Innenhöfe mit Geschäften und Cafès, überall konnte man sich setzen, unter Bäumen, etwa essen, trinken, Eiscreme haben. Später holten wir Regine ab, die Kinder waren nass und glücklich. Dann haben wir alle zusammen ein schönes Eiscafé gefunden, romantisch unter großen Bäumen gesessen. Die Eisbecher waren riesig, der Tag war wunderschön, auch T-Shirts habe ich gekauft und noch so allerlei, was meine Enkel aussuchten. So einen Ausflug machten wir nicht alle Tage, meine Familie, wir alle zusammen und Mimi. Sie strahlte, die Sonne tat ihr gut. Alle Unterhaltung in unserer Sprache, das war am schönsten. Hier noch etwas über die Insel. Sie ist fünfunddreißig km lang und dreizehn Kilometer breit und weist eine Fläche von einhundertvierundneunzig Quadratkilometern auf.

Dann war es Zeit, zur Schiffsanlegestelle zu gehen, wir mussten Abschied nehmen, von der Insel und von dem schönen Ausflug. Die Überfahrt war jetzt ruhiger, die Buben haben alles gesehen. Jetzt freuten wir uns auf zu Hause. Das Schiff war wieder voller Menschen.

Es gab wieder etwas zu kaufen, wie ja überall, wenn man unterwegs war. Regine saß neben Mimi, hielt ihre Hand, die wichtigste Person für sie überhaupt, das erste Enkelkind. Ich erinnere mich, wie oft Mimi das kleine Baby an ihrer Brust geschaukelt hat. Damals wohnten wir noch bei meiner Mutter, Jörg in der Polizeikaserne, bis wir endlich eine Wohnung bekamen, aber das ist eine ganz, ganz andere Geschichte. Die beiden waren so vertraut, saßen zusammen und freuten sich über den schönen Tag, den sie zusammen erleben konnten, waren sie doch so weit getrennt, über Ozeane.

Wenn ich heute darüber nachdenke, macht es mich doch sehr traurig, dass ich meine Mutter alleine gelassen habe. Wenn ich noch mal die Wahl hätte, würde ich es nicht mehr tun. Man lässt seine Mutter nicht im Stich, macht sich davon, auch mit den Enkeln, Regine und jetzt die Urenkel, die sie nicht mal verstehen kann. Ich darf nicht darüber nachdenken, es bricht mir das Herz. Meine liebe, einzige Mama. Das Schiff legte an, Regine hielt Ausschau nach ihrem Ehemann, wir gingen an Land. Die Sonne schien noch so kräftig, obwohl es bald fünf Uhr dreißig war. Jetzt müsste der Vater der Kinder da sein, ich konnte ihn aber nirgendwo entdecken. Regine lief telefonierend in das gegenüberliegende Gebäude, den Kindern nach. Es war ein kleines, für Kinder eingerichtetes Spaßparadies, voller Maschinen zum Spielen. Mimi und ich setzten uns auf die weißen, langen Bänke in die Sonne. Regine kam wieder aus dem Gebäude heraus. Ich sah, wie sie telefonierte, hörte sie laut sprechen. Der Mann war noch nicht da, um seine Familie abzuholen, wo blieb er nur? Allmählich verließ uns die Sonne, so rückten wir auf der Bank ein Stück weiter. Die Zeit lief davon. Mimi und ich fühlten uns wohl auf dem Platz in der Sonne, unterhielten uns, dann sahen wir wieder Regine aus dem Gebäude kommen. Sie schien jetzt sehr aufgeregt, redete am Telefon, ich sehe sie noch heute, wir auf der Bank. Jedes Mal, und das ist selten, wenn ich dorthin komme, sehe ich uns da sitzen, die Bank ist leer, es wird nie mehr so sein. Es sind nur Erinnerungen. Um es kurz zu machen, der Mann kam nicht, das war uns allen klar. Jörg war mit den Buben in dem kleinen Spielparadies. Wir rutschten weiter auf der Bank mit der Sonne bis ans Ende, dann verließ uns die Sonne. Es wurde kühler.

Jetzt war eine Stunde vergangen. Papa sprach mit Regine, sie war verstört, lachte nicht. Das konnten wir von weitem sehen. Warum konnte sie diesen Menschen nicht erreichen? Diese Blamage. Wir hatten alle Hunger. Es war mittlerweile nach sechs Uhr, es war Abendbrotzeit. So beschlossen wir, in eines der umliegenden Restaurants zu gehen. Keiner sprach Regine an, fragte, warum er nicht gekommen war, dann überlegte ich für mich, er könnte uns ja dort treffen, sagte aber nichts. Wir fanden ein schönes, gemütliches Fischrestaurant, die Buben fragten nicht nach ihrem Daddy, wir taten, als wäre alles normal, fragten nichts. Wir bestellten das Essen, ich freute mich, dass wir zusammen waren. Nach einiger Zeit gingen Regine und ich mit den Buben hinaus, wir setzten uns auf eine Bank und rauchten. Zu der Zeit hatte ich dieses sinnlose Laster noch nicht aufgegeben. Regine sagte kein Wort. Ich fragte nichts, wie immer. Hätte ich doch öfter mal etwas hinterfragt, was wäre denn passiert? Aber ich hatte Angst, der Mann war stärker, die große Gefahr war, ich hätte die Buben nicht mehr gesehen.

Damals wusste ich schon immer, dass dieser Mann gegen mich war, das zeigte sich an den Geburtstagen, die er nicht mit mir feierte und auch sonst, bei anderen Gelegenheiten. Regine und ich saßen so dicht zusammen, ich nahm ihre Hand, mein armes Kind. Ich erhob mich, ging auf die Buben zu, die um einen Baum herum alberten, dann sah ich in das Gesicht meines Kindes, da wusste ich, was los war, auch ohne Worte, sie war so blass, so ernst. Ihr Gesicht war erstarrt. Sie sah so traurig aus. Ich wusste Bescheid, es lag auf der Hand, warum er nicht gekommen war. Regine wusste es auch. Wo war unser schöner Tag geblieben, den wir so lustig verbracht hatten?

Mein armes Mädchen. Ich kann mich an meine Situation erinnern, ich hatte ähnliches erlebt. Das Gesicht meiner Tochter sprach Bände. Es lag auf der Hand was da los war. Meine schöne, tüchtige Tochter, die diesen Menschen ernährt, bis zu diesem Tag und auch später. Erhebt sich die Frage, warum tun Frauen so etwas? Warum beenden sie nicht so eine einseitige Beziehung? Hier war es die Sekte, an der Regine festhielt, das war der eigentliche, wahre Grund. Wir gingen wieder wortlos in das Restaurant, Mimi und Papa warteten schon. Wir hatten noch ein köstliches Abendbrot, die Unterhaltung mit Mimi und Papa heiterte Regine etwas auf. Keiner erwähnte ihren Ehemann, die Kinder auch nicht, wie ich schon sagte, er war überhaupt nicht wichtig in meinem Leben. Später fuhren wir Regine nach

Hause, verabschiedeten uns vor ihrer Haustüre. Kein Wort mehr über den Ehemann, etwas hatte der Mensch unseren wunderbar schönen Tag dennoch verdorben.

Während ich schreibe, kann ich noch genau fühlen, welchen Schmerz meine Regine hatte. Ob sie bald ihre Augen öffnet und handelt? Nichts ist geschehen. Alles ging normal weiter, wir sollten es erleben. Beim nächsten Wiedersehen fragte ich Regine, ob sich das Fernbleiben aufgeklärt hätte. Sie meinte und drehte an den Worten herum, er habe die Zeit verpasst, irgendwo mit Kunden. Ja, aber warum war er bei niemandem telefonisch erreichbar? Das ist ein Mystery, oder? Sie tat mir so leid, das hat sie nicht verdient, aber wir wussten es von Anfang an, aber was kann eine Mutter oder auch ein Vater tun? Am Ende hat dieser Mensch unseren schönen Tag verdorben. Wie er unser Leben negativ beeinträchtigte, erzähle ich in weiteren Geschichten. Unsere Mimi hat, glaube ich, nicht so viel mitgekommen. Wir wollten sie nicht beunruhigen, war doch Reginchen ihr liebstes Enkelkind! Vor mir auf dem Schreibtisch habe ich zwei große Fotos in Silberrahmen, eines von Mimi mit Regine, beide sitzen in dem Wägelchen. Sie halten sich fest umarmt und Mimi legt den Kopf anlehnend zu Regine, so voller Zärtlichkeit. Das andere Foto zeigt Regine, ihre Kinder Lukas und Josh, fest umarmend, von hinten angelehnt an das kleine Gefährt, Lukas halb sitzend und Josh stehend vor ihr. Sie umarmt ihre Kinder so voller Hingabe, man kann sehen, wie lieb sie beide hatte, ihre Kinder waren alles, was sie hatte, das Liebste auf Erden. Meine Erinnerung an diesen Ausflug nach Catalina.

48. Geschichte: 5. März 2012 (72. Montag)

Montaggeschichte: »Bis nichts mehr bleibt«

»Osterparty 2003«

Keine Sonne am Morgen, es hat sich etwas abgekühlt. Gestern am Sonntag, so eine Hitze. Es waren 29° C, gegen Abend kühlt es sich immer ab, gegen das Klima in Südkalifornien ist nichts einzuwenden, aber es ist so weit weg von der Heimat, die ich vermisse. Das hätten wir auch in Mallorca haben können, nur zweieinhalb Stunden Flug bis nach Hause. Unser Leben wäre anders verlaufen. Ich darf gar nicht daran denken.

Letzte Woche bin ich mehrere Male den Berg runter und rauf gelaufen, die Treppen zu steigen ist das Beste für die Linie. Der Pflaumenbaum ist voller weißer Blüten. Die Bäume sind wie meine Kinder, sie brauchen ständige Pflege, sind immer in meinen Gedanken. Manchmal fliegen die Enten ein, landen beim Nachbarn auf dem Schwimmbad, ich vermisse sie.

Letzte Woche ist Jörg mit Peter in ein Spielparadies gefahren, gut eine Autostunde entfernt. Jörg rief mich von unterwegs an. Ich sagte, einhundert Dollar kannst du für mich spielen. Er rief später zurück, es hatte an der Dollarmaschine ganz laut und lange geklingelt, so viele Münzen waren herausgekommen. Es waren dreihundertachtundfünfzig Dollar, habe mich gefreut, alles auf Lukas' Sparbuch eingezahlt. Hier in Kalifornien sind Spielcasinos nicht erlaubt. Die Genehmigung gibt es nur für Indianer Reservate, die bezahlen auch keine Einkommensteuer an den kalifornischen Staat.

Das wollte Gouverneur Schwarzenegger ändern, in seiner Amtszeit.

Isabella und Rena kamen zum Kaffee am Nachmittag, sie lieben meinen Miele-Kaffeeautomaten. Sonst kommt keiner hier vorbei, gut, dass ich beschäftigt bin mit meinem Leben. Die Wochentage gehen so schnell vorbei.

Letzte Woche wurde der Sektenfilm wiederholt, von 2010. »Bis nichts mehr bleibt«, wir haben uns dieses Drama zum zweiten Mal angesehen. Es ist genauso, wie es dargestellt wurde, ich kann das bestätigen, von meiner Tochter, wir haben es erfahren, uns ist auch nichts mehr geblieben, genauso wie im Film. Jetzt haben wir erfahren, dass der Verein in der Schweiz verboten ist. Die Politiker haben das richtig erkannt. Wie viele Familien sind zerstört, wie wir, wann wird endlich den Menschen die Augen geöffnet, wie gutgläubig so viele auf die »Fänge« dieser Leute hereinfallen und außerdem ihr ganzes Geld und mehr als sie haben, dorthin geben. Meine Tochter war ein intelligentes Mädchen, gute Schulausbildung, konnte sich nicht davon lösen. Wenn ich noch mal alles anders machen könne, hätte ich Wege gefunden, unser einziges Kind da heraus zu holen. Wie das? Verrate ich nicht, aber mein Handeln hätte Erfolg gehabt, da bin ich mir ganz sicher. Sie war das Wichtigste in meinem Leben. Sie würde jetzt noch leben und auch in Freiheit und nicht mit einem vernebelten Gehirn. Mein armes einziges Kind. Auch ich klage an. Dieser Film müsste jeden zweiten Monat im Fernsehen gezeigt werden und alles würde sich von selbst erledigen.

Ich höre die Vögel zwitschern, es wird Frühling, die Natur erwacht, die Osterblumen blühen. Morgen, an meinem Einkaufstag gehe ich zu Rodgers Garden und kaufe Maiglöckchen, ob noch welche da sind? Bald ist Ostern, die ersten Osterkarten habe ich letzte Woche gekauft. Werde bald anfangen sie zu schreiben und abzusenden. Noch nicht lange, vor ein paar Wochen war Weihnachten, die Zeit rennt dahin. Meine nächste Geschichte schreibe ich von unserer Osterparty im Jahr 2003, die letzte mit Regine und den Buben in meinen Garten. Es ist so lange her, aber voll in meiner Erinnerung.

»Osterparty 2003«

Gerade war Ostern 2012, da ist das Jahr 2003 so weit weg, neun Jahre, wo ist die Zeit geblieben? Es war schon ein fester Bestandteil unseres Familienlebens, Ostern waren wir zusammen, Regine und Papa, die Kinder und ich, und nicht zu vergessen der Ehemann. Manchmal auch Regines Schwiegereltern, dann allerdings war unser Osteressen ein Brunch in diversen, schön gelegenen Hotels ganz in der Nähe. Regine wusste, Mama wünschte sich zu Ostern, zum Brunch zu gehen, mit neuen Kleidern. Das war das Schönste für mich.

Als wir in Deutschland lebten, fand das Ostereiersuchen mit Familie in meinem Garten und anschließendem Restaurantbesuch statt. Immer sehr schöne Osterfeste, an die ich mich erinnere, aber so weit weg sind sie wie aus einem anderen Leben. Das Schönste, meine Mutter war immer dabei. Wir hatten, Regine und ich, beschlossen, dieses Jahr zu Hause zu feiern, das heißt in meinem Garten. Wir besprachen, was gekocht werden sollte und wie viele Gäste, alles andere überließ Regine ihrer Mama.

Wie jedes Jahr hatte ich einen Lammbraten auf der Liste, das war das Wichtigste für mich. Es hatten sich auch Regines Schwägerin Barb mit Familie und Schwiegereltern angesagt, dazu gehörten drei junge Mädchen. Josh und Lukas, dann die Schwiegereltern von Regine, Jörg und ich, bis jetzt waren es fünfzehn Personen, oh ich vergaß, da war noch Karla, die älteste Schwägerin, dann eben sechzehn Gäste. Ein paar Tage später rief mich Regine an, erzählte, die Schwiegereltern bekämen Besuch, eine Familie aus San Franzisco, vier Erwachsene, aus diesem Grund möchte sie absagen, nicht zu unserer Osterparty erscheinen. Ich überlegte nicht lange und rief wieder zurück, sagte, alle sollten kommen, da ja alles Familie ist.

Jörg und ich freuten uns, noch andere Angehörige der angeheirateten Familie zu begrüßen. Jetzt waren wir eine große Gesellschaft. Verschiedene Tische wurden aufgestellt, für die fünf Kinder war der Tisch am Pool gedeckt, so konnten wir sie von der Ferne beobachten.

Der Ostertag war da. Ich hatte alles vorbereitet, die Tische waren schön bunt gedeckt und dekoriert. Die große Party-Kaffeemaschine stand auf der Küchen-Bar draußen, da kochten wir auch, Teller, Tassen, Zucker, Milch, jeder konnte sich selbst bedienen. Ich hatte Geschenke gekauft für die Kinder, dazu zählte auch mein Kind, meine Regine, alles österlich verpackt, hatte ich in meinem Bücherzimmer aufbewahrt bis zum Osterfest. Es sah aus wie Weihnachten, nur bunter. Ungefähr zwei Wochen vor Ostern habe ich mit Josh und Lukas einen großen Laden aufgesucht, Lukas wünschte sich einen Gameboy. Der Erste, den ich kaufte, war plötzlich verschwunden, nach einiger Zeit der Zweite auch. Ich hatte so meinen Verdacht, sagte aber nichts. Wir waren in dem Geschäft, konnten nichts finden.

Ich bat die Verkäuferin um Hilfe, da musste doch ein Gerät sein. Sie sagte, sie sehe mal im Lager nach, wir warteten und wie immer, suchten sich die Kinder andere Dinge, die sie immer brauchten, aus, alles, was sie gerne hätten, Filmkassetten, eine neue Maus für den Computer, Batterien usw. Ich habe immer alles für die Buben gekauft. Die Verkäuferin kam zurück und sagte, da ist eine neue Lieferung angekommen, ich werde etwas auspacken Unser Warten hatte sich gelohnt, Lukas suchte sich einen Gameboy aus, er war ganz versessen auf dieses Ding, alle Buben in seinem Alter waren das. Ich sagte: »Bitte, das ist jetzt für Ostern, wenn der Osterhase kommt.« Lukas war fast sieben Jahre alt, glaubte nicht mehr an dieses Märchen. Josh lachte, aber beide ließen mich die Geschenke einpacken und freuten sich auf das Osterfest.

Ich hätte das Geschäft auch nicht ohne Gameboy verlassen. Die größten Ausgaben waren die Spielkassetten, die man auswechseln konnte. Bei dem ersten Gameboy wurden diese Spiele in meinem Schreibtisch in der Garage aufbewahrt. Lukas hatte jedes Mal, wenn er in mein Haus kam, verschiedene ausgewechselt, niemand wusste von dem Versteck. Bei einem Besuch in Regines Office hatte ich die schlecht gerahmte Urkunde mitgenommen, versprochen, sie eingerahmt zurück zu geben. Jetzt hatte ich für Regine verschiedene Bücher einzeln eingepackt, in buntes Osterpapier, ihr Diplom von der Pepperdine University bei meinem Bildermann professionell eingerahmt, dabei hatte ich eine Kopie auch für mich anfertigen lassen, diese hängt in meinem Raum, wenn ich sitze und schreibe und meinen Kopf etwas nach links hebe, schaue ich auf dieses eingerahmte Zeugnis, was mich an ihre Graduation, Master in Business Administration erinnert, 1987, Regine war 28 Jahre alt, unvergessliche Erlebnisse.

Auf alle diese eingepackten Geschenke hatte ich ein weißes, weiches Osterhäschen gebunden. Ein Bild vor mir auf meinem Schreibtisch zeigt, wie Regine am Ostertag vor ihren Geschenken sitzt, sie lacht so glücklich, freut sich auf die Geschenke, wie ein kleines Mädchen, hält das Osterhäschen mit beiden Händen vor sich. Ich könnte mir das Bild, die Fotografie immer ansehen. Ich hatte allerhand zu tun, alle Lebensmittel einzukaufen, vorzubereiten für das Mittagessen, für so viele Gäste. Regine versprach, schon früher, am Morgen zu kommen, mir dabei zu helfen. In dem allergrößten Topf, den ich besaß, kochten wir den Kartoffelbrei, Regine half die Kartoffeln zu schälen und auch später beim Stampfen von Hand.

Die Tage vor dem Ostertag hatte ich voll zu tun, am Karfreitag färbten wir die Ostereier, Jörg und ich, draußen in unserer voll eingerichteten Küche. Ich koche und brate auch heute noch alle meine Speisen draußen, ich stehe da, sehe meine Blumen, höre die Vögel zwitschern, es ist einfach schön und wie im Urlaub. Der Ostertag war da. Die ersten Gäste, Barb und Familie klingelten, wir begrüßten uns herzlich, wir hatten ein liebevolles Verhältnis, verstanden uns gut, waren auch oft zu allen Geburtstagen der Kinder eingeladen, ungefähr eine Autostunde von hier, meinem Haus und etwas Inland, dadurch viel wärmer als bei mir, wo die Küste in ca. fünfzehn Minuten zu erreichen ist, immer ein Wind vom Meer zu uns herüber weht. Der Trubel begann, Josh und Lukas waren schon hier, damals dreizehn und fast sieben Jahre alt.

Die Kinder tobten im Garten. Lukas liebte Fußball, schon als kleiner Bub kickte er die großen Bälle, er hatte einfach Talent. Es lagen immer große Bälle auf der Wiese. Lukas versprach, ein großer Fußballspieler zu werden, das dachte ich, wenn ich ihn rennen sah. In diesen Jahren kaufte ich überall große Fußbälle von deutschen Vereinen. Ich hatte Enkel, keine Enkelinnen, dann wären Puppen das Richtige, die in meinem Haus überall sitzen.

Bald waren alle Erwachsenen da. Regines Schwiegermutter hatte immer ein lächelndes Gesicht und war freundlich zu jedermann. Ich sah sie nie anders. Auch heute habe ich einige Geschenke, die ich von ihr erhielt, in meinen Zimmern, die mich an schöne Stunden, die wir verbracht haben, erinnern.

Es dauerte eine Weile, bis sich jeder begrüßte, alles nette Leute, alle sprachen englisch. Ich wünschte, wir wären in Deutschland. Die Osterparty begann. Die Kinder suchten mit ihren Körbchen an der Hand die bunten gekochten Eier, auch große Schokoladenhäschen, alles, was man so verstecken konnte, nicht zu vergessen, die bunten amerikanischen Plastikeier. Jedes Kind hatte eine andere Farbe, mit Inhalt, die alle ganz närrisch suchten und mit lautem Geschrei fanden. Viele dieser Eier hatten Geldmünzen oder auch kleinere Geldbeträge in Scheine zum Inhalt.

Es war aufregend, dann die Öffnung und die Überraschung. Alle waren lustig, die Erwachsenen sahen zu, hatten ihre Freude, derweil der Koch, das war ich, hin und her rannte. Im Haus im Ofen brutzelte der Osterbraten und wollte begossen werden, die Beilagen angerichtet in vielen Schüsseln, groß und klein. Obwohl so viele Personen an den Tischen saßen, sollte das Osteressen doch feierlich festlich sein. Ich kochte deutsch, das hieß, reichlich Soße zum Fleisch, mit Rotwein und Creme fraiche, das kannte man hier nicht so wie wir.

Ich erinnere mich, Brittas Ehemann sprach noch Jahre davon, wie lecker die Soße war, gerade für ihn hatte ich die Sauciere nochmal gefüllt. Alle Speisen waren aus höchste gut geraten. Ich war stolz, jedem schmeckte meine deutsche Kochweise. Alle waren begeistert von meinen Salaten mit den selbst angerührten Salatsoßen. Nach dem ausgiebigen Mittagessen räumten wir, das waren Regine und ich, den Tisch ab, rannten hin und her, um das Geschirr in die Küche zu tragen, eine mühevolle Arbeit, keine von den Damen half uns.

Jeder war in Gesprächen, die Kinder spielten im Garten, der ja groß genug war, nur am Berg hatten wir noch keine Treppen und betonierte Wege, damals waren nur ausgehobene Wege, bei nassem Wetter, konnte man nicht hinunter gehen. Regine hat meinen angelegten Berg, den man jetzt mit Hausschuhen hinunter und hinauf spazieren kann, nie gesehen, auch die Buben nicht. Die Kaffeezeit nahte, der Nachmittagskaffee und die Torten, wie zu Hause typisch deutsch, kannte hier auch keiner von unseren Gästen. Den Kaffee und Kuchen reichte man nach dem Abendessen, typisch englisch. Regine war es deutsch gewöhnt und wir trugen die Kaffeetassen und Teller heraus. Das Geschirr natürlich aus dem Esszimmerschrank, es war ja Ostern, Tassen mit Untertassen. Ich erinnere mich, als meine Mutter hier war, man reichte ihr einen Kaffeepot, so in die Hand, sie war erstaunt, wollte gar nicht daraus trinken.

Inzwischen habe ich mich auch daran gewöhnt, den täglichen Kaffee so zu genießen.

Also, die Tische haben wir neu eingedeckt, wir stellten die selbstgemachten Torten darauf. Jeder sagte – oh und ah und war begeistert von diesem köstlichen Anblick. Ich kann heute nicht mehr sagen, welche Torten ich backte, aber der berühmte Gugelhupf mit Schokolade überzogen, den Lukas so gerne aß, Erdbeertorten, selbstgeschlagene Sahne, auch Regine brachte etwas Selbstgebackenes mit. Sie backte schon immer so gerne, nebenbei bemerkt, Lukas aß die Schokoladeränder ab und legte mir den Rest auf den Teller, er sagte: »Hier Lollo, das ist für dich.« Ich erinnere mich. Ich lachte, höre noch heute seine Stimme.

Es war ein schöner, erlebnisreicher Tag, alles verlief harmonisch, aber leider auch mit viel Arbeit verbunden, das Auf- und Abdecken, das viele Geschirr musste bewältigt werden. Beim letzten großen Abräumen, Regine hatte alle Hände voll und transportierte die Last in die Küche, sagte beim Gehen: »Mutti, du hast deinen Wunsch gehabt, nächstes Jahr zu Ostern gehen wir alle zum Brunch.« Sie sprach in Deutsch, es hatte niemand verstanden, außer mir, es waren die einzigen Worte, die sie darüber sagte, über die viele Arbeit, die wir hatten, und auch dass keine von den Ladys uns geholfen hat. Sonst verloren wir keine einzige Silbe. Es war alles gesagt, nächstes Jahr wird alles anders. Ja, es wurde anders.

Das Osterfest 2003 war das letzte, das wir zusammen verlebten. Ich wusste es da noch nicht, hätte es nie erahnen können, nach den Geburtstagen der Kinder, etwa drei Monate später, kam Regine in mein Haus, sagte uns, Papa und mir, sie wolle uns nicht mehr sehen, nicht mehr sprechen, keinen, gar keinen Kontakt mit uns, ihren Eltern. Wir dürften auch die Kinder, unsere Enkel nicht mehr sehen. Wenn wir das nicht achten, müssten wir mit einem Brief vom Anwalt rechnen. Ich weiß bis heute nicht, was geschehen ist, es ist unfassbar. Ich habe so gelitten.

Das Liebste sollte mir genommen werden. Wie gesagt, an diesem Ostertag waren wir eine richtige Familie, alle waren glücklich, die Kinder packten die Geschenke aus. Lukas sah in dem Bücherzimmer die vielen eingepackten Ostergeschenke, gleich morgens, nachdem er angekommen war. Er fragte mich sofort: »Lollo kann ich schon mein Päckchen auspacken?« Aber natürlich, aber natürlich, er konnte es nicht mehr erwarten. Ich sagte: »Ja, wir wollen es gemeinsam holen«, für Lukas hatte da schon Ostern begonnen.

Er war glücklich, endlich seinen neuen Gameboy in der Hand zu halten, um damit zu spielen. Er rannte zu seiner Cousine, zeigte sein Geschenk ganz stolz, mein kleiner Darling. Beim Geschenkeverteilen hatte ich nur die Kinder bedacht und auch mein großes Mädchen, meine Tochter Regine, mein einziges Kind, wie ich schon geschrieben habe. Am frühen Abend war alles vorbei. Die ersten Gäste verabschiedeten sich. Der Tag war viel zu schnell vergangen. Regine half noch etwas Geschirr in der Küche aufzuräumen, dann war es Zeit zum Verabschieden.

Ich vermisste Lukas im Garten, ging nach vorne ums Haus, sah Lukas schon im Auto sitzen, hinten in seinem Kindersitz, immer ging ich zum Auto, um den Kleinen zu verabschieden, im Winter eine Decke um ihn zu legen. Ich drückte ihn, sagte: »Auf Wiedersehen.« Dieses Mal merkte ich sofort, dass etwas nicht stimmte. Das Kind lachte nicht, ich fragte, ich wusste sofort, was passiert war. »Lukas, wo ist dein Gameboy?«

Er sagte, sein Vater hat ihm den Gameboy weggenommen. Ich fragte: »Wo ist er?« Lukas zeigte mit dem Finger nach vorne auf das Handschuhfach. Ich sah den Menschen draußen vorne neben dem Auto stehen, diese Niedertracht, er hatte es wieder getan. Ich konnte es nicht fassen. Ich war wütend. Ich sagte mit ruhiger Stimme: »Aber warum nimmst du dem Jungen den Gameboy weg, heute ist doch Ostern.«

Ich kann mich noch genau an diese Szene besinnen als wäre es gestern. Er ging auf das Auto zu, holte Lukas' Ostergeschenk aus dem Handschuhfach heraus, reichte es dem Jungen ohne ein Wort nach hinten. Lukas Gesichtchen wurde freundlicher. Er hatte sein Spielzeug wieder, er lächelte. Jetzt weiß ich auch, wie Lukas die ersten zwei Gameboys abhandengekommen sind. Ich hatte ja den Verdacht, jetzt hatte ich Gewissheit, dieser Mensch schreckt auch vor dem kleinen Jungen nicht zurück, bei Josh, der schon dreizehn Jahre alt war, konnte er sich nicht wagen, so etwas zu tun, er war groß und konnte sich wehren.

Wie hat er es angestellt, hat dem Kind das Spielzeug aus der Hand genommen und in das Handschuhfach gelegt? Warum ist Lukas nicht von seinem Sitz aufgestanden und hat es sich wieder geholt? Was hat der Mensch dem kleinen Kind gesagt? Als ich Lukas fragte, hatte er eine weinerliche Stimme. Ich wusste, warum ich ihn nie ausstehen konnte. Ein Vater, ich meine einen Menschen, der ein Vater ist und das auch seinen Kindern vorlebt, hätte dem Kind doch niemals das Ostergeschenk im Auto weggenommen, so dass es keiner sah.

Noch heute macht es mich zornig. Regine hat von diesem Vorfall nichts erfahren, nicht an dem Tag oder zu anderen Zeiten. Bis heute glaube ich fest, diese Person hat alles, was danach passierte, zu verantworten. Wie konnte sie nur mit diesem Mann zusammen leben? Auch das ist mir unverständlich.

Nach dieser Episode verabschiedeten wir Regine und Josh, die mit den Ostergeschenken beladen zum Auto gingen. Sie stiegen ein, ein unvergesslicher Tag war gelebt.

49. Geschichte: 12. März 2012 (73. Montag)

Montagsgeschichte: »Besuch bei Saks«

»Die Zeit nach der Anklage« 1. Geschichte

Wieder ein Montag, es ist Frühling geworden, man merkt es besonders an dem Zwitschern der Vögel, wo kommen sie bloß her? Im Winter ist es totenstill. Noch ein paar Montage, dann ist Ostern 2012, keine Osterparty für Jahre in meinem Garten, kein Besuch, es ist einsam geworden. Mir sind nur meine Blumen und Bäume geblieben, es hört sich traurig an, ist es auch. Aber ich liebe meine Pflanzen, Bäume, Rosen, es tröstet mich, außerdem ist alles mit so viel Arbeit verbunden und lässt mich nicht so viel nachdenken.

Mario kommt nur am Samstag, der geht viel zu schnell vorbei. Ich bin seit meinem Shoppingtag, dem Dienstag, nirgendwohin gegangen, habe das Haus und den Garten keinen Tag verlassen.

Letzte Woche habe ich endlich meine Tante Ruth, die Halbschwester meiner Mutter angerufen, wir haben mehr als eine Stunde telefoniert. Sie erzählte mir von meiner Oma Henriette und ihren Schwestern, von Ostpreußen, Insterburg, obwohl sie damals acht oder neun Jahre alt war und dann 1945 sechzehn, kann sie sich an so vieles erinnern. Jetzt werde ich sie öfter anrufen, es ist so schön, von den Familienereignissen zu hören.

Jörg telefoniert fast jeden zweiten Tag mit Charlotte, erfährt so vieles aus seiner Heimatstadt Zeulenroda, so ein Glück, dass sie so einen klaren Verstand hat, mit 99 Jahren. Das wünsche ich mir auch, damit mir noch viel Zeit bleibt, meinen Enkeln von unserer Familie, von Regine, ihrer Mami, zu erzählen und was mein größter Wunsch ist, dass sie die deutsche Sprache erlernen, erst dann können sie alles verstehen. Bildlich gesprochen.

Letzten Dienstag habe ich beim Gärtner Himbeer- und Brombeerpflanzen gekauft. Mario hat sie unten am Berg in der untersten Etage eingepflanzt. Auch neue Erbsenpflanzen haben wir am Gartenhäuschen in diesen violetten großen Umtöpfen neu gesetzt, morgen sehe ich nach mehreren neuen Töpfen, ob ich noch dieselbe Farbe bekomme? Peter war auch am Samstag da, hat die letzte kleine Mauer am Weg und unten am Gang eine drei Blocksteine hohe Mauer fertig gestellt. Da ist aber noch viel zu tun. Wir haben die letzten Apfelsinen von den Bäumen gepflückt, die schon voller neuer weißer Blüten sind. Ein Genuss, die Früchte sind zuckersüß, das Wichtigste: aus eigener Zucht, nicht gespritzt, naturgereift. Ich bin mächtig stolz. Habe am Samstag den Berg von Hand gegossen, jede Pflanze einzeln, vor allen Dingen die Bäume brauchen so viel Wasser, der liebe Gott hilft mir nicht dabei, wir haben keinen Regen, ob sich das bald ändert?

Es wird Zeit, die Osterkarten zu schreiben und kleine Geschenke für die Kinder zu kaufen und abzusenden. Auch das macht Spaß. Letzten Dienstag bin ich im South Coast Plaza gewesen, habe schon mit kaufen angefangen. Dabei bin ich beim Herausgehen von Nordstrom an einem kleinen Geschäft vorbeigekommen, es heißt Lorraine, ist italienisch, die Ware ist natürlich für Damen, von exquisiter Qualität, feinste Ware und daher auch sehr teuer, wie ich finde. Ich sehe im Geschäft an dem Schreibtisch meine langjährige Freundin Janas sitzen, beim Vorbeigehen hatte ich sie nicht gesehen, das war die Gelegenheit, ich ging hinein, wir begrüßten uns ganz stürmisch voller Freude, uns zu sehen. Sie rief: »Oh Eleonore, wie geht es dir?« Wir hatten uns Jahre nicht gesehen, viel zu erzählen. Ich blieb mindestens eine Stunde, sie hatte Zeit, wir saßen auf den bequemen Sesseln im Geschäft. Ich habe sie kennengelernt bei Saks Fifth Avenue. Da waren meine Enkel noch gar nicht geboren, also eine lange Freundschaft. Damals gab es bei Saks einen

Club in der zweiten Etage in der gehobenen Kleiderabteilung, etwas abseits davor eine Tür, man ging in den Club zum Anprobieren.

Das waren riesige Zimmer mit großen Spiegeln, Sofas und Sesseln, die teuren Kleider, dann kam auch eine Schneiderin, es war alles sehr privat. Nebenan war eine kleine Küche mit Kaffeemaschine für Erfrischungen. Janas arbeitete da, eine wunderbare Dame, sehr zuvorkommend, freundlich. Ich hatte sie liebgewonnen, wir verstanden uns beide in einem fremden Land, und ich kaufte natürlich über die Jahre eine Menge Garderobe, schöne Kleider. Wir unterhielten uns dort in schönen Sitzgelegenheiten,

Janas kam aus dem Iran, hatte einen Sohn, Sie sprach voller Stolz von ihm und ich von meiner Tochter. Im Club waren am Eingang kleine Tische, auf denen geschmackvolle Waren, Kleinigkeiten, dekorativ aufgestellt zu bewundern waren, zu jeder Saison passend. Natürlich habe ich da gerne immer etwas ausgesucht. Auch wenn ich in der Mall war, habe ich sie besucht, auch ohne etwas zu kaufen. Ich kannte hier kaum Leute, die bei Saks shoppen und bei Janas war es immer schön, ein erfrischendes Getränk, ein paar Leckereien, ein Kaffee und nicht zu vergessen, einen lieben Plausch. Janas erzählte mir von ihren Verwandten im Iran oder auch in der Schweiz.

Eines Tages war sie ganz verstört, Ihr Mann war erkrankt, er war bedeutend älter, später auch verstorben, die Arme. Sie hatte mein Mitgefühl, sie tat mir aufrichtig leid. Ihr Sohn war jetzt alles, was sie hatte, in einem fremden Land. Später, als Josh geboren war, bin ich mit dem Kleinen zu Saks gefahren und habe voller Stolz mein Enkelkind gezeigt, da lief Josh schon in die kleine Küche und wusste, wo die Plätzchen waren. Es war schön da, ich denke so gerne an diese Zeit. Später ging Josh zur Kindergartenschule, dann war Lukas geboren, ich fuhr mit Lukas Janas zu besuchen. Auch dann, als Lukas größer war, lief er flugs in die kleine Küche hinter Janas her und bekam ein Plätzchen in die Hand. Dann hat man bei Saks jede Etage umgebaut, der Club war nicht mehr da, nebst kleinem Erfrischungsraum, auch die Pelzabteilung war verschwunden. Dort hatte ich einige Pelzsachen gekauft, auch eine Zobeljacke, die ich auch heute noch bewundere. Janas hat dann nicht mehr bei Saks gearbeitet, ist in das kleine italienische Geschäft gewechselt.

Unsere gemütlichen Plauderzeiten hatten aufgehört, sehr schade, aber nichts ist von Dauer, wie ich jetzt sagen kann, damals noch nicht. Nun saß ich ihr gegenüber und unterhielt mich mit ihr, erzählte ihr von Regine und den Enkeln, dass ich meine Enkel Lukas und Josh jetzt schon neun Jahre nicht mehr gesehen, keinen Kontakt habe. Sie war entsetzt, umarmte mich, war fassungslos. Wie konnte so ein Unglück geschehen! Ich weinte, wie immer, wenn ich von meinem Schicksal sprach.

Nach einer Weile erzählte Janas, sie hatte Brustkrebs. Sie fasste mit beiden Händen ihre Jackenseiten an, öffnete sie und sagte: »Sieh mal, ich habe keine Brüste mehr«, mir fehlten die Worte. Ich war entsetzt, sprachlos, warum war ihr so etwas Grausames passiert. Sie war doch ein lieber Mensch, hat der Herrgott kein Einsehen? Ich saß wie erstarrt auf dem Sessel, sah sie nur an, die Arme, was sagt man in so einem Moment? Auch mein Unglück, was war uns beiden Frauen widerfahren? Wir versprachen, uns öfter zu sehen, wenn es auch nicht mehr bei Saks im Club ist. Sie erzählte mir, eine Freundin, die sie öfter besucht, wohne ganz in meiner Nähe.

Ich versprach: »Bitte, du bist immer herzlich bei mir eingeladen, mit deiner Bekannten, jederzeit, auch ohne Anmeldung, da ich ja meistens zu Hause bin.« Den Weg kannte sie ja, war sie doch damals mit einer Schneiderin von Saks in meinem Haus und beide hatten an meinen vorhandenen Kleidern Maß genommen und manches geändert. Wir drückten uns, bis bald, ich gab ihr meine Karte mit Telefonnummer für alle Fälle. Ich ging hinaus, musste mich erst sammeln, von der Unterhaltung, was Janas mir erzählte, unglaublich.

Draußen setzte ich mich erst einmal auf eine Bank. Ich dachte an die schöne Zeit mit meinen Enkeln und mit Janas bei Saks, so viele Jahre, die wir verlebt haben. Abends hatte ich noch nicht verdaut, was mir Janas mitteilte. Wer tröstet sie, wenn sie alleine ist?

Das ist das Ende meiner Montagsgeschichte.

»Die Zeit nach der Anklage« 1. Geschichte

Heute möchte ich damit beginnen alles aufzuschreiben, was nach dem 14. Juli 2003 passierte, diesem schrecklichen Tag, nach der Anklage in unserem Haus.

Erst zehn Tage nach Lukas siebentem Geburtstag, an diesem denkwürdigen Tag hat sich unser Leben verändert, wir, Jörg und ich, hatten keine Familie mehr in diesem fremden Land. Wir hatten von einem Tag auf den anderen keine Tochter und keine Enkel mehr, sie verschwanden wie Schatten aus unserem Blickfeld, es wurde schmerzlich einsam.

Heute, neun Jahre danach, bin ich immer noch fassungslos, wie hatte ich mich darauf einlassen können? Warum bin ich nicht jeden Tag ins Büro zu unserer Tochter gefahren? Warum habe ich dem Mann, den sie geheiratet hat, nicht die Meinung gesagt, in sein Gesicht geschaut und endlich laut gesagt, was ich von ihm hielt, warum, warum! Diese Fragen stelle ich mir fast täglich. Kommt da noch der Tag, an dem ich alles sagen kann? Meine Gedanken in Worte fassen? Dieser Mensch hat unser Leben und unsere Familie kaputt gemacht, warum haben wir das zugelassen? Nachdem Regine mit dem Blatt Papier, der Anklageschrift, aus dem Haus gelaufen ist, waren wir geschockt, nicht fähig etwas zu tun, ihr hinterher zu laufen bis zum Auto,

rufen: »Regine warte! So kannst du nicht von uns gehen!«
Warum habe ich das nicht getan, frage ich mich noch heute.
Immer wieder, habe ich alles nicht so ernst genommen?
Niemals hatten wir mit unserer Tochter so einen Streit.
Es war das letzte Mal, dass Regine bei uns war, danach hat sie unser Haus nie mehr betreten und auch wir haben sie nie mehr wieder gesehen, unser einziges, geliebtes Kind.
Darauf hat dieser Mensch alle diese Jahre hingearbeitet. Jetzt hatte er gewonnen. Wir waren machtlos. Am nächsten Tag hat Jörg einen Brief geschrieben. Es kam nichts zurück. Der nächste Tag war ein Freitag, der erste Tag ohne Lukas, am Montag der zweite Tag ohne Lukas, am Dienstag bin ich hingefahren, so, als wenn nichts geschehen wäre. Ich konnte mir nicht vorstellen, meinen kleinen Liebling nicht wieder zu sehen und mit allem zu versorgen. Ich ging wie immer durch das Tor auf den kleinen Spielplatz. Lukas sah mich sofort, rannte auf mich zu, sagte: »Lollo, wo bist du gewesen?« Während er eilig auf dem Parkplatz zum Auto lief, sagte er: »Lollo, meine Füße tun so weh.« Mit fast weinerlicher Stimme. Oh, um Himmels Willen, dachte ich, gut, dass ich da war.
   Lukas setzte sich auf den hinteren Sitz des Autos, ich packte seine Füßchen aus, die kleinen Fersen waren voller roter Flecken. Er hatte keine Strümpfe an, das war das Problem. Ich nahm eine Wasserflasche und einen weißen Lappen, kühlte die kleinen Füßchen. Ich hockte mich vor ihn und drückte ihn, mein kleiner Darling. Ich liebte ihn so sehr, war immer da, in all seinen kleinen Kindertagen, ihm zu helfen. Ich wusste noch nicht, dass es das letzte Mal war, dass ich das konnte, durfte. Meine Tränen fallen auf das Geschriebene, während ich alles zu Papier bringe.
   Meine Erinnerung ist so gegenwärtig, als wäre es gestern gewesen, gerade passiert. Ich hielt Lukas Füßchen, mit dem kühlen Lappen umwickelt und sprach mit ihm. Er hatte Hunger, auch das Essen hatte ich wie immer mitgebracht. Ich fragte ihn, heute war Dienstag – Pizza Tag, gelie-

fert in der kleinen Kindergartenschule Dienstag und Freitag, jede Woche. »Hast du heute Pizza gehabt?« Er hob einen Finger, ich fragte, was das bedeutete, was meinte er? Er sagte, nur ein Stück Pizza, sein Daddy hatte nur einen Dollar in der Tasche. Hat denn jemand so etwas gehört? Dieser Vater konnte dem Kind am Morgen keine zwei Dollar geben für sein Mittagessen. Ich hoffe, alle Freunde und Verwandten werden diese Zeilen einmal lesen und dann wissen, was ich meine.

Ich sprach mit Lukas, seine Füßchen haltend, während wir uns unterhielten. Nach einer Weile habe ich Söckchen aus meinem Kofferraum geholt, die ich immer reichlich gekauft hatte, Lukas angezogen, dann die schönen weißen, etwas höheren Schuhe von Michael Jordan, vor ein paar Wochen bei Nordstrom gekauft, wie immer. Lukas war mächtig stolz auf diese Schuhe, war doch Michael Jordan ein großartiger Sportler hier. Danach drückte ich ihn, er war getröstet, hatte etwas gegessen, seine Füßchen waren versorgt, er konnte besser laufen, ich versprach, morgen wieder zu kommen. Das wäre Mittwoch.

Vorher muss ich noch einiges erwähnen, an diesem Dienstag erzählte mir Lukas, am letzten Freitag war seine Klasse im Bowlingparadies. Das war der Freitag, an dem ich nicht da war und auch nichts wusste von diesem Klassenausflug, den ich normalerweise immer begleitete. Als Lukas sagte: »Lollo, ich hatte kein Geld zum Essen kaufen und auch keinen Pfennig für eine Limonade«, war ich fassungslos. Der arme Junge, so etwas war noch nie da. Bei diesen Bowlingpartys mit der Klasse habe ich allen Kindern, die kein Geld hatten, essen und trinken bezahlt. War da niemand, der dem Jungen das Mittagessen, etwas Geld geben konnte? Lukas tat mir so leid, der arme Junge! Auch heute kann ich mir vorstellen, wie langweilig Bowling ist, wenn man kein Leckerchen hat, der Magen knurrt.

Wie sollte es werden, wenn Regine ihre Drohung wahr

machte? Lukas war es nicht gewöhnt. Er hatte immer ein paar Dollar in der Dose in seiner Klasse, die ich auffüllte, wenn nichts mehr da war, zwanzig Dollar in kleinen Scheinen, für den Fall, ich war mal nicht da. Wo war das Geld an diesem Freitag? Hatte Lukas es vergessen? War nichts mehr da? Für heute war das Kind versorgt. Ich fuhr traurig nach Hause, mit meinem Gedanken, was sollte werden, was bringt die Zukunft?

In meiner nächsten Geschichte erzähle ich, was sich weiter ereignete, das Leben ohne Lukas und Josh und meine Regine, meine Familie.

50. Geschichte: 19. März 2012 (74. Montag)

Montagsgeschichte: »Gartenarbeit in Huntington Beach«

»Die Zeit nach der Anklage« 2. Geschichte

Noch 3 Wochen bis Ostern. Ein neuer Montag. Die Sonne kommt heraus, der blaue Himmel hat vereinzelt weiße Wolken, es ist kühl, nur 8 Grad, nach dem gestrigen gewaltigen Sturm, ich habe um meine Bäume gebangt.

Es war, als wenn der Winter zurückkäme, hat sich mit dem Frühling gestritten, jetzt sieht alles friedlich aus, als wäre nichts geschehen. Ist es auch, alle Bäume stehen. Am Freitag in der Nacht fing es an zu regnen, kräftige anhaltende Schauer, es wurde stärker am Morgen. Ich hatte mich mit Mario verabredet, in HB für neue Pflanzungen am Grundstück, vorne an der Straße, für Ostern. Alle Bürgersteige abzuspritzen, wenn man bedenkt, auf dieser belebten Straße fahren täglich fünfzigtausend Autos hin und her. Morgens regnete es hier am Haus, mit viel Ehrgeiz habe ich alles, was ich brauchte, in mein Auto geladen, fuhr los, es war 9 Uhr.

Auf der Fahrt nach Huntington Beach regnete es, nach

einer halben Stunde hörte der Regen auf, ich war froh, so konnten wir alle Arbeiten erledigen für den Tag. Mario hatte das Blumenbeet zur Straße hin schon von allem Unkraut befreit. Ich fand ihn hinten auf dem Grundstuck arbeiten, so ein Glück, dass ich diesen jungen Mann gefunden hatte, vor 22 Jahren. Wir waren jetzt ein eingespieltes Team, auch in meinem Garten zu Hause. Das Erste war, neue Blümchen zu kaufen, auch Grow-Mulch, wie man hier sagt, zum Einpflanzen und Abdecken.

Wir fuhren in das nächste Garten Center, ach, könnte ich doch in ein deutsches Center gehen. Schnell hatten wir alles ausgesucht, ich entschied mich wie immer für gelbe Blumen, es sieht so frühlingshaft aus. Jetzt fing es wieder an zu regnen, zum Herumschauen ging ich in das Center, da war es auch trocken ich habe immer etwas zu besorgen, jetzt war ich da, nutzte die Gelegenheit. Mario wartete an der Kasse, ich bezahlte und jetzt regnete es in Strömen, wir wurden richtig nass, immer freute ich mich auf den Regen für den Garten, jetzt, heute aber nicht, wie sollten wir die Arbeit erledigen. Wir rannten zum Auto, Mario packte unseren Einkauf in den Kofferraum, ich sprang schnell ins Auto, endlich wir saßen im Trockenen. Jetzt überlegte ich, was zu tun ist, im Moment war an gar keine Außenarbeit zu denken. Da ich immer ein Optimist bin in meinem Leben, mussten wir etwas anderes tun.

Wir fuhren in den deutschen Laden, gleich um die Ecke, dort konnte ich Schokoladen und Osterhasen und andere Süßigkeiten für die vielen Kinder kaufen, die ich beschenken wollte. Wir hatten Lunch da, es war fast Mittagszeit, günstig die Zeit, den Regen abzuwarten. Ich bestellte weiße lange Hörnchen mit Fleischsalat. Mario ist mexikanischer Nationalität, hatte aber schon einmal davon gegessen, was will er machen, ich bin deutsch, wir sind in einem deutschen Geschäft, er aß alles auf, sagte, es war gut, es schmeckte. Das will ich aber auch meinen.

Ich machte meinen Einkauf, wir luden alles ins Auto, jetzt hatte es aufgehört zu regnen, dem Himmel sei Dank. Am Grundstück angekommen, pflanzte Mario die gelben Blumen ins Beet, es waren 250, es sah so schön aus, als er damit fertig war, habe vergessen, ein Bild zu machen. Mario holte einen langen Wasserschlauch, begann das vordere Grundstück an der Straße abzuspritzen, es regnete noch ein wenig.

Jörg kam auch angefahren, wir besprachen uns über einen neuen Mieter im vorderen Geschäft, der alte, der über 5 Jahre da war, ist ausgezogen mit dem Mercedes Reparatur Geschäft.

Ich stieg ins Auto, meine langen Hosen, meine Schuhe, alles war nass, ich winkte Mario Good Bye, dann fuhr ich los nach Hause.

Ich bin so froh, alles geschafft zu haben und keinen so kostbaren Samstag zu verschwenden.

Nur noch 2 Arbeits-Samstage bis Ostern. Nach dem Regen ist das Wachstum des Unkrauts gewaltig, ich habe beschlossen, jeden Morgen vor dem Frühstück eine Stunde in meinen Beeten rund ums Haus zu arbeiten. Letzte Woche habe ich angefangen. Diese Woche arbeite ich mich hinter dem Haus durch, bis der Osterhase kommt, soll es schön blühend aussehen.

»Die Zeit nach der Anklage« 2. Geschichte

Der nächste Tag war ein Mittwoch, was sollte ich tun, wieder Lukas aufsuchen, so tun. als wäre nichts geschehen? Ich fuhr zur Kindergartenschule, ich konnte nicht anders, ich musste meinen kleinen Darling sehen. Josh sah ich auch jeden Tag, aber nur kurz in den Pausen, manchmal war er gar nicht da, wenn ich fragte, sagte man: Er ist zum Kursus, dann wusste ich, wo er war, er war bei der Sekte, raus vom Unterricht.

Wie konnte Regine so etwas anordnen, der Junge war ein Kind, in so jungen Jahren wurde sein Verstand benebelt, wie ich sage. Ich konnte nichts tun, ich war ja nur die Omi. Einmal, ich erinnere mich, sind Lukas und ich zum wöchentlichen Markt gegangen, der Mittwoch war der Tag für gebratenes Hühnchen. Wir gingen außen am Spielplatz vorbei, ich hielt immer dem Kleinen das Händchen, plötzlich kamen wir an einem blühenden Busch vorbei, der so einen wunderbaren Duft ausströmte, ich sagte: »Ach wie gut riecht es hier«, wir waren schon fast vorbei, Lukas löste sich von meiner Hand, ging ein paar Schritte zurück, pflückte etwas von dem Busch, einen kleinen Zweig mit weißen Blüten und gab ihn mir. Ich sagte: »Danke, mein kleiner Liebling, du bist das Liebste auf der Welt für mich.« Ich drückte ihn, wir setzten unseren Weg fort zum Hühnchen Paradies. Ich habe in meinem Leben keinen größeren Liebesbeweis erhalten, als an dem Tag von meinem Enkel Lukas, ich werde es niemals vergessen.

Heute noch steht das kleine Zweiglein völlig vertrocknet in meinem Badezimmer, in einem silbernen Zahnbecher, ich sehe es jeden Morgen beim Zähneputzen. Es erinnert mich an meinen Lukas und wie lieb wir uns hatten. An diesem Mittwoch ging ich wie immer zu der Kinderspielwiese, Lukas sah mich, lief auf mich zu, wir umarmten uns, ich war erleichtert, nichts war passiert.

Regine hatte also ihre Drohung nicht wahrgemacht, ich fragte: »Schatzele, hast du alles, gut gegessen usw.?«, ja, er nickte, er rannte los zum Spielen, niemand von den Frauen sagte etwas. Nach einiger Zeit fuhr ich nach Hause, erleichtert, alles war okay. Aber ich hatte nicht mit Regines Ehemann gerechnet, der hatte unsere Tochter ins Haus geschickt, um den Bruch mit den Eltern endgültig wahr zu machen. Immer waren da diese Sticheleien, gegen mich.

Einmal, als ich am frühen Nachmittag kam, sah ich Lukas in ein wartendes Auto hinten einsteigen, ich fragte:

»Lukas, wo fährst du hin?« Er sagte mit weinerlicher Stimme, er will da nicht hinfahren, aber sein Daddy sagte, heute musst du mit der Frau, ich weiß den Namen nicht mehr, auch ein Sektenmitglied, mitfahren. Außerdem mochte er die Kinder nicht.
Da saß er hinten im Auto und erzählte mir das, ganz unglücklich war er. An seinem Gesichtchen konnte ich sehen, wo er am liebsten wäre. Was konnte ich tun, nichts, rein gar nichts. Ich tröstete ihn, bald ist doch Abend und morgen sehen wir uns wieder, ich bringe auch was Schönes mit. Ich streichelte sein kleines Gesichtchen, nahm seine Händchen und sagte auf Wiedersehen.

Dann kam die Frau mit den Kindern, da wusste ich, dass Lukas nicht mitfahren wollte, ich hätte es auch nicht gewollt. Sie fuhren davon, ich winkte noch mal, dann waren sie aus meinem Blickfeld. Mein armer kleiner Liebling, ich wünschte doch nur das Beste für ihn, so gut ich konnte, erfüllte ich seine kleinen Wünsche, das war meist gutes Essen, gute Kleidung und die Gewissheit, dass ich immer für ihn da war. Ein paar Jahre im Sommer vorher war das Kartenspiel so in Mode gekommen, Lukas war da gerade fünf Jahre alt, es wurde getauscht und gespielt, gleich um die Ecke war ein Geschäft, wo man allerlei Krimskrams kaufen konnte Eines Tages führte mich Lukas dahin, ein paar Straße weiter von seiner Kindergartenschule. Überall junge Buben, auch in Lukas' Alter, sie sahen sich Spielkarten an.
Jetzt war Lukas schon ganz aufgeregt, was sollte er sich aussuchen? Ich sagte: »Wir haben genug Zeit uns erst einmal alles, was angeboten wird, anzusehen.« Kurz und gut, nach einer Weile hatten wir genug Karten zum Spielen und Tauschen. Lukas war ganz glücklich, ich auch. Mit der Zeit füllte sich sein kleiner Karton mit Spielkarten.
Wenn man bedenkt, das Kind sieht seine Mami erst am Abend so gegen acht. Er hat den ganzen Tag nur fremde

Personen um sich, niemand für Fragen, kleine Nöte am Tag oder zum Liebhaben, das war meine Aufgabe, jeden Tag von Montag bis Freitag die Kinder zu besuchen. So oft Lukas wollte, gingen wir zu dem Kartenplatz, nach einiger Zeit war die kleine Kiste voll, Lukas war glücklich.

Wenn ich zurückdenke, habe ich alles, was die Buben brauchten, gekauft. Josh hatte immer Wünsche und Lukas war noch klein, wenn wir in das Kinderspielparadies fuhren am Nachmittag. Am Freitag hatten wir für ein paar Wochen ein neues Programm, wir gingen am frühen Abend in ein chinesisches Restaurant gleich in der Nähe, so zum Wochenabschluss. Ich rief Regine an, sie versprach zu kommen, wir hatten dann alle einen schönen Abend, das Essen war köstlich, nach einiger Zeit kannte uns auch der Inhaber, hielt unseren Tisch frei, freute sich, wenn wir wieder da waren. Josh bestellte sich immer etwas ganz Besonderes, das Fleisch kam in einem gusseisernen Pfännchen mit Feuer an den Tisch.

Der Junge hatte einen guten, auch teuren Geschmack, er liebte schöne Dinge wie seine Mami, dazu gehörte auch gutes Essen. Der nächste Tag war ein Donnerstag, ich war gespannt, was ich erleben werde und das erzähle ich in meiner nächsten Geschichte.

51. Geschichte: 26. März 2012 (75. Montag)

Montagsgeschichte: »Osterkleider«

»Nach der Anklage« 3. Geschichte

Heute ein noch trüber Montag, wie habe ich es bis hierher geschafft, wie kann ich meinen vielen Aufgaben nachgehen? Ich trage noch immer schwarz, wenn ich aus dem Haus gehe. Meine Trauer ist so groß, ich kann nichts Fröhliches anziehen.

Jedes Jahr zum Osterfest habe ich mir ein neues Kleid, Schuhe und Handtasche von derselben Farbe gekauft, manchmal auch einen großen auffälligen Hut von Neiman. Schon als Kinder waren wir gewöhnt, neue Kleidung zu Ostern und Pfingsten zu tragen. Ich kann mich erinnern, wie meine Mutter uns Kindern, drei Schwestern und Bruder aus neuem Stoff Kleidchen und dem Jungen das Hemdchen geschneidert hat, vom selben Stoff natürlich. Ich habe diese schönen alten Fotografien in meinem Zimmer, an meiner Galeriewand aufgehängt. Sie erinnern mich an meine frühe Kindheit in der Tschechoslowakei, und später, als ich älter wurde, habe ich mir meine Kleider selbst genäht, unter Anleitung meiner tüchtigen Mutter.

Auch für Regine gab es neue Garderobe, von Kopf bis Fuß alles neu, wenn der Osterhase kam, und zu unserem Osterspaziergang. Als die Enkel geboren waren, erst Josh, dann Lukas, habe ich die Tradition fortgesetzt. Selbst wenn Regine in Florida war, habe ich die neue Kleidung auf den Bügeln ans Bett gehängt, die Söckchen und die Schuhe davor auf den Boden für jedes Kind. So hatte ich ordentlich gekleidete Buben, wenn sie in meinen Garten zum Ostereiersuchen kamen. Das war das letzte Mal zu unserer Osterparty 2003. Jetzt, dieses Jahr, weiß ich nicht, ob ich die schwarze Trauerkleidung ablege, es sind ja noch 2 Wochen.

Am Samstag haben Mario und ich vor dem Haus, links und rechts und hinter dem Haus viele gelbe kleine Stiefmütterchen gepflanzt, mindestens 560. Auch in den großen, weißen, italienischen Töpfen, die um den Gartentisch stehen, alles neu, es sieht frühlingshaft aus. Die gelbe Farbe ist für mich eine Osterfarbe, habe jedes Jahr diese schönen Blumen. Am oberen Grundstück sind die flachen Gartenbeete gut angepflanzt, es blüht in vielen Farben. Fast alle meine Orchideen blühen, auf dem großen, weißen, ovalen Gartentisch steht eine riesige weiße Schale, die Orchideen blühen unaufhörlich, schon die letzten Wintermonate. Meine

Holz-Blumenkästen vor dem Haus am Wohnzimmer hat Mario abgenommen, sie waren morsch, der Boden hatte sich gelöst. Noch ein paar Tage und die Blumenerde wäre herausgefallen.

Mit zwei kräftigen Schlägen hat Mario die Bretter zusammengeschlagen und ab in die Müllsacke. Jetzt forsche ich im Internet nach neuen Kästen, zweimal 1,25 Meter, aber nur in Plastik, weiß, für längere Haltbarkeit.

Sonntagnacht hat es tüchtig geregnet, der Garten ist jetzt für lange Zeit bewässert, vor allen Dingen am Berg, für mich Zeitersparnisse. Das Unkraut am Berg ist jetzt an manchen Stellen, da wachsen diese Gräser fast einen halben Meter hoch, ich wünschte ich hätte die Zeit und könnte jeden Tag selbst etwas dagegen tun, was ich in den nächsten 4 Wochen auch tun werde.

»Nach der Anklage« 3. Geschichte

Der nächste Tag war ein Donnerstag, ich hatte Hoffnung, nichts war geschehen, ich habe Lukas weiterhin aufgesucht. Als ich am Parkplatz geparkt hatte, durch das kleine Tor zur Kindergartenschule ging, war Lukas nicht da.

Eine Frau kam auf mich zu, sagte mir, ich wäre nicht mehr hier erwünscht, ich könnte Lukas und Josh nicht mehr sehen oder sprechen. Es war vorbei, ich sah sie wortlos an, sagte nichts, was für eine kaltherzige Person, die nur Marionette bei dem Sektenverein war. Ich drehte mich um, ging zu meinem Auto, setze mich hinein, dann kam das ganze Elend über mich, ich weinte fassungslos.

Gerade in diesem Moment hatte ich meine Familie verloren, meine Tochter, meine Enkel Lukas und Josh, an diesen Sektenverein mit dem ich schon mindestens 14 Jahre lebte. Regine hatte ihre Drohung wahrgemacht, sie hatte, wie man sagen kann, ihre Mutter und ihren Vater verstoßen. Sie wollte nicht mehr mit uns leben, uns nicht mehr sehen, sprechen, keine Geburtstage mit uns feiern, keinen Muttertag, nie mehr ein Weihnachtsfest. Sie hat uns für tot erklärt, obwohl wir noch lebten, eine halbe Autostunde von ihrem Haus. Ich weiß nicht mehr, wie lange ich da gesessen habe, es war niemand da, der mich tröstete, mir gut zuredete. Meine Zeit mit Lukas auf diesem Parkplatz war zu Ende. Ich durfte ihn nicht mehr sehen, nicht mehr für ihn sorgen, das arme Kind. Was hatte man ihm gesagt? Seine Omi ist ab heute eine böse Frau? Was kann man einem sieben Jahre alten Kind erklären, kann er das glauben, seine Omi war doch von Anfang an in seinem Leben, eine der meistgeliebten Personen. Was wollte er, fragte man, was das Kind wollte, war er traurig und fassungslos wie ich, hat er geweint?

Auch heute noch nach fast neun Jahren kann ich nicht glauben, was da geschah. Und Regine hatte uns doch immer lieb, wie hat sie gelebt und niemals mehr an ihre Eltern gedacht? Nachdem ich mich einigermaßen gefangen hatte, bin ich mit dem Auto um die Ecke gefahren und zu Fuß von der Straße zu dem Spielplatz gegangen. Jetzt war ich außerhalb des Zaunes und konnte meinen Enkel beobachten und sehen.

Lukas war jetzt draußen, spielte mit den Kindern, ich rief laut: »Lukas, mein Darling, Lollo kommt morgen«, er nickte und die Frau holte ihn ins Klassenzimmer. Alle diese Frauen waren der Sekte verbunden und jetzt gegen mich, warum weiß ich bis heute nicht, niemand hat es mir erklärt. Ich fuhr weinend nach Hause, wie ich dort angekommen bin, weiß ich nicht mehr.

Ich erzählte Jörg, was ich erlebt hatte, wir waren fassungslos. Wären wir doch in Deutschland geblieben. Wer dahinter steckte, war ja bekannt.

Wie konnte Regine sich so belabern lassen, sie war doch eine intelligente Person. Ich wusste an diesem Tag noch nicht, dass das endgültig war. Später beruhigte ich mich und dachte, in ein paar Wochen ist alles wieder okay, ich kann dann Lukas wieder versorgen, so tröstete ich mich. Am nächsten Tag, einem Freitag, blieb ich zu Hause, und dann kam das Wochenende. Am Montag fuhr ich wieder zu Lukas, er spielte draußen, ich parkte jetzt wie ein Verbrecher um die Ecke. Man konnte mein Auto nicht mehr sehen, ich lief zum Zaun, da war Lukas, ich rief: »Lukas, mein Schatzele, ich bin hier«, aber die Frau, irgendeine von diesen gemeinen Personen, denen ich früher bei Klassenfahrten den Lunch bezahlte, weil sie kein Geld hatten, rief Lukas sofort, er musste in die Räume verschwinden. Jetzt war ich zum Feind erklärt, stand außerhalb des Zaunes, konnte meine Enkel sehen wie die Leute im Zoo die Tiere, mit dem Unterschied, dass ich ihm nichts zurufen kann, im Zoo war das erlaubt. Und das alles geschieht hier in Kalifornien, in Amerika, da ist jede Sekte erlaubt, keiner hat etwas dagegen. Ja, aber die Sonne scheint jeden Tag.

Am nächsten Tag, Dienstag, blieb ich zu Hause, fuhr in die Firma, wollte Regine sprechen, man ließ mich nicht zu ihr, auch da alles Sektenfrauen. Ich setzte mich draußen in mein Auto und wartete, vielleicht kam sie ja heraus? Nach ein paar Stunden des Wartens fuhr ich weinend davon. Ich habe Regine, meine Tochter, niemals mehr wiedergesehen, nicht in den nächsten Wochen oder den nächsten Jahren. Wie konnte sie damit leben, ohne ihre Mama? Auch daran kann jeder erkennen, welch einem gefährlichen, menschenverachtenden Verein sie angehörte, wie wir in dem deutschen Film gesehen haben: »Bis nichts mehr bleibt«. Genau so, der Film war authentisch, auch mir ist nichts mehr geblieben.

So habe ich auch alle Jahre vorher gelebt und immer in Angst, dieser Mensch macht meine Familie kaputt, was er dann auch geschafft hat. In meinen nächsten Geschichten schreibe ich über meine Bemühungen, meine Tochter und meine Enkel zu sehen, einen schweren Gang in den nächsten Monaten und später auch über die kommenden Jahre.

52. *Geschichte: 2. April 2012 (76. Montag)*

Montaggeschichte: »Ostergeschenke«

4. Geschichte: »Abschied von Lukas«

Ein neuer Montag, der letzte vor Ostern, die Sonne scheint voll in mein Zimmer, auf meinen Großvaterschreibtisch. Heute werden es 25°. In der Nacht auf Sonntag hat es nochmal tüchtig geregnet, wie schön für mich.

Die Vögel draußen zwitschern, auch sie freuen sich auf den sonnigen, warmen Tag. Mario hatte seinen letzten Samstag vor Ostern, hatte alle Wege und Terrassen abgespritzt, schnell noch drei Himbeerpflanzen in die Erde, das Gras gemäht, es sieht sauber aus, bald kommt der Osterhase. Am letzten Dienstag habe ich meine ersten Osterpakete abgesendet, auch die Osterkarten, jetzt diesen werde ich die letzten Pakete an die Kinder, die ich jedes Jahr beschenke, zur Post bringen.

Da ist meine Nichte in New Jersey, mit drei lieben Kindern. Mein Anstreicher für so viele Jahre, hat eine Tochter Sofia. Mario hat 3 Söhne. Sabine sende ich jede Woche etwas, um sie zu erfreuen, sie ist hochschwanger. Brendas Paket habe ich letzten Dienstag abgesendet. An Charlotte auch ein buntes Osterpaket.

Am Freitag habe ich mich mit Mario und seinem ältesten Sohn Marco bei Nordstrom verabredet. Der Junge ist so groß und kräftig und ganz lieb, und ich habe ihn gerne, er erinnert mich an meinen Josh, als ich ihn zuletzt gesehen habe. Josh hatte auch so eine liebe Art, ein liebes Wesen, er stand einfach da und lächelte. Man möchte ihn immer umarmen, so geht es mir auch mit Marco. Obwohl ich mich arg recken müsste, um das zu tun. Ich möchte den Jungen ein bisschen verwöhnen, er ist jetzt auf einer höheren Schule. Ich denke, er braucht gute Kleidung, vor allem

gute Schuhe, das macht das Erscheinungsbild erst möglich.
Wir fanden denselben Verkäufer, Mr.Gordon, der uns zu Weihnachten bedient hatte, alle drei Buben von Mario, mit neuen Schuhen, alle drei suchten sich eine Armbanduhr aus. Jetzt zu Ostern habe ich nur Marco eingekleidet. Schuhe von Nike, passendes T-Shirt und Shorts von derselben Firma, er sah gut aus, ganz neu, ja, Kleider machen Leute, das kann man immer wieder feststellen. Ich bin glücklich, der Junge auch. Letzten Mittwoch erhielt ich einen Anruf von meiner Schwester, sie erzählte mir von ihrer Tochter. Am Mittwoch hat sie ein Baby geboren. So schnell ist alles verlaufen, meine Schwester hat ein drittes Enkelkind, das sie lieb haben kann. Ich bin Großtante geworden. Das Kind ist gesund und die neue Mami auch, das Allerwichtigste. Da ich bei Nordstrom war am Freitag, habe ich in der Babyabteilung Kleinigkeiten gekauft, wieder alles in blau, wie immer. Ich kaufe gerne und freue mich immer für gegebene Anlässe. Gleich morgen am Dienstag, an meinem Einkaufstag, werde ich weitere Päckchen absenden.
Beim Blick in den Garten sehe ich die großen Margaritenbüsche, eine Augenweide, und den blauen Himmel. Ich habe nichts gehört von meinen Enkeln, Josh taucht nirgendwo auf, keiner weiß, wo er ist, als wenn die Erde ihn verschluckt hat. Wo ist der schon große zweiundzwanzigjährige junge Mann? Wann kommt er zu mir, erinnert sich an mich, seine Gandma Lollo? Lukas geht in die Sektenschule, wohnt da auch, der arme Junge, kein Zuhause mehr und ohne Mami. Bald im Sommer wird er sechzehn Jahre alt, ich sah ihn zuletzt, da feierten wir seinen siebten Geburtstag. Wie viele Großmütter gibt es, die ihre Enkel nicht mehr sehen? Ob ich im Internet mal nachsehe? Ich fühle mich so einsam wie nie, ein paar Tage vor Ostern im Jahr 2012.

4. Geschichte: »Abschied von Lukas«

Jetzt waren zwei Wochen vergangen, nachdem Regine in unser Haus kam, mit ihrem Papier in der Hand, wie schon beschrieben in Geschichte Nr. 18 »Anklageschrift«, wir waren alle fassungslos. Es war unglaublich, so eine Geschichte kann sich keiner ausdenken, alle meine Geschwister, Cousinen rief ich an, hoffte auf Hilfe der Familie, erzählte, was Regine uns, ihren Eltern, angedroht hat, Vater und Mutter zu verstoßen. Meine Schwester Inge, die so oft in den Jahren hier war zu Besuch, sich so gut mit Regine verstand, dachte erst, ich mache Witze, aber bei meinem Weinen, während ich sprach, merkte sie, das alles war ganz ernst, es war nicht lustig. Inge liebte Reginchen, war sie doch das erste Baby in der Familie. Sie liebte die Buben und sie liebten sie auch. Wir haben so viele schöne Stunden zusammen verbracht, viele gemeinsame Weihnachtsfeste.

Es war für jedermann unbegreiflich, was sich hier abspielte. Mimi lebte nicht mehr, Regine hätte so etwas niemals gewagt, und auch ihrer Großmutter nicht angetan, die sie über alles liebte. Regine hat in den Augen der Verwandten ihre Beliebtheit verloren, so geht man nicht mit Vater und Mutter um, und warum eigentlich war sie so böse?

In den nächsten Tagen blieb ich zu Hause, es war für mich so schmerzlich, Lukas nicht mehr zu sehen, zu sprechen und auch seine kleinen Wünsche zu erfüllen. Am Morgen kam der Postmann, ein Brief von Theresa, ich öffnete ganz gespannt, sie schrieb ganz kurz und die paar Dollarscheine fielen heraus. Lukas' Dosengeld für kleine Wünsche und auch den Pizzamann, Dienstag und Freitag, die zwei Dollar und am Mittwoch für das Grillhühnchen. Ich las »Bitte, hier ist das restliche Geld. Regine möchte das nicht mehr für Lukas.« Ich hatte das Geld hinterlegt, in die Blechdose, warum nicht die Eltern? Was er möchte, er wurde nicht gefragt, davon war nie die Rede. Er war jetzt sieben, hatte kleine Wünsche z. B. am Nachmittag kaufte er sich die kleinen Becher, eine Wassersuppe mit Nudeln, einfach in der Mikrowelle warm gemacht. Was wird das Kind sagen? Wo er doch die letzten drei bis vier Jahre so gelebt hat. Mein armer kleiner Sonnenschein, es bricht mir das Herz. Den ganzen Tag bis spät am Abend ohne Vater und Mutter.

Jetzt machte ich mich manchmal auf, das Kind zu sehen, von meinem Auto aus, ich parkte an einer anderen Stelle mit Sicht auf den Spielplatz, dann saß ich im Auto und erhaschte einen Blick auf den Kleinen, wenn er herumlief. Dann sahen mich die Frauen. Sie kamen heraus und sagten, hier könnte ich nicht mehr parken. Ich sagte: »Du hast mir gar nichts zu sagen, das ist ein öffentlicher Parkplatz für jedermann.« Sie sagte: »Wenn du jetzt nicht wegfährst, hole ich die Polizei, weil du die Kinder belästigst.« Dann schlug sie mit der flachen Hand ein paar Mal kräftig auf meine vordere Autokühlerhaube, wütend. Ich fuhr los, außerdem holte sie Lukas herein, wenn die gemeinen Frauen mich sahen. Und das alles hatte meine liebevolle Tochter angeordnet! Der Mensch hat sein Ziel erreicht, aber Regine, mein einziges Kind? Bis jetzt habe ich schöne und weniger schöne Geschichten geschrieben, über meine Enkel, was wir erlebt haben, aber was jetzt kommt, sind Gemeinheiten seitens dieser Frauen und meiner Tochter, die im verborgenen blieb.

Es vergingen ein paar Wochen und ich hatte plötzlich so viel freie Zeit, es war ganz ungewöhnlich, dass ich meine Nachmittage zur Verfügung hatte. Eines Tages, ich hatte Lukas nicht mehr gesehen, fuhr ich in die Straße zum Parkplatz, drehte dort um und kam zurück, gleich zur Front des Gebäudes und des Kinderspielplatzes, plötzlich sah ich Lukas, mitten auf dem Platz. Ich war so aufgeregt, ich musste ihm jetzt etwas zurufen, ich musste ihm sagen, wie lieb ich ihn habe und dass man verboten hat, ihn zu sehen. Ich hielt mein Auto an, der Motor lief.

Ich sprang heraus, die Wagentür war offen. Ich rannte die zwei Schritte zum Zaun. Lukas stand still. Ich rief: »Lukas, Schatzele, Lollo loves you very much.« Immer wieder rief ich diese Worte, er stand still und stumm. Seine Ärmchen hingen herunter, er nickte und sagte nichts. Immer wieder rief ich: »Eines Tages, Schatzele, können wir uns wieder sehen und uns lieb haben, eines Tages.« Er stand ganz still, bewegte sich nicht, sagte kein Wort, ich weinte und rief immer wieder dieselben Worte: »Lollo loves you, always. Eines Tages ...« Ich konnte sehen in seinem Gesichtchen, wie traurig er war. Es waren jetzt drei Wochen, dass ich ihn nicht mehr spielen sah und ihn versorgen durfte, das arme Kind. Was hat man dem kleinen Buben angetan, seine kleine Seele vergiftet.

Ich erinnere mich, als Brenda uns verließ, das hat dem Kind so wehgetan, er war damals drei Jahre alt, hat sie so vermisst. Es dauerte ein paar Minuten, bis wieder so eine Frau kam und Lukas rief, er rannte weg, auf das Haus zu, ich rief immer noch weinend dieselben Worte, eines Tages eines Tages, Lollo loves you always, immer wieder, bis er hinter der Tür verschwunden war. Ich ging zu meinem Auto, mit laufendem Motor, setzte mich hinein und weinte bitterlich. Das tue ich auch jetzt, während ich schreibe. Ich hatte schon so viele traurige Momente erlebt in meinem Leben, auch mit Jörg, aber das, was jetzt geschah, war das Schlimmste, was man mir angetan hat. Lukas war nicht mehr zu sehen, so lange ich da war, ließ man ihn nicht auf den Spielplatz, ich fuhr weinend davon, nach Hause. In den nächsten Tagen und Wochen bin ich oft zu Lukas hingefahren, zu allen möglichen Tageszeiten, nur um ihn zu sehen und ihm etwas zuzurufen.

Es war mir nicht mehr vergönnt, es waren die letzten Worte, die ich ihm auf dem Parkplatz zurufen konnte, die letzten lieben Worte für ihn. Bis heute nach fast neun Jahren. Der Kleine lief vor mir davon, ich konnte ihn nicht mehr erreichen, was kann man so einem kleinen Menschen sagen, ob er alles geglaubt hat? Bin ich, seine Lollo-Omi jetzt eine böse Hexe? Alles war vorbei, danach habe ich auch begriffen, Regine hat ihre Absicht wahrgemacht. Sie wollte mit den Eltern nicht mehr leben, dass mein Leben weiter gehen musste, ohne Lukas, Josh und meine Tochter. Der Tag sei verflucht, als meine Regine und Papa diesen Menschen gesehen haben, vor so vielen Jahren. Damals wussten wir es nicht, hätten so eine Zukunft niemals erahnen können. Aber vieles, was passierte und auch nicht, hätte uns zum Nachdenken veranlassen sollen, mit diesem »Boyfriend« von Regine.

Meine nächsten Geschichten schreibe ich über meine und meiner Familie nicht endende Versuche, meine Tochter zu erreichen und wieder ein gemeinsames Leben zu haben. Damals im Spätsommer 2003, so kurz nach unserer schönen Osterparty und wie Regine sagte: »Mutti, nächstes Jahr zu Ostern wird dein Wunsch erfüllt, dann gehen wir alle zum Osterbrunch.« Ich weiß bis heute nicht, was passierte, wir haben nie mehr ein Osterfest oder Brunch erlebt.

53. Geschichte: 9. April 2012 (77. Montag)

Montagsgeschichte: »Osterbrunch mit Colleen«

»Mein Leben ohne meine Familie«

Der Montag hier nach Ostern, in Amerika gibt es keinen zweiten Ostertag, für mich doch. Jörg und ich haben einen ruhigen Tag mit Fernsehen und Herumsitzen verbracht. Ich finde es pietätlos, aber so sind hier die Gebräuche. Hinten unter meinem Berg hörte ich die Straßenkehrmaschine, ich habe mich umgedreht und bin den Berg hinaufgeklettert.

Am Karfreitag sind wir zum Steueramt gefahren, die Grundsteuer war fällig, anschließend hatten wir Lunch in Newport Beach mit Isabella und Rena. Isabella hatte einen Bekannten, der uns gegenüber saß, mir aber nicht so gut gefällt. Sie gingen dann auch bald.

Später sind Jörg und ich zu NM in die Babyabteilung gegangen, haben etwas für Alex, so heißt der kleine Junge von Sabine und Rudolf, gekauft. Am Samstag habe ich alles zur Post gebracht, es dauert mindestens vierzehn Tage, auch manchmal länger. Das Handarbeitsgeschäft habe ich gleich mit aufgesucht, leider war der Raum leer. Ich musste zu der neuen Adresse fahren, habe dann Wolle für Babymützchen gekauft.

Damals, als Bastian geboren war, habe ich welche in blau und gelb gestrickt, auch die passenden Söckchen, das ist mehr als fünf Jahre her, eine lange Zeit in meinem Leben, denke ich. Am Ostersamstag keine Gartenarbeit, kein Gärtner da, länger geschlafen, wie schön, habe mir vorgenommen, in dem Monat mit fünf Samstagen einen frei zu halten, für mich zum Ausruhen, ab jetzt in der Zukunft. Habe im Kalender nachgesehen, der Juni ist solch ein Monat.

Jörg und ich haben Ostereier gefärbt, draußen in der Gartenküche. Es ist schon Tradition, jedes Jahr mit deutscher Farbe, rot, blau, grün, gelb und orange.

Jeden Tag essen wir gekochte Eier ohne Eigelb, sie sehen so schön aus, bunt auf meinem Osterteller. Am Ostermorgen hatten wir uns mit Wolfi und Trish und deren Tochter Colleen verabredet. Ich hatte ein grünes Osterkörbchen, mit Osterhasen von Lindt, groß und klein, mitgenommen, auch einen kleinen Frischhaltebeutel mit kleinen bunten Ostereiern, die ich jedes Jahr aufhebe und auf dem Tisch hinstreue, nur zur Dekoration, später nehme ich sie wieder auf, fürs nächste Jahr, eine bunte, österliche Tisch-Deko, mir gefällt es. Ein kleines Mädchen im Brunch-Restaurant, mit breitem Schleifenblumenband im Haar machte mich aufmerksam, ich ging vorbei und winkte. Beim näher hinsehen bemerkte ich die Dame links vom Kinderstühlchen, es war die ehemalige Schwiegermutter von Isabella, ich war überrascht, grüßte und wechselte ein paar freundliche Worte, dann sah ich die Mutter des Kindes und daneben saß der Vater. Es war Edward, Isabellas Ex. Ich begrüßte alle freundlich, wünschte frohe Ostern und verließ den Tisch. Später brachte ich ein goldenes Lindt-Osterhäschen dem schönen blonden Mädchen.

Es war Ostern und da war niemand, dem ich etwas schenken konnte. Meine schwarze Jacke hatte ich zum ersten Mal gegen eine graue ausgetauscht und meine weißen und schwarzen Perlen angelegt. Rena sagte neulich: »Du kannst jetzt ruhig schon mal ein weißes Unterhemdchen anziehen«, wenn sie wüsste oder irgendjemand, wie traurig ich bin, bei allem, was ich tue. Bei meiner Arbeit und in meinen Tagen und Nächten. Das Osterfest ist vorüber, eine neue Zeit beginnt. Die Osterblumen auf meinem Esstisch und auf meinem Frühstückstisch sind verwelkt.

Am Mittwoch regnete es tüchtig, meist in der Nacht, aber dieses Mal auch am Tag, die Baumwipfel bogen sich im Wind. Es waren nur noch 10°. Am Freitag hat es uns nochmal erwischt, der Berg ist jetzt tüchtig nass geworden, so ist auch meine Arbeit, zu gießen ausgefallen. Danke, lieber Gott. Am Donnerstag hatte Isabella Geburtstag, und wir hatten einen kleinen Lunch zusammen.

Zwei Enteriche sitzen am Pool und streiten sich. Warum? Ich kann sie nicht fragen, was ich gerne möchte. Alex wog am Dienstag fünf Pfund. Sabine schrieb, am Freitag kam sie mit Baby nach Hause, nach neunzehn Tagen im Krankenhaus, ich freue mich für sie, alles ist gut. Die ersten Pakete sind eingetroffen, endlich! Charlotte hat ihr Osterpaket nach Ostern erhalten, es war drei Wochen unterwegs. Am Dienstag war ich beim Augenarzt, endlich nach zwei Jahren. Der Doktor meinte, meine Augenlinsen sind etwa 15 % eingetrübt. Das merke ich auch, brauche jetzt immer öfter meine kleine Zusatzbrille, die Schrift überall wird immer kleiner. Wie haben Lukas und Josh Ostern verlebt? Können sie sich erinnern, Ostern im Garten mit Mama und Familie, bei Lollo? Meine Sehnsucht ist grenzenlos, endlich beide zu sehen und zu umarmen und ihnen ein vertrautes Zuhause zu geben. Das Liebste auf der Welt für mich. Wulffs schreiben ein Buch, Herr und Frau Wulff haben ein Millionenangebot, stand in der Zeitung. Das Beste, was sie jetzt tun können, bin sehr gespannt. Wann wird es erscheinen? Das Ende für diese letzte Woche.

»Mein Leben ohne meine Familie«

Mein neues ungewohntes Leben, das ich mir niemals hätte denken können, war eine traurige Zeit. Irgendwie hatte ich das Lachen verlernt. Immer musste ich mir sagen, das kann doch nicht wahr sein. Ich träumte in der Nacht, Regine hat mich besucht, wir haben uns umarmt, alles war gut. Erst am Morgen kam die Wirklichkeit zurück, jeder nächste Tag war derselbe, kein Lebenszeichen. Ich erinnerte mich damals, da war ein Kaffeeplatz, Starbucks, den Regine morgens aufsuchte. Jörg und ich machten uns auf den Weg, gleich am Morgen. Wir wollten sehen, ob wir sie da zufällig sahen, unzählige Male waren wir da, kein Glück. Wir haben sie, unser einziges Kind, niemals dort getroffen, dann sind wir nicht mehr dahin gefahren.

Mit meiner Schwester Inge hatte ich guten Kontakt damals. Sie und Familie waren jedes Weihnachtsfest und auch im Sommer hier, kannten Lukas und Josh vom Babyalter an und hatten mit Regine immer ein gutes, liebevolles Verhältnis. Sie war eben Tante Inge. Sie versprach, mit

Regine zu sprechen. Sie reiste an, etwa sechs Wochen später.

Wir fuhren zur Kindergartenschule. Ich parkte jetzt auf einem anderen Parkplatz. Ich fuhr um die Gebäude von einer anderen Seite, wie ein Dieb, der die Gegend erkunden wollte, man möchte glauben, das ist nicht wahr. Keiner konnte mich mit meinem Auto sehen. Inge ging die nächste Straße zu Fuß zur Kindergartenschule, ging einfach hinein. Lukas war da und sie begrüßte ihn, dann kam auch Josh. Sie umarmte beide, hielt sie fest. Beide waren ganz erstaunt, Tante Inge zu sehen, es war ja nicht Weihnachten. Außerdem hatte sie eine lange Reise, hierher zu kommen. Die Frauen kamen und sagten, sie müsse gehen, Inge geriet in Streit mit diesen fremden Personen. Sie sagte, dass sie weit gereist sei und ihre Neffen sehen möchte. Die Frauen sagten, sie müsste eine Genehmigung von Regine haben, erst dann dürfe sie die Buben sprechen. Sie drückte beide und verließ das Gelände. Ich hatte die Kinder schon so lange nicht mehr gesehen und hatte Angst, diese gemeinen Frauen holen die Polizei, wenn sie mich irgendwo am Zaun sehen. So ließ ich mich nicht blicken, war vorsichtig, hatte aber dadurch keine Chance, meine Enkel zu sehen. Es war eine entwürdigende Zeit und auch sehr traurig. Damals schmeckte mir auch das Essen nicht mehr so gut und manchmal überhaupt nicht. Inge kam zum Auto, wir fuhren weg. Am nächsten Tag hat sie Regine angerufen, hat sich das Okay geben lassen, die Buben zu sehen.

Wir packten allerlei Süßes ein und starteten am nächsten Tag wieder. Inge konnte die Buben sehen. Sie waren nicht auf dem Spielplatz, in einem Büro auf Stühlen sitzend, wie Marionetten, begrüßte sie beide und legte die Schokolade hin, für Josh und Lukas. Josh sagte: »Während der Zeit in der Kindergartenschule dürfen wir keine Süßigkeiten essen«, so rührte er die Schokolade nicht an. Die leckeren deutschen Tafeln, die er kannte. Sie unterhielten sich, ich weiß

nicht, worüber, aber es war eine ziemlich lange Zeit. Lukas lachte nicht, Josh auch nicht. Es war, als wenn sie Fremde waren.
 Es war nicht dasselbe, wir früher. Jetzt waren es Sektenkinder, von den Sektenfrauen angepasst. Wo waren wir nur hingeraten, in eine Welt, die wir nicht kannten. Inge machte Fotos, beide Buben stehen, Josh umarmt Lukas vor sich, auch ein Einzelbild von Lukas, so ein trauriges und ganz ernstes Gesichtchen von dem damals sieben Jahre alten Kind, als wenn der Junge alles verloren hat. Ich habe das Bild einrahmt vor mir auf dem Seitentisch von meinem Sofa stehen, viele Jahre musste ich weinen, wenn ich hinsah.
 Nach einiger Zeit, erzählte mir Inge, hat Josh es nicht mehr ausgehalten, hat die Schokolade genommen und ein großes Stuck in den Mund gesteckt, sagte dabei:»To hell!« Und so wurde das Verbot gebrochen. Ich freute mich, als Inge mir davon erzählte. Sie umarmte die Buben und ging traurig davon. Sie hat sie niemals wieder gesehen, genau wie ich. Am nächsten Tag hat sie Regine aufgesucht. Das Gespräch endete im Streit, Inge hat ihrer Nichte klar erzählt, was sie ihren Eltern antut, ist das Letzte, man kann sich nicht mit Mama und Papa entzweien. Es gab auch keinen Grund, aber wie wir alle wissen, werden die Eltern verstoßen, wenn man nicht zu der Sekte gehörte. Aber warum frage ich mich immer wieder, wir haben bis hierher, seit vierzehn Jahren mit dem üblen Verein gelebt, warum jetzt? Inge blieb noch ein paar Tage, dann reiste sie ab, ließ uns traurig zurück.
 Es hat nichts gebracht, dass sie die weite Reise über den Ozean machte, außer, dass sie die Buben und Regine noch mal gesehen hat und die traurigen Fotos erinnern mich. Sie hat Regine im Leben nie wieder gesehen, nie mehr gesprochen. Ihre Nichte, die sie ein Leben lang liebte, so eine traurige Geschichte. Wie können Menschen, hier waren es engste Verwandte sich das antun. Unsere schöne heile Welt, wie

ich dachte, war zu Ende. Die Zeit verging, ich wollte die Kinder sehen. So fiel mir das Gebäude ein, das gegenüber vom Spielplatz stand. Ich fuhr hin, heute endlich würde ich Lukas sehen. Josh war meistens bei Freunden oder in der Klasse.

Ich dachte, wenn ich in das Geschäft gehe, es war ein Optikerladen, kann ich durch die Fenster schauen auf den Spielplatz. Ich machte die Tür zum Geschäft auf, die Verkäufer waren beschäftigt, so ging ich mit zögerlichen Schritten auf die großen Fenster zu. Ich hatte meine Sonnenbrille auf, so konnte man nicht meine verweinten Augen sehen.

Die Tränen liefen auf meinen Wangen, gut, dass der Verkäufer beschäftigt war. Ich sah hinaus, und wirklich, ich sah Lukas, er lief herum, ich konnte ihn endlich sehen, er lachte – Gott sei Dank – mein kleiner Sonnenschein. Ich beobachtete eine Weile meinen Enkel, still von einem Geschäft auf der anderen Straßenseite. Ich war so froh, ihn zu sehen. Zu lange hatte ich darauf gewartet. Nach einer Weile waren keine Kunden mehr in dem Geschäft, der Verkäufer fragte mich, ob ich etwas wünschte. Ich trat zu den Schränken mit den ausgestellten Brillen, die ich gar nicht wollte. Ich ging noch mal zum Fenster, sah still hinaus, dann musste ich gehen. Ich sagte, ich käme ein anderes Mal und ging hinaus zu meinem parkenden Auto. Ich setzte mich hinein, ich war froh.

Mein Plan mit diesem Geschäft war gut, ich werde wieder hingehen. An manchen Mittwochen, wenn Markt war, bin ich dorthin gegangen, habe mich etwas abseits versteckt und auf meinen Lukas gewartet, ob er sich etwas zu essen kauft, bei dem Hühnchen-Stand? Hatte er das Geld dafür? Ich habe ihn dort nie gesehen, er hatte kein Geld, sonst wäre er gekommen, was hatte er zu essen? Der arme Junge. Für den kleinen Buben ist eine Welt zusammengebrochen, von einem Tag auf den anderen hatte das Kind seine Lollo verloren, die für ihn sorgte, seine Geld-Dose in der Klasse,

Socken, wenn er nasse Füße hatte, sein Lunch-Essen für die ganze Woche und vor allem die Fürsorge und seine Kleidung und liebhaben den ganzen Tag.

Außerdem konnte ich ihm nicht sagen, warum das alles so war. Ich konnte nichts erklären. Ich bin dann öfter in der Woche zu dem Optikergeschäft gefahren, habe dort vom Fenster aus mein Enkelkind beobachtet. Dem Inhaber des Geschäfts habe ich meine Absicht erklärt, die Geschichte erzählt. Sie wussten, dass diese Kindergartenschule einem Sektenverein angehörte, haben mich nichts mehr gefragt, es war immer dieselbe Dame da, sie verstand mich. Ich sehe mich noch heute stumm am Fenster stehen, von weitem schräg gegenüber auf Lukas schauen, meine Tränen hörten nicht auf, über mein Gesicht zu laufen. Und auch jetzt, wo ich schreibe, ist alles gegenwärtig, auch der Kummer und die Tränen, als wäre es gestern gewesen. Die nächsten Geschichten schreibe ich über die Monate nach unserem Brunch, was ich erlebte, meine traurigen Tage, Wochen und Monate.

Meine Geschichten sind so traurig, ob das jemand lesen möchte?

54. Geschichte: 16. April 2012 (78. Montag)

Montagsgeschichte: »Die Enten auf dem Pool«

»Mein erster Geburtstag ohne Regine«

Der 78. Montag, ein klarer Himmel, schon warme Temperaturen. Gerade sind vor mir draußen auf meiner großen Wiese die Sprinkler angegangen, das Wasser spritzt mit Macht aus diesen kleinen Öffnungen weit über das Gras, lässt es schön glänzend aussehen. Am oberen Grundstück haben wir sechzehn Stationen zur Bewässerung des Gartens und unzählige Sprinkler, alles versteckt in die Erde gelegt, vor fast dreiundzwanzig Jahren.

Das Geräusch des heraus spritzenden Wassers beruhigt mich, ich könnte immerzu hinsehen und träumen, was wäre wenn? Dann ein kurzes Klicken und alles ist still, dann die nächste Station und die Träumerei ist vorbei.

Am Samstag haben Mario und ich am Berg gearbeitet, den ganzen Tag Geranien gepflanzt. Die langstieligen ausgewachsenen Triebe hat Mario abgeschnitten und verkürzt, ich habe die Köpfe gesäubert, dann sind wir zum Berg. Mario hat kleine Aushebungen gemacht, etwas Pflanzendünger hinein, ich habe die bearbeiteten Stiele gereicht, mindestens fünf bis acht Stück in jedes Loch.

Wir haben 65 neue Geranien gepflanzt, in verschiedenen Farben, weiß, rot, orange, pink, vor dem Ausheben der Löcher mussten wir das Unkraut entfernen, das schon mehr als einen halben Meter in die Höhe gewachsen war. Dann hat Mario unsere neuen Pflanzen gut gewässert und ich am Sonntagmorgen noch mal gründlich. Es wird jetzt wieder wärmer, da fängt meine Arbeit der Bewässerung an, es werden immer mehr Pflanzen am Berg. Am nächsten Samstag geht es weiter mit anderen Pflanzen, die verdünnt werden müssen, so brauche ich nicht meine Geldbörse aufzumachen. Es ist genug da, überall. Ich hoffe, an den nächsten vier Samstagen werden wir eine Menge gesetzt haben. Die Erdbeeren sind schon reif, ja, hier ist alles anders, die Sonne scheint jeden Tag.

Ein kleiner Bericht zum Entenpaar auf unserem Schwimmbad in diesem Jahr. In letzter Zeit saß der Enterich jeden Tag allein, Jörg sagt, die Entenfrau kommt gar nicht, wo ist sie denn, wie traurig der Arme da sitzt und wartet, wie im richtigen Leben, da sitzt meistens die Frau da und der Mann kommt nicht, oder wenn, wo ist er gewesen? Am Samstag, auf einmal sehen wir die Entenmama mit ihren Kleinen.

Mario zählte, es waren elf kleine Entenbabys. Ich fotografierte schnell mit meinem Smartphone, da schwammen sie auf meinem Wasser. Wir staunten, waren fasziniert von diesem Anblick. Im weiten Bogen sind wir über das Gras zum Berg gegangen, plötzlich hörten wir das Gezänke von zwei Enten-Papas, sie stritten sich, hoben ab in die Lüfte, die Entenmama hinterher. Ich war entsetzt, wo flog sie hin? Lässt die Kleinen im Wasser alleine. Dann mit einem Klatsch, sie landete gleich neben ihren Kindern. Auch der Enten-Papa kam zurück. Später grasten alle Entenbabys mit Mama auf unserer Wiese. Jörg hat dem Pool-Mann, der jeden Dienstag kommt, abgesagt für diese Woche. Am Sonntag waren sie nicht mehr da, ob sie wiederkommen? Es wäre zu schön.

Am Samstag erhielt ich ein kleines Paket von Gabriele zu Ostern, wie immer alles lieb ausgesucht, eine Schachtel mit Schokolade, mit Vanille überzogene Mandeln von Lindt, eine liebe Karte, ein kleines Heft vom Landleben, das ich so gerne kaufe, wenn ich in Deutschland bin und zur Erinnerung ein kleines weißes Porzellanhäschen mit rotem Halsband und Glöckchen. Ich war so überrascht und glücklich über diese liebe Freude von meiner Nichte Gabriele. Sonst hören wir wochenlang nichts voneinander. Ich bin dann etwas enttäuscht, aber wir denken an uns, so ein liebes Mädchen, werde sofort zurückschreiben. Noch eine Anmerkung über Herrn Gauck mit Fernbeziehung, Freundin zum Staatsbesuch in Polen letzte Woche. Der polnische Ministerpräsident mit Gattin empfängt ganz offiziell Herrn Gauck und Freundin, nicht geschieden von seiner Ehefrau. Meine Frage, umgekehrt, der polnische Ministerpräsident mit Freundin, nicht geschieden, empfängt Herrn Gauck und Gattin, wäre so etwas möglich? Ich denke, schon der Gedanke ist sträflich. Keiner berichtet darüber abfällig, wo sind da die Reporter, die Herrn Wulff und Gattin in den

Schmutz gezogen haben, was werden wir noch hören, in dieser neumodischen Angelegenheit? Bin ich zu moralisch, zu altmodisch in meiner Denkweise?

Ich vermisse einen Gesprächspartner, es wird Zeit, dass ich meine Reise über den großen Teich bald antrete. Sabine sendet ein Bild mit Baby im Kinderwagen, der superschick ist. Sie ist jetzt eine stolze Mama, die erste Ausfahrt. Jetzt hat auch sie eine Familie, es freut mich sehr. Ich muss mich an den Gedanken gewöhnen. Das Mützchen ist fertig, in Weiß für den kleinen Alex, sende es am Dienstag ab. Noch eine Anmerkung zu diesem heißen Prozess in Norwegen, die einzige gerechte Strafe für dieses Monster ist, ab nach Sibirien und keine Wiederkehr! Die Todesstrafe wäre zu human, ein geistig Gestörter, der so viele Menschenleben ausgelöscht, braucht keine Gerichtsverhandlung, meine Meinung. Mein tiefes Mitgefühl für die vielen Angehörigen, die das Liebste verloren haben, ich könnte weinen, wenn ich daran denke. Deshalb keine Silbe mehr von diesem einmalig schrecklichen Ereignis.

Die Vögel zwitschern draußen. Es ist so friedlich und das Ende dieser Montagsgeschichte.

»Mein erster Geburtstag ohne Regine«

Mein erster Geburtstag im Oktober 2003 ohne Regine. Es sind so viele Wochen vergangen, unsere Bemühungen, unsere Tochter zu sehen und zu sprechen, haben sich nicht erfüllt. Es war eine still gewordene Zeit, kein Kinderlachen in unserem Haus, oben das Zimmer für Lukas und Josh blieb leer. Lukas' kleine Hausschühchen stehen noch auf dem Platz, jetzt neun Jahre, ich habe sie nie fortgeräumt, auch seine Hemdchen, T-Shirts und alles Spielzeug, was sich so im Laufe der Zeit angesammelt hat, sehe ich beim Staubwischen. Im Auto fahre ich noch heute Lukas' Teddybären, auch anderes Spielzeug in der Wagentürtasche, griffbereit beim Fahren. Auch seine warme Decke von BMW liegt da, es ist, als ob der Kleine jeden Moment einsteigt und alles vorfindet, was ihm gehört, und das auch bei den mehreren verschiedenen Autos in den letzten neun Jahren.

Noch ein paar Wochen bis zu meinem Geburtstag, am 23. Oktober, immer dachte ich an dieses Datum, noch drei Wochen, oder noch sechs Tage, werde ich Regine wieder sehen? Sie kann doch Mamas Geburtstag nicht vergessen? Letztes Jahr haben wir im deutschen Club das Oktoberfest und auch meinen Geburtstag mit großer Anzahl der Familie, Barb und den Kindern gefeiert. Ich war felsenfest überzeugt, dieses Datum kann sie nicht stillschweigend übersehen. Ich war sehr aufgeregt, stellte mir vor, was ich sagen möchte, wenn sie vor mir steht. Die letzten zwei Tage bis zu diesem Datum, dann sehe ich mein Kind wieder und alles ist gut. Wir machten keine Pläne, keine Einladungen oder Reservierungen im Restaurant für Jörg und mich, wir wussten ja nicht, was geschehen wird. Der Geburtstag war da, morgens kein Anruf, über Mittag nichts, wir warteten den Nachmittag ab, aber nichts passierte. Ich konnte nicht glauben, was da geschah. Es geschah ja nichts. Der Tag verging, ich habe nichts gehört von meinem Kind. Das war das erste Mal, dass Regine der Mama nicht zum Geburtstag gratulierte, wir waren geschockt, so etwas Unglaubliches war in unser Leben eingetreten. Ich weinte den ganzen Tag. Wir haben das Haus nicht verlassen, ich dachte, vielleicht kommt sie noch. Was für eine Macht hatte die Sekte über Menschen, ihre Allerliebsten auszuschalten, geht das mit einem Hebel? Nicht zu vergessen, der Mann, er war das Schlimmste. Jetzt hatte er Regines Eltern ausgeschaltet.

Endlich hatte er es geschafft. Es war der erste Geburtstag ohne meine Tochter, es sollten noch viele folgen, ich wusste es nur noch nicht. Das war der Anfang einer Leidenszeit, die ich mir hätte nie vorstellen können. Wir froh waren wir damals, Papa, Regine und ich, als wir vor dreiundzwanzig Jahren hierher zum Urlaub nach Kalifornien kamen. Wären wir doch nie hier sesshaft geworden. Alles wäre nie geschehen. Die anderen Geburtstage, der angeheirateten Familie, die Kinder von Barb und auch sie waren nicht mehr eingeladen. Regine wollte es so, sonst wäre sie nicht erschienen bei ihren neuen Nichten. Karla, mit der ich immer Kontakt hatte, erzählte mir alles, was sich ereignete. Gut, dass sie zu mir hielt, sonst hätte ich niemals etwas erfahren. Regine war mit dem Geschäft umgezogen, alle Büroarbeit hat sie in ihr gemietetes Haus in ihrem Wohnzimmer eingerichtet. Das große Gebäude für die Produktion musste sie aufgeben, die Fertigung der T-Shirts hat ihr alter Produktionsleiter übernommen, in einem Gebäude, das er sich gemietet hatte und jetzt für Regine arbeitete auf eigene Rechnung. Die viele Abwesenheit von Regine, ihre langen Aufenthalte in Florida haben das Geschäft geschädigt, es ging bergab, das Schlimmste, die Geldbeträge für den »Verein« überstiegen alles, was man sich denken kann. Jetzt war da keine Firma mehr, die ich aufsuchen konnte. Viele Male sind wir zu dem Haus gefahren, von außen um die Ecke, ob wir etwas sehen konnten, oder Lukas und Josh draußen mit dem Fahrrad fuhren. Die Räder, die ich Ihnen gekauft hatte.

Wir konnten nicht durch den Lattenzaun sehen. wir fuhren herum wie zwei Spione, zu dem Zuhause unserer Tochter, dem Zuhause, wo viele Weihnachtsfeste, Geburtstage der Kinder, Swimmingpool Partys stattfanden. Zu dem Zuhause, das ich mit meinen Sofamöbeln, die wir in dem ersten Haus hatten und Josh so schön fand, als ich sie abgeben musste, weil ich in meinem Schlafzimmer neue passendere Sitzmöbel bestellt hatte, auch die rot gemaserten lackierten Würfeltische von Italien, von Glabmann, dem Einrichtungshaus für gehobene Wohnkultur. Jetzt steht alles bei Regine und ich darf ihr Zuhause nicht mehr betreten.

Nach meinem Geburtstag habe ich auch nicht mehr versucht, sie zu besuchen, ich hatte einfach Angst, die Türe wird nicht geöffnet, dies wollte ich nicht geschehen lassen. Alle Hoffnung hatte ich jetzt auf Weihnachten, das Fest der Liebe gerichtet, dann mussten wir wieder zusammen sein! Es waren ja nur noch sieben Wochen. Ich fuhr immer noch zu dem Optikergeschäft, um meinen Enkel zu sehen, in der Ferne, wenn ich Glück hatte. Sonst konnte ich nichts mehr tun. Ich fühlte mich wie ein Vogel, dem man die Flügel gestutzt hatte, der nicht mehr aufsteigen konnte in die Lüfte und frei fliegen konnte und so sehr traurig.

55. Geschichte: 23. April 2012 (79. Montag)

Montagsgeschichte:»Tägliches Leben«

»Besuch: Julia und die Kinder«

Heute schon zwei Wochen nach Ostern, die Zeit, die Tage gehen zu schnell vorbei. Vor mir draußen gegenüber auf dem anderen Berg ist es grün geworden, nach dem Regen der letzten Wochen. Erst wird alles grün, bis dann in den Sommermonaten von der heißen Sonne alles wieder vertrocknet. Manchmal wundere ich mich, dass im nächsten Frühjahr alles wieder grün wird, hier überall.

Der Enterich sitzt alleine am Pool, die Enten-Mama ist nicht wieder aufgetaucht mit ihren elf kleinen Entenbabys, hoffentlich behält sie alle, keines geht verloren. Die Obstbäume haben Früchte angesetzt, man sieht, wie sie jede Woche dicker werden. Gerne möchte ich mal ein Buch lesen, zum Beispiel von Kirsten Heisig »Das Ende der Geduld«, diese tüchtige Richterin ist meiner Meinung nach ermordet worden. Da spricht alles, was ich lesen konnte, dafür. Sie war die bekannteste Jugendrichterin der Republik. Man hängt sich nicht in einem Wald auf, wenn das neue Buch in Kürze erscheint und man zwei kleine Töchter hat und tötet man vorher auch den Hund? Warum ging sie in den Wald oder hat man sie dahin verschleppt? Die armen Mädchen ohne ihre Mama, warum sollte sie so etwas Schreckliches gemacht haben, da war kein Grund, ich bleibe dabei: Sie ist ermordet worden. Ob das jemals aufgeklärt wird? Ich wünschte mir, dass jemand den Mut hat und dieses heiße Eisen anfasst, um der Gerechtigkeit Genüge zu tun.

Letzte Woche war ich bei meinem Augenarzt, endlich nach zwei Jahren. Der Doktor, den ich schon viele Jahre hier kenne. Meine Augen haben eine 15%ige Eintrübung, was ich auch selbst festgestellt habe. Aber was kann ich tun, weiter alle Tage leben und vorausschauen, oder?

Alle Rosenstöcke sind erwacht, stehen in voller Blüte, unzählige weiße Knospen öffnen sich, auch die anderen farbigen Rosen am Berg. Es ist jetzt nach dem Winter die schönste Rosenzeit, ich denke jetzt besonders an meine Regine. Sie sagte immer: »Mama, warum holst du dir keine Vasen voll ins Haus?« Nein, auch heute schneide ich keinen von den voll erblühten Zweigen ab, es tut mir etwas leid, in einer Woche sind sie in der Vase verblüht. Aber wenn ich so darüber schreibe, wäre es schön, ich würde dem guten Rat meiner Tochter Regine folgen, gleich heute gehe ich auf den Berg. Rena ist abgereist nach Wien am letzten Samstag, ich sehe sie erst wieder, so Gott will, im Dezember oder Januar nächstes Jahr.

Auch diese Geselligkeit und die Gespräche in unserer Muttersprache sind vorbei, jetzt ist fast niemand mehr hier, ich werde sie schmerzlich vermissen, das weiß ich, was bleibt, ist nur das Telefon. Unsere Frühnachmittage zum Plausch und Kaffeetrinken, sonntags im Balboa Bay Club in Newport Beach waren so schön.

Am Samstag ist Mario erst um zwölf Uhr bei mir angekommen, morgens um sieben war er noch nicht da, auch um acht nicht, ich machte mir Sorgen, es musste etwas passiert sein. Jörg hat mit Elisabeth telefonisch Nachrichten ausgetauscht. Sie waren im Krankenhaus. Elisabeth hatte eine Infektion im Ohr, tüchtige Schmerzen, sie waren um fünf Uhr morgens in die Notaufnahme geeilt, in der Nähe ihrer Wohnung, mussten fünf Stunden warten. Ist so etwas auch in Deutschland möglich? Selbst wenn man versichert ist? Eine ordentliche Krankenversicherung hat?

Das Problem hier ist, die mexikanischen Leute, die hier leben, haben meistens keine Versicherung, da aber alle Notaufnahmen diese Menschen behandeln müssen, hat man die Notaufnahmen geschlossen. Diesen Ansturm nicht versicherter Kranker konnte keiner mehr bezahlen, auch darum mussten Krankenhäuser schließen.

So sind in Marios Nähe die Aufnahmen überfüllt, dadurch so eine lange Wartezeit. Ich werde Mario sagen, dass er das nächste Mal in einer anderen Stadt ein anderes Krankenhaus aufsuchen soll. Unser Arbeitssamstag war kurz, aber Mario hat alles meterhohe Unkraut außerhalb unserer Einzäunung am unteren Berg, an den letzten Treppen zum Pferde Trail rechts und links entfernt. Das macht mich froh, endlich wieder eine große Fläche ohne dieses Unkraut. Man kann die schönen, grünen und blühenden Pflanzen sehen. Sonst konnten wir nicht viel tun, der Tag war zu kurz. Marios Geburtstag ist am folgenden Sonntag, so haben wir am Gartenhäuschen alle zusammen gesessen, Kaffee getrunken,

Jörg hat aus dem deutschen Laden eine Schwarzwälder Kirschtorte mitgebracht, halb amerikanisch, sie sah aus, wie eine deutsche Torte, schmeckte aber nicht. Peter war auch da, hat mit Helfern ein paar Mauern gesetzt, am Ausgang, am Gartentor ganz unten. Ich bin glücklich, es sieht gut aus. Wieder sind wir ein Stück vorangekommen. Am letzten Sonntag rief Sabine an, der kleine Alex wiegt jetzt sechs Pfund und trinkt gut an ihrer Brust, beide, Sabine und Rudolf, sind sehr glücklich, was man sich ja denken kann, ein Wunschbaby. Hab das Mützchen abgesendet, ob es passt? Noch eine gute Nachricht, auch Madita rief an, sie ist in anderen Umständen, im dritten Monat, ja, das ist auch eine wundervolle Nachricht. Ich denke an meine Schwester, zu der ich seit Regine nicht mehr gesprochen habe. Endlich wird sie eine Omi mit ihrem einzigen Kind. Sie wohnt mindestens zwei Autostunden von Dublin entfernt.

Ich war so froh, dass meine Regine hier ganz in der Nähe wohnte, ich konnte die Babys immer sehen und was wichtiger war, sie versorgen, wie ich in den vielen Geschichte beschrieben habe. Lieber Gott, wann sehe ich beiden endlich wieder? Jetzt fängt gerade die Spargelzeit an in Deutschland. Ach, könnte ich da sein und dieses köstliche gesunde Gemüse essen. Hier gibt es nur grünen Spargel, kein Vergleich mit dem weißen. Es sind so viele Dinge, die man hier nicht kaufen kann, das lernt man im täglichen Leben, die amerikanische Kochweise ist voll englisch, da gibt es nichts Deutsches. Die Rinder und Schafe werden nach dem Schlachten ganz anders portioniert, einen Sauerbraten kennt hier niemand. Wie gesagt, die Sonne scheint jeden Tag, das ist das Beste hier. Damit ist meine Montagsgeschichte zu Ende.

»Besuch: Julia und die Kinder«

Die Wochen ohne Kinder, ohne Regine. Nach meinem Geburtstag, Ende Oktober, zählte ich die Tage, ob wir uns wieder zusammenfinden. Alle Familienangehörige waren traurig und entsetzt, denn Regine hat allen Kontakt mit ihren Verwandten abgebrochen. Meine Nichte Julia, die

Tochter meiner Schwester Lilly, lebt in New Jersey mit ihrer Familie, das ist Rainer und ihre drei Kinder, die alle in Amerika geboren sind. Wir hatten ein immer freundschaftliches Verhältnis, ich war Tante Lollo für sie und jetzt auch für ihre Kinder, die noch klein waren. Wir haben Julia und Rainer dreimal gesehen, wenn wir in New York waren, als Hanna ein Baby war und Paul noch nicht geboren war. Das erste Mal, unvergessliche Momente, damals in dem Hochhaus in der 15. Etage.

Als Julia aus ihrem Küchenfenster sah und das erste und zweite Flugzeug in die Türme flog in 2001 und die Menschen aus schwindelnder Höhe aus den Fenstern in den Tod sprangen. Später sind sie dann nach New Jersey gezogen, ins eigene Haus. Ich wünschte, wir hätten so einen tüchtigen deutschen Schwiegersohn bekommen wie Rainer. Er hat eine gute Position bei einer Bank an der Wall Street. Julia ist vollbeschäftigt mit ihren inzwischen drei Kindern. Es war Herbst geworden, noch kein Zeichen von Regine, da meldete sich Julia am Telefon und sagte, sie möchten uns besuchen und wann es uns zeitlich passe. Ich war hocherfreut, endlich noch jemand von der Familie, der Regine besuchen und dann ein paar Worte mit ihr reden möchte.

Es konnte nicht besser kommen, zwei Cousinen, die sich immer gut verstanden. Ich bereitete die oberen Gästezimmer vor, eines war der Madonna-Raum, ein schönes helles Zimmer mit einem pinkfarbenen Anstrich, weißer, sehr breiter Deckenborte mit einem breiten Bett und schönen Bildern an der Wand, daneben die Kleiderkammer, die ich vor Jahren mit Regalen und Kleiderschränken habe ausbauen lassen.

Dann Lukas' Zimmer mit Bett und Sofas aus unserem alten Wohnzimmer, die ich bei Pasche in Wuppertal ausgesucht hatte, schöne praktische Sitzmöbel aus Italien, einem Fernsehapparat, Computer natürlich und Spielsachen. Es war alles bereit, nachdem ich für fünf Personen die Betten hergerichtet hatte. Ich freute mich, endlich einige Verwandte, vertraute Gesichter zu sehen, neben all den fremden Menschen, mit denen ich zu tun hatte. Besonders jetzt, da ich keine Familie mehr hatte.

Wir holten Julia und Rainer und die Kinder vom Flugplatz, gleich hier in Long Beach ab. Julia mit dem Baby auf dem Arm, Christian war drei Jahre alt und Hanna zwei, also noch kleine Kinder. Ich machte mir etwas Sorgen mit meiner großen Treppe im Haus, ob ich oben ein Gitter anbringen sollte? Wir fuhren nach Hause, wir freuten uns, uns zu sehen. Die Kinder riefen freudig: »Hallo Tante Lollo!«, wie Julia, als sie klein war. Die Sonne schien, obwohl schon Mitte November, warm, alles war gut.

Jetzt kam Leben ins Haus, die Kinder sprangen die Treppe rauf und runter. Ich machte mir Sorgen. Wir heizten den Jacuzzi an, auch den Pool, bei so einem lieben Besuch wollte ich alles schön haben, die Kinder hatten großen Spaß daran, in das Wasser zu springen. Sie liefen auch den Berg hinunter und besuchten die Pferde vom Nachbarn. Hanna war begeistert, sie liebte Pferde. Gefrühstückt haben wir zu Hause und auch im Restaurant, gleich unsere Straße hinunter waren mehrere Frühstücksplätze und auch das Pfannkuchen Haus. Die Kinder und auch wir, vor allem Jörg, liebten den Platz. Alle hatten eine gute Zeit. Rainer sagte, hier in Kalifornien sind die Restaurants mehr kinderfreundlich, als an der Ostküste, er kann es ja beurteilen. Was uns allen fehlte, war Regine und die Buben. Zwei Tage später rief Julia bei Regine an. Sie verabredeten den nächsten Spätnachmittag für einen Besuch in Regines Haus. Papa und ich waren nicht eingeladen. Man stelle sich das einmal vor.

Ich war so froh und ich bin es noch heute, dass meine Mutter, Regines Mimi, das nicht mehr erleben musste, ob sie sich im Grabe umdreht? Zu Lebzeiten meiner Mutter hätte Regine sich so etwas nicht getraut.

Der Nachmittag kam und unsere Besucherfamilie fuhr zu Regine. Papa und ich blieben traurig und erstarrt zu Hause, es war wie in einem bösen Traum, es konnte nicht wahr sein! Ziemlich spät kamen sie nach Hause, lachend, voller Freude. Es war schön mit Regine, Josh und Lukas, kein Gruß an Mama und Papa, wir wurden nicht erwähnt, uns hatten alle ganz vergessen, wir waren tot, obwohl wir nur räumlich eine knappe halbe Stunde entfernt waren. Es wurden viele Fotos geknipst, worauf ich so gespannt war, hatte ich die Kinder so lange nicht gesehen.

Was hat Julia ihre Cousine gefragt? Beim nächsten Telefongespräch frage ich Julia, ob sie sich noch erinnern kann, nach neun Jahren? Die Bilder zeigten alle sitzend auf der Treppe im Haus, Regine hatte das Baby Benny auf dem Schoß, Christian und Hanna waren neben ihr und eine Stufe höher saß Lukas, hatte das Ärmchen um den Hals seiner Mama gelegt, er zeigte, sie gehört zu mir, das ist meine Mama. Ich sah Lukas, wie blass er war, sein Gesichtchen war sehr schmal geworden. Julia erzählte, der Junge war sehr krank gewesen, eine schwere Erkältung und ich denke, die seelische Belastung, seine Lollo nicht mehr zu sehen, und wer weiß, was man dem Kind erzählte, ist seine Omi Lollo jetzt eine böse Oma?

Und wie ich hörte, der Mensch wollte mit dem kranken Kind keinen Arzt aufsuchen, bei seiner Sekte, an die er glaubt, waren Pillen vom Doktor nicht erwünscht, deshalb das ganze traurige Dilemma. Ein anderes Foto zeigte alle Kinder auf dem oberen Bett in Lukas' Zimmer, Lukas, das konnte ich jetzt sehen, war ganz schmal, seine dunklen Augen waren in sein kleines Gesichtchen eingesunken. Ich habe mich so erschrocken, das war nicht mehr Lukas, wie ich ihn kannte, ein lustiges Kind, wohlgenährt, jetzt von Krankheit gezeichnet, sein Lächeln war ganz traurig, das kannte ich nicht. Ich wünschte, ich könnte ihn umarmen und liebhaben und unser Leben wäre wieder wie früher. Es blieb diesem Menschen nichts anders übrig, als mit dem kranken Kind zum Arzt zu gehen und was hat der Doktor sich wohl gedacht?

Man sollte diese Eltern anzeigen wegen unterlassener Hilfeleistung. Und was hat Regine, die Mutter, veranlasst? Sind diese Menschen denn von allen guten Geistern verlassen, wie kann man nicht an die heilende Medizin glauben und einen Doktor aufsuchen! Das werde ich nie begreifen, da kann ich hundert Jahre alt werden. Mit traurigen Augen sah ich die Bilder an, ich weinte bitterlich und musste aus dem Raum gehen. Später hat Julia erzählt, auch sie konnte nicht glauben, dass ihre tüchtige, gebildete Cousine, die sie ein Leben lang kannte, so einem Wahn verfallen war, daraus ergaben sich keine Gemeinsamkeiten für beide und die Familien. Auch die räumliche Entfernung musste überwunden werden, also alles vergebens. Ich freute mich über die paar Tage, die wir noch zusammen hatten. Hanna setzte sich oft an das Klavier und gab uns ein privates Konzert mit ihrer Mami, das war sehr schön. Beim Abschied versprachen wir, bald nach New York zu reisen, während der Weihnachtszeit war es da so schön, aber auch kalt. Dann kam mein neuer teurer Nerzmantel, den ich in Düsseldorf in einem so guten Pelzgeschäft gekauft hatte, zum Einsatz und ich rauschte durch das Foyer im Waldorf Astoria, wie eine ganz berühmte Dame. Unvergessliche Tage dort.

Es war still geworden im Haus und jetzt hatte ich keine Menschenseele, die mir von Lukas berichten konnte, wie es ihm geht, auch gesundheitlich. Auch Theresa, die ich so viele Jahre kannte, habe ich sehr wenig gesehen und nicht mit ihr gesprochen. Alle behandelten mich wie eine Aussätzige, Regine wollte das so und auch die Sekte?

56. Geschichte: 30. April 2012 (80. Montag)

Montagsgeschichte: »Blautanne«

»Vorweihnachtszeit«

Heute der fünfte und letzte Montag in diesem Monat, morgen der 1. Mai 2012. Keine Sonne heute, der Himmel ist grau wie in Remscheid, in meiner Erinnerung. Remscheid, wenn ich an unsere Jahre dort zurück denke, es war die Jugend, die wir dort verlebten, lang ist es her.
Wir wussten nicht, niemand weiß es, wie schön es ist, jung zu sein. Aber das ist eine andere Geschichte und gehört leider der Vergangenheit an. Am Samstag haben Mario und ich an einer anderen Böschung gearbeitet, rechts vom Pool, das Ende. Wir haben alle wuchernden Pflanzen abgeschnitten und die kleinen Rosenstöckchen in einer Reihe am untersten Rand neu eingepflanzt, wir sind noch nicht fertig, am kommenden Samstag geht es weiter. Unsere nächste Arbeit ist, alle Pflanzen, die wir oben entbehren können oder die zu groß geworden sind, auf den Berg zu verpflanzen, damit sich die großen, freien Lücken endlich füllen. Dann wird Peter eine Sprinkleranlage anlegen und meine Handbewässerung hört endlich auf, kostbare Stunden, jetzt im Sommer, die ich dann frei habe für andere Dinge.
Beim Arbeiten dort habe ich die einzige Blautanne in meinem Garten bewundert. Hierüber gibt es eine kleine Geschichte. Als wir vor fast zweiundzwanzig Jahren in dieses Haus einzogen, hat Jörg, es war gerade vor Weihnachten, eine in einem Topf eingepflanzte Blautanne nach Hause gebracht, ungefähr einen Meter hoch, ein Symbol, unsere erste Tanne in diesem Haus, die dann für ein paar Jahre im Garten stand. Bei einem Besuch meiner Schwester Traudl und meines Schwagers ein paar Jahre später hat Dirk die

Tanne eingepflanzt an diesem Platz am Pool und sie ist seitdem mehr als zwei Meter gewachsen. Heute erinnert mich dieser schöne Baum an meinen Schwager, der vor ein paar Jahren, viel zu früh verstorben ist und diesem schönen Gewächs ein Heim gegeben hat.

So bleibt die Erinnerung an einen Menschen, der nicht mehr auf dieser Welt ist, wach. Jedes Mal, wenn ich diesen Baum sehe, denke ich an meinen Schwager und den Sommer, den wir so voller Freude verlebt haben. In meinen Gedanken sehe ich beide am Pool sitzen, sich sonnen. Seit zwei Wochen gehe ich jeden Morgen auf meinen Berg zum Unkraut ziehen, morgens von acht Uhr bis neun.

Jörg holt mich dann und wir haben Frühstück, manchmal wird es auch später, ich vergesse die Zeit, das Unkraut, mein hohes Gras wird übermächtig, ich kann es nicht mehr sehen. So denke ich, habe ich eine Lösung gefunden, noch zwei Monate, dann ist meine Arbeit getan. Außerdem habe ich Spaß dabei, dann die gesäuberten Flächen machen mich froh, auch für meine Gelenke ist diese Arbeit ein Jungbrunnen, das kann ich bereits feststellen.

Mit Ungeduld warte ich immer auf den nächsten Morgen. Ich habe mir eine Skizze vom Berg angefertigt und kann meine bearbeiteten Flächen einzeichnen.

Habe in einer Zeitschrift ein lachendes Ehepaar Wulff gesehen, man hat beiden einen mehrstelligen Betrag angeboten für das Buch, das sie beide schreiben, getrennt natürlich.

Der kleine Alex ist zweiundfünfzig cm groß und wiegt jetzt dreitausend Gramm, es ist ein gesundes Baby und wächst mit jedem Tag. Am Mittwoch hat es wieder geregnet, am Tag nur ein paar Stunden, alles war bewässert. Wir warten noch auf den großen, tagelangen Regen, das Land braucht das Wasser, der April ist schon zu Ende und auch die Montagsgeschichte.

»Vorweihnachtszeit«

Der Herbst war da, auch die Weihnachtszeit rückte immer näher, wenn ich daran dachte, musste ich mich setzen, mich überkam solch eine Trauer, ich weinte dann bitterlich. Doch manchmal sagte ich mir, es ist noch nicht alles verloren, am Weihnachtstag sehe ich meine Regine und die Enkel wieder, alles wird gut. Julia war mit ihrer Familie abgereist, es war wieder still im Haus, kein Kinderlachen, keine Gespräche mit lieben vertrauten Menschen, die meine Verwandten waren, nur noch Jörg und ich, der Gärtner und der Pool-Mann. Ich dachte an die Weihnachtsgeschenke für meine Enkel, was hätten sie gerne? Kann ich sie nach ihren Wünschen fragen? Ich gehe so gern einkaufen und suche schöne Dinge aus, Kleidung, Bücher, Spiele usw. Manchmal ging ich zu dem Optikergeschäft und sah dort aus dem Fenster, um Lukas zu sehen, wie sah er aus? Hatte er die Kleidung an, die wir beide ausgesucht hatten? Sprang er glücklich herum, hatte er ein lachendes Gesicht, mein kleiner Darling?

Ach, könnte ich ihn drücken und ihn fragen, was er gerne möchte zu Weihnachten und überhaupt. Eine schmerzliche Angelegenheit, zu traurig, aber alles, was ich tun konnte.

So verging ein Tag nach dem anderen, eine Woche, der nächste Monat Dezember, noch vierundzwanzig Tage bis Weihnachten. Am Anfang des Weihnachtsmonats wird hier bei den amerikanischen Familien der Weihnachtsbaum aufgestellt, ich warte immer noch bis ein paar Tage vor dem Fest. An einem Wochentag habe ich die Geschenke für die Kinder gekauft, alles eingepackt in meiner Garage. Für Lukas ein Paket, eines für Josh, auch deutsche Schokolade kam hinein, adressiert an beide namentlich. Mitte des Monats sind Jörg und ich nach Irvine zu dem Kaffeeplatz, bei dem wir Regine vermuteten, aber nie getroffen haben.

Ich hatte einen Plan. Ich bestellte ein Taxi und sagte dem Fahrer: »Bitte bringe die zwei Pakete zu dieser Adresse.« Regines Adresse. »Fahre hin, wir warten hier, nach deiner Mission kommst du wieder hierher zurück« Wir sagten ihm auch einiges von unserer Tochter und dem Verein, dem sie angehörte, nur damit er verstehen konnte, warum wir nicht selber die Pakete bringen. Der Mann war sehr nett, freundlich, er gab uns seine Geschäftskarte und fuhr los. Wir saßen auf den Stühlen, draußen vor dem Kaffeegeschäft.

Ich sah auf die Uhr, dachte, eine gute halbe Stunde wird der Taxifahrer unterwegs sein. Die Menschen um uns herum lenkten uns ab von unseren Gedanken, von der Aufregung für dieses Vorhaben. Eine traurige, niemals für möglich gehaltene Situation war es allemal, unbegreiflich, wenn man bedenkt, vor ein paar Monaten waren wir alle zusammen, haben die Geburtstage der Buben gefeiert. Bald ist die Zeit um, dachte ich und sah auch schon das Taxi in das Center fahren. Er parkte, stieg aus und setzte sich zu uns, erzählte das Unfassbare. Die Haustüre wurde aufgemacht, von einem Mann, Regines Büro war ja jetzt im Haus, in ihr Wohnzimmer verlegt.

Der Taxifahrer sagte, er möchte zwei Pakete für Lukas und Josh abgeben zu Weihnachten. Der Mann hörte, wie Lukas laut schrie, oh ja, er wollte sein Paket von Lollo, der Mann an der Tür sagte: »Wir möchten nichts haben.« Er solle alles wieder mitnehmen, darauf hat Lukas so geschrien und konnte nicht beruhigt werden.

Da stand der Überbringer, ein völlig fremder Mensch, der Weihnachtspakete für die Kinder brachte, musste sie wieder mitnehmen. Ich wusste, das war ganz sicher, Regine war in einem der Räume, die jetzt Büro waren, hörte alles mit, hat sich selber aber nicht sehen lassen, ließ alles verhandeln von einem Mitarbeiter, so feige war sie auch noch. Was war nur aus unserer Tochter geworden.

Vor zwei Jahren habe ich einen deutschen Film in unserem

deutschen Fernsehprogramm gesehen. Er hieß »Bis nichts mehr bleibt«. Ja, so war es bei uns, es blieb uns nichts mehr, genauso wie im Film und unsere Tochter spielte die Hauptrolle, eine verhängnisvolle Tatsache für alle Beteiligten.

Der Mann an der Tür drehte sich um, trug unsere Pakete wieder zum Auto und während er vom Hauseingang die Treppe herunter zum Bürgersteig alles in seinen Kofferraum legte, hörte er Lukas wie am Spieß schreien und das schon die ganze Zeit. Jetzt auf dem Parkplatz, als der freundliche Mann uns alles erzählte und wir betroffen zuhörten, wollten wir das Unfassbare nicht glauben. Er gab uns unsere Pakete, ich bezahlte ihn für seine treue Mühe. Er sagte, wir dürften ihn zu jeder Zeit wieder anrufen, er fuhr davon. Ich war so traurig, dachte an Lukas, der arme kleine Junge, er wurde nicht gefragt und durfte seine Grandma Lollo nicht mehr sehen und auch keine Geschenke annehmen.

Das hat meine Tochter entschieden oder doch der Mann, das glaube ich eher. Ich habe diese Begebenheit auch nach neun Jahren so deutlich in meinem Gedächtnis, als wäre es gestern gewesen. Die Pakete landeten auf dem Speicher, wo sie auch heute noch sind und alle anderen auch, die sich ansammelten, aber das alles in einer anderen Geschichte.

57. Geschichte: 7. Mai 2012 (81. Montag)

Montagsgeschichte: »Schulabschluss«

»1. Weihnachten ohne meine Familie«

Heute schon der 7. Mai, ein neuer Monat. Was werde ich erleben? Endlich ein Lebenszeichen von meinen Enkeln, Josh und Lukas? Schon lange hatte ich mir vorgenommen, Karla anzurufen, die Monate nach Weihnachten sind verflogen, hatte sie nicht mehr gesprochen, jetzt an diesem

Montag habe ich es noch mal versucht. Ich hatte Glück, sie war da.

Wir sprachen über die Mädchen, ihre Nichten, die schon jetzt alle fast einundzwanzig Jahre alt sind. Tüchtige Mädchen, gehen zur Universität, haben liebevolle, anständige ordentliche Eltern, die sie fördern auf ihrem Lebensweg, eine gute amerikanische Familie. Ich fragte sie, ob sie ein Lebenszeichen von meinen Enkeln hat. Sie sagte, Josh sei in L. A., »arbeite« bei der Sekte in dem großen Center. An jedem Sonntag hat er frei. Sie lachte, ich war nicht so überrascht, hatte schon vorher so meine Gedanken. Der Junge hat im Leben nichts anderes gehört, ist praktisch mit dem Verein aufgewachsen, meine Regine hat es den Kindern vorgelebt. Sie war auch, wie wir wissen, verblendet.

Die Buben haben keinen regulären Schulabschluss. Damals sagte Jörg zu ihr: »Ich hoffe, du gibst deinen Söhnen eine so gute Schulausbildung wie wir, deine Eltern, dir gegeben haben«, es hat nichts genützt. Jörg sprach zu tauben Ohren. Regine hat nichts mehr wahrgenommen. Jörg sagt heute oft, sie war krank, sie konnte die Realität, das normale Leben nicht mehr sehen. Jetzt hat sie auch den Jungen mit hineingezogen, er will die Milliarden von Menschen auf dieser Welt bekehren. Dabei braucht der Verein nur einige wenige zahlende Anhänger, die bringen genug Geld ein.

Karla sagte: »Lukas lebt nicht mehr da, wo einmal sein Zuhause war bei Mami. Er hat sich, wie soll ich sagen, zurückgezogen, wohnt jetzt ganz in der Sektentagesschule.« Ich war geschockt, als ich das hörte, dann hat er noch gesagt, er will keine zweite Mami, der arme Junge. Mir kamen die Tränen, als ich das hörte. Wie kann man dem Kind das Zuhause wegnehmen, nach so einer kurzen Zeit eine neue Frau in Regines Haus einziehen lassen. Alles gehört ihr, alle Möbel, der ganze Hausstand. Er hat sich nach kurzer Zeit getröstet, wo es doch so eine große Liebe war, wie manche unwissenden Leute behaupten und über zwanzig Jahren

Ehe. Alles ist gelogen, jetzt haben meine Enkel kein Zuhause mehr und was das Schlimmste, Unfassbare ist, auch keine Mami für den Rest auf ihrem Lebensweg. Ich kann nicht daran denken. Wir versprachen, uns bald einmal zu treffen für ein Gespräch bei einem Mittagessen. Jeden Tag denke ich an meinen kleinen Lukas, wie lebt er da? Hat er ein gutes Bett, ein Federbett? Geht er am Wochenende aus? Ich kann nicht aufhören zu weinen, wenn ich an diesen Zustand denke. Was bleibt mir zu tun? Ich muss darüber nachdenken und eine Lösung finden. Die ganze Woche bedeckter Himmel, so traurig wie ich. Die Vögel haben wieder ihr Nest vom vorigen Jahr bezogen, ich höre die Kleinen zwitschern. Es müssen mindestens drei oder vier Vogelbabys sein. Die Mami hat alle Hände voll, die kleinen Mäuler zu stopfen. Wie hat Regine ihre Kinder guten Gewissens alleine gelassen oder hatte sie ein schlechtes Gewissen? Ich kann sie nicht mehr fragen. Wer hätte gedacht, Jörg und ich, vor so vielen Jahren, als wir in dieses Land kamen, dass uns so ein schweres Schicksal ereilen sollte? Ich kenne niemanden, habe niemanden kennengelernt in meinem Leben.

Wären wir doch bloß in Deutschland, unserer Heimat geblieben. Samstag war wieder ein kurzer Tag. Mario musste um zwei nach Hause gehen, wir haben um sieben Uhr morgens, von der langen großen Treppe an das Unkraut gejätet, am linken mittleren Teil des Berges auch neue Pflanzen gesetzt, ich habe zweimal gegossen, auch am Sonntag. Keiner von meinen Nachbarn hat den Berg bepflanzt, wenn ich rechts schaue, entweder eine dürre Fläche, soweit das Auge reicht oder links von mir, alles grünes Gestrüpp.

Alle auf dem Pferde-Trail vorbei eilenden Reiter oder Jogger bewundern meine Oase aus bunten Blumen und Obstbäumen. Alle weißen Rosenstöcke sind voller Blüten, eine Pracht, die ersten nach dem Winter. Wie eine weiße Wand an den Zäunen, unvorstellbar schön.

Der Entenmann sitzt jetzt schon in der dritten Woche alleine am Schwimmbad, wird er seine Herzensdame wieder sehen? Das Erdbeerfeld ist voller roter Früchte, heute Nachmittag werde ich sie abernten. Rena hat Gelierzucker von Wien mitgebracht, zum Marmelade kochen, das gibt es hier nicht. Morgen kaufe ich Rhabarber und verarbeite die Erdbeeren zu einer köstlichen Marmelade, die Süße der Früchte aus der eigenen Zucht ist das Schönste.

Bis heute seit letztem Dienstag zum Einkaufen habe ich mein Haus nicht verlassen und auch keine Menschen gesehen, außer dem Pool-Mann aus der Ferne.

»1. Weihnachten ohne meine Familie«

Es waren nur noch ein paar Tage bis zum 24. Dezember, Heiligabend! Ich hatte seit einer Woche unseren Weihnachtsbaum aufgestellt, Mario, wie jedes Jahr, half mir dabei, im Wohnzimmer vor dem Kamin, nicht wie in den anderen Jahren in unserer geräumigen Halle in der Treppenaufgang-Rundung, dann war auch der Baum sehr groß bis zum anderen Stockwerk und darüber hinaus. In meiner Traurigkeit habe ich alles so natürlich wie jedes Jahr arrangiert, auch unsere Reservierung zum Weihnachtsbrunch jedes Jahr. Ich, wie immer in einem roten, eleganten Kleid und Jörg mit roter Krawatte.

Ich hatte auch Weihnachtsplätzchen gebacken, wie immer, alles sollte wie gewohnt weitergehen, obwohl ich mich so einsam fühlte. Bis ein paar Tage vor dem Heiligen Abend Jörg zu mir sagte: »Heute fahren wir zu Regines Haus. Du klopfst an die Türe. Du willst sie sprechen und gehst nicht wieder weg, bis sie herauskommt, oder ganz einfach, wenn jemand öffnet, gehst du hinein.« Wir fuhren zu Regines Haus, eine halbe Stunde von unserem Zuhause. Ich hatte Sorge, was mich erwartet, war sie da? Ließ Sie mich hinein?

Sprach sie mit mir? Hoffentlich war dieser Mensch nicht da. Ich wusste, dann hatte ich keine Chance.

Wir waren da, Jörg parkte auf der anderen Straßenseite, weil das Haus auf einer Anhöhe lag, musste man viele Stufen hochgehen und Jörg konnte vom Auto aus alles gut beobachten. Ich ging mit Herzklopfen bis zur Haustüre, was würde ich erleben?

Ich klingelte, ein Mann kam, öffnete die Haustür, nur einen Spalt. Er erkannte mich. Ich sagte, ich möchte meine Tochter Regine sprechen. Er sagte: »Ich gebe Bescheid«, und hielt die Türe einen großen Spalt breit offen. Ich stand da und wartete wie ein Bettler vor der Tür, wo ich mit Anstreicher und Putzfrau meine italienischen Sofamöbel und Tische hineingetragen hatte, alles für mein Kind schön gemacht, damit sie ein gemütliches Zuhause hatte, an das sie gewohnt war, bevor sie heiratete und dem Sektenverein angehörte und ihr verdientes Geld dahin gab. Nach einer Weile, ich stand da und wusste schon: Regine kommt nicht hinaus, auch der Mann kam nicht mehr an die Türe, merkte ich, wie jemand von innen leise die Türe zuschob, bis ins Schloss. Das hat mir den Rest gegeben, ich stand da, fassungslos, ich weinte bitterlich und laut.

Mein Körper sackte zusammen, ich kniete vor der Tür, meine Hände vor meinem Gesicht, auf der Erde und war nicht mehr zu beruhigen. Keiner kam und tröstete mich. Ich dachte, die Welt geht unter, ich werde meine Familie nie mehr wiedersehen, das ist für Immer. Wie konnte Regine mir so etwas antun? War sie in dem Haus, das war das Herzloseste, was sie tat, unfassbar, wo sie doch immer ein liebes Menschenkind war. Hatte sie dem Mann gesagt, die Türe leise zu schließen?

Die Sekte hatte eine herzlose Frau aus ihr gemacht, wusste sie, was sie tat? Ich kann sie nicht mehr fragen, das ist noch das Allerschlimmste. In all den kommenden Jahren werde ich sie nicht mehr fragen können. Jörg hat vom Auto aus alles beobachtet und auch ein paar Fotos zur Erinnerung für die Nachwelt, wie ich da vor dem Haus meines einzigen Kindes kniete und bitterlich weinte, laut. Dann habe ich mich aufgerafft, bin wankend die Treppe herunter über die Straße zum Auto, schnell fuhr Jörg davon. Zu Hause habe ich mich ins Bett gelegt, ich war wie krank, solche Schmach musste mein Gemüt erst einmal verdauen.

Das Weihnachtsfest, das Fest der Liebe, haben wir zum ersten Mal in unserem Leben alleine verlebt. Regine war da vierundvierzig Jahre alt. Lukas sieben und Josh war gerade 13 Jahre alt geworden und die Kinder zum ersten Mal zu Weihnachten ohne Geschenke von Lollo.

Es war das Jahr 2003. Auch den Weihnachts Brunch haben Jörg und ich, wie immer, im Ballsaal im Balboa Bay Club in Newport Beach verbracht. Die festlich gekleideten Menschen, die Kinder, alle Familien saßen an großen Tischen. Jörg und ich dieses Jahr an einem kleinen Zweier-Tisch, vergesse ich niemals in meinem Leben. Meine Tränen konnte ich nicht aufhalten. Danach ging das Leben weiter. Ich hatte begriffen, dass ich hier in dem fremden Land keine Familie mehr hatte, wie sollte ich weiter leben.

Mein einziges Kind und meine Enkel wohnten nur eine halbe Autostunde von mir entfernt.

58. Geschichte: 14. Mai 2012 (82. Montag)

»Reginchen geboren«

Der zweite Montag im Mai, wie die Zeit vergeht. Letzten Montag konnte ich nicht über Reginchens Geburtstag schreiben, es war zu traurig. Ich konnte alle diese Tage nicht aufhören zu weinen. Mein einziges Kind wäre dreiundfünfzig Jahre alt geworden. Es ist ihr zweiter Geburtstag, nicht mehr auf dieser Welt, unfassbar. Wir können es bis heute nicht begreifen, ich denke, sie ist in Oregon und eines Tages will sie ihre Mutti wieder sehen. Und die Kinder, der zweite Geburtstag, Mami ist nicht mehr da. Mir fiel gerade ein, wie ich hochschwanger den steilen, nicht endenden Berg zur Landesfrauenklinik in Wuppertal zur Untersuchung hinaufging.

Es war Anfang März 1959. Nach ein paar Wochen wurde Regine, mein kleines Baby, dort geboren. Sie wog nur 2225 Gramm, aber ihr Gesichtchen war rosig und sie war kerngesund und später ein schönes, großes Mädchen, intelligent, anständig, ein liebevolles Menschenkind. Alle hatten sie lieb, sie war ein Sonntagskind! Damals habe ich immer Erdbeertorte gebacken zu Regines Geburtstag. Die ersten Früchte, die es gab nach dem Winter und egal, wie viel ich auch bezahlen musste. Ich sehe uns alle am Kaffeetisch sitzen, Erdbeerkuchen mit selbstgeschlagener Sahne verspeisen, es war herrlich und ist so lange her.

Alles hat sich in unserem Haus in Remscheid abgespielt, in das wir 1973 im Dezember eingezogen sind, als Regine vierzehn Jahre alt war.

Es ist warm geworden über Mittag, 28 Grad, jeden Tag letzte Woche. Mario und ich haben die Böschung links vom Gartenhaus gesäubert, um sieben Uhr morgens angefangen, erst alles Unkraut entfernt. Die Rosenbüsche haben sich gefreut, endlich war der unterste Stock frei, es sah so auch besser aus. Dann haben wir am oberen Rand der Böschung und herunter neue Pflanzen gesetzt, jetzt habe ich fast zweihundert neue Pflanzen, die ich gießen muss, alle zwei Tage bei der Hitze am Morgen. Über Arbeit kann ich mich nicht beklagen. Es wird immer mehr statt weniger. Es kommt niemand vorbei. Kein Auto hält vor unserem Grundstück, außer dem Postmann.

Letzten Samstag haben die Menschen in Frankreich einen neuen Präsidenten gewählt. Mr. Sarkozy und seine schöne Gattin sind aus der Öffentlichkeit verschwunden. Ich bin fassungslos, noch ein Glamourpaar, das man nicht mehr sehen wird. Ob die Wähler richtig entschieden haben? Ich werde sie beide vermissen.

Ich denke jeden Augenblick an Lukas, wie es ihm wohl geht? Ich vermisse sie beide so sehr. Er hat kein Zuhause mehr, bald wird er 16 Jahre alt. Wie wird er mit allem versorgt, braucht er neue Kleidung, einen Computer? Das hätte meine Regine nicht gewollt; die Kinder waren ihr das Wichtigste. Bald möchte ich ihn aufsuchen, ob er mich sehen will, nach all den vielen Jahren und den bösen Worten gegen mich. Oder umarmen wir uns und alles ist gut? Ich werde es versuchen, mir Gewissheit zu verschaffen.

Der Entenmann ist nicht mehr so oft da. Wir vermissen ihn.

59. Geschichte: 21. Mai (83. Montag)

Montagsgeschichte: »Fahrt zu Josh mit Isabella«

»Das neue Jahr 2004«

Schon der dreiundachtzigste Montag. So viele Montage nach unserer traurigen Nachricht. Es ist Sommer geworden, immer 28 Grad am Tag, kein Tropfen Regen, das heißt für mich viel wässern am Berg, eine nutzlose Zeitverschwendung eigentlich. Ich gehe immer früh am Morgen und nehme immer eine andere Etage. Heute am Montag habe ich frei vom Wässern. Jede Woche ist etwas anderes zu berichten über die letzte Woche.

Ach, ich vergaß, es war Muttertag, eigentlich kein Tag für mich, da ist niemand mehr, der diesen Tag mit mir verleben möchte. Mein letzter Muttertag mit Regine war 2003, zu lange her. Ich bin zum ersten Mal zu Hause geblieben, habe an meinen Geschichten geschrieben.
Ich konnte einfach keine feiernden Mütter mit Kindern sehen. Der Tag geht schnell vorbei, wenn man beschäftigt ist. Unsere Buben, wie haben sie den Muttertag verlebt, der hier groß gefeiert wird, ohne Mami, es bricht mir das Herz, wenn ich daran denke, es war das zweite Mal. Gibt es einen Herrgott, der das hätte verhindern können? Regine legt sich ins Bett der Buben und macht ihre letzten Atemzüge, mit 51 Jahren! Meine geliebte, schöne Tochter.

Am Mittwoch war ich mit Isabella verabredet. Wir wollten Josh besuchen in L. A. bei dem Sektenverein, ich musste Ihn sehen und sprechen. Endlich, nach neun Jahren. Wenn ich daran denke, bin ich sehr aufgeregt. Am frühen Morgen fuhr ich zu unserem verabredeten Platz nach Newport Beach, Isabella war schon da.

Sie fuhr mein Auto, ihre Freundin Angie setzte sich neben sie, ich hinten, die Mädchen sprachen englisch, ich hörte nicht hin, war in Gedanken bei Josh. Würde ich ihn endlich sehen, umarmen? Die Fahrt dauerte mehr als eine Stunde. Im Auto war die Streckenangabe und Angie half Isabella. Wenn man hier auf den großen, vielspurigen Autobahnen fährt und auf die nächsten drei bis fünf wechseln muss, gehört schon gute Konzentration dazu, aber die Mädchen sind jung, außerdem diese Fahrweise gewöhnt, ich dachte immer an Josh. Von weitem sahen wir das große Gebäude mit einem besonderen Anstrich. Wir fuhren den Komplex ab, es war eine Straße hinauf und quer, also eine riesige Anlage. Ich hatte das Zentrum immer nur von weitem gesehen, in vorigen Jahren.

Wir parkten gleich nebenan, sahen zwei junge Männer

aussteigen, Isabella rollte die Scheibe herunter und fragte nach Josh und welch ein Glück, sie kannten ihn. Beide Mädchen verließen eiligst das Auto und rannten hinter diesen beiden Männern her. Ich saß im Auto und wartete, es war ausgemacht, dass Isabella erst mit Josh sprechen möchte.

Nach etwa vierzig Minuten kamen beide Mädchen zurück, stiegen ein und Isabella fuhr sofort davon. Ich wusste nichts, ich sagte: »Hast du Josh gefunden und gesprochen?« Sie sagte ja. »Und möchte er mich sehen?«, sie sagte nein. Da saß ich nun in meinem Auto, es war alles umsonst, ich war so traurig, ich konnte mich nicht mehr beherrschen und weinte bitterlich, es wollte nicht enden. Isabella sagte: »Wir fahren zum Lunch und dann erzähle ich dir alles.«

Der Junge ist ein schöner junger Mann, hat ein liebes Gesicht, er ist gesund und das ist die Hauptsache, das ist sehr erfreulich, aber warum wollte er mich, seine Grandma, nach so vielen Jahren nicht sehen? Ich denke, wenn er das gewollt hätte, wären so viele Gelegenheiten in den letzten zwei Jahren gewesen, an denen er mich hätte aufsuchen können.

Hier saß ich in dem Auto und war traurig wie nie. Es dauerte noch mindestens eine Stunde Fahrt, bis wir dort ankamen, bei dem bekannten aufwändigen Luxus-Hotel, das die Mädchen ausgesucht hatten. Endlich. Da war natürlich Valet Parking, das heißt, jemand öffnet die Wagentür, reicht einem die Hand zum Aussteigen, dann rollt der Wagen davon. Wir nahmen den Lift in die fünfte Etage zum Gartenrestaurant. Jetzt erzählte Isabella, Josh wohnt da, arbeitet für die Sekte, er schien glücklich, fragte, ob es mir gut gehe usw., aber mit mir sprechen wollte er nicht, wo ich doch seine beste Vertraute war in seinen Kindertagen bis zu seinem dreizehnten Geburtstag, wie ich in vorangegangenen Geschichten erzählt habe.

Der arme Junge, was hatte man ihm die ganzen Jahre erzählt? Seine junge Seele vergiftet mit dem Sektenverein.

Ich war so unglücklich, trank keinen Wein mit den Mädchen. Sie konnten sich gar nicht in meinen Kummer hineinversetzen, keiner konnte das. Ich war mit so großer Hoffnung, Josh zu sehen, hingefahren, jetzt war alles vorbei. Wann wird es sein? Wie lange muss ich noch warten? Was muss erst geschehen? Der Lunch war ausgiebig und teuer, das kann man sich nicht vorstellen, für Salate, eigentlich Vorspeisen, ich habe ungefähr zweihundert Dollar bezahlt, mit Parkgebühren. Isabella und Angie gefiel es, es war die große Welt in Beverly Hills.

Dann fuhren wir nach Hause, ich um eine große Hoffnung ärmer. Zwei Tage später rief ich Karla an, berichtete von unserem Ausflug zu Josh, dass er mich nicht sehen wollte, wo ich doch auf dem Parkplatz, nur einige Meter von ihm im Auto saß. Ich sagte, bei der nächsten Fahrt, müssten wir sie mitnehmen und es noch einmal versuchen. Sie ist die Tante, Joshs Vater ist ihr Bruder. Obwohl sie so viele Jahre keinen Kontakt zu ihm hat. Keiner weiß warum, außer, dass sie ihrem Bruder einige Male erzählte, was sie dachte über die Kindererziehung und sie hatte recht. Das kann ich bestätigen.

Ein anderes Entenpaar ist wieder da, sitzt am Pool und läuft auf der Wiese, kommen manchmal bis zum Haus, es ist ja auch so friedlich hier, kein Mensch zu sehen. Jörg schwimmt manchmal im Pool. Das Wasser hat 24 Grad, für mich ist es leider zu kalt. Bis zum nächsten Montag!

»Das neue Jahr 2004«

Es ist schwer, über diese Zeit zu schreiben, die schon so lange her ist, aber wichtig, es muss erzählt werden. Nach allen meinen Versuchen, meine Regine und die Kinder, meine Enkel, zu sehen, war ich sehr entmutigt und traurig. Das Weihnachtsfest war vorbei und auch meine Hoffnung.

Das erste Fest ohne Familie. Die Tage waren nicht mehr eingeteilt, Lukas zu besuchen und für ihn zu sorgen. Ich habe nicht mehr zu ihm sprechen können. Das Frühjahr kam 2004, immer noch fuhr ich zu dem Optikergeschäft, um aus dem Fenster zu sehen, einen Blick auf meinen Enkel zu werfen. Mein kleiner Darling. Sonst war Totenstille, kein Lebenszeichen von meiner Regine.

Meine Tage waren anders eingeteilt, ich hatte viele andere Aufgaben und abends fiel ich müde und todtraurig ins Bett. Ich grübelte, was war nur passiert? Viele Freunde die ich hatte, alles deutsche Menschen, keiner konnte mir helfen, es hat sich auch niemand bemüht. Hätte es etwas genützt? Wir wissen es nicht. Jeder glaubte auch, alles wird wieder gut. Der Sommer kam und keine Veränderung.

Eines Tages war die Kindergartenschule verzogen. Ich hatte jetzt keine Hoffnung mehr, meinen kleinen Lukas zu sehen. Unser Paradies auf dem Parkplatz war verschwunden, ich parkte noch mal da, unter den riesigen Bäumen, saß im Auto und dachte an diese wunderbare Zeit, als Lukas eilig zu meinem Auto kam und immer etwas zu essen hatte. Die schönen Stunden, die wir verlebten und Lukas mir sagte: »Jeden Tag, Lollo, jeden Tag möchte ich dich hier sehen, du musst jeden Tag kommen.« Ja, es schien, als wäre es Jahre her, das Kinderlachen hörte man nicht mehr, es war alles stumm auf dem Parkplatz, irgendwie gespenstisch. Dabei war es nur einige Monate her.

Ich fuhr traurig wieder davon, es war der Abschied von einem anderen Leben. Keiner konnte mir sagen, wohin die Kinder gezogen waren.

60. Geschichte: 28. Mai 2012 (84. Montag)

Montagsgeschichte: »Marcos Kommunion«

»Das Jahr 2004 im Sommer«

Der letzte Montag in diesem Mai. Es hat nicht mehr geregnet, ich kann mir gar nicht vorstellen, bis zum Herbst sendet der Herrgott uns kein Wasser mehr. In diesem Jahr haben wir weniger Niederschlag gehabt, wie in den vorigen Jahren.

Der Strom fällt auch manchmal aus, dann gehe ich in den Garten; zum Unkraut rausziehen brauche ich keine Elektrizität. Außerdem kann ich bei dieser Arbeit so schön viel grübeln, keiner gibt eine Antwort. Diese letzte Woche habe ich links vom Zaun meine langen, angepflanzten Beete von allem Unkraut befreit. Ich bin so froh und stolz, dass ich jeden Morgen meine Arbeit dort verrichte, niemals locker lasse, das führt zum Erfolg, das gilt für alle Lebenslagen. Am Samstag vor einer Woche hatte Marios Sohn Kommunion, also fiel unsere Gartenarbeit wieder aus. Die kostbaren Stunden am Samstag. Wir sind morgens zur Kirche gefahren, ungefähr eine gute halbe Stunde. Das Kirchengebäude sah etwas alt aus, aber das war nur so gemacht, hier gibt es nichts Altes, und innen, davon will ich gar nicht schreiben, es lohnt sich nicht. Wie wir hörten, kamen sechzig Jungen und Mädchen zur Kommunion, alles mexikanischen Menschen.

Die Kirche war voll, wir errechneten mindestens fünfhundert Personen. Gleich als wir ankamen, sahen wir die jungen Kinder in die Kirche gehen. Die Mädchen schön in weißen, immer langen Kleidern, sie sahen alle aus wie kleine Prinzessinnen, kleine Handtaschen, die Haare kunstvoll aufgesteckt.

Na, zu den Buben braucht man nicht viel zu sagen, alle

in schwarzen Hosen, weißen Hemden. Alle Kinder hatten ihre Hände betend vorne ausgestreckt. Es war sehr feierlich, gesprochen von den zwei Pastoren und gesungen wurde zumeist in Spanisch, wir verstanden kein Wort. Mario wartete auf uns vor der Kirche und geleitete uns zu seiner Familie.

Marios Frau Elisabeth begrüßte uns, wir freuten uns alle, zu sehen. Die Mutter von Elisabeth kannten wir schon, haben die Eltern bei der Hochzeit kennengelernt, die nach dem zweiten Kind stattfand, eine riesige Feier mit ca. einhundertfünfzig Freunden und Familie. Fast alle mexikanischen Leute holen ihre Verwandten nach und nach hier ins Land, so sind die Familien immer groß, selbst Mario hat hier noch fünf Brüder. Alle senden Geld zu ihren Eltern, um sie zu unterstützen, in dem armen, aber so reichen Land Mexiko.

Die Andacht war sehr feierlich, ich musste an meine Enkel denken, die nicht getauft sind, keine Konfirmation hatten und an einen Sektenguru glauben. Ob ich das irgendwann einmal nachholen kann? Nach der Kirche standen wir noch eine Weile draußen, haben andere Angehörige begrüßt, da waren nur die Paten in der Kirche, sonst wäre kein Platz drinnen gewesen. Wir haben fotografiert und uns unterhalten. Ich fragte Marco, das ist der älteste Sohn, so groß wie ein Baum, ob ihm mein Geburtstagsgeschenk gefallen habe, er strahlte: »Oh ja!«, und ob er gute Noten hat. »Ja«, sagte Elisabeth, »du musst gute Noten haben, sonst würde Eleonore dir nicht mehr diese Anziehsachen, die von Polo usw. sind, kaufen.« Marco lachte, ich sagte: »Du lernst nicht für den Lehrer, nur für dich, damit du eine gute Zukunft hast, mein lieber Junge!« Leider sehe ich Ihn nicht so oft. Er ist ein lieber Bub und im katholischen Glauben erzogen.

Übrigens haben wir das Beisammensein vor der Kirche nach geraumer Zeit verlassen. Wir haben uns lieb verabschiedet, zu der großen Feier am Nachmittag haben wir uns entschuldigt.

Letzten Samstag haben wir auch unsere Himbeerecke vom Unkraut befreit, ich habe neue Pflanzen gekauft, endlich ist alles sauber, jetzt können sie wachsen und Früchte produzieren und ich werde alles gut wässern. Die Sonne scheint hier jeden Tag und ein klarer blauer Himmel, jeden Morgen, wenn ich aufstehe.

Bis zum nächsten Montag!

»Das Jahr 2004 im Sommer«

Endlich schreibe ich weiter an diesen Geschichten, die schon so lange her sind. Es ist der 22. April 2013, alle aufgeschriebenen und erlebten Geschichten sind etwas aus meiner Erinnerung verschwunden, kann das sein, dass dann die Erlebnisse in weite Ferne rücken? Nur diese nächsten Ereignisse nach 2003 sind noch ganz deutlich in meinem Gedächtnis. Jetzt fange ich an, es ist das Jahr 2004 im Sommer, die Kindergartenschule war verzogen. Ich musste herausfinden, wohin – oder war alles aufgelöst? In den vorangegangenen Jahren waren keine Kinder mehr dazu gekommen, das wusste ich ganz genau, wie sollte es auch? Der Verein war teuer. Die Plätze in der Kindergartenschule kosteten reichlich monatliche Gebühren. Ich wünschte, meine Enkel gingen in eine normale amerikanische Schule.

Aber das konnte ich nicht entscheiden, und etwas dagegen zu sagen, habe ich nicht getan, so ging alles seinen Gang. Auch dachte ich, es wird sich verändern, wenn die Kinder älter werden, dann das, was da geboten wurde, war Kindergarten. Josh war aber schon dreizehn, in diesem Jahr fast vierzehn Jahre, es wurde Zeit, den Jungen auf eine weiterführende Schule zu geben, damit er einmal die Reife hatte, zur Universität zu gehen. Jetzt, da ich keinen Kontakt mehr zu Regine hatte, konnte ich nichts mehr erfragen.

Das Frühjahr kam und Jörg bemühte sich, in Erfahrung zu bringen, wohin die Kinder jetzt zur Schule gingen. Ich glaube, er fragte Theresa, auch sie hatte keine Verbindung mit uns, das hatte Regine ihr verboten. Regine hat uns, die Eltern aus ihrem Leben gestrichen, als hätte es uns niemals gegeben. Wo doch alles in ihrer Wohnung und alles, was die Kinder hatten, an ihre Lollo erinnerte. Auch heute ist mir unbegreiflich, wie sie damit leben konnte, war es die Sekte? Je mehr ich darüber nachdenke, gebe ich diesem Menschen die Schuld an allem. Er entzweite Regine von ihrer Familie, allen Familienangehörigen, auch von allen Zweigen in Deutschland. Ein trauriges Kapitel in meinem Leben, und wenn ich zurückdenke, wünschte ich, wir wären niemals hier geblieben, niemals! Es hat sich nicht gelohnt, nichts ist gut geworden. Auch hätte unsere einzige Tochter nicht so einen Mann kennengelernt, nicht in Deutschland. So verlief das Jahr, die Monate, im Sommer hatte Jörg eine neue Adresse von einer Kindergartenschule. Endlich! Wir hatten nichts Eiligeres zu tun, als den Platz aufzusuchen, wir fuhren hin über die Autobahn, nördlich, nach etwa zwanzig Minuten fanden wir den kleinen Flachbau, mitten in einer eingezäunten Wiese. Erst einmal fuhren wir die Straße entlang, dann umkreisten wir das Gebäude, fuhren alle Ecken ab. Es wurde nicht größer. Ein unbedeutender, einstöckiger Bau, mit grünem Maschendraht umgeben. Ich erinnere mich an das grüne Gartentor, durch das ich nicht gehen durfte, aber dann erkannten mich die Kinder, riefen meinen Namen und Lukas sah vom Eingang, nein, er lugte hervor und sah mich da stehen. Ich hatte ihn und er mich so viele Monate nicht gesehen, ich weinte bitterlich, ich konnte nicht verstehen, was da geschah.

Dann kam Theresa heraus zu mir an das Gartentor. Sie stand drinnen und ich draußen, ja, es war wahr. Es ist nicht erfunden. Ich sprach mit ihr leise und weinte. Sie sagte, ich dürfte hier nicht stehen, es ist verboten, ja, von wem eigentlich? Die anderen Frauen hatten mir damals schon gedroht, die Polizei zu holen. Ich habe mich noch eine kleine Weile mit Theresa unterhalten, Lukas zeigte sich ein bisschen an dem Eingang,

Ich rief ihm zu: «Lollo loves you always.» Ich rief immer wieder diesen Satz. Dann drehte ich mich und ging zu dem parkenden Wagen mit Jörg. Auch heute, nach so vielen Jahren, fühle ich den Schmerz, der er mich erfasste; es war kein richtiges Leben mehr. Und der kleine Enkel, bald wurde er acht Jahre alt und zum ersten Mal kein Geburtstagsgeschenk von Lollo. Der arme Junge, was hat man ihm angetan, wie hat man dem Kind das erklärt? Jörg hat mich noch zweimal dahin gefahren, wieder stand ich am Zaun, um einen Blick auf meinen Enkel zu erhaschen.

Dann sagte mir Theresa, ich möchte nicht mehr kommen, das wäre zu schmerzlich für Lukas. Er könne nicht verstehen, warum wir uns nicht mehr sehen dürfen. Bis heute weiß ich nicht, was man ihm gesagt hat, werde ich es jemals erfahren? Die Tage und Monate vergingen, ein neues Weihnachtsfest 2004 ohne Familie, in einem fremden Land. Zu dem Haus in der Momford Street bin ich nicht mehr hingefahren, die Schmach, an der Tür von meiner eigenen Tochter abgefertigt zu werden, wollte ich kein zweites Mal erleben.

Regine war 45 Jahre alt in 2004. Im selben Jahr kam meine Schwester Inge zu Besuch, am 4. April 2004, sie war hier bestimmt zwei Wochen und voller Pläne, sie wollte zu Regine gehen, mit ihr reden, das hat dann aber nicht stattgefunden.

Regine wollte sie nicht sehen, hat sich verleugnen lassen. So fuhr meine Schwester wieder nach Hause, hat die weite Reise umsonst gemacht, ohne Regine gesehen, eine Aussprache mit ihr gehabt zu haben. Zum ersten Mal in ihrem Leben, kann man sich das vorstellen? Niemand weiß, warum Regine ihre Tante nicht sehen wollte. Sie haben sich immer gut verstanden, im ganzen Leben, viele schöne Stunden verbracht, tausende von Bildern können das bezeugen. Außenstehende können bis heute nicht begreifen, wieso Regine ihre liebste Tante nicht sehen und sprechen wollte, damals im April 2004.

Im Herbst im selben Jahr besuchten uns Julia, Rainer und die Kinder. Der kleinste Bub war Benny, gerade erst eineinhalb Jahre alt. Christian war vier und Hanna zwei. Julia rief Regine an und verabredete einen nächsten Wochentag, um sie zu besuchen. Für mich ging die Welt unter. Ich und Papa durften nicht mit, meine geliebte Tochter wollte ihre Mutter und Papa nicht sehen. Julia und Rainer und die Kinder fuhren hin, am Nachmittag, später am Abend kamen sie zurück, voller Lachen und gut gelaunt. Ich saß traurig zu Hause.

Sie erzählten von Lukas und Josh, die Kinder hatten Spaß zusammen, die späteren Bilder zeigten mir alles. Regine hat uns nicht erwähnt, sagte Julia und sie auch nicht. Nichts gesagt, als ginge sie alles nichts an, wie sie dachte, unsere Streitigkeiten, aber wir hatten keine Streitigkeiten, und welche kann man haben, um mit der Mutter jeglichen Kontakt abzubrechen? Julia und die Kinder erzählten munter, es war ein schöner Nachmittag, den sie verlebt haben, ein kleines Familientreffen. Regine und Julia waren Cousinen ersten Grades, kannten sich von klein auf, haben alle Geburtstage zusammen gefeiert, bis Regine nach Amerika ging, mit einundzwanzig Jahren. Ich habe die Tage mit Julia und den Kindern, auch Jörg verstand sich gut mit Rainer, genossen.

Wenn wir vier zu Hause waren, setzte sich Hanna ans Klavier und spielte uns kleine Liedchen vor, das war dann bei späteren Besuchen und als sie natürlich älter war, daran kann ich mich jetzt erinnern. Julia hat uns noch einige Male besucht, in den folgenden Jahren, nur die Anreise war zu lang, von New Jersey nach Kalifornien. Und dann noch fünf Flugtickets zu kaufen.

Das Jahr ging zu Ende, es war wieder ein Weihnachtsfest und wieder waren wir alleine, zum zweiten Mal und ohne Tannenbaum. Ich war froh, als die Festtage vorbei waren und das neue Jahr 2005 begann. Was werden wir erleben? Immer dachte ich, eines Tages steht mein Mädchen vor der Tür und alles ist wieder gut, das waren meine Zuversicht und Hoffnungen.

61. Geschichte: 4. Juni 2012 (85. Montag)

Montagsgeschichte: »Die Nager im Garten«

»Das Jahr 2005«

Heute ein neuer Monat, der Mai verging zu schnell, es ist trüb heute, noch keine Sonne, was so typisch ist für Juni. Letzten Samstag haben Mario und ich links am Zaun alle fehlenden Pflanzen eingesetzt, wir nehmen andere heraus, die zu groß geworden sind, teilen sie in je nachdem drei bis sechs und setzen sie ein. So spare ich mir den Gang ins Gartencenter und auch das Geld. So mit der Zeit, und wenn wir fleißig sind, wird die obere Gartenanlage neu hergerichtet. Bei mir geht alles nach Plan, ich habe ein Gartenbuch, alle Stunden für Mario, gekaufte Pflanzen, Rechnungen für Materialien, Vergütungen für Peter und für jeden Samstag ein Arbeitsplan, alles ist dort eingetragen. Das Grundstück, der Garten, ist mein Leben und auch mein Zeitvertreib geworden.

Es macht auch Spaß, wenn ich wieder an einer fertigen Arbeit mein Häkchen machen kann. Peter war auch da, hat ganz unten am letzten Querweg eine lange, drei Blocksteine hohe Mauer gesetzt, ich freue mich, wenn er am Samstag in drei Wochen wieder kommt, um den Rest zu mauern. Die nächste Arbeit wartet schon, manchmal bin ich zu ungeduldig, kann es nicht mehr abwarten.

Auch die Himbeerstützen hat er repariert, diese schönen weißen Gitter, für die er im vorigen Jahr neue Pfosten einbetoniert hatte. Alle Männer haben mir geholfen, ein großes Netz um Lukas' Aprikosenbäumchen zu spannen. Die Vögel hatten schon manche Frucht angepickt. An einigen Seiten haben sich die kleinen Biester noch hindurch gezwängt, hatten dann Mühe, wieder herauszufliegen. Heute am Montag haben Jörg und ich nochmals unten alles dicht gespannt. Ich denke, jetzt habe ich Ruhe und werde meine Früchte alleine genießen, auch eine Marmelade zu kochen, wäre zu bedenken. Obwohl diese selbst gezogenen Früchte das Schönste sind, nach dem Pflücken sofort gegessen werden müssen. Endlich ist am Samstag meine »Hörzu« in der Post gewesen. Erst am Samstag für die neue Woche und eine Ausgabe für die letzte Woche. Diese Fernsehzeitung ist das Schönste und auch ganz wichtig, ein Stück Heimat und hat wunderschöne andere Reportagen und Geschichten. Schon das Titelblatt ist so schön. Ich liebe sie. Draußen arbeite ich jeden Morgen an dem Erdbeerbeet, es ist so groß und breit, auch da muss ich etwas streuen, damit diese Schnecken, die am Abend aus dem Gras kommen, nicht meine halbreifen oder ganz reifen Früchte fressen.

Es ist eine Plage, die Maulwürfe, die die Wurzeln von meinen Obstbäumen fressen, dann die Vögel von oben und die Schnecken nicht zu vergessen, die Hasen, die lustig im Gras hoppeln und auch alles abknabbern, was ihnen schmeckt. Ob ich da mal mein Schießeisen heraushole und mich auf die Lauer lege? Eine nicht endende Plage, jetzt weiß ich, warum hier in den Gärten nur grüne Sträucher und keine aufwändigen Pflanzen, Obstbäume usw. sind. Keine amerikanische Frau arbeitet hier in den Gärten. Die Gärtner kommen jede Woche, nur um das Gras zu mähen und die Büsche und Sträucher zu stutzen.

Bis heute habe ich 325 Blockseiten geschrieben und mein viertes rotes Buch angefangen und da ist kein Ende abzusehen. Zu viel ist geschehen und in meinen Gedanken zum Aufschreiben. Vorige Woche hatte ich einen Anruf von meiner Schwester Traudl, wir unterhielten uns über ihr Enkelchen, Klein-Alex von ihrer jüngsten Tochter Sabine. Sie war sichtlich stolz, es war ihr drittes Enkelkind, zwei Buben hatte sie schon von ihrer anderen Tochter. Ich denke heute und auch damals, als ich meine zwei Enkel betreuen konnte, dass es wirklich das Schönste ist im Leben einer Frau und Mutter, wenn die Enkelkinder da sind. So eine Bereicherung im späteren Leben.

Sie erzählte mir, sie hat ihr großes Haus verkauft, schon im vorigen Jahr. Ich war sprachlos, aber ich denke auch, sie hat das Richtige getan. Jetzt braucht sie sich nicht mehr um die riesigen Bäume zu kümmern und den grossen Garten. Ich kann mich noch gut an die Jahre erinnern, in denen ich da gewohnt habe, wenn ich nach Deutschland kam.

Ich hatte mir da ein kleines Zimmer eingerichtet, erst unten, dann ganz oben unter dem Dach. Es war eine traurige Zeit für mich und meine schönsten Jahre gingen dahin. Warum das so war, erzähle ich in späteren Geschichten. Ich lernte die Gegend kennen, die umliegenden Städte und habe mich, so gut ich konnte, eingerichtet. Jetzt ist das Haus verkauft und alle Erinnerungen, die ich habe, sind nur noch in meinem Gedächtnis. Im September zieht sie in ein großes Apartment im selben Ort, das gerade frei wurde, die Glückliche. So kann ich mir bei meinem nächsten Deutschlandbesuch das Haus, den Garten von draußen ansehen. Eine schöne Veränderung im Leben eines Menschen, neue Pläne, neue Einrichtung, neue Nachbarn, etwas Neues, man sollte öfter mal umziehen, oder? Ich klebe an meiner Scholle, habe viel Arbeit in und um das Haus hinein gesteckt.

So lange ich denken kann, hatte ich eine Designerin von

Glabman, alle Einrichtung, Familienerbstücke, Möbel, Teppiche, Bilder hat der Bildermann mit der Designerin aufgehängt, alles ist perfekt und immer noch so schön. Ich würde nichts verändern. Außerdem haben die Kinder hier ihre Kinderjahre verbracht, und Regine, wir haben so viele glückliche Stunden in diesem Haus gelebt, die erste Baby Shower, ich sehe sie noch hochschwanger im Wohnzimmer am Kamin sitzen und die kleinen Hemdchen auspacken, damals für Josh. So viele Erinnerungen, das Haus ist wie meine Festung, meine Heimat, mit allen schönen Dingen, ein Leben lang zusammengetragen. Ich erinnere mich, vor Jahren, als wir, Regine und ich, hier waren, ich sagte, was wird einmal mit dem Haus und allem was darin ist, etwas sorgenvoll, Regine sagte: »Mama, mach dir keine Sorgen, nur keine Sorgen, es bleibt alles, wie es ist.« Ich war getröstet, wusste ich doch, bei meinem Kind ist alles gut aufgehoben, so dachte ich nicht mehr daran und meine Sorgen waren verflogen, und jetzt, was wird einmal aus diesem schönen Anwesen? Ich kann gar nicht daran denken, es macht mich so traurig. Immer denke ich an Regines Worte: »Mama, mache dir bloß keine Sorgen,« mein armes Kind, sie kann mir nicht mehr helfen.

Die Enten sind jeden Tag da, wenn ich vorbei gehe, sage ich: »Hello, ihr Lieben.« Sie fliegen nicht mehr davon. Sie sitzen auf der blau gefliesten Mauer vom Jacuzzi. Der Pool-Mann freut sich jede Woche, wenn er die Bescherung sieht. Die Sonne ist heute nicht herausgekommen, aber es ist warm und das Ende dieser Montagsgeschichte.

»Das Jahr 2005«

Das neue Jahr und meine Hoffnung auf ein Wiedersehen mit meiner Familie. Von Josh habe ich niemals etwas gehört oder gesehen, auf welche Schule er ging, wussten wir nicht. Der Junge war vierzehn jetzt und hätte mich auch irgendwie erreichen können, wenn er gewollt hätte, oder? Durfte er nicht? Aber er hätte es doch einmal wagen können.

Die Pakete für Weihnachten und Geburtstage in diesem Jahr kamen wieder zurück. Rückadresse war eine Frau, die für Regine arbeitete, ich habe alle 5 in der Garage gespeichert. Nach den Jahren waren so viele zurückgekommene Pakete da, die wir dann oben im Haus auf die Speicherkammer getragen haben, ungeöffnet steht heute noch alles da. Im nächsten Jahr, das war 2005, Lukas wurde neun Jahre alt, habe ich mir etwas einfallen lassen, ich musste bei den Kindern in Erinnerung bleiben. Sie durften mich nicht vergessen. Sie sollten wissen, dass ich immer an sie denke. Wir haben große Bälle gekauft, zwei riesige zum Aufblasen, blaue Bälle, die im Durchmesser fünfzig Zentimeter hatten. Darauf schrieb ich mit schwarzer Tinte die Worte: »Lollo und Papa, Lukas und Josh, Love always«. Immer mehrere Male auf den großen Ball, dann fuhr Jörg zu dem Kindergartenverein.

Als er die Kinder draußen sah, Theresa saß auf einer Bank, warf Jörg in hohem Borgen die Bälle über den Zaun. Die Kinder erhaschten die Bälle und spielten damit, erst als Theresa Lukas zurief, die Bälle seien für ihn, rannte er los und nahm einen an sich und hielt ihn fest. Er las Lollo und Papa und alles, was aufgemalt war auf diesen Ball. Es war wie ein Brief, wir hatten ihn nicht vergessen. Jetzt stand er da, es war ein Ball von Lollo, und Jörg fotografierte, um mir zu zeigen, diese Message war angekommen.

Was hat sich das Kind gedacht? Lollo loves you always.

Lollo liebt dich für immer, das war das Wichtigste für mich und dass ich immer an ihn denke.

Zu Hause hat Jörg das Bild vergrößert, ich sah, wie groß der Junge geworden war, er stand da stumm. Er lächelte nicht. Ich habe die Fotografie hier in meinem Zimmer stehen. Sie ist so groß, wie das Blatt, auf dem ich schreibe. Auch heute sehe ich es an, auch mit Brille, ob ich etwas feststellen kann in dem kleinen Gesichtchen.

62. Geschichte: 11. Juni 2012 (86. Montag)

Montagsgeschichte: »Das Termiten Haus«

»Das Jahr 2006«

Der zweite Montag im Juni, bald ist es Sommer. Die Zeit rennt davon, ich habe zu viele Aufgaben, da geht jeder Tag zu schnell vorbei. Es ist wärmer geworden. Jeden Tag am Mittag 24 oder 28 Grad. Die große Hitze kommt noch, der Wind vom Nahen Osten kühlt die Luft etwas ab, am Abend und in der Nacht ungefähr 14°, da hat man einen erholsamen Schlaf. Jeden Tag kann ich barfuß aus meiner Garage gehen und meine langen Haare kämmen, das ganze Jahr über, der Boden ist immer warm oder ganz heiß.

Am Samstag haben Mario und ich ein Stück Böschung, rechts zum Nachbarn, vom Unkraut befreit und so viel abgeschnitten. Mario ist viermal mit der vollen Abfalltonne den Berg hinunter und hat über den unteren Zahn alles ausgeleert. Bald müssen wir einen kleinen Transporter mieten, um alles aufzuladen und zur Müllkippe für Grünes fahren. Auch unten am Berg ist ein großes Feld vom Unkraut befreit, bald haben wir alles sauber, vom Frühjahrsregen, der das Unkraut so schnell wachsen lässt, ob ich da bald mehr Pflanzen habe? Am Freitag haben unsere Nachbarn auf der Straße gegenüber den Termiten den Kampf angesagt, das ganze Haus wurde mit einer riesigen Plane abgedeckt, formgemäß alle Ecken zugeschnürt, dann haben Männer von innen Vernichtungsmittel gesprayt. Die Inhaber haben bei Freunden gewohnt. Heute, am Montag, wurde das Haus wieder abgedeckt.

Jörg sagte, er möchte jetzt in das Haus gehen und auskundschaften, welcher Geruch jetzt in der Luft ist und auch in den Möbeln, Betten usw. Man kann die Pest Control kommen lassen, dann wird an verschiedenen Stellen gebohrt und man stellt fest, wie viele Termiten fleißig gefressen haben. Wenn man keine Obacht gibt, ist das Haus in einem Jahr tot, es fällt zusammen. Da ja alle Häuser vorwiegend aus Holz gebaut sind, ist Vorsicht geboten.

Immer etwas Neues, so wird das Leben nicht langweilig. Sabine hat ein Bildchen gesendet von Klein-Alex mit Mützchen, das ich gestrickt habe, aus weißer Kaschmirwolle. Er sieht so wohlig aus, kann aber leider noch nicht sagen, wie er sich fühlt. Wir haben ein i-Pad angeschafft, da sehen die Bilder so schön aus. Am liebsten habe ich die Fotos in der Hand, kann mich von einem Bild ins nächste vertiefen, nach althergebrachter Gewohnheit. Ich habe regen Kontakt mit Sabine, wir schreiben uns hin und her auf unseren i-Phones, WhatsApp, so schön, dass es so etwas gibt. Noch nichts von Josh gehört, bald ist sein 22. Geburtstag, der zweite ohne seine Mami, kann er noch lachen, der arme Junge, der kein Zuhause mehr hat?

Von Lukas hörten wir, er wird diese Woche nach Orange County kommen, er hat jetzt Ferien in der Schule, wo geht er hin? Wieviel Geld hat er? Ich hoffe nichts, dann besinnt er sich, oder beide Buben, auf ihre Grandma Lollo, die immer eine offene Geldbörse hatte und alles für sie besorgte.

Das Haus wartet auch, es ist so still geworden. Gestern rief Jacky hier an. Das Mädchen aus Berlin, Regines Freundin. Ich war so überrascht, hatte aber in den letzten zwei

Tagen an sie gedacht, als hätte ich es geahnt. Nach der Nachricht von Regine hat sie sich nie mehr gemeldet, das ist jetzt bald zwei Jahre her. Sie versprach, mich zu besuchen, in dieser Woche, da werden wir beide tüchtig weinen. Die drei jungen Mädchen, vor so vielen Jahren. Jacky aus Berlin, Theresa aus dem Schwabenland und Regine aus Nordrhein-Westfalen. Regine war in die Sekte verstrickt und hat auch Theresa da hineingezogen. Jacky und ihr Mann haben sich nicht hineinziehen lassen.

Bin gespannt auf unser Wiedersehen, und was sie mir erzählen wird. Sonst ist nichts passiert in der letzten Woche, ich schaue auf meine Wiese und beobachte die Hasen, die herumhoppeln und sich ihre Mahlzeit für den Abend suchen. Es beruhigt, ihnen zuzusehen. Hoffentlich sehe ich Lukas bald. In Kürze hat er seinen 16. Geburtstag.

Bis zum nächsten Montag.

»Das Jahr 2006«

Das neue Jahr und meine Hoffnungen auf ein Wiedersehen mit meiner Familie. Jörg und ich fuhren noch öfter zu einer anderen Kindergartenschule, etwas entfernt von dem vorigen Platz, die Kinder aber sahen wir nicht. Diese Schule war ein großer Bau und alle Kinder waren hierher verlegt. Theresa habe ich nicht mehr gesehen.

Wenn wir hinfuhren, parkten wir irgendwo versteckt und liefen dann zu einer Bank. Nebenan war ein großer Sportplatz, überall grüne Wiesen um uns herum und Bäume, so fielen wir nicht sonderlich auf, wir warteten für Stunden, um unsere Enkel zu sehen, vom weitem, und wenn Pausen angesagt waren und die Kinder ins Freie kamen. Eines Tages bin ich zu dem Schulgebäude gegangen, habe das Büro betreten, vorsichtig, ich hatte Angst.

Es war immer schrecklich, bei diesem Verein anzuklopfen. Mit Herzklopfen und allen Mut zusammengenommen, die Tür geöffnet und eine Frau befragt, ich möchte meine Enkel sehen.

Sie war freundlich, fragte mich nach meinem Namen und sagte, sie möchte erst die Eltern fragen, dann könnte ich die Enkel sehen.

Ich wusste gleich, das wird nicht geschehen, als wollte ich die Enkel entführen, ich bin doch die Omi. Es wurde nichts aus meiner Anfrage, die »freundliche Frau« hat mir ein paar Tage später erklärt, nach Rücksprache mit den Eltern, dass die nicht einverstanden waren. Ich habe das schon geahnt, innerlich, enttäuscht habe ich den Raum verlassen. Ich sah an mir herunter, bin ich eine Diebin oder etwas Schlimmeres? Diese Sektenleute sind ohne Herz und Gefühl. Das ist die Lehre, die sie verbreiten.

Du sollst kein Herz mehr haben und auch nicht mehr traurig sein. Eine schlechte Organisation, wie ich herausfand wenn ich alle vorausgegangenen Begegnungen beurteilen soll. So war auch das neue Terrain für die Schule kein Erfolg für mich. Ich hatte zu dieser Zeit meine Enkel fast 2 Jahre nicht mehr gesehen, noch nicht einmal vom weitem. So vergingen die Monate, ich hatte wenig Hoffnung, die Kinder doch noch zu sehen. Wir fuhren noch oft zu dem Sportplatz, saßen auf der Bank, in geduldiger Erwartung, Lukas und Josh in den Pausen zu sehen. Enttäuscht fuhren wir wieder fort, vielleicht beim nächsten Mal. Und das alles mit Einwilligung unserer Tochter, oder hat dieser Mensch das alles entschieden?

Das Weihnachtsfest 2005, wir haben es überstanden. Wieder Pakete für den Speicher. In meinen Gedanken stellte ich mir immer die schönen Abende mit meiner Regine und die kleinen Kinder vor, wie glücklich wir waren oder waren da schon Anzeichen mit diesem Menschen, der das alles so nicht wollte?

Ich holte Bilder hervor, konnte man da schon etwas sehen? Regine war eine Sektenfrau und lebte danach und ich war praktisch mitten drin, die ganzen Jahre. Das Leben ging weiter, mit allem, was zu tun ist, ich arbeite viel und abends in meinem Bett dachte ich immer an meine Lieben und schlief, wenn ich konnte, traurig ein.

63. Geschichte: 18. Juni 2012 (87. Montag)

Montagsgeschichte: »Fußball EM«

»2006: Joshs 16.und Lukas' 10. Geburtstag«

Wieder Montag, der vorletzte im Juni, freue mich immer, wenn ich an diesem Tag an meinem Schreibtisch sitze und meine Geschichten schreiben kann. Alle diese Gedanken in Worte fassen, aufschreiben.

Am frühen Morgen gehe ich zu Lukas' Aprikosen-Bäumchen, pflücke ein paar reife Früchte, was nicht einfach ist bei dem umnetzten Baum an einer Hanglage. Dann setzte ich mich auf die Erde und esse einige, die süßen, saftigen, wunderbaren Aprikosen aus meinem Garten. Endlich, in meinem Alter ist es wahr geworden, dass ich eigene Obstbäume habe.

In unserem Garten in Remscheid habe ich davon geträumt, Früchte zu ernten, was nie geschehen ist, da war keine Zeit, das Geschäft kam immer zuerst oder ich hätte meine Gedanken darauf konzentrieren müssen. Wir hatten einen wunderbaren Gärtner, der jeden Samstag mit seinem erwachsenen Sohn kam, die Wiese mähte, das ganze Gartengrundstück, auch das gleich nebenan liegende große Firmengrundstück pflegte, lang, lang ist es her. Die Zweige am Apfelbaum hängen voller Äpfel ganz schwer herunter, wir müssen sie stützen. Endlich hat Mario am letzten Samstag den Baumstamm, der sich vom Nachbarn über unsere Wiese eingegraben und mindestens 6–8 Meter gewachsen ist ausgegraben, entfernt. Gleichzeitig alle Sprinkler repariert, das Stück Wiese sah aus wie in der Wüste, ausgetrocknet. Seit ich die Unkrautentfernung jeden Morgen übernommen habe, ist endlich Zeit für solche Arbeiten. Mir macht es Spaß und meine Gelenke bleiben geschmeidig, ist das nicht wunderbar?

Jetzt werden wir jeden Samstag Sprinkler reparieren, bis wir diese vielen nachgesehen haben. Ich muss mal zählen, wie viele es sind bei 16 Stationen. Wie man sieht, ist so viel zu tun, ohne einen Plan geht es nicht.

Letzte Woche haben die Europameisterschaften im Fußball angefangen. Jeden Tag 2 Spiele, ich habe mir die Zeit genommen, ich liebe Fußball, die schönsten Spiele.

Die Stadien waren wirklich großartig, das Publikum pfiff und sang, was für eine Stimmung bei jedem Spiel. Millionen von Menschen fieberten mit ihren Nationen. Jedenfalls haben wir noch viele spannende Begegnungen, die ich auf dem Bildschirm verfolgen werde.

Ganz besonders freue ich mich, die ehemals deutschen Städte zu sehen, wie Breslau und Danzig, die schönen Altstädte, man sieht an der Bauweise der Häuser, dass diese von deutschen Architekten gebaut wurden.

Ach, könnte ich mit meiner Mutter alle diese Gespräche führen, warum werden die älteren Kinder von den Müttern alleine gelassen, warum? Wird sich das nie ändern? Wenn ich an meine Enkel denke, sind sie mehr deutsch als amerikanisch, sie haben eine deutsche Mami, eine deutsche Omi, der Haushalt war deutsch, die Gebräuche, Regine kochte und backte deutsche Gerichte und Kuchen. Zum Beispiel: Königsberger Klopse, das hat ihr ihre Omi Lotte beigebracht und es schmeckte vorzüglich. Wenn die Buben noch nebenbei die deutsche Sprache erlernt hätten ...

Es ist mir unverständlich, dass Regine sich hat nicht

durchsetzen können, ihren Kindern ihre Muttersprache mit auf den Lebensweg zu geben. »No German in this house!« Ich hätte nie gedacht, meine tüchtige Tochter mit Master Degree in Wirtschaft hat sich das gefallen lassen.

Jede mexikanische Mutter hier gibt ihren Kindern die Muttersprache mit, und das ist Spanisch.

Noch mal zu der Fußball WM, ich freue mich auf die nächsten Spiele, meine Füße hochlegen, ein schönes deutsches Bier aus deutschen Gläsern und jedem Tor entgegenfiebern, es wird eine spannende Woche.

Bis zum nächsten Montag mit einer neuen Geschichte.

»2006: Joshs 16. und Lukas' 10. Geburtstag«

Ein neues Jahr, die Pakete vom letzten Weihnachtsfest stehen in der Garage, zurückgesendet. So schnell ich konnte wurden auch diese Päckchen auf den Speicher gebracht, sie waren ungeöffnet, das habe ich sofort gesehen.

Dieses Jahr im Sommer haben Lukas und Josh ganz besondere Geburtstage, Lukas wird 10 Jahre alt, Josh 16.

Ich musste mir etwas einfallen lassen. Es sind keine Verwandten mehr hierher gereist, um mit Regine zu sprechen, jeder hat sein eigenes Leben. Gut, sagte ich immer, dass meine Mutter es nicht mehr erlebte, sonst hätte Regine so etwas nicht machen können, Mimmi hätte ein Machtwort gesprochen, außerdem hätte sie herausgefunden, was Regine bewegt, ihre Eltern aus ihrem Leben zu streichen.

Jörg fuhr öfter zu dem Haus an der Mumford Street, sah nach, ob sie da noch wohnte. Ihre Büros hatte sie in die Wohnzimmer verlegt. Ihre Firma, das gemietete Gebäude, zu dem ich öfter mit Lukas gefahren bin, und auch wenn wir unsere Regine sehen wollten, nur mal guten Tag sagen, sie zu umarmen, und fragen wie die Geschäfte liefen. Sie war eine tüchtige junge Frau, die alle ernährte.

Wir fuhren auch öfter an dem Haus vorbei und die Straße herauf, durch den Bretterzaun sah ich nichts. Ich schlich mich oft heran, wie ein Dieb an das Haus, in dem ich noch vor kurzem mit Putzfrau, Anstreicher, Gärtner für Regines Wohl gesorgt hatte. Ja, einfallen lassen, das war, woran ich dauernd dachte, Joshs Geburtstag war am 29. Juni, Lukas' am 2. Juli, nur ein paar Tage später. Meine Vorbereitungen habe ich schon einen Monat vorher getroffen.

In Huntington Beach gab es eine deutsche Bäckerei, von richtigen Deutschen geführt, ich kannte das Geschäft seit Jahren, es war an der Brookhurst Street, einer langen, geraden Straße, die zum Meer führt.

Immer mal, wenn ich in der Nähe war, fuhr ich dorthin, ich konnte den gebackenen Leckereien nicht widerstehen. Alles war deutsch, die Ladeneinrichtung wie eine deutsche Bäckerei. Die Hefeteilchen, die Torten. Aus meinem deutschen Bekanntenkreis wusste ich, dass alle Geburtstagskuchen dort gekauft waren. Ich fuhr hin und suchte eine Torte aus, eine für Josh und eine für Lukas. Ich habe mich für eine riesige rechteckige Torte, 50 × 60 Zentimeter ungefähr, das war die richtige Größe, entschieden, mit Kirschen gefüllt, alles mit süßer Sahne, der ganze Kuchen war eine Sahnetorte.

Dann »Happy Birthday Josh« darauf gespritzt. Es war ein riesiges Tablett, dasselbe sollte für Lukas sein. Ich sprach mit der Inhaberin, erzählte ihr, es sollte eine Überraschung sein, der Kuchen musste geliefert werden. Erst einmal war es ein Vorgespräch, ich habe mich für die Sorte Kuchen entschieden.

Josh liebte die deutsche Sahne, er konnte das amerikanische Frosting auf den Torten nicht ausstehen, überhaupt war er ein Leckermäulchen, schon von Klein an. Ich hatte immer etwas Leckeres, auch deutsche Schokolade für die Kinder in der Tasche. Ich versprach in 2 Wochen, vor dem Geburtstag vorbeizukommen, zu bezahlen und die Lieferung zu besprechen. Endlich hatte ich etwas gefunden, meine Enkel zu beschenken. Obwohl ich sie nicht sehen durfte, aber bei einem so wichtigen Geburtstag wollte ich nichts auslassen. Sie sollten wissen, Lollo und Papa denken an sie.

Nach ein paar Tagen fuhr ich wieder zu der Bäckerei, allmählich wurde ich unruhig, und besprach mich mit der Inhaberin. »Ja«, sagte sie, »ich werde den Kuchen selbst liefern.« Und das wichtigste, ich werde mit hinten in dem Auto sitzen, nur das wusste sie noch nicht. Das war ungemein freundlich von ihr, ich war beruhigt, mein Plan war soweit gut, es würde alles gut.

Zu der Zeit hatten wir ein großes amerikanischers Auto gekauft, einen schwarzen Lincoln SUV, ein richtiges großes Familienauto, so wie wir es mit Lukas angesehen hatten, mit Schiebedach, ich glaube, 9 Personen konnten darin transportiert werden, aber kein Fernsehen, wie Lukas es sich damals gewünscht hatte.

Jörg hatte eine gute Idee, den schwarzen großen Wagen mit weiß beschriftem »Happy Birthday Josh« auf der Fahrerseite, und auch »Happy Birthday Lukas« vorne auf der Motorhaube und der riesigen Windschutzscheibe. Dann würden wir viele, viele bunte Luftballons kaufen. Wir waren schon aufgeregt über unseren Plan und überlegten jeden Schritt, wie die ganze Aktion vonstattengehen sollte.

Am Vorabend des Geburtstages kaufte Jörg eine Menge aufgeblasene Luftballons, einen großen besonderen mit Aufschrift »Happy Birthday« für Josh, dasselbe für Lukas, jetzt, wo ich das schreibe und die ganze Aktion beim Schreiben abläuft, empfinde ich es immer noch wie eine Meisterleistung, wie wir das vorhatten. Ich bin heute noch, nach Jahren, es war im Jahr 2006, heute 2013 aufgeregt. Außerdem hatte Jörg eine große Holzplatte gekauft und beschriftet, sie sollte von innen vor die Windschutzscheibe gestellt werden. Jörg sagte: »Für alle Fälle, sonst wischt vielleicht noch außen am Auto die weiße Kreide-Beschriftung am Auto ab.« Wir wollten 100% sicher sein, dass die Kinder unseren Geburtstagsgruß sehen.

Aber es ging alles gut, noch eine Nacht. Am nächsten, ganz frühen Morgen, es war 6 Uhr, fuhren wir los. Jörg fuhr den beschrifteten Lincoln mit den vielen Luftballons, ich mit unserem BMW hinterher. Wir fuhren die letzte große Straße hinauf, bogen rechts hinein, parkten auf der rechten Seite, es war alles still, kein Mensch zu sehen, ich parkte hinter dem Lincoln. Regines Haus war gleich gegenüber.

Leise holte Jörg die vielen Luftballons und ließ sie aus dem Schiebedach, einen nach dem anderen und band die Fäden am Rückspiegel an. Fertig, bis hierher war alles geglückt, wir fuhren leise mit dem BMW davon, es war noch keine 7 Uhr morgens. Sobald jemand aus dem Haus ging oder aus dem Fenster sah, würde er den Lincoln sehen mit den bunten Luftballons und den weißen Schriftzügen Happy Birthday Josh und Lukas. Diese Aufmerksamkeit für die Buben genügte, sie wussten jetzt, Lollo und Papa haben sie nicht vergessen. Was haben sie sich gedacht, waren sie glücklich? Ich weiß es bis heute nicht, ich werde sie fragen, wenn wir uns irgendwann wiedersehen.

Die Kuchenaktion war ein paar Stunden später. Erst einmal malte ich mir die Gesichter meiner Lieben aus, Regine, was hat sie gedacht? War sie traurig, oder überrascht oder stolz? Ihre Eltern haben sich immer etwas einfallen lassen, gehandelt. Warum wollte sie ihre Eltern nicht mehr sehen und den Kindern die Großeltern nehmen? Ich habe es bis heute nicht erfahren, das hat mich oft noch so traurig macht.

Jörg und ich fuhren nach Hause, frühstückten und waren glücklich, diese Aktion war gelungen, wir waren zufrieden. Um 9 Uhr fuhr ich alleine zu der Bäckerei, und dann kam der nächste Akt, das erzähle ich in einer nächsten Geschichte.

Hoffentlich geht alles so, wie ich es mir ausgedacht habe, dachte ich.

64. Geschichte: 25. Juni 2012 (88. Montag)

Montagsgeschichte: »Frau Gauck«

»Der Geburtstagskuchen«

Montag, der 25. Juni, der letzte Montag in diesem Monat und Jörgs Geburtstag, heute. Nichts ist geschehen, kein Gratulant kam vorbei, keine Geburtstagsparty, alles ist still an diesem Tag. Wird es jetzt immer so bleiben?

Wie jeden Morgen habe ich mein Pool-Beet bearbeitet, komme nur stückweise voran, es ist verhältnismäßig lang wie der Pool, und auch sehr breit und voller Unkraut, aber ich sehe schon Erfolg. Die Blätter fallen von den Bäumen, überall liegen sie herum, im Gras auf den Wegen, unter den Gartentisch weht sie der Wind, jedes Jahr im Juni, Juli dieselbe Plage, dann noch die kleinen Schnipsel von den Pfefferbäumen, es sieht unaufgeräumt aus.

Da Mario am Samstag nicht hier war, blieb alles liegen, wo es ist. Und das Schönste, ich hatte frei, es war ganz ungewöhnlich, nicht um sieben aufzustehen. Erst einmal habe ich mich noch einmal umgedreht. Dann habe ich eine schöne Sendung im Norddeutschen Fernsehen über die Landfrauen gesehen, ich musste sitzen bleiben, so eine wunderbare Berichterstattung über das normale, alltägliche Leben dieser tüchtigen Frauen, dann war es schon 9 Uhr. Ich habe den freien Samstag genossen, keine Arbeiten vom Plan im Garten mit Mario. Auch kein Lunch herrichten, Rührei mit gekochtem Schinken. Mein Rücken hat eine fast schwarze Bräune von der Sonne. Jeder fragt: »Wie oft liegst du am Meer?«

Keiner will glauben, dass meine gebräunte Haut ganz spielend bei der Gartenarbeit entsteht. Manchmal läutet das Telefon, ich sage Hallo, und keiner spricht. Ich weiß, da ist jemand, ich rufe immer wieder Hallo Hallo, nach geraumer Zeit ein Klicken und alles ist vorbei. Ich denke: ob es Lukas ist? Soll ich sagen: »Lukas, Schatzele, bist du das?« Ich traue mich nicht so richtig, vielleicht hält mich jemand zum Narren. Es wäre so schön, Lukas' Stimme zu hören, beim nächsten Anruf werde ich anders reagieren.

Fußball, Deutschland gewinnt gegen Griechenland, na endlich. Beim 2. Tor tippte ich 5 : 1, es waren dann 4 Tore und das mit der Hand zähle ich nicht, für mich waren es 4 : 1. Es wäre ja noch schöner, Deutschland gibt das Geld und verliert. Weiß jeder, was ich meine?

Letzte Woche war auf der BUNTEN, auf dem Titelblatt, Frau Gauck groß abgebildet, oben in der Ecke klein, Herr Gauck mit Fernbeziehung, jetzt als Bundespräsident mit Lebensgefährtin.

Was für ein bedeutendes Wort, die Lebensgefährtin war auf dem Titelblatt. Frau Gauck, verheiratet mit Herrn Gauck, jetzt Bundespräsident, eine Ehefrau, alles zusammen für 53 Jahre.

Der Titel, »Mein Mann, der Bundespräsident«. Den Bericht über sechs Seiten habe ich mit Spannung gelesen, es machte mich auch traurig, denn als Frau Gauck sagte: »Die Weihnachtsfeste sind nicht mehr schön«, da kamen mir die Tränen, das Fest der Liebe.

Ich kann mir vorstellen, wie es ist, die erwachsenen Kinder und 13 Enkel haben kein Elternhaus mehr. Die Mutter ist da, der Ehemann hat sich einfach eine Freundin genommen, die 20 Jahre jünger ist, warum eigentlich? Die Ehefrau ist gesund, nicht gebrechlich, könnte dem Amt als First Lady sehr gut gerecht werden und mit dem Bundespräsidenten auf Reisen gehen.

Sie könnten sich über ihre Vergangenheit, die gelebten

Jahre austauschen, Über die Kinder und die Enkel, und ich denke, das wichtigste ist, sie sind verheiratet, sie müssten keine getrennten Zimmer nehmen. Es gibt überhaupt keine Komplikationen, kein Gerede, alles wird in einem Haushalt abgerechnet. Wenn ich mir das kleine Bild auf der Titelseite betrachte, schäme ich mich für diese Frau, ohne sie hätte es so eine Situation nicht gegeben, die liebe Frau Gauck hätte einen Vater für ihre Kinder, einen Opa für die Enkelkinder, ein schönes Weihnachtsfest und die Ehefrau ist sie immer gewesen. Ich wünschte, ich könnte mich im Gespräch austauschen, gibt es Menschen, die genauso denken? In dieser, wie man heute sagt, modernen Gesellschaft?

Ich hoffe, in dieser Woche wird die deutsche Fußballmannschaft gewinnen, ich drücke beide Daumen, werde die Übertragung mit Spannung verfolgen.

»Der Geburtstagskuchen«

Jetzt schreibe ich über meine nächste Überraschung, es ist neun Uhr morgens am 29. Juni 2006, Joshs 16. Geburtstag. Und, wie ich denke, einer, den er nie vergessen wird. Ich fuhr zu der deutschen Bäckerei, die Aktion mit dem Geburtstags-Lincoln hatte stattgefunden, nach Huntington Beach.

Ich betrat den Laden aufgeregt, ob die Frau Bäckerin auch da ist? Ja, ich sah sie gerade hereinkommen, der Laden war schon offen für die morgendlichen Frühstückskunden. Ich bezahlte die großen Torten, zweimal einhundertzwanzig Dollar, jede, nur Lukas' Torte wollte ich erst an seinem Geburtstag liefern lassen, das war ja ein paar Tage später, so war es ausgemacht, dann mit einem jungen Mann, der dort arbeitete, auch das war schon arrangiert.

Nach einer kleinen Weile kam jemand mit der Torte und trug sie zu dem wartenden Auto der Bäckerin, ich war damals aufgeregt, das bin ich auch heute.

Ich stieg in mein Auto, der Kuchenwagen folgte mir, wegen der Richtung. Langsam fuhren wir dahin, damit wir uns nicht verlieren. Es dauerte, ja, sagen wir mal, so eine halbe Stunde. Kurz vor dem letzten Einbiegen in Regines Straße fuhren wir vorher rechts ab, ich parkte mein Auto und stieg in das Auto zu der Bäckerin mit dem Kuchen. Sie sollte die Lieferung machen, ich wollte nicht gesehen werden. Ich saß geduckt auf der hinteren Bank, ich konnte mich gut mit der Fahrerin unterhalten, niemand sah mich da sitzen. Wir bogen in Regines Straße, es war eine Sackgasse, ich sah alle draußen auf dem erhöhten Eingang stehen, zu dem man mindestens fünfzehn Stufen heraufsteigen musste, einmal links ein paar, dann gerade herauf bis zur Haustüre.

Ich sagte zu meiner Fahrerin: »Oh, bitte ganz langsam an dem Haus vorbei, dann die Kehre am Ende der Straße, dann etwas weiter nach dem Haus parken.« Wir fuhren langsam an unserem Lincoln vorbei, der so prächtig schwarz und groß da stand, mit den vielen bunten Luftballons und den großen weißen Buchstaben, jetzt sah ich alles noch mal, das Auto hatte Jörg so schön bemalt. Es sah großartig aus, niemals hätte ich mir das vorstellen können vorher, was da heute an dem besagten Tag passierte. Ich sah alle meine Lieben da stehen oben auf der Treppe und diskutieren, Josh und Lukas, Regine, einige der Angestellten, ich hatte sie so lange nicht mehr gesehen. Vor Aufregung konnte ich nicht weinen.

Dann sah ich den Widersacher, in all den Jahren hat er es fertiggebracht, mich von meiner Tochter zu trennen. Der Lincoln war eine Sensation, so etwas hatte niemand vorher gesehen. Ich sah, wie einige Autos vor der Garage parkten, ich sagte: »Ganz langsam vorbeifahren.«

Dann sagte ich zu der Frau: »Jetzt holst du den Kuchen aus dem Kofferraum, gehst da hin und sagst, du möchtest eine Torte liefern.« Sie stieg aus, öffnete den Kofferraum, holte die Torte heraus und ging ein paar Schritte zurück zum Haus. Ich hörte sie sagen, sie habe eine Lieferung, die Antwort kam von dem Menschen, der sagte: »Wir wollen nichts, gehe wieder nach Hause.« Ich saß geduckt hinten, ich konnte nicht alles hören, dann sah ich die Frau auf das Auto zukommen, die Torte in der Hand, sie schloss den Kofferraum auf, legte den Kuchen hinein, schloss den Deckel, und oh Graus, sie setzte sich wieder ins Auto.

Ich war entsetzt und so aufgeregt, ich sagte: »Du musst, du musst den Kuchen liefern!« Sie sagte, sie wolle das nicht. Ich sagte: »Jetzt steigst du nochmal aus, bitte, nimmst den Kuchen, gehst auf die Garage zu und während du da bist, legst du die Torte auf den Boden in die Einfahrt, gerade da, wo du stehst, und sagst: Ich bin nur die Lieferfrau und ich habe jetzt geliefert, drehst dich um und gehst.« Durch die hintere Wagenscheibe sah ich ihr zu, wie sie die wunderbare Torte in der Einfahrt auf den Boden stellte, sah ich nicht. Ich sah nur, wie sie wieder auf das Auto zukam, ohne Torte. Endlich, es war erledigt, die Geburtstagstorte für Josh war geliefert, eilig fuhren wir davon. Ich sagte danke, war froh, dass ich hinten im Auto saß, anderenfalls hätte die liebe Bäckersfrau die Torte wieder zurückgebracht. Ich hatte mir schon so etwas gedacht, wollte deshalb für alle Fälle dabei sein. Ob Josh den Kuchen probiert hat, bis heute weiß ich es nicht, oder landete die schöne Torte im Müll, weil sie von Lollo war? Egal, was passierte, Josh wird immer daran denken, seine Grandma Lollo hat an seinen Geburtstag gedacht, den 16.

Der Tag ging vorbei, wir hörten nichts von Regine, der Abend kam und die Nacht, wir hatten Angst, der Mensch könnte das Auto beschädigen aus lauter Willkür.

Am nächsten Morgen machten wir uns auf den Weg zu Regines Haus, da stand das schwarze Monster von Auto, ein richtiger amerikanischer Spritfresser, aber ich liebte es zu der Zeit, es war gut zu lenken, man saß darin wie in einem Schiff. Erst mal das Einsteigen, ich bin nicht so groß, musste richtig hinaufklettern. Die Luftballons waren noch da, hingen in der Luft aus dem Dachfenster.

An der Windschutzscheibe war ein Ticket von der Polizei, eine Nachbarin kam aus dem Haus, wir sprachen mit ihr, Jörg kann sich heute noch erinnern. Sie war sehr freundlich, eine schöne, unerwartete Überraschung war das. Nun, die Amerikaner haben überall Luftballons, Transparente ausgehangen, es war nichts Neues, aber an einem Auto, das hatten sie noch nie gesehen.

Jörg ließ die Luftballons steigen. er lenkte den Lincoln, ich das andere Auto, wir fuhren um die Ecke, der Spuk war vorbei, aber der Gesprächsstoff würde noch lange anhalten über diese Überraschung. Jörg fuhr zur Polizei wegen des Tickets, es war kein Straf-Ticket, es war nicht erlaubt, in einer Sackgasse über Nacht zu parken, wenn man kein Anwohner ist. Bis hierher war alles gut gelaufen, wir waren zufrieden, obwohl traurig, da ich Josh nicht richtig drücken konnte, was er sich wohl gedacht hat, der liebe Junge?

65. Geschichte: 2. Juli 2012 (89. Montag)

Montagsgeschichte: »Fußball und Garten«

»Lukas' 16. Geburtstag am 2. Juli 2012«

Heute ist der erste Montag im neuen Monat Juli, die Tage fliegen so schnell vorbei, habe ich sie gelebt? Es ist so warm geworden, schon morgens klettern die Temperaturen hoch. Ich gehe dann nicht mehr nach draußen.

Heute hat mein Enkel Lukas Geburtstag. Es ist der 16., der zweite ohne seine Mami, unvorstellbar, der arme »kleine« Junge. Wie verlebt er diesen Tag? Wer backt dem Jungen einen Geburtstagskuchen oder wird nach amerikanischer Sitte eine Torte gekauft? Ich habe immer traditionell einen Gugelhupf gebacken, dann mit deutscher Schokolade überzogen. Ob er sich erinnert? Ach, könnte ich ihn sehen und in meine Arme nehmen, das wäre mein größter Wunsch. Wo ist er? Hat er eine Geburtstagsfeier mit seinem Bruder Josh, der hier in L. A. ist? Alles Fragen ohne Antwort. Wir haben auf Facebook einen Gruß gesendet, ob er ihn liest? Hat er mich nicht als Freund anerkannt, wo ich doch nach seiner Mami der wichtigste Mensch in seinem Leben war. Ich erinnere mich an die Worte, die er sagte: »Lollo, nobody takes that much care of me like you.« Niemand passt so gut auf mich auf, wie du. Das vergesse ich nie in meinem Leben und die Fürsorge würde ich fortsetzen, wenn ich ihn sehen und sprechen könnte, war er doch das Allerwichtigste in meinem Leben. Herzlichen Glückwunsch, mein kleiner Liebling, von deiner Omi Lollo. Den ganzen Tag werde ich an ihn denken, er muss es merken.

Vor ein paar Tagen, am letzten Freitag, hatte Josh Geburtstag, es war der 22, er ist schon ein junger Mann und will mich, seine Lollo, nicht sehen, wie ich schon berichtete. Den Grund kenne ich jetzt, schreibe darüber aber später in einer nächsten Montagsgeschichte. Wir haben Josh auf Facebook gratuliert, ob er es gelesen hat? Wo er mich, seine Omi, nicht als Freund anerkennt. Wo sind wir nur hingekommen? So etwas wäre uns in Deutschland nicht passiert, hundert Prozent, auch wäre unsere Tochter noch bei uns. Ich mag das schreckliche Wort, das fürchterliche, was passiert ist, nicht in Worte fassen. Wir denken, es ist alles nicht wahr, sagen uns das immer wieder. Das Leben geht weiter, die Erde dreht sich und auch unser Leben, unser Alltag. Was wird, wissen wir nicht, dem Himmel sei Dank!

Noch eine traurige Erinnerung, meine Mutter hat am 24. Juni, einen Tag vor Jörgs Geburtstag, vor elf Jahren ihre

Augen für immer geschlossen. Manchmal möchte ich sie etwas fragen, da sind Momente, ich denke, ich rufe sie an. Es ist nicht mehr möglich, so etwas Grausames, die Geburtstage und die Todestage so nah beieinander. Ein schrecklicher Monat.

Am Samstag war Peter da, mit Helfer, hat eine Mauer erhöht für unsere Pflanzenerde die wir so viel gebrauchen, zum neu pflanzen und auch für die Beete. Peter setzt die Steine, die Ecken so ordentlich. Dann hat er unseren einzigen Pflaumenbaum mit einem Netz abgedeckt. Bald sind die Früchte reif, ich möchte sie selber essen, nicht die Vögel.

Letzten Montag habe ich mit Jörg etwas Obst von Lukas' Baum gepflückt, so eine wunderbare Süße in jedem Pfirsich, die Haut schält sich ganz leicht ab, zurück bleibt eine zuckersüße Frucht. Wir sagten dem Baum »Bis Donnerstag«, am Morgen des Tages sind wir in den Garten zu unserem Baum gegangen, ich traute meinen Augen nicht, kein einziger Pfirsich war an den Ästen, alles war abgeerntet. Es waren schon Pflücker vor uns da, wer, weiß ich nicht, alle Steine lagen gut abgegessen auf dem Boden verstreut, es war nichts mehr für uns da. Das Netz war unten aufgerissen, ob das Menschen waren oder Tiere, kann ich nicht sagen. Nächstes Jahr müssen wir die Netzbespannung besser machen. Wenn man bedenkt, weit und breit sind keine Obstbäume da, mein Pfirsich- und Pflaumenbaum sind die einzigen Früchte, die Zitrusfrüchte mögen sie nicht. Da ist es nicht verwunderlich, dass sich die ganze Tierwelt darauf stürzt.

Mario hat seinen ältesten Sohn Marco mitgebracht am Samstag, der Junge hat Schulferien. Ich fragte, wie lange? Er sagte: »Bis 2. September.« Ich denke, das ist viel zu lange, über Monate, was sollen die Kinder tun? Die Größeren ab 16 suchen sich einen kleinen Job, Tüten einpacken im Supermarkt oder sonst was. Jedenfalls war Marco hier und hat tüchtig geholfen.

Am Morgen kam die Firma mit einem Lastwagen, hat die Pflanzenerde vor unserer Garteneinfahrt abgeladen. Es war schon lange mein Wunsch, endlich habe ich die Abdeckung für meine Blumen- und Sträucherbeete bestellt. Marco hat die Kanister voll geschaufelt und zu Mario zu den Beeten gefahren. Er war sehr fleißig und hatte in seinem Vater einen guten Lehrmeister. Mario hat gleich die Büsche tüchtig gelichtet und alle Beete ums Haus, erst vorne, dann hinten mit dem stinkenden Material abgedeckt. Beide waren so fleißig, die Sonne schien; es waren 26 Grad, die Wasserflaschen flossen in Strömen.

Morgens ganz früh, bin ich in den nächsten Baumarkt gefahren, habe Blocksteine und die dazu gehörige Schmiermasse besorgt. Ich bin dreimal gefahren mit meinem schönen neuen Mercedes ML 350, anschließend habe ich den Staubsauger in Bewegung gesetzt, danach war das Auto wieder wie neu, selbstverständlich.

Am Mittag habe ich für meine Helfer Lunch gekocht, Rührei mit gekochtem Schinken und Petersilie und in guter deutscher Butter, die im deutschen Geschäft zu kaufen ist. Allen hat es geschmeckt, auch die Käsebrote mit deutschen Gewürzgurken und Apfelscheiben. Marco sagt, sein Vater freut sich jeden Samstag auf das gute Essen, das ich für ihn koche, er sagt, es schmeckt himmlisch und strahlt. An diesem Samstag haben alle fleißig gearbeitet, aber das muss ich sagen, es ist eine Story ohne Ende, oder doch einmal? Jedenfalls bin ich für die nächsten Jahre voller Pläne, was den Berg betrifft. Am späten Nachmittag gingen alle nach Hause.

Marco habe ich Geld in einem Umschlag gegeben und ein T-Shirt, das ich ihm bei Nordstrom gekauft habe. Seine Augen strahlten, als ich es ihm zeigte. Er ist so ein riesiger Bursche, hat ein liebes Wesen, man möchte ihn immer drücken, er erinnert mich so an Josh, als er in diesem Alter war. Ich muss den Jungen etwas unterstützen, er geht jetzt auf eine höhere Schule, braucht da gute Kleidung, was ich auch gerne tue, ich fühle mich wohl dabei.

Als ich ihn fragte: »Wie viele Mitschüler deiner Klasse haben ein Smartphone?«, antwortete er: »Alle haben eins, nur ich noch nicht.« Im Herbst, wenn das neue i-Phone erscheint, werde meines abgeben und er bekommt für den Anfang mein jetziges, werde Elisabeth fragen wegen der Gebühren. Mario sagt, sie haben einen Familienplan mit der Telefongesellschaft. Der Junge wünscht sich einen Laptop, den muss er auch haben, das ist wirklich wichtig für die Schule heutzutage. Werde mich umhören, wie es in Deutschlands Schulen ist. Habe auch am Samstag den Berg bewässert, auf der mittleren Etage kam das Wasser aus dem Schlauch, ich habe versucht, mit gutem Klebeband, die Löcher abzubinden, aber es hat nichts genützt, nur mit Mühe konnte ich meine Pflanzen bewässern. Es muss ein neuer Schlauch gekauft werden. Es ist so warm am Tag, da brauchen die Pflanzen viel Wasser, ich bin voll beschäftigt. Die nächste Arbeit wartet schon auf Peter.

Jetzt noch ein paar Bemerkungen über das Fußballspiel Deutschland – Italien, am letzten Donnerstag. Jörg und ich waren bereit. Wir hatten unser frisches deutsches Bier und sahen gespannt dem Spiel zu, es war spät am Nachmittag, unsere Abendvorstellung sahen wir kurz vor sechs, da war Anstoß. Die Italiener stürmten ohne Verluste und bekamen vier gelbe Karten. Die deutschen Spieler waren dem nicht gewachsen.

Wir konnten nicht glauben, was wir sahen. In der ersten Halbzeit hatte Deutschland kein Tor erzielt, es war wie im Traum. Ich kann mir die enttäuschten Gesichter auf der Fan-Meile vorstellen. Es war so grausam, das zu erleben.

Dann die zweite Halbzeit, gespannt verfolgten wir das Spiel, kein Tor, bei diesen rüpelhaften Italienern hatte die deutsche Mannschaft keine Chance. Es sah aus, als hätten die deutschen Jungs Angst. Am Ende verlor Deutschland gegen Italien. Punkt. Ich konnte es nicht glauben. Später hörte ich die Kommentare in Heringsdorf. Es war traurig. Dann warteten wir auf das Endspiel am Sonntag. Spanien gegen Italien. Da verloren die Italiener, ein Trost für Deutschland. Es hat mich gefreut für Spanien. Da bekam die italienische Mannschaft, was sie verdient hat.

Bei der anschließenden Kritik aus Heringsdorf, übrigens eine aufgebaute Bühne, von Wasser umgeben, die große Leinwand für alle sitzenden Zuschauer auch im Wasser, weit hinter der Bühne, ich fand es großartig, was die deutschen verantwortlichen Menschen sich alles einfallen lassen. Hat man die Italiener bekrittelt? Ich hörte, bei diesen EM-Spielen wurden fünfzehn gelbe Karten ausgeteilt, mehr braucht man nicht zu sagen. Ich liebe das Land Italien, die kreativen Italiener in Mode, Sitzmöbeln usw. Habe mit Regine und Papa viele Male das Land bereist. Sie fahren in den schmalen Straßen mit den kleinen Fiats wie die Wilden, können bei keinem Stoppschild halten.

Diese Erfahrung machte Jörg als Fahrlehrer damals in Remscheid, in unserem Fahrschulbetrieb. Jörg sagte: »Wenn du beim nächsten Stoppschild wieder nicht anhältst, trete ich ganz in die Bremsen, dann merkst du es.« Er hat es wahrgemacht. Der italienische Fahrschüler landete vor der Windschutzscheibe. Erst nach drei Mal Stopp hat er es begriffen, das liegt in der Mentalität der Menschen.

Aber das muss ich sagen, die italienischen Fußballer liebe ich nicht, obwohl sie ihre italienische Hymne lautstark mitgesungen haben, vor allem der Torwart. Noch eine Bemerkung über die Nationalhymne, die jede Nation vor dem Spiel singt. Die Italiener haben es gut gemacht, mit welcher Inbrunst und welchem Selbstbewusstsein haben sie ihre Nationalhymne geschmettert. Anders als die Deutschen. Wobei die Migranten den Mund überhaupt nicht aufkriegten, obwohl sie einen deutschen Pass haben und im

Lande groß geworden sind. Ich fand es beschämend für Deutschland.

So auch Franz Beckenbauer, dessen Artikel ich in der der Bunte Nr. 28 vom 25. Juli 2012 gelesen habe, er spricht mir aus der Seele. Es sollte Pflicht sein, bei so wichtigen oder bei allen Spielen die Hymne zu singen, und das aus voller Brust. Die Männer spielen für Deutschland, dafür werden sie auch bezahlt, das nicht zu vergessen, und eine Ehre ist es obendrauf. Die schönste Hymne für mich.

»Lukas' 16. Geburtstag am 2. Juli 2012«

Mein lieber Lukas,
heute ist Dein sechzehnter Geburtstag, so gerne hätte ich Dich gesehen, Dich in meine Arme genommen und Dir einen schönen Geburtstag bereitet, mit einem gebackenen Gugelhupf mit Schokolade überzogen, den Du doch so gerne hast. Kannst Du dich erinnern? Es war Dein siebter Geburtstag, den wir zuletzt erlebten, wir haben ein Konto bei der Bank in Laguna eröffnet, waren im Fahrradgeschäft für einen neuen Helm, Kuchen essen in Laguna Beach, ich hätte mir damals niemals denken können, dass wir uns so lange Jahre nie mehr wieder sehen werden. Ich bin so traurig, ich kann es nicht beschreiben, da gibt es keine Worte.

Hier mit diesen Zeilen, ich hoffe, Du wirst sie einmal lesen, möchte ich Dir heute sagen, wie lieb ich Dich habe, wie sehr ich mir wünsche, dass Dein 16. Geburtstag ein schöner Tag für Dich ist, denn es ist ein besonderer Geburtstag im Leben eines jungen Menschen. Deine Kindheit hast Du verlassen, jetzt bist Du ein junger Mann. Ich hoffe für Dich, dass Deine Zukunft voller Pläne ist und Du alles erreichst, was Du Dir wünschst in Deinen jungen Jahren, mein kleiner Schatzele.

Heute möchte ich Dir davon erzählen, als Deine geliebte Mami sechzehn Jahre alt wurde. Sie war immer etwas Besonderes, ein liebes Mädchen in ihrem jungen Leben, wir, Papa und ich, hatten keine Sorgen, es gab keine Probleme, sie war ein gutes Menschenkind, als sie heranwuchs. Ach, könnte ich ihr alles selber sagen, mein kleines Reginchen, es bricht mir das Herz. Ihr Geburtstag war ein Samstag, mein kleines Mädchen wurde sechzehn Jahre alt, eine kleine, junge Dame.

Zu dieser Zeit lebte Regine während der Woche in einem katholischen Mädcheninternat bei den Nonnen.

Papa holte sie am Samstagmittag ab und wir brachten sie am späten Sonntag wieder dorthin. Die Internatsschule war für zwei Jahre. Wir wussten, die Mädchen hatten so allerlei Späße, sie versteckten sich im Garten hinter den dicken Bäumen und rauchten Zigaretten, was ja verboten war.

Die Schulzeit im Internat gefiel Regine, die Nonnen waren ihre Lehrerinnen. Dort lernte sie fleißig. Deine Mami war ein pflichtbewusstes Mädchen, auch wusste sie, dass wir, die Eltern, es auch erwarteten.

Am Samstag war ihr Geburtstag, wir hatten eine Party geplant, in unserem Haus in Remscheid, was schön im Grünen lag, mit riesiger Wiese rundherum, danach war Waldgebiet, wir konnten die Rehe mit dem Fernglas sehen. Es war ruhig und doch nicht so einsam und das BMW Autohaus Hepprich war die Höhe hinauf, alles zu Fuß zu erreichen.

Alle waren glücklich, heute, während ich schreibe, muss ich feststellen, es waren unsere jungen Jahre, wir hatten eine Firma aufgebaut, eine gesunde, liebe, schöne Tochter, was wollten wir mehr?

Die Gäste waren Verwandte, Tanten, Onkel, die Nichten und Neffen waren zu klein für die Abendparty. Nicht zu vergessen, meine Mutter, Regines Mimi, wie sie sie nannte ein ganzes Leben. Auch Bekannte kamen zu Regines Geburtstag.

Nun, an diesem Samstag hatten wir verabredet, Papa holt Regine vom Internat am frühen Nachmittag ab. Das Wichtigste war das Geburtstagsgeschenk, was wir aber noch nicht hatten, auch nicht wussten, was es sein sollte. Papa und ich haben beim Frühstück herum gerätselt, welches Geschenk wäre das passendste, es musste etwas Besonderes sein.

Da hatte Papa die beste Idee, es sollte ein Gefährt sein, das Regine fahren konnte, ohne Führerschein, den konnte sie erst erwerben, wenn sie achtzehn Jahre alt war. So blieb nur ein einziges Gefährt übrig, das war ein Mofa, ein kleines Motorrad mit kleinem Motor, aber fahren konnte sie damit auf allen Straßen. Es war jetzt entschieden, Regines Geschenk war ein Mofa, es musste nur besorgt werden.

Jörg hatte einen Freund in Wuppertal mit einem Motorradgeschäft. Gleich nachdem wir beschlossen hatten, das ist das Geschenk für unsere Tochter, fuhr Papa zu diesem Freund, kaufte das »Ding« und brachte es nach Hause. In unserer Diele wurde es hingestellt, wenn Regine die Haustür öffnete, würde gleich ihr Blick darauf fallen.

So getan, Jörg fuhr nach Wipperfürth zum Internat, die Mädchen und Regine waren in Geburtstagsstimmung, sie beschenkten Regine mit kleinen Päckchen, die Nonnen gratulierten und umarmten Regine, alle waren ausgelassen und freuten sich an diesem Tag.

Auf dem Weg nach Hause sind Papa, Regine und ein paar Freundinnen in einem Lokal eingekehrt, wir man so schön in Deutsch sagt, das heißt, sie haben eine Gaststätte aufgesucht, um mit einem Getränk auf Regine anzustoßen. Prost Regine!

Ja, Du glaubst es nicht, mein Lukas, aber das war damals in Deutschland erlaubt, alle waren lustig und in froher Stimmung, schließlich war der 16. Geburtstag auch etwas Besonderes. Dann wurde es Zeit, nach Hause zu fahren, das dauerte eine halbe Stunde.

Ich hörte sie schon parken, war ganz gespannt, dass Regine die Haustüre öffnete, wollte ihr Gesicht sehen. Sie sah das kleine Mofa sofort, rief ganz freudig: »Ist das für mich?«

»Ja, das ist dein Geburtstagsgeschenk, unsere Überraschung«, sagte Papa und sogleich wurde das Gefährt begutachtet.

Regine setzte sich sofort darauf, es war wie ein Fahrrad, nur etwas größer, wuchtiger und hatte einen kleinen Motor. Papa und Regine probierten es aus vor unserem Haus. Regine konnte es nicht fassen, war ganz glücklich. Sie saß auf dem kleinen Sattel ganz fest und fuhr los. Auch heute sehe ich sie das Mofa fahren, mit wehenden Haaren und glücklichem Gesicht. Papa hatte die richtige Wahl des Geburtstagsgeschenkes getroffen, es hätte nicht besser sein können.

Am Nachmittag hatten wir eine Kaffeetafel, so wie es in Deutschland üblich ist, jeder sitzt am Tisch, der heute natürlich besonders schön gedeckt war, mit schönem Porzellan und selbst gebackenen Kuchen. Mimi war schon da und einige Tanten. Das Schönste an einem Geburtstag war die nachmittägliche Plauderei mit den Gästen, das vermisse ich heute so sehr. Alle sahen Regines neues Mofa und bestaunten es, Papa hatte die richtige Idee und das kleine Gefährt so schnell besorgen können.

Bis zum Abend waren alle Gäste da, das Haus füllte sich mit lieben Menschen, ein Geburtstag, an den wir uns immer erinnern werden. Bis in die Nacht spielte die Musik, es wurde auch getanzt. Das Essen, ein kaltes Buffet, hat Sackermann angeliefert, das einzige Feinkostgeschäft in Remscheid, von vorzüglicher Qualität, nur vom Feinsten, allen schmeckte es. Es war eine großartige Geburtstagsparty für unser Mädchen, unser einziges Kind, unsere liebe Regine, mein kleines, großes Mädchen.

Am Montag wurde das Mofa in unserem Autohaus

begutachtet. Die jungen Mitarbeiter gaben Regine gute Ratschläge, erzählten, wie sie mit dem Mofa gut fahren konnte. Natürlich. Nach ein paar Wochen haben die Monteure in der Werkstatt das kleine Mofa mit ein paar Tricks schneller gemacht. Regine sagte ihnen, es fahre nicht schnell genug.

Einmal kam Regine nach Hause und erzählte uns, die Polizeistreife hätte sie angehalten, untersuchte das Mofa, konnte aber nichts feststellen. Als sie Regines Namen hörten, wussten sie gleich, sie war die Tochter vom BMW Autohaus Hepprich. Dass sie so schnell fahren konnte, war ihnen ein Rätsel. Die Monteure lachten, als sie davon hörten.

Ungefähr zwei Jahre ist sie mit dem Mofa gefahren, bis zu dem Tag, als sie bei Papa den Führerschein machte, an ihrem 18. Geburtstag. Wenn ich heute daran denke, wird mir ganz übel, dass ich mein einziges Kind habe fahren lassen, auf diesen Straßen, bei Wind und Wetter. Ich habe damals die Gefährlichkeit nicht gesehen, damals war es so ein Spaß für alle. Es war etwas Besonders, sie war so glücklich. Wer von ihren Freunden, Mädchen oder Jungen, hatte so ein »Ding« zum Fahren? Sie war immer etwas Besonderes, wir waren eine liebevolle Familie, was unsere Tochter anbelangt. Wir haben alles für sie getan und nun, mein lieber Lukas, ist die Geschichte zu Ende. Jetzt weißt Du etwas über Deine Mami, leider kann ich Dir diese schöne Geschichte selbst nicht erzählen, aber aufgeschrieben wird sie Dich immer begleiten in Deinem Leben. Ich wünsche Dir das Allerbeste, ich möchte immer für Dich da sein und für Dich sorgen, solange ich lebe und darüber hinaus, wenn Du mich lässt. Für mich bist immer Du der kleine Bub bleiben, den ich Schatzele nannte.

Alles Liebe für Dein neues Lebensjahr wünscht Dir
Deine Grandma Lollo

66. Geschichte: 9. Juli 2012 (90. Montag)

Montagsgeschichte: »Blumen Dicke«

»Der Geburtstagskuchen für Lukas«

Ein neuer Montag, eine neue Woche, was werde ich erleben? Draußen ist es warm geworden, jeden Tag 30 Grad, bei diesen Temperaturen muss ich viel wässern, es ist, als wenn die Pflanzen, Blüten und Bäume mich rufen: »Bitte gib mir Wasser!« Am frühen Morgen eile ich zu meinem Berg, mein Paradies im Augenblick. Nichts liegt mir mehr am Herzen, als endlich alle freien Flächen so schnell wie möglich voll zu pflanzen. Der Berg ist ein Projekt für mich, einsam kann ich nicht sein, es gibt zu viel zu bedenken. Bald sind meine Pflaumen reif.

Das Netz, das Peter letzte Woche um den Baum gespannt hat, hilft, es sieht aus, als trauen sich die Vögel nicht, von den Früchten zu naschen. Noch zwei Wochen, dann kann ich ernten, bei dem Sonnenschein jeden Tag.

In Huntington Beach ist wieder ein Geschäft frei geworden. Jörg hat die Mieter, sozusagen hinauskomplementiert, endlich sind sie schnell ausgezogen. Für einen Platz ist schon ein Nachmieter gefunden, hat auch schon bezahlt. Jetzt noch das zweite Geschäft, hoffentlich genauso schnell mit der Vermietung, man kann keinen verlorenen Monat aufholen.

Erst muss der Anstreicher herein, José, unser Mann für die Schönarbeiten, ist immer da, wenn wir ihn anrufen. Da können wir ein Buch schreiben, bei den Geschäftsvermietungen in diesem Land, vieles ist nicht zu beschreiben, aber Jörg ist ein tüchtiger, erfahrener Geschäftsmann und setzt sich jeden Tag voll ein, an ein Rentnerdasein können wir nicht denken. Da ist niemand, der uns helfen könnte, wir haben immer auf unsere Tochter gehofft, dass sie für Mama und Papa da sein wird.

Ungeduldig warte ich auf Mario am kommenden Samstag, damit der Garten wieder sauber aussieht, er die Rosen schneidet, das Gras mäht und alle Beete von den Blättern befreit. Das Schlimmste sind die kleinen Schnipsel von den Pfefferbäumen, die unaufhörlich herunterfallen. Im nächsten Herbst lasse ich die Bäume tüchtig auslichten, dann im frühen Sommer noch einmal, sie wachsen schon in den Himmel. Beim Saubermachen draußen in meiner Küche fiel mir ein besonders schönes Stück in die Hände, ein bunter schöner Keramiktopf für Blumen. Es ist so viele Jahre her, als ich ihn kaufte. Solche besonderen Töpfe hat man heute gar nicht mehr. Der Topf hatte noch ein kleines Etikett, halb abgefallen, aber ich konnte es lesen, Blumen Dicke, Remscheid-Lennep.

Das war ein besonders schönes Blumengeschäft in der Kölner Straße. Ich kaufte alle meine Blumen dort, für Geschenke und auch fürs Haus. Jede Woche machte ich einen Besuch dort, weil es so schön war, schon draußen konnte man die Blumenpracht bewundern, beim Eintreten umfing mich der Blütenduft, es war berauschend. Natürlich war so ein Angebot verführerisch, am liebsten hätte ich alles mitgenommen.

Der Übertopf, den ich hier habe, weckt alle meine Erinnerungen. Ich sehe das Geschäft, auch den Parkplatz davor, dann die netten Mädchen, die ich alle kannte und nicht zuletzt der Meister des Ganzen »Herrn Dicke«, immer ein lachendes Gesicht, als wäre die Welt zu jeder Zeit so schön.

Dann kann ich mich an die kleine Episode mit Regine erinnern, die auch Blumen kaufte und auch eine Platte Kuchen von nebenan. Wie sie mir später erzählte, stellte sie die Kuchenplatte aus irgendeinem Grunde beim Einladen der Blumen auf das Dach ihres parkenden Autos und fuhr los, hatte den Kuchen vergessen. Nach ein paar Metern rutschte die Glasplatte vom Dach mit einem großen Klirren auf die Straße.

An diese kleine Begebenheit muss ich denken, wenn ich den schönen Übertopf in meinen Händen halte, den ich bei den vielen Umzügen von Deutschland nach Amerika gerettet habe und auch zu Reginchen möchte ich sagen: »Weißt du noch?« Sie könnte sich sicher darauf besinnen, ich vermisse sie schmerzlich. Niemals mehr kann ich zu ihr sagen: »Weißt du noch?« Jetzt ist es eine traurige Geschichte geworden. Es ist ja nicht zu ändern.

»Der Geburtstagkuchen für Lukas«

Jetzt die Fortsetzung für Lukas' Geburtstagskuchen Lieferung, am 2. Juli 2006 am frühen Morgen.

Ein paar Tage später, an Lukas' Geburtstag, fuhr ich am frühen Morgen wieder zu der Bäckerei, holte Lukas' Geburtstagstorte ab. Der junge Mann wartete schon auf mich, ich hatte ihm ein ganz gutes Trinkgeld versprochen, er stieg in mein Auto ein.

Wir fuhren wieder zu Regines Haus, nach der vorletzten Straße nach rechts stieg ich aus und wartete, setzte mich auf einen Bordstein. Der junge Mann fuhr los, es war noch keine 7.30 Uhr, unruhig saß ich auf dem Stein, meine Instruktionen waren: halten vor dem Haus, die Treppe mit der Torte heraufgehen, vor der Haustür den Kuchen abstellen, sofort umdrehen, weggehen, so schnell wie möglich und in das Auto steigen, mit niemandem reden.

Es dauerte nicht lange, der junge Mann kam zurück. Ich fuhr mein Auto, ab ging die Post zum Bäckerladen, es war vollbracht. Niemand hatte ihn gesehen, es war noch zu früh am Morgen, keiner kam, ging hinein oder heraus aus dem Haus. Diese ganze Aktion lief ab, wie in einem Krimi, jeder Schritt musste überlegt sein. Nur das Gelingen war wichtig. Mein kleiner Lukas hatte jetzt auch seine Geburtstagtorte, wie lange sie da stand, vor der Tür, in der Morgensonne, keiner weiß es, auch wenn sie nicht mehr genießbar war, mein kleiner Darling wusste, Lollo hat an ihn gedacht.

Wie gerne hätte ich ihn lieb gehabt, ein Geburtstagsgeschenk gekauft, für ihn, was er sich wünschte, so wie all die Jahre vorher. Ich kann nicht glauben, dass Menschen so etwas anderen Menschen antun und das war die allernächste Familie, kann man das begreifen? Auf jeden Fall haben wir etwas bewegt, uns von nichts abhalten lassen und etwas hinterlassen, an das die Buben immer denken werden und das, was wir noch erleben in den kommenden Jahren, wird in den nächsten Geschichten aufgeschrieben. Versprochen.

67. Geschichte: 16. Juli 2012 (91. Montag)

Montagsgeschichte: »Besuch beim Doktor«

»Die fliegenden Geburtstagskärtchen«

Ein neuer Montag, ein Schreibtag wie jeder Montag, es ist, als wäre es nie anders gewesen, der Montag und diese Montagsgeschichten aufzuschreiben. Draußen ist es sehr warm, ich lasse die Sprinkler lange laufen, die Wasserrechnung klettert.

Am Montag war ich beim Arzt, der Bluttest war fällig, wie jedes Jahr, sonst gibt der Apotheker keine Pillen, Medizin. Überhaupt erhält man hier nur die Medikamente für dreißig Tage, abgezählt in einem Plastikröhrchen. Man könnte ja sterben, dann läge die Medizin zu Hause und keiner braucht sie, ein ausgeklügeltes System hier.

Der Doktor sagte: »Du bist wie ein Mercedes, nur schon etwas in die Jahre gekommen, Baujahr 1979?« Ich kenne ihn schon mehr als zwanzig Jahre, er hat einen deutschen Namen. Müsste mal öfter hingehen, er ist sehr nett, bedauert auch mein Unglück mit meiner Familie.

Viel Zeit ist bei so einer Visite nicht, letztens sagte ich: »Herr Doktor, jetzt gehen wir heraus, ich komme wieder durch diese Tür und Sie auch, wie immer ein paar Minuten später, dann haben wir Zeit, noch ein paar Dinge zu besprechen, dieses Intermezzo ist viel zu kurz.«

Er lachte, es war ein Scherz. Ich gehe am Freitagmorgen für den Bluttest, dann mache ich einen neuen Termin für den nächsten Montag früh.

Letzten Freitag regnete es, man glaubt es kaum, ich war am Spätnachmittag am Berg und wässerte die Pflanzen, Bäume usw., plötzlich spürte ich dicke Tropfen auf meiner Haut, aber nicht viele, obwohl es den ganzen Tag bedeckt war, ich glaube an keinen Regen im Juli. Wir hatten seit April keinen Niederschlag. Ein paar Stunden später kam es in Strömen herunter, auch die ganze Nacht, es hörte erst am Morgen auf. Am Samstag pflanzten wir neue gekaufte grüne Pflanzen, der Boden war noch trocken. Es müsste mal zwei Tage voll regnen. Ich warte bis November.

Es ist ein Ereignis hier, wenn es regnet, man sagt hier, die amerikanischen Ladies bekommen Depressionen. Ja, das ist Kalifornien, alle und alles ist hier verrückt. Immer bin ich in Gedanken bei meinen Enkeln, bei Josh, der für die Sekte arbeitet für fast gar kein Geld, der arme Junge. Regine hat ihm das hinterlassen, auch sie war eine fanatische, verirrte Seele, meine schöne, gescheite Tochter mit einem Master Degree in Business Administration!

Und Lukas, was treibt er? Wo hält er sich auf? Jetzt ist Ferienzeit. Bis zum nächsten Montag.

»Die fliegenden Geburtstagskärtchen«

Etwas habe ich noch vergessen, das muss unbedingt aufgeschrieben werden. Jörg hatte kleine Visitenkarten drucken lassen.

Happy Birthday
Lukas
We love you
Papa & Lollo

Es war eine kleine Kiste voll, etwa eintausend Stück oder mehr, das weiß ich heute nicht mehr so genau. Am Morgen von Lukas' Geburtstag fuhren wir wieder zu Regines Haus, nach der Kuchenlieferung für Lukas am frühen Morgen. Ein paar Meter vom Haus entfernt hielt ich an, Jörg stieg aus, nahm die kleinen Kärtchen und warf im hohen Bogen päckchenweise die Karten auf die Böschung, die Garageneinfahrt, vor der Garageneinfahrt auf den Beton, halb auf den Bürgersteig, immer wieder, bis das Kästchen mehr als halb leer war.

Überall hat der Wind sie verstreut, in der grünen Böschung sah man die kleinen weißen Kärtchen, wie Blütenblätter. Es sah schön aus und ich hätte gerne ein Foto gemacht, aber ich sehe es auch heute noch vor mir und werde es niemals vergessen.

Dann fuhren wir um die Ecke, rechts die Straße herauf, nur ein kleines Stück, so hatten wir die Hauseinfahrt im Auge, dann warteten wir, denn was geschehen würde, wollten wir unbedingt sehen.

Nach einer Weile kam Josh aus dem Haus, wir sahen ihn, wie er die Kärtchen aufsammelte, mühselig Stück für Stück. Ich sah sein Gesicht, das nicht fröhlich aussah, die Karten waren so gut verstreut, er musste sich sehr anstrengen, in die grüne Laubböschung klettern, ob er sie alle aufsammelte? Wie saßen im Auto und sahen ihm zu, etwas entfernt.

Er bemerkte uns nicht. So gerne hätte ich ihn gedrückt, mit Ihm gesprochen, ja, warum eigentlich nicht? Warum bin ich nicht zu ihm gegangen, habe mit Ihm geredet? Heute würde ich es anders machen. Wir sind nach einer Weile des Zuschauens fortgefahren, so traurig. Nach ein paar Tagen sind wir wieder hingefahren, haben die restlichen Kärtchen in hohem Bogen beim langsamen Vorbeifahren wieder hingeworfen. Der Karton war jetzt leer, bis auf ein paar, die wir behalten wollten.

Das waren die Geburtstage unserer Enkel Josh und Lukas, im Sommer 2006, die sie nicht vergessen werden.

68. Geschichte: 23. Juli 2012 (92. Montag)

Sonntagsgeschichte: »Die Schildkröte«

»Regines Umzug in ein gekauftes Haus«

Ein schöner warmer Montag, die Tage vergehen wie im Flug, schon wieder Sonntag, komme mit dem Schreiben nicht nach, es ist viel zu tun. Das Wässern am Berg nimmt viel Zeit, jeden Samstag kommen neue Pflanzen hinzu, die unbedingt am Morgen und am Abend begossen werden müssen. Ach, käme doch ein schöner kräftiger Regenguss von diesem immer blauen Himmel!

Heute habe ich ein paar Äpfel gepflückt, werde sie zu Apfelsoße, wie man hier sagt, kochen. Arbeite seit einer Woche an dem nicht endenden Unkraut im Erdbeerbeet. Das braucht so viel Zeit. Wie immer in den letzten Wochen ist es sehr warm am Tag. Am letzten Mittwoch ist Jörg mit Peter nach Las Vegas gefahren, nur für eine Übernachtung.

Die Hitze dort können wir uns nicht vorstellen, die Leute dort leben nur mit Klimaanlage im Sommer, Tag und Nacht und Heizung im Winter, eine Stromverschwendung ohnegleichen. Jörg hat etwas Spielgeld für mich gesetzt und prompt $100 gewonnen, habe das Geld gleich auf Lukas' Konto eingezahlt.

Peter war da, hat für unsere Geräteecke am Berg, gleich unter dem Gartenhauschen und mit großer Einrahmung für unseren Pflanzendünger eine Betonplatte gegossen. Einmal mit Stufe, denn es geht ja den Berg hinunter, gleich nebenan, oberhalb von Lukas' Aprikosenbäumchen eine lange schmale Trasse, auch gegossen aus Beton für unsere Leitern, die wir am und im Haus benötigen. Jetzt liegen sie nicht mehr im Schmutz und können sofort gebraucht werden. Allmählich komme ich ein Stück weiter mit all den Bauvorhaben am Berg. Ich habe wieder das Material mit meinem schönen ML 350 herangeschafft.

Mittags habe ich eine extra large Pizza bestellt, für alle einen Becher eisgekühlte Limonade, Sprite, so habe ich nicht kochen müssen. Weil es so einfach war, wird das Pizzaessen beim nächsten Peterbesuch wiederholt.

An einem Morgen vorige Woche, ich traute meinen Augen nicht, sah ich eine Schildkröte in meinem gemauerten Kasten für unseren extra Pflanzendünger. Ganz zufällig fiel mein Blick in diese Richtung, die Sonne schien heiß, ich war erschrocken. Wie konnte es möglich sein, dass dieses Tier in den ummauerten Kasten hinein gekommen ist. Schnell holte ich ein paar Bretter zum Abdecken vor der Sonne. Das arme Tier musste unbedingt einen schattigen Platz haben. Ich stellte auch ein kleines Plastikschälchen mit Wasser hinein. So, dachte ich, ist das Tier gut versorgt, erst einmal.

Dann rief ich Jörg an, der kontaktierte unsere Nellie Gail Ranch Association, die wieder setzten unsere Adresse ins Internet. Vielleicht vermisst ja jemand die Schildkröte, danach wendete ich mich meiner Arbeit zu. Gegen Mittag sah ich nochmal nach, wie es meinem neuen Hausgast so geht. Ich konnte sie nirgendwo entdecken, ich vermute, sie war unter die Treppe gekrabbelt.

Ich rief meine Nachbarin an, mit der ich eigentlich weniger Kontakt habe. Sie kam sofort und wir beide sahen unter die Mauertreppe und konnten nichts entdecken. Ich konnte mir nicht vorstellen, dass das Tier über zwei Blocksteine hoch gekrabbelt war. Wir konnten nichts tun und so ließen wir ab von dem Vorhaben, der kleinen Kröte noch mehr Aufmerksamkeit zu schenken. Nachmittags kam Jörg, dasselbe Ergebnis, die Schildkröte blieb verborgen. Zwei Tage später, am Samstag kam Mario.

Wir arbeiteten im Garten, plötzlich kamen wir in die Nähe der Stelle, wo ich die Schildkröte gesehen hatte und nicht wieder fand. Ich sagte Mario, schaue unter die Treppe, ob du da was entdeckst, er kletterte in den Sandkasten, sah gründlich unter die Treppe und siehe da, er holte unser vermisstes Haustier hervor.

Na, endlich! Sie ist da! Ich war glücklich, das verlorene Tier wieder zu sehen, lebendig. Mario sagte zu Jörg, sie braucht Nahrung. Jörg ging ins Haus, hackte eine Tomate in kleine Stückchen. Wir stellten es mit neuem Wasser wieder unter das Holzbretter-Dach. Dann versperrte Mario mit einem keinen Holzstück den Eingang unter die Treppe. Einige Zeit später, nicht allzu lange, wollte ich sehen, ob die Tomatenstückchen gegessen sind.

Und wirklich, nach drei Tagen im Treppenverlies hatte sie alles verspeist, so ein Glück, das Tier war ausgehungert. Jörg rief die Animal Control an. Wir hatten von der E-Mail der Association nichts gehört und wollten nicht länger für das Tier Verantwortung übernehmen. Am selben Tag nachmittags kam ein junger Mann und holte unser neu zugelaufenes Haustier wieder ab. Der Spuk war vorüber.

Noch einmal ist kurz zu erwähnen, eine Entenmama hat unseren Pool wieder aufgesucht, ich sah sie vor ein paar Wochen. Es waren aber nur vier kleinen Entenbabys, ich sah sie alle in den Pool hopsen und schwimmen, nach ein paar Minuten sprang die Entenmama wieder aus dem Wasser, aber – oh Schreck! Die Kleinen schafften es nicht, zu ihrer Mama zu hopsen. Der Poolrand war zu hoch, unerreichbar, sie versuchten es ein paarmal, die Mama plapperte los, als gebe sie Anweisung: »Jetzt kommt mal wieder aus dem Wasser!« Es half nichts.

Die Kleinen waren zu winzig, sicher erst ein paar Tage alt. Ich beobachtete alles aus der Ferne, endlich watschelte die Entenmutter am Pool entlang und sprang ins Wasser. Jetzt folgten die Kleinen ihr, nach einigen Minuten fanden sie die kleine blaue Mauer am Whirlpool und siehe da, die kleinen Entlein konnten diese Mauer springend erreichen, waren im Trockenen, dann war auch dieser Spuk vorüber. Danach habe ich keine Ente mit Babys mehr gesehen.
Bis zum nächsten Montag!

»Regines Umzug in ein gekauftes Haus«

Der Sommer war vorüber, auch die Geburtstage der Kinder, Josh und Lukas, der Alltag war da. Jeder Monat verging so schnell, Jörg fuhr immer mal an Regines Haus vorbei, um zu sehen, ob sie noch da wohnte, mit dem Büro im Wohnzimmer, so viele Fremde im Haus.

Nach ihren Reden und der Sekte müsste es ihr ja so gut gehen, bei ihrer Tüchtigkeit, das war auch so, wie sonst hätte sie so lange in Florida bleiben und diese horrenden Summen bezahlen können? Die langen Monate, die sie nicht im Geschäft war, haben gezeigt, dass die Geldeinnahme unterbrochen war. Eines Tages hat Jörg, als er bei ihrem Haus ankam, gesehen, dass ein Umzugswagen vor der Garage stand.

Er war alarmiert, jetzt parkte er in einer anderen Straße mit Sicht zu dem Vorgehen in dem Haus. Er konnte jetzt nicht mehr fortfahren, stand da für einige Stunden, bis jemand auf sein Auto aufmerksam wurde. Sofort fuhr er davon, kam aber sogleich zurück zu seinem vorigen Platz, nur etwas höher die Straße herauf.

Jörg erzählte, so ungefähr nach einer Stunde ging der ganze Tross los. Erst fuhr ein Pkw, dann ein Umzugswagen, der nächste hinterher, dann noch ein PKW. Jörg setzte sich in Bewegung und reihte sich nach dem ersten Umzugswagen ein. Jetzt war er zwischen den Fahrzeugen. Er musste dabei bleiben, um die Adresse zu erfahren.

Nach einer kleinen Weile hielt der Umzugswagen an. Regine sprang heraus und ging zu Papa und sagte, man glaubt es kaum: »Ich möchte, dass du weiter fährst, wenn nicht, rufe ich die Polizei.«

»Ich bleibe und möchte sehen, wo du hinfährst und deine neue Adresse haben. Im Fall, deiner Mutter stößt etwas zu, dass ich dich benachrichtigen kann.«

Sie sagte nichts darauf. Der Tross fuhr weiter. Es dauerte mindestens eine weitere halbe Stunde, bis das Ziel erreicht war. Die Adresse war Modjeska Canyon, ganz in den Bergen, über eine holprige, zuletzt einspurige Straße zu einem kleinen einstöckigen Haus; alt das Haus, einsam die Gegend. Wie sollten die Buben hier ihre Freunde sehen?

Eine unmögliche Gegend, die Häuser rechts und links, manche schön und neu, groß und klein, dann dazwischen alte Schrottwagen, Geräte, verkommene Grundstücke. Ich hätte Angst, wenn die Sonne untergeht, die Nacht käme. Auf was hatte sich Regine da eingelassen? Es war jetzt das Jahr 2006 im Herbst, der 12. November.

Wir hatten seit etwa drei Jahren keinen Kontakt. Jörg kam nach Hause, er erzählte diese ganze Geschichte. Ich wusste nichts und war doch traurig, aber wir hatten die Adresse, das war das Wichtigste. So ein Glück, dass Jörg heute an diesem Samstag bei unserer Tochter vorbeigefahren war, er hatte so eine Ahnung oder war es eine innere Eingebung?

Sogleich haben wir jemanden von unseren Freunden angerufen. Die uns dann noch am gleichen Tag eine genaue Beschreibung sendeten, jetzt wussten wir, wie groß das alte Haus war und, was wichtig war, den Preis des Hauses: $ 729.000. Und die Käufer waren die Schwiegereltern.

Wir konnten nicht glauben, was schwarz auf weiß da

stand. Die Höhe des Kaufpreises verschlug uns den Atem, wie konnte in so einer alten Gegend, so ein kleines Haus mit nur zwei Bädern und Gästetoilette so viel Geld kosten? Am nächsten Tag gegen Abend, es war ein Sonntag, fuhr ich mit Jörg dahin, um das neue Heim unseres lieben Kindes mit den Enkeln zu besichtigen. Wir machten das in aller Heimlichkeit, stiegen nicht vor dem Haus aus, wurden nicht gesehen. Ich hatte noch Kontakt mit Karla, die ich sogleich anrief und die Neuigkeit berichtete. Als sie hörte, die Eltern haben den Kaufvertrag unterschrieben und die Anzahlung, eine schöne Summe hinterlegt, praktisch haben sie das Haus für Regine und den Sohn gekauft. Das wusste auch die andere Schwester, aber dass die Eltern dahinter standen, war für die Geschwister unbegreiflich. Sie waren entsetzt, sagten, Regine erzähle, sie habe seit ein paar Wochen ein Haus gekauft. Ich konnte es mir denken, Regine hätte nie so eine Summe aufbringen können, alles Geld wurde für die Kurse des Sektenvereins ausgegeben und mehr, als sie hatte.

Wo waren wir nur hingekommen, wir drei, Papa, Regine und ich, so etwas hätten wir uns in unseren kühnsten Träumen niemals denken können. Die Geschwister waren alarmiert, fuhren so schnell sie konnten, das neue Haus, das die Eltern für Regine und den Sohn gekauft hatten, zu besichtigen. Wir hatten die Adresse.

Wir fuhren zu der Adresse, auch am Tag, wenn keiner da war. Ich konnte nicht umhin auszusteigen und in die Fenster zu schauen, wie meine schöne, liebe Tochter lebte. Auch einmal ging ich ans Gartentor, habe es geöffnet und ging hinein. Ein liebloser Ort, der hintere Garten, die Gartenmöbel, die wir einmal gekauft hatten, standen einsam herum, keine blühende Blume, keine Töpfe, die alles schön aussehen hätten lassen, standen herum, nirgendwo. Das Laub von den riesigen Bäumen überall, es sah alles unbewohnt aus, wo doch Regine ein schönes Zuhause gewohnt war. Sie hatte einfach keine Zeit, war sie doch die Ernährerin alleine.

Alles, was ich hier aufschreibe, ist die volle Wahrheit und nichts, als die Wahrheit. Die Wochen gingen dahin. Wir näherten uns dem Weihnachtsfest, ich konnte nicht daran denken. Sollte es wieder ein Fest ohne meine Lieben sein? Geht das jetzt weiter, Jahr für Jahr? Damals wusste ich es noch nicht. Hätte man mir alles, was kam, vorausgesagt, ich hätte es niemals geglaubt, auch heute, nach zehn Jahren, bin ich fassungslos. Anders kann ich meinen Zustand nicht beschreiben oder gibt es ein anderes Wort? Am Heiligen Abend, bei Dunkelheit, so gegen 6.00 Uhr sind wir zu Regine gefahren, wir parkten etwas zurückgesetzt vom Haus, wir konnten ins Wohnzimmer hineinsehen, sahen den beleuchteten Weihnachtsbaum, sonst niemanden. Auf einmal zog jemand von innen die Gardine zu. Die Lichter schimmerten durch den weißen Stoff. In diesem Moment habe ich mich da, wo ich stand, auf die Erde gesetzt, ich weinte bitterlich, warum geschieht so etwas? Ist das Tun unserer Tochter noch mit klarem Verstand zu erklären? Denkt sie nicht an so einem Heiligen Abend an ihre Eltern, ihre Kindheit, an alle schönen Weihnachtsfeste in unserem Haus oder später auch bei ihr und den

Kindern, die Buben, hatten sie nichts zu sagen? Ich muss alles aufschreiben.

Es muss gesagt werden, kann man mir das alles erklären? Wie konnte unsere Tochter so herzlos sein, wir fuhren davon. Später sind wir nicht mehr oft zu ihr gefahren, es war zu schmerzlich. Ich wartete Tag für Tag, dass sich etwas ändert und unsere Tochter uns wieder lieb hatte.

69. Geschichte: 30. Juli 2012 (93. Montag)

Montagsgeschichte: »Fliegen mit Jörg«

»Das Jahr 2007«

Heute der letzte Montag im Juli, dann kommt der August, schon der achte Monat in diesem Jahr. Wieder heiße Tage, bin so beschäftigt mit wässern, kochen, putzen, das große Haus, viel zu wenig, meistens nur Donnerstag, letzte Woche auch am Mittwoch, dann sehe ich Aktenzeichen XY, beim Saubermachen in meinem Wohnzimmer, das Frühstückszimmer usw., eine nicht endende Prozedur, aber es macht Spaß, es ist ein gutes Exercise für die Gelenke.

Wir hätte das einmal gedacht, dass ich dieses Haus, das fast fünfhundert Quadratmeter groß ist, selber in Ordnung halte, die Wäsche wasche, am Dienstag meinen Einkaufstag mit einem Spickzettel, Banküberweisungen usw., abends beim Fernsehen mit einer Platte auf meinen Knien die Buchführung erledige.

Online-Banking und in meiner spärlichen Zeit, außer montags schreibe und das voller Begeisterung alles Vergangene aufzuschreiben, meine eigene Therapie. Wenn ich hier am Schreibtisch sitze, sehe ich neben meinem Computer auf der Tastatur die Bilder von Regine eingesteckt, Josh, der lachende große Junge sieht mich an, meine Mutter, Lukas, damals auf dem Board im Geschäft voller Freude herumsausen, ein Bild ist so besonders schön. Regine hält ihr erstgeborenes Baby Josh auf dem Bauch, dann die Umarmung ihrer Kinder auf Catalina und die alten Bilder meiner ganz jungen Mutter, sitzend, ihre schon vier kleinen Kinder stehend neben ihr. Es ist, als wenn die Welt, die Zeit stehengeblieben ist. Einmalig, wie doch die Fotografie eine wunderbare Erfindung war. Alles und Jedes im Bild festzuhalten und in Erinnerungen zu verweilen. Letzte Woche sagte jemand: »Erinnerungen sind wie ein Paradies, aus dem dich keiner vertreiben kann.« Ich finde, das ist das Schönste, was ich je gehört habe, ja, die Erinnerungen, wenn ich die nicht hätte, die mein Leben ausfüllen und beschäftigen und auch mir das Schreiben ermöglichen. Es sind alles meine gelebten Erinnerungen, und da ist noch so viel zu erzählen.

Dabei denke ich an eine kleine Begebenheit, die schon so viele Jahre her ist. Ich war in der Kindergartenschule bei Lukas, ein kleiner Freund sagte zu mir: »Lollo, kannst du das?«

Lukas hörte es und widersprach ihm. Er sagte zu dem Bub: »Das ist Eleonore für dich und nicht Lollo.« Er sagte wortgetreu: »For you Eleonore, not Lollo.« Ich war erstaunt, so ein kleiner Junge.

Lukas war damals gerade fünf Jahre alt und sprach schon so weise. Er wollte nicht, dass jemand mich Lollo nennt. Dieser Kosename war nur wenigen vorbehalten, fremden Kinder durften ihn nicht benutzen, das noch zu Erinnerungen.

Letzte Woche habe ich Karla angerufen, ich hatte nichts von ihr gehört seit Monaten. Sie erzählte, sie war bei ihrer Schwester in De Moines, hat ihre drei Nichten, die schon alle wunderbare Teenager sind, wieder gesehen. Ich kann mich noch an die Zeit in unserem Haus erinnern, und unser letztes Osterfest 2003. Karla sagte: »Lukas ist so groß. Er ist so groß wie Jörg.« In der Garage an der Rückwand sind alle abgemessen, Papa, ich, die Kinder, als sie noch klein waren. Ach, könnte ich ihn doch sehen.

Er ist hier ganz in der Nähe, dreißig Minuten mit dem Auto von meinem Haus. Dieser Mensch hat mir die Enkel genommen. Es gibt nichts, was ich im Moment tun kann, wann sehe ich sie wieder? Wie lange kann ich es noch aushalten? Wir wollen uns nächste Woche verabreden, Karla, Jörg und ich. Ein Gespräch von Angesicht zu Angesicht ist doch so viel aufschlussreicher, in einem schönen Restaurant, wir werden sehen.

Am letzten Samstag hat Mario gleich morgens, außerhalb unseres Zaunes, beim Nachbarn oberhalb, alles Unkraut entfernt. Es dauerte nicht lange, ich konnte diese Arbeit von meiner Liste streichen. Ich bin am Morgen gleich draußen, um 7.00 Uhr, wenn Mario kommt, meistens weiß er nicht mehr, was ich sagte am letzten Samstag, wo wir beginnen im Garten. Zur linken Seite zum Nachbarn brauchen wir unsere Kettensäge. Da muss gründlich abgeschnitten werden, das ist am kommenden Samstag fällig. Wir haben das Netz vom Pflaumenbaum entfernt, die letzten Früchte geerntet. Etwas hat das Netz geholfen. Im nächsten Jahr werde ich den Baum früh präparieren, für mehr Früchte. Mindestens dreißig neue Pflanzen sind gesetzt. Wir sind wieder in unsere neue Geräteecke eingezogen, ich bin so froh. Alles sieht sauber aus. Die Kästen für das Sprinklermaterial, die großen Container für Düngemittel, unsere Schaufeln, Harken usw. haben jetzt einen ordentlichen Platz, nichts liegt mehr im Dreck herum. Jetzt kann ich auch ein Häkchen auf meinem Spickzettel machen.

Noch etwas zur Erinnerung. Zur der Zeit, als wir noch in Remscheid lebten, war es Jörgs größter Wunsch, einen Flugschein zu machen, er wollte fliegen, kurz gesagt.

Danach musste ein Sportflugzeug gekauft werden. Die Maschine parkte in Köln-Porz am Flugplatz, von da aus flog Jörg, wohin er wollte. Noch erwähnen möchte ich, dass von nun an auch der Wagenwäscher der Firma oft in Köln war, um für die Reinigung der Flugmaschine zu sorgen.

Eines Tages, es war Sonntagmorgen, fragte mich Jörg beim Frühstück, ob ich heute mit ihm einen kleinen Rundflug machen möchte. Jörg wusste, dass ich zu ängstlich war, in ein Flugzeug zu steigen, geschweige denn in so einen kleinen »Hopser«, wie ich mal sagen möchte. Ich erinnere mich, als meine Schwester und Schwager nach Irland übersiedelten, ich sie nicht besuchte, weil ich nicht fliegen wollte, einfacher gesagt, wenn ich daran dachte, in so einem kleinem Flugzeug zu sitzen, aus dem Fenster in die Tiefe zu schauen, bekomme ich feuchte Hände, die feuchten Hände hatte ich schon vorher. Es war Flugangst in höchstem Maß. Immer hatte ich gesagt, bitte verschone mich, lade mich nicht ein, es wird nichts. An diesem Sonntagmorgen sagte ich ja, unglaublich.

Jörg hatte mich überredet. Alfa und Annabell kommen mit, endlich war es soweit. Wir saßen im Auto, fuhren die kurze Strecke zum kleinen Flugplatz nach Wipperfürth. Da stand Jörgs Traum.

Ich kann heute nur sagen, wie ich es fertig brachte, die Hunde hinein zu bugsieren und selbst in die Maschine zu steigen, mich auf den Copiloten-Sitz zu setzen, anzuschnallen, ist mir heute noch ein Rätsel. Ich denke, ich nahm all meinen Mut zusammen, endlich war es geschafft.

Annabell legte sich auf den Boden, die Schnauze nach unten, tat so, als ginge sie das gar nichts an. Nicht mein Alfa-Mäuschen, sie stand neben mir, wollte sich nicht legen, ihr Kopf lag auf meinem Schoß, sie zitterte. Ich streichelte ihren Kopf, redete ruhig auf sie ein, mein armes Liebchen, es half nichts.

Jörg machte sich flugfertig. Alle Anweisungen von dem kleinen Tower, wir rollten auf der kleinen Landebahn, es war eine Wiese, es ging los, es wurde ernst. Es dauerte nicht lange, wir hoben ab in die Lüfte, flogen Richtung Münster, das war das Ziel. Die Hunde waren ganz still, was haben sie schon alles mit uns unternommen, wie Kinder, die überall dabei waren.

Ich hatte mich etwas beruhigt, Jörg zeigte mir die Instrumente, erzählte, was zu tun ist beim Fliegen. Es dauerte ungefähr eine Stunde bis Münster. Bald bat Jörg um Landeerlaubnis, endlich war es geschafft, an die Heimreise wollte ich jetzt nicht denken. Erst einmal waren wir hier. Die Liebchen sprangen als erstes hinaus. Wir gingen zum Flugplatzrestaurant. Das Wetter war sehr schön. Die Sonne schien nicht zu heiß, ein klarer Himmel überall.

Ich denke, wir trafen dort einen Kollegen von Jörg aus der Polizeizeit, mit dem Jörg telefonisch verabredet war.

Wir hatten eine ausgiebige Rast, so etwa zwei Stunden, dann flogen wir wieder nach Hause. Erst rollen, aufsteigen, dann Richtung Heimat, das war Remscheid. Beim Zurückfliegen ließ Jörg mich das Flugzeug lenken, ich sah auf die vielen Instrumente. Es war unglaublich, wie uns diese kleine Privatmaschine durch die Lüfte tragen konnte, in dieser Höhe, wenn man hinunter sah, alles so klein erschien.

Nach einer guten Stunde sah ich die Landebahn, ein ganz kleiner Strich von oben, die nur für Sportflugzeuge erlaubt war. Wir landeten, endlich, ich konnte aussteigen, die Hunde sprangen heraus. Alfa bellte ganz laut und anhaltend, als wollte sie sagen: »Das machst du nie wieder mit mir, da gehe ich nicht mit.« Ich beruhigte sie und Annabell war schon eifersüchtig. Sie streichelte ich auch, alles war gut. Jörg hatte es geschafft, mich zu überreden, in dieses kleine Flugzeug zu steigen und mit ihm zu fliegen, es war das einzige Mal, ich habe danach nie mehr in einem kleinen Flugzeug gesessen.

Ich kann mich erinnern, das erste Mal mit der Lufthansa über den großen Teich, meine Handflächen waren feuchtnass während des ganzen Fluges, immerhin elf Stunden. Als ich wieder in Frankfurt landete, sagte ich zu meiner Mutter: »Das war ja ganz schön in Amerikan, aber da fliege ich nie wieder hin.« Und das glaubte ich auch.

Zu meiner Schwester bin ich das erste Mal geflogen, als Madita gerade laufen konnte, es war zu Ostern. Ich erinnere mich jetzt beim Schreiben an meinen Englischlehrer, Mr. Guest, ein Engländer, ein sehr großer, netter Mann, ein richtiger englischer Gentleman, der so authentisch erzählen konnte.

Zum Beispiel in England bringen die Ehemänner ihren Frauen morgens ein Frühstückstablett ans Bett, so etwas hatte ich noch nie gehört, kannte auch niemanden, dem so etwas widerfahren war, unglaublich. Frühstück ans Bett? Dieser wunderbare, weitgereiste Mr. Guest hat mir auch etwas die Flugangst genommen, er sagte: »Denke immer an den Kapitän und die Flugbegleitung, deren erstes Interesse ist es, die Maschine sicher zu landen. Sie denken zuerst an ihr Leben, dann an die Fluggäste, die in dem Flugzeug sitzen.«

Meine englischen Stunden fanden in der Firma in meinem Büro statt. Da ich da immer zu erreichen war, wurden wir so oft von den Mitarbeitern, Kunden unterbrochen und sind dann in unser Privathaus ausgewichen, das auf dem unteren Grundstück lag.

Bei schönem Wetter im Garten, setzten da unsere Unterrichtsstunden fort. Es waren schöne Stunden mit Mr. Guest, ich erinnere mich so gerne und sehe uns im Garten sitzen. Ich habe gut Englisch gelernt und auch die ganz schreckliche Flugangst verloren. Bei jedem Flug sagte er vorher: »Ms. Hepprich, immer an den Kapitän denken«, das hat mir so viel Mut gemacht.

Danach wurde es besser mit meiner Angst zu fliegen. Unzählige Male bin ich bis heute über den großen Teich geflogen, natürlich mit Lufthansa, die beste Airline der Welt, denke ich, und mit Alfa und Annabell. Noch zu bemerken ist, Jörg ist ein guter Pilot geworden, hat auch die Pilotenprüfung hier in Kalifornien bestanden und auch später den Berufspiloten und den Fluglehrerschein erworben. Bis heute hat er mehr als eintausend Flugstunden. Jörgs Traum-Flugzeug war eine 4-sitzige Rockwell Commander mit Einziehfahrwerk.

»Das Jahr 2007«

Ein neues Jahr, neue Hoffnung, dass unsere Tochter, den Weg zu uns findet. Ich vermisse die Buben, Lukas insbesondere, die schönen Tage, die wir verbrachten, als ich ihn noch umarmen konnte. Meine Pflichten lenkten mich ab, es gab so viel zu tun. Eines Sonntags fuhren wir zu Regines neuem Zuhause, ich hatte die Hoffnung, vielleicht Lukas draußen zu sehen mit spielenden Kindern.

Wir parkten an einem Feuerhaus mit Blick in die Straße und warteten. Wir hatten alle Zeit der Welt an diesem Sonntagmorgen. Etwas aufgeregt war ich doch, was mache ich, wenn ich Lukas sehe, steige ich schnell aus? Nach einer halben Stunde und aufgeregtem Warten sahen wir, wie Lukas die Straße auf uns zukam. Er saß auf dem Fahrrad, das ich vor vier Jahren gekauft hatte, er passte nicht mehr darauf, das sah ich sofort, er war jetzt groß geworden. Schnell fuhr er auf uns zu, ich stieg eilig aus, rief ihm zu: »Lukas, Schatzele!«

Wie ich immer sagte, sonst nichts. Er hielt nicht an, bog links ab, ich konnte ihn nicht mehr sehen. Ich stand da, rief noch ein paarmal seinen Namen. Dann kam er wieder in Sichtweite um die Ecke, er fuhr schneller, als wenn der Teufel hinter ihm her war, bog in seine Straße zum Haus, war nicht mehr zu sehen.

So hatte ich mir das nicht vorgestellt, er wollte nichts mehr mit mir zu tun haben. Nach vier Jahren so eine schmerzliche Erkenntnis. Immer wieder fragte ich mich, was hat man dem Kind erzählt? Dass die Omi Lollo jetzt ein Monster war? Einmal, und das glaube ich ganz fest, kommt der Tag der Wahrheit. Ich stieg wieder ins Auto, erst stand ich stumm da, nach einer Weile des Wartens fuhren wir die einspurige Straße davon in die Zivilisation.

Ich muss noch erwähnen, in dieser Gegend waren im

Sommer Waldbrände an der Tagesordnung, immer wieder hörte man davon. Eine Bekannte sagte, da kann man nicht wohnen, wegen der Brandgefahr und was auch passierte, Regine musste nach so einem Brand für zwei Wochen ausziehen. Ein paar Häuser brannten ab, die wir später sahen, die Gegend war voller Rauch, es stank fürchterlich, es war gesundheitsschädlich und das war zwei Monate nach dem Feuer. Das einzige Gute: ich hatte Lukas gesehen und er mich, ich hatte ihn nicht vergessen und das wusste er jetzt. Die Wochen vergingen, das Osterfest nahte. Heike, Regines Freundin hatte sich angesagt, ein paar Tage bei uns zu sein, mit Regine zu sprechen, sie zu sehen und vielleicht, so dachte ich, unsere Tochter mit uns zu vereinen. Ich hatte den Gedanken, für Lukas ein neues Fahrrad zu kaufen, nachdem ich gesehen hatte, er fuhr mit dem viel zu kleinen Rad, hat man ihm nichts Neues gekauft? Auch ein Osterkörbchen für Lukas und Josh wollte ich herrichten. Heike sollte dann die Überbringerin sein. Das waren meine Pläne.

Vor ein paar Jahren hat Heike Regine besucht, das war noch in dem Haus am Mumford Drive, über diese Geschichte habe ich schon berichtet. Zwei Tage vor Ostern fuhr Heike mit Sohn und ihrem damaligen Lebensgefährten mit Fahrrad und Osterkörbchen zu Regines Haus. Dort angekommen hat sie kurz mit Regine gesprochen. Sie sagte aber, sie solle alles wieder mitnehmen, sie bräuchen nichts und war auch nicht freundlich, hat sie nicht hereingebeten. Heike kam aus Übersee, hatte eine lange Reise hinter sich, nicht wie eine Freundin, die nebenan lebte. Sie fuhr ab zu unserem Haus.

Am nächsten Tag dasselbe, Jörg und ich fuhren mit, in unserem großen Lincoln hatten wir alle Platz und auch das Fahrrad, die Osterkörbchen. Wir parkten an einer stillen Straße, weg vom Haus. Heike hatte kein Glück.

Das Fahrrad und die Ostergeschenke musste sie wieder mitnehmen. Lukas wurde gar nicht gefragt, der arme Junge.

Ich sah sie schon von weitem, das Fahrrad zuerst. Mein schöner Plan, ein neues Fahrrad für Lukas, war gescheitert. auch Heike war enttäuscht, ihre jahrelange Jungendfreundschaft war vorbei. Wir fuhren in ein Restaurant, um uns von dem Geschehenen zu beruhigen. Nichts war zu ändern. Regine möchte keinen Kontakt mit ihren alten Freunden und den Eltern. Wie konnte sie das übers Herz bringen? Wir verstehen es nicht.

Nach zwei Wochen fuhr Heike wieder nach Hause, das Osterfest war lange vorbei. Ich wollte nicht aufgeben, so fuhren Jörg und ich an einem Montagvormittag zu Regines Haus, stellten das Fahrrad, die grünen Osterkörbchen vor das Haus, besprachen uns mit den Nachbarn, was wird geschehen, war die große Frage. Die Tage vergingen, wir hörten nichts.

An einem Vormittag rief uns ein Herr an, den Namen weiß ich nicht mehr, er sagte, er sei von der Heilsarmee, er möchte uns sprechen in seinem Büro. Wir fuhren hin, weit in die Berge. Ich hatte noch nie mit diesen Leuten etwas zu tun gehabt, wusste aber, was sie umtreibt. Im Büro angekommen, sagte uns dieser Herr, bei ihm sei ein Fahrrad abgegeben worden, ein ganz neues und grüne Osterkörbchen, gefüllt mit wundervollen Dingen.

Ich war entsetzt, es verschlug mir die Sprache, ich erzählte die Geschichte, er sagte: »Es tut mir leid,« das Fahrrad hatte er einem jungen Mann gegeben, der es gut gebrauchen konnte und den Rest an andere Leute. Jetzt, wo ich schreibe, weiß ich wieder, Regine hat Heike in Deutschland angerufen, ihr gesagt, das Fahrrad habe er, der Mensch, zu der besagten Stelle gebracht. Sie möchte nichts mehr vor ihre Haustüre gestellt haben. Man muss sich so etwas vorstellen, die Kinder haben für Tage die Osterkörbchen gesehen. Lukas auch das neue Fahrrad, das er nicht haben sollte, anstelle des alten, viel zu kleinen Fahrrades. Was hat er sich gedacht? Hat er geweint, der arme Junge? Ich werde ihn fragen, wenn ich ihn wiedersehe, er war damals elf Jahre alt, das hat er nicht vergessen. Wir saßen in dem Büro, ich weinte, für so eine niederträchtige Angelegenheit, dieser Mensch hat es dahin abgegeben, der Mann sagte es mir. Er schläft jede Nacht unter meinem von Deutschland mitgebrachten Federbett mit den passenden Bezügen, hat er das auch alles da abgegeben? Nicht zu reden von den Haushaltsgegenständen, dem Sofa usw.

Er gönnt den Buben nichts, das haben wir alle so oft erlebt. Jetzt, wo ich schreibe, packt mich ein unbändiger Zorn auf diesen Menschen.

Traurig verließ ich das Büro, habe nie mehr etwas gehört, habe auch nie mehr etwas an meine Enkel gesendet.

Jetzt hatte ich es aufgegeben, alle meine Bemühungen waren umsonst, es war nichts zu machen. Auch mit meiner Liebe habe ich verloren, ich hatte keine Familie mehr.

Das war das Osterfest, jedes Jahr werde ich daran erinnert. Ich habe das Fahrrad nebst Körbchen und Helm fotografiert, das Datum darauf sagt: 07. April 2007.

Ende der Geschichte.

Wir haben vor diesem Osterfest eine Einfahrt mit Platte für ein Gartenhäuschen aus Beton gegossen. Ein großer Lastwagen mit Betonmischmaschine parkte ganz früh am Morgen vor unserem Haus, die Pipeline wurde von da aus durch den Garten gelegt zu dem Abhang, der schon ausgehoben war, mit Stahlgerüst auf dem Boden belegt, eine Vorarbeit, die Peter vollbrachte, jetzt fertig war, den Boden zu gießen und wir alle sahen zu, wie die Männer den Beton glatt strichen, der aus dem Rohr kam. Das war 2007. Die schöne Einfahrt in den Berg, bis unten zu dem Gartenhäuschen ist so praktisch und schön. Wir haben einen großen Gartentisch, Stühle drum herum und alles wird überdacht mit einem riesigen Sonnenschirm in einer roten, dunklen Farbe.

An der großen, mit Hohlblocksteinen gemauerten Stützwand stehen Gartenstühle aufgereiht, für Partys oder wir haben Lunch mit all den Helfern, die manchmal am Samstag da sind. Es ist da, wenn man unter dem Sonnenschirm sitzt, eine Ruhe, ein Platz zum Abschalten, sich besinnen und die weite Aussicht zu genießen über die Berge zu den Nachbargrundstücken, die fast alle nicht bepflanzt sind oder nur mit hohen Palmen, Bäumen, Sträuchern, die Straßen in weiter Ferne, mit den Häusern, nicht zu vergessen, alle Pferdewege, die unterhalb unseres Gartens verlaufen und überall.

Manchmal kommen Reiter oder Spaziergänger mit Hunden vorbei, manche grüßen, manche nicht. Ich bin so froh, dass ich so eine schöne Idee hatte und auch verwirklicht habe, den Berg auszubauen und wie ich sehe, noch viele Jahre daran arbeiten werde. Meine in den nassen Beton eingelegten Hände sagen »LOLLO 2007« zur ewigen Erinnerung. Unter meinen Aufzeichnungen der Kalendertage des Jahres 2007 fand ich noch einige Eintragungen.

Zum Geburtstag von Regine, am 3. Mai, habe ich von einem Blumengeschäft einen üppigen Strauß von der Blumenfrau liefern lassen. Sie fuhr hin, ich saß wieder im Auto, der Ehemann nahm das Buquet entgegen und behielt es. Regine hat es bekommen? Das bleibt ein Rätsel. Dann kam Joshs Geburtstag, Ende Juni, da ist die liebe Frau wieder hingefahren, wir haben ein Bündel bunte Luftballons mit Blumen zusammen gebunden. Dann ein paar Tage später zu Lukas' Geburtstag dasselbe, Blumen und Ballons. Ich wollte nur die Aufmerksamkeit meiner Lieben, dass sie wissen, Mama ist hier und denkt an euch, ob mir das geglückt ist?

Hatte Regine ein schlechtes Gewissen? Ich hoffe es.
Ende der Geschichte.

70. Geschichte: 6. August 2012 (94. Montag)

Montagsgeschichte: »Luise«

»Das Jahr 2008«

Heute erster Montag im August, die Wochen fliegen dahin, ich denke, die Zeit läuft schneller davon, als vor Jahren, als ich jünger war, oder? Liegt es daran, dass ich so viele verschiedene Aufgaben habe?

Es ist so heiß geworden, das Thermometer klettert bis Mittag auf 34 Grad. Erst gegen 6.00 Uhr abends wird es kühler, bis 10.00 Uhr sind die Temperaturen gut zum Schlafen, auch die Brise vom Meer hilft. In Palm Springs sind es über 40 Grad, in der Nacht gehen die Temperaturen nur auf 30 Grad zurück. Um Himmels Willen, da könnte ich nicht leben, dafür sind die Häuser hier an der Küste erklärlich teurer, alles hat seinen Preis, das habe ich schon immer gewusst. Es ist Mittag. Während ich schreibe, wie immer an diesem alten Großvaterschreibtisch, meine vertraute Umgebung, kein Wunsch nach draußen zu gehen.

Das Poolwasser hat 28 Grad, manchmal springe ich hinein, aber viel zu selten. Am liebsten halte ich mich im Haus auf, der Tag vergeht so schnell, bei den vielen Verpflichtungen, in und um das große Haus für jeden Wochentag. Am Samstag hat Mario alles Unkraut, das auf der Nachbarseite zu uns herüber wächst, entfernt. Es ist eine Freude, wenn er richtig loslegt, ihm zuzusehen, es wird noch eine Weile dauern. Wir müssten auf der Nachbarseite an die Wurzeln heran, die tief in dem Boden sind. Jeden Samstag, ungefähr eine Stunde. Es ist schon warm um zehn Uhr. Wir sind vorsichtig mit pflanzen, es ist anstrengend.

Jörg hat unser kleines Office vermietet, zum ersten Mal. Jetzt lege ich das Mietgeld jeden Monat auf Lukas' Konto.

Endlich, noch eine Weile, dann ist die Olympiade zu Ende. Halleluja!

Unser ARD-Mittagsprogramm ist fast ganz ausgefallen. Wir sehen es zu unserer Frühstückszeit um 9.15 Uhr, jeden Morgen. Madita hat angerufen. Sie ist schwanger im siebten Monat, schade, dass ich sie nicht sehen kann. Das bedauere ich sehr, auch die anderen Nichten und ihre Babys, warum bin ich hierhergekommen? So weit weg von der Heimat und der Familie. Heute weiß ich es nicht mehr, ich denke, wir waren zu jung und unerfahren. Seine Heimat verlässt man nicht und auch nicht die Mutter, das weiß ich jetzt.

Der kleine Florian ist zwei Jahre alt geworden, habe am letzten Freitag einige Geschenke für die Kinder gekauft, bei Nordstrom. Wenn ich dahin gehe, erinnert mich alles an meine schöne Zeit mit Lukas, wieviel Spaß wir hatten, eine schöne, auch schmerzliche Erinnerung.

Manchmal sehe ich Janet, die Verkäuferin für so viele Jahre, immer drückt sie mich, ihre Augen fragen: gibt es etwas Neues? Nein, nichts Neues. Ob Lukas sich erinnert, auch an Janet? Ich wünschte, ich könnte mit ihm bald zu Nordstrom gehen und Janet sehen.

Mein jetzt großer Junge, den ich so lieb habe, von der Ferne. Josh und Lukas haben ihre Cousinen aus Idaho von ihrer Facebook Seite gelöscht. Sie haben sich doch immer so gut verstanden, sind praktisch zusammen groß geworden. Die Sekte verbietet, mit Nicht-Mitgliedern Kontakt zu haben, wie im Film »Bis nichts mehr bleibt.« Die armen Buben. Aber ich habe die Hoffnung noch nicht aufgegeben, wer weiß.

Ich kann keine Musik mehr hören. Im Lebensmittelgeschäft jeden Dienstag laufe ich manchmal hinaus, lasse meinen Einkaufswagen stehen. Ich denke an meine Regine, sie ist nicht mehr auf dieser Welt, hat ein kurzes Leben gehabt, wer hätte es ahnen können, niemand konnte so etwas vorhersagen.

Die Sekte hat sie auf dem Gewissen, wie können erwachsene Menschen an so einen Hokuspokus glauben. Ob die ganz an der Spitze daran glauben? Ich denke nicht, es ist ein Geschäft. Sie denken nur an das Geld der Mitglieder und wie die ausgepresst werden können. Das Schlimmste ist, keiner unternimmt etwas dagegen, was muss erst noch geschehen?

Letzte Woche war der Todestag von Luise, der Tochter meines Schwagers. Sie war erst 29 Jahre alt. Die arme Mutter, das einzige Kind, auch keine Enkel. Sie war ja viel zu jung. Die Geschichte geht so: Luise lebte zu der Zeit bei ihrem Vater, nein, sie hatte eine eigene Wohnung. Machte beim Vater eine Ausbildung zur Bankkauffrau, kam aber regelmäßig oft zu ihrem Vater zu Besuch. Später auch mit Freund. Ich habe sie oft gesehen, auch mit ihr viele schöne Gespräche geführt, sie war ein liebes Menschenkind. Eines Tages bei einem Besuch sah der junge Mann, ein angehender Arzt, ein Motorrad mit Beiwagen vor dem Haus parken. Ein Mieter meines Schwagers, der dieses Vehikel zum Verkauf angeboten hatte.

Kurz und gut, dieser junge Mann kaufte das Unglücksfahrzeug, keiner riet eindringlich von einer Fahrt im Beiwagen ab, keiner stellte den jungen Leuten die Gefährlichkeit einer solchen Fahrt dar.

Ich erinnere mich, wenn ich im Fernsehen die Sendung »Polizeiruf 110« sehe, da fährt Wachtmeister Krause auch mit seinem Motorrad mit Beiwagen durch die Sendung. Im Beiwagen sitzt sein Schäferhund, sein treuer Begleiter. Ich finde das ganz lustig, aber im richtigen Leben ist es eine Katastrophe, in so einem Beiwagen zu sitzen. Jeder weiß das, auch sieht man es sehr selten.

Ja, ich muss sagen, wie es das Schicksal will. Luise setzte sich in den Todessitz und verunglückte in einer Kurve, an einem Sonntag. Bei einem Anruf erzählte mir meine

Schwester, Luise ist verunglückt, sie ist im Krankenhaus. Der nächste dann die schreckliche Nachricht, Luise war verstorben.

Oh Gott, dachte ich, wie schrecklich, unfassbar, es kann ja nicht wahr sein. Ich dachte erst an meinen Schwager, sein erstgeborenes Kind. Die Mutter kannte ich ja nicht. Sie lebt in Düsseldorf, weit weg vom Geschehen. Jedes Jahr im August sehe ich in meinem Kalender Marions Todestag. Die arme Mutter hat ihr einziges Kind verloren in so jungen Jahren. Sie wird nie Enkel haben, die sie an ihre Tochter erinnern und sie trösten über den Verlust. Ihr ist nichts geblieben.

Die Grabstätte ist in der Nähe von Mainz beim Vater, die sie ja nicht oft besuchen kann, aber warum hat sie ihr Kind nicht in ihrer Nähe beerdigt? Ich glaube, ich hätte es anders gemacht. Jetzt kann ich die Mutter verstehen, welchen großen Schmerz sie bis ans Ende ihres Lebens hat. Die arme Frau, ich wünschte, ich könnte ihr einmal begegnen und ihr sagen, welch ein liebes Mädchen ihre Tochter war, ob sie das tröstet? Schicksalsschläge, die im Leben kommen, keiner weiß es vorher. Wäre der Mieter nie in das Haus eingezogen, hätte dieser Freund von Luise nie dieses Motorrad gekauft, Luise wäre nie verunglückt und heute noch am Leben, kann man sich das vorstellen? Was geschehen wäre, wenn? Das Mädchen wäre heute noch keine vierzig Jahre alt. Sie hat ein kurzes Leben gehabt und ist immer in meiner Erinnerung.

»Das Jahr 2008«

Das neue Jahr begann mit keinerlei neuen Erlebnissen, alles war wie immer. Wir lebten hier in dem fremden Land, ohne Tochter und Enkel, die nur eine halbe Stunde entfernt wohnten. Jetzt konnten wir nichts mehr beobachten, in den

Canyon zu fahren, zeigte nichts. Die Kinder in der Schule aufzusuchen und dort zu sehen, haben wir erfolglos versucht, dann waren sie wieder in einem anderen Bezirk, als wenn der Verein Pleite machte, es waren andere Gebäude, wir wussten nicht mehr wo. Entmutigt fuhren wir überall herum, sahen die Buben nicht. Unser Leben ging weiter, da war so viel zu tun, es war nicht langweilig. Manchmal dachte ich, wie konnte es sein, dass ich jeden Tag zu Lukas fuhr und die Zeit aufbrachte. Wir sind nach Deutschland gereist, keiner hielt uns auf, da war kein Lukas, der sagte: »Bitte Lollo, fahre nicht.« Ich weiß nicht mehr, was so alles passierte, scheinbar nichts, sonst hätte ich Erinnerungen zum Aufschreiben.

Regine hatte jetzt, da ihr Büro nicht mehr in ihrem Wohnzimmer war, Räume angemietet in Santa Ana. Jörg fand die Adresse und fuhr hin und berichtete. Manchmal fuhr ich mit, erstens um zu sehen, wo und wie viele Räume, dann um zu sehen, ob es eine gute Gegend war. Die war in Ordnung, obwohl um mehrere Straßenblöcke nur mexikanische Menschen auf den Straßen zu sehen waren, die auch da lebten, in ihren Häusern. Gleich in der Nähe waren das Gerichtsgebäude und das Steueramt, wo die Homeless People vor den Gebäuden auf der Erde im Gras auf ihren Lumpen saßen. Eine Schande für Amerika. Ich habe meine Regine nie in dem Büro aufgesucht, heute kann ich nicht glauben, warum nicht? Niemand besuchte uns von Übersee, es war ein langweiliges Jahr.

Damit fing die Einsamkeit an, das war das erste Jahr. Noch vergessen habe ich den Besuch im letzten Jahr 2007 am 13. März. Ich freute mich auf meine Nichte, die ein so liebes Mädchen ist. Wir haben Las Vegas besucht, gespielt natürlich, waren in guten Restaurants, es war schön. Ich erinnere mich heute noch, sie ist wie eine Tochter, so vertraut. Ein Bild steht hier in meinem Zimmer, Sabine auf dem großen ausgelegten Teppich stehend, niemand um sie herum.

In den Tagen hier hat Sabine auch Regine besucht, wir fuhren hin, in das neue Haus, an einem Sonntagvormittag. Jörg und ich saßen im Auto und warteten. Kein Lukas kam um die Ecke mit dem Fahrrad. Etwa nach einer guten halben Stunde sahen wir Sabine aus dem Haus kommen. Ich sah in ihr Gesicht und bemerkte die Tränen in ihren Augen. Sie weinte wirklich, was war passiert? Regine war sehr freundlich, das sagte sie sofort, schließlich waren sie Cousinen, kannten sich ein Leben lang. Die Buben begrüßten sie, die waren fremd für Sabine, sie kannte sie nur von Fotos.

Die Schwiegereltern waren da und gaben ihr nicht die Hand, sehr ungewöhnlich für Amerikaner, so unfreundlich zu sein. Alles herum war sehr einfach, keine Pflanzen und draußen am Gartentisch keine blühenden Gewächse. Es war deprimierend, der ganze Besuch, das erzählte Sabine. Sicher sprach sie deutsch mit Regine, obwohl sie gute Englischkenntnisse hat.

Während wir abfuhren, erzählten, beruhigte sich Sabine. Es war eine ungewöhnliche Situation, wir waren doch die Eltern, die im Auto saßen, nicht mit Sabine die Tochter besuchen durften, wir waren doch eine Familie, so etwas hätte es in Deutschland nicht gegeben, als wenn uns das fremde Land geteilt hat. Hatte Regine kein Erbarmen, ihre Eltern parkten draußen und die fremden Schwiegereltern mit dem fremden Sohn waren jetzt eine Einheit. Man möchte glauben, dass es nicht wahr war.

Wir sind zum Meer gefahren, haben mittags im BBC-Club gespeist. Es war noch ein schöner Sonntag. Immer war ich in Gedanken bei unserer Fahrt zu Regine den ganzen Tag. Sabine hat danach nicht mehr Regine besucht, in der restlichen Zeit, die sie bei uns verlebte. Hat auch die Buben nie mehr wieder gesehen, das ist so schade, wo sie doch die allernächsten Verwandten sind. Ich glaube, sie wissen nichts um ihre Verwandtschaft in Deutschland.

Und während ich das niederschreibe, kommt mir der Gedanke, eine Grafik anzufertigen, einen Stammbaum, auch die Geburtstage und wo sie wohnen, eben alles, was man wissen muss. Vielleicht wollen Josh und Lukas einmal alle kennenlernen. Ich wünschte, Sabine würde mich besuchen, jetzt wo sie eine Mami ist, mit dem Baby, das wäre doch zu schön. Ich hätte dann wieder jemanden, den ich bemuttern könnte. Vielleicht wird mein Wunsch einmal Wirklichkeit. Noch etwas, Jörg hat Josh auf Facebook gesehen, ein Bild von ihm, jetzt fünf Jahre älter und so erwachsen. Ich hätte ihm gerne etwas Liebes gesagt, geschrieben, aber der Junge möchte mich nicht als Freund anerkennen. Ich bin doch seine Lollo.

Dann haben wir eine Protestgruppe vor der Sektenzentrale gesehen, wir sind hingefahren, haben etwas weiter weg geparkt, wir haben uns einen Hut aufgesetzt und eine Brille, damit uns niemand erkennt. Beim Vorbeifahren habe ich etwas aus dem Wagenfenster gerufen, die Gruppe gab mir ein Zeichen, sie hatte verstanden. Das Ganze spielte sich am Samstagmorgen ab für einige Stunden. Bei YouTube habe ich gelesen, an jedem ersten Samstag im Monat, eine stille Protestdemonstration. Eine Gruppe Menschen geht über die Straße an der Kreuzung, sie haben ein Plakat in der Hand, so wollen sie die Aufmerksamkeit der Bürger. Die anhaltenden Autos bei Rot gaben Sympathiebekundungen mit »Tut Tut«, das war bewegend. Das war an allen Sekten-Centren im ganzen Land, ob es etwas genützt hat? Ich glaube schon, die Menschen haben eingesehen, auf was sie sich einlassen und sind ferngeblieben, wie der Film sagt »Bis nichts mehr bleibt«.

Im Sommer sind wir nach Deutschland gereist, haben unsere Verwandten gesehen.

So lange her, im Herbst waren wir in New York, haben wie immer im Waldorf gewohnt. Ich liebe es zu der Zeit, zur

Weihnachtszeit nach New York zu reisen, da ist dann Winter und alles weihnachtlich geschmückt. Das Einkaufen macht so viel Spaß. Bei der Abreise, wir saßen im Flugzeug, musste die Maschine enteist werden, es hatte gerade an diesem Morgen geschneit. Wir waren von der weißen Pracht überrascht. Es dauerte eine ganze Weile. Das Wasser lief an den kleinen Fenstern herunter und es rauschte über das ganze Flugzeug. Ich hatte Angst, danach aufzusteigen. Jörg beruhigte mich, als erfahrener Pilot, aber so richtig half es nicht. Danach sind wir nicht mehr dorthin geflogen, schade eigentlich.

Im Dezember war meine goldene Hochzeit. Ich war fünfzig Jahre verheiratet, mit demselben Mann – unglaublich, ein ganzes Leben. Ich hatte zwei Tische im BBC-Club bestellt, wir saßen draußen. Es war wie jedes Jahr die Bootsparade, die fahrenden, beleuchteten Schiffe, groß und klein, zogen an uns vorbei. Den Blumenschmuck habe ich bei Rodgers Garden anfertigen lassen. Es war eine gemütliche Runde. Immer dachte ich an diesem Abend, gleich steht Reginchen hinter meinem Stuhl und entschuldigt sich wegen der Verspätung und gibt mir einen Kuss auf meine Wange. Es passierte nichts. Es ist so sehr schade, man kann verlorene Zeiten oder Gelegenheiten nicht wieder zurückholen.

71. Geschichte: 13. August 2012 (95. Montag)

Montagsgeschichte: »Umzug nach Kalifornien«

»Das Jahr 2009«

Der 95. Montag, eine schnelle Woche vorbei, die Tage sind immer zu kurz, falle erschossen in mein wunderbares Treka Bett von der Firma Pasche in Wuppertal, die es heute nicht mehr gibt. Frau Pasche hat das Traditionshaus und

Familien-Unternehmen, seit mehreren Generation in Familienbesitz, aufgegeben, das Beste, teuerste Geschäft, um ein Haus oder einen Wohnbereich vollständig und elegant einzurichten. Unsere Einrichtung haben wir dort gekauft, als wir in Remscheid in unser Haus einzogen und auch später von Kalifornien schöne Dinge gekauft und über den großen Teich transportiert, immer wenn ich später nach Deutschland kam.

Auch den Umzug von Deutschland nach Amerika hat Pasche in Auftrag genommen. Ich erinnere mich, unsere Sachen wurden seefest verpackt, die Möbelpacker haben eine Woche gearbeitet. Zuletzt stand nur noch der Fernsehapparat im Wohnzimmer. Die Hochzeit von Sarah Ferguson mit Prinz Andrew habe ich da noch verfolgt, in meinem leeren Wohnzimmer.

Dabei erinnere ich mich, als Jörg und ich geheiratet haben und wir arm wie eine Kirchenmaus waren, sind wir zu Pasche gegangen, um ein Schlafzimmer zu kaufen. Wir wussten sofort, dass wir uns das in diesem Geschäft nicht leisten konnten, so mussten wir wieder gehen.

Dabei hatte Jörgs Großvater mütterlicherseits, Heinrich Nellenschulte, der ein kunstgewerblicher Möbelfabrikant war, vor und während des Krieges dorthin geliefert. Damals kam das aber nicht zur Sprache. Wir haben uns dann irgendwelche Betten gekauft aus einem preiswerten Geschäft, die dann ausgewechselt worden, nachdem Jörg sich selbstständig als Fahrlehrer machte und wir ein besseres Einkommen hatten. Außerdem haben wir das Elternschlafzimmer in der ersten kleinen Wohnung in Remscheid für unsere Tochter eingerichtet. Wir haben das Kinderzimmer genutzt in der nächsten Wohnung nach Ronsdorf.

Bei meinen späteren Reisen nach Wuppertal war mein erster Gang zu Pasche. Ich sah zuerst die großen Schaufenster an, wo gab es so etwas Schönes? Ich konnte mich nicht sattsehen. Es dauerte eine Weile, bis ich an diesen schön dekorierten Auslagen vorbei in das Geschäft ging und von der Empfangsdame, Frau Pasches Schwester, die ich so viele Jahre kannte, so überaus freundlich begrüßt wurde. Es war immer ein schönes Erlebnis. Auch meine Schwester Inge, die von Irland eingereist war, dort traf und wir immer etwas aussuchten. Alles lange her, ein Menschenleben, den Schlafzimmerschrank habe ich heute noch. Die erste gute Anschaffung und am Anfang meiner Ehe, die Seidengardinen hinter den Glasscheiben, hat damals Pasche bezogen, vor allem seefest verpackt. Wundervolle Erinnerungen, wie gerne möchte ich sagen, Reginchen weißt du noch? Meine geliebte Tochter. Beim Schreiben habe ich Tränen in den Augen.

Es ist diese Woche noch so warm, wie vorige. Springe öfter in den Pool, der 28 Grad hat, mir aber trotz heißer Luft immer noch zu kalt ist, es ist aber erfrischend. Letzten Samstag ist endlich der große Pfefferbaum, der ganz nahe am Pool steht, von dem Nachbarsgärtner gelichtet worden. Es ist nicht mehr viel übrig geblieben, aber überall lange hängende Äste, die ein bisschen schmücken. Einen Schatten haben wir nicht mehr, wenn wir uns auf die kleine, weiße Bank setzen, die unter dem Baum steht. Habe mich da gerne ausgeruht, wenn ich den Berg herauf kam, auch mit Jörg öfter gesessen und die Aussicht rechts und links den Berg runter genossen. Jedenfalls ist der Abfall, den der Baum abwarf, nicht mehr da.

Den Pool-Mann, der jeden Dienstag kommt, freut es. Für diesen Samstag hat der gute Mann sich angesagt, den gewaltigen Pfefferbaum links am Berg auf halber Höhe auch zu lichten, mal sehen, ob er kommt. Man kann sich ja hier auf niemanden verlassen.

Die Leute hier sind unzuverlässig, da kann man nehmen, wen man will. Zuverlässigkeit und auch noch pünktlich, kann man hier in diesem Land nicht erwarten, dafür scheint die Sonne jeden Tag, die ist zuverlässig, ist das lustig?

Noch vergessen, nicht eingenommen, deutsche Handwerker, da ist alles anders. Am letzten Sonntag haben wir Doris und ihre Familie besucht, Isabellas Schwester, in einem gemieteten Haus, gleich am Meer. Doris war von Österreich angereist, möchte ihren Urlaub hier verbringen. Ich habe sie mindestens zwei Jahre nicht gesehen. Sie hat sich nicht verändert. Sie ist genauso hübsch, wie in meiner Erinnerung, eine liebe, mitfühlende, junge Frau, mit der ich mich gerne unterhalte. Sie hat ihren Master in Business Administration während der letzten zwei Jahre erworben. Eine junge Mutter, zwei kleine Kinder und den Ehemann nicht zu vergessen. Außerdem erzählt sie, sie habe auch noch eine Tätigkeit ausgeübt. Bei so vielen Verpflichtungen muss man den Tag ganz korrekt einteilen und nicht loslassen, sonst geht es nicht. Ich muss sagen, ich bewundere sie, so ehrgeizig und voller Energie die Schule zu absolvieren, Bemerkenswert! Jetzt hat sie ein Diplom, das kann ihr keiner mehr nehmen. Gerne hätte ich mich länger mit ihr unterhalten, der kurze Sonntagnachmittag hat nicht gereicht.

Ich erinnere mich, als ich so jung war, auch voller Einfälle und Energie, mein Leben, meine Tage, Wochen gelebt habe, nichts konnte mich aufhalten, auch heute nicht, wo ich so viel älter bin. Die Energie steckt in einem Menschen, das kann man nicht lernen, hatte ich schon immer, auch als ganz junger Mensch. Da sage ich mir immer heute, ja, du bist ja auch von Ostpreußen! Am letzten Samstag haben wir nur bis 14.00 Uhr gearbeitet, das war schön, und ich habe keinen Lunch zubereitet. Wir hatten morgens ein kleines Frühstück, das Jörg uns wie jeden Samstagsmorgen auf einem kleinen Tablett servierte. Ein paar Leckerbissen und einen guten Kaffee, von unserem Miele-Kaffeeautomat gekocht, herrlich, auch die kleine Unterbrechung ist erholsam.

Es war so heiß, Mario hat geschwitzt. Ich gab ihm einhundert Dollar für seine drei Buben, für Eiscreme, es ist ja

Ferienzeit. Wo die Familie wohnt, gibt es in der Anlage einen Swimmingpool für die Anwohner, auch eine schöne Einrichtung. Mario freute sich, um zwei Uhr mit der Arbeit aufzuhören, es ist besser als vier Uhr, auch für mich ganz ungewohnt, ein langer Samstagnachmittag. Ob wir das wiederholen? Ich werde ihn fragen. Auch können wir bei über 30 Grad keine allzu schwere Arbeit ausführen, z. B. große Löcher ausheben, um Pflanzen zu setzen. Ich habe mir einen Zettel hingelegt, mit kleineren Aufgaben für diesen Samstag. Wir haben bei der Hitze öfter ein Päuschen eingelegt. Ich habe immer ein weißes, feuchtes Tuch auf dem Kopf, das ist erträglich.

Welche Überraschung erwartet mich die kommende Woche?

Bis zum nächsten Montag!

»Das Jahr 2009«

Ein ruhiger Anfang, ohne Silvesterfeier, wie üblich im deutschen Club. Wir haben deutsches Fernsehen, vor Mitternacht gehe ich zu Bett. Wir haben nichts unternommen. Regine ist nach Oregon gezogen, hat die Buben auf einer Sektenschule dort angemeldet, jetzt dachten wir, sie ist ganz durchgedreht. Immer hofften wir, nach der Kindergartenschule, wenn die Buben älter werden, gehen sie auf eine normale Schule, wo alle Kinder hingehen, die hier aufwachsen. Da gibt es gute und nicht so gute Einrichtungen. Alles ist besser, als diese von der Sekte geleiteten Schulen. Den Namen Schule zu geben, mit allem, was dazu gehört, die jungen Menschen zu bilden, ist ein Witz.

Das waren unsere Hoffnungen. Jörg sagte einmal zu Regine: »Ich hoffe, du gibst deinen Kindern dieselbe Ausbildung, die wir dir gegeben haben.« Der Fall ist nun eingetreten. Lukas war in diesem Jahr dreizehn Jahre alt und Josh neunzehn, da hätte er ja auf eine weiterbildende Einrichtung gehen müssen. Was machte er da bei der Sektenschule? Die Buben wuchsen heran und hörten immer die Lehre von der Sekte. Was sollen sie einmal werden, wie sich ernähren können? Diese wunderbaren, smarten, schönen Buben! Jetzt, wo ich es aufschreibe, erfasst mich Wut und Ohnmacht, nichts haben wir tun können. Mit jedem Jahr bei diesem Verein verloren die Kinder eine propere Ausbildung. Übrigens die einzigen in der großen Familie mit heranwachsenden, jungen Kindern. Hier in Orange County gingen die Einrichtungen von der Sekte zurück. Wer wollte auch seine Kinder dahin schicken, ganz davon abgesehen kostet es eine Menge Geld. Sie musste dahin ziehen, da war der beste Platz, wie sie dachte, für ihre Buben. Nachdem das Haus von ihren Schwiegereltern gekauft wurde, für nur eine Mietzeit von noch nicht einmal zwei Jahren. Was war es, was sie so handeln ließ? Auch ihre Eltern abschieben, all das gehörte zu dem Verein, wie man ja immer wieder lesen konnte. Entweder du bist dafür oder dagegen, Ende, da gibt es kein Zwischending. Am 11. Mai fliegen wir nach Deutschland? Muss ich nachsehen in meinem abgelegten Kalender. Ich habe nachgesehen: vom 11. Mai bis zum 29. Juni, das waren sieben Wochen. Kann mich schlecht wieder einleben hier, alles englisch, alles anders, am liebsten wieder einsteigen in die Lufthansamaschine, in elf Stunden wieder in Frankfurt.

Am 2. Juli hatte Lukas Geburtstag, sein dreizehnter, inzwischen der sechste ohne Lollo, mein kleiner Darling! Wann das Umzugsdatum nach Oregon war, in die Einsamkeit, nur eine Verkehrsampel in diesem verlassenen Ort. Wie hat Regine das ausgehalten? Ja, ich sagte schon, ihr normaler Verstand hatte da schon sehr gelitten, nach den vielen Jahren kein normales Leben, ein Sektenleben, meine gebildete Tochter mit einem Master Degree und drei Sprachen.

Am 3. Mai hatte Regine ihren fünfzigsten Geburtstag, ohne ihre Mutter, wie konnte sie das tun? Kamen da keine Erinnerungen? Wie beherrscht kann man von einer Sekte sein? Ich werde es nie verstehen. Was sonst noch passierte in diesem Jahr muss ich nachlesen in meinen Kalenderaufzeichnungen.

Mit Karla hatte ich immer Kontakt, sie konnte mir auch nichts erzählen, sie hatte mit ihrem Bruder und Regine keinen Kontakt. Sie erzählte einmal, die Schecks zum Geburtstag der Buben wurden monatelang nicht eingelöst bei der Bank. Im August bekamen wir eine Todesnachricht, unser bester Freund war verstorben am 10.August. Ein ganz plötzlicher Tod, für uns unfassbar. Hans hat mich so gut beraten, bei allen Umbauten am Haus, er wusste einfach alles, seine Kenntnisse, auch ein Haus zu bauen, schlüsselfertig. Wie sollen wir ohne ihn weiterleben, mit unseren Fragen? Und nie mehr ein Glas Wein zu trinken.

Dann im September am 27. war Bundestagswahl. Frau Dr. Angela Merkel wurde Bundeskanzlerin der Bundesrepublik Deutschland, welch ein Glück für das Land und die Bürger. Ich hätte ihr auch meine Stimme gegeben, die beste Wahl der Bundesbürger. Im Mai hatte mein Kind Geburtstag, sie war 1959 geboren, es war ihr Fünfzigster. Wie schnell waren die Jahre, seit ihrem vierzigsten, den wir in meinem Haus, mit einer deutschen Kaffeetafel gefeiert hatten, davon habe ich berichtet, in einer vorigen Geschichte, vergangen. Ich war so traurig, hat ihr denn niemand in ihrer unmittelbaren Nähe gesagt, Regine, du musst deine Mutter anrufen, das ist die Gelegenheit. Nur gut, dass meine Mutter das nicht mehr erlebte. Soll ich darüber getröstet sein? Was sind das für Menschen, die mit ihr leben und so handeln. Dass sie schon krank war, wussten wir nicht, und all das Schreckliche wäre nicht geschehen, Papa und Mama haben immer auf ihr einziges Kind aufgepasst, egal, wie alt das Kind war.

Im November lebte sie noch, in dem neuen Haus und auch zum Weihnachtsfest, das sie dort feierte. Das sechste ohne ihre Eltern, die Buben, Josh war jetzt 19 Jahre alt und Lukas 13, ohne Grandma Lollo. Ob sie sich am Weihnachtsabend an mich erinnerten? Die schönen Geschenke vermissten? Eingepackt in verschiedenes Papier. Ich weiß nicht mehr, war ich traurig für den Augenblick, für die verlorenen Weihnachtsfeste oder dachte ich, nächstes Jahr sind wir wieder zusammen? Irgendwann musste doch dieses Schweigen gebrochen werden. Von einem Umzug nach Oregon wusste ich noch nichts. Damit beende ich das Jahr 2009.

Meine nächsten Geschichten erzähle ich von unserer Tochter, als sie als junges Mädchen nach Kalifornien kam, ihre nächsten Jahre bis zu ihrer Hochzeit im Jahr 1988.
Ein ganz neues Kapitel, ein neues Buch.